経済人間

クリスチャン・ラヴァル
菊地昌実❖訳

ネオリベラリズムの根底

L'HOMME ÉCONOMIQUE
Essai sur les racines du néolibéralisme
CHRISTIAN LAVAL

新評論

経済人間を超えて——日本の読者の皆さまへ

「過去がもはや未来を照らさないとき、精神は闇の中を歩く」
アレクシス・トクヴィル
（『アメリカの民主制』）

世界が経済危機にもがいている現在、これまで資本主義がここ何世紀かで社会と日常生活に及ぼした大きな変化、今後もさらに及ぼし続ける変化にわれわれは目を向けなければなりません。資本主義は至るところで勝ち誇っていますが、至るところで、社会的、生態学的、文化的、精神的に恐ろしい結果を引き起こしてもいます。これは当然至極の成り行きに他なりません。資本主義は、連帯、利他主義、友情、愛などを許さない人間概念を土台にしているからです。したがって、自然や瞑想や芸術が生まれる余地を与えません。つまり、資本主義は自己発展のために、人間の悪い側面を利用したわけです。これからお読みいただく私の本は、きわめて特異なタイプの人間、たえずおのれの利益のために他人と争い、自分の役立つときにのみ他の人々と協力する気になるエゴイスト人間、そうした人間が生まれた経緯を述べています。

経済人間の創成

私が描こうとしたのは、ヨーロッパ、アメリカ、そして今や世界中の人間が、この〈経済人間《ホモ・エコノミクス》〉に変身した成り行きです。今われわれみなが、程度の差はあれ、そういう存在になってしまったのです。そうした歴史が起こった場所と起源、それは近代の西ヨーロッパです。そのあと、世界のほぼ至るところにその経済と信念と国家を押しつけて、西洋が広がっていきました。ヨーロッパの商人、兵士、法律家、宣教師の持ち込んだその荷の中に、人間そのものの概念、言うまでもなくある特定の人間概念、つまり**人間としてのある特殊な歴史的形態**がありました。

私は〈経済人間〉の歴史的ポートレートを描きたかったのです。一六世紀から一九世紀の少なくとも三世紀の間に少しずつ形作られていった特異な姿です。このポートレートは、数多くの著作、実にさまざまな著者たちが一筆ずつ描いたもので、最後に一九世紀の経済学の諸論文で明白な像を結びました。〈ありのままの人間〉、〈利害にこだわるエゴイスト人間〉、一九世紀末に蔑称的にラテン語で〈ホモ・エコノミクス〉と呼ばれた人間、こうした人間が存在してきたことは、一つの歴史的・社会的事実です。その誕生を述べ、その成長を記し、その成熟を調べる必要がありました。

どのようにして資本主義はまず西洋に、それから深刻な文化的変貌もなしに世界中に広がったのでしょうか。文化が変わるのは、経済的条件の〈イデオロギー的反映〉であると言って済ますことのできる問題ではありません。資本主義は、われわれの象徴能力の成果でもあります。つまり、現実化するフィクションを創造する能力の成果です。〈経済人間〉が歴史の中で可能になったのは、われわれが自分自身のイメージをこしらえて自己創造する、象徴能力動物だったからです。

ネオリベラルな規範

言うまでもなく、人間という具体的な存在は、規範的な言説が具体的な現実の中から取り出す抽象的な形とは違います。〈化学合成物〉があるのと同じく、われわれはみな、歴史的・文化的に複雑な組み合わせから生じた〈精神合成物〉です。経済人間のモデルは他の無数の文化的・宗教的・哲学的伝統と結びついています。しかし、現在の〈グローバリゼーション〉は、さまざまな社会の規格化を強化し、人間のタイプの標準化を増大させようとしています。**ネオリベラリズム**（新自由主義）がここ数十年で世界中に広がり、人間関係のあり方を競争一辺倒にしたために、数世紀前から始まった人類学的大変動が一段と活発になり加速する事態に、今われわれは直面しています。

だから、ここで歴史的なとらえ方を試みることがどうしても必要になります。ネオリベ人間は経済人間の進化した一変種です。その特徴は、富と力への渇望に限度がないところにあり、功利主義人間のように利益・コストのバランスをもはや考えずに、ただあらゆる記録を塗り替え、成果を限りなく上乗せし、あらゆる欲望を満たそうとするところにあります。こうした主体は、いまや〈正しく理解された〉合理的な個人利益に導かれるのではなく、世界の果てまで支配する金融資本主義と歩調を合わせて、際限のない欲望に突き動かされています。ネオリベ人間は、たえず自己増殖する資本と自分を同一視せざるをえません。

この歴史は今、行き着くところまで来ています。まず、規範と価値の体系を変え、個人の他者との、また自分自身との関係を変質させ、資本主義の生産体系をさらに発展させるのに有利な条件を作っています。その一方で、現在見られるのは、最先端の資本主義がまさに資本主義的な人間主体を生み出すに至ったことです。人間資本、あるいは〈企業 - 個人〉というネオリベラル概念は、資本と化した人間を表しています。

一段と危険な暴力的反応

ネオリベラリズムの新たな規範となる論理は、さまざまな形の抵抗と反抗を招いています。社会的つながりが断ち切られたという感覚、〈万人の万人に対する〉全面戦争への不安、取り残され落ちこぼれた〈敗者〉の数の増大、それらによって私利と成金指向とは違う社会基盤を構築しようという願望が生まれています。

しかし、今日劇的な展開を目の当たりにしているように、反応の仕方はそれとはまったく違った方向に向かいかねません。歯止めを失った資本主義の拡張、伝統社会の破壊がもたらした社会的混乱、人間の内的無秩序状態は、何よりも宗教的原理主義や専制的愛国主義に危険な反応を生じさせ、歴史の逆行と殺人の基になっています。一九二〇年代、三〇年代と同様に、ほぼ至るところで、〈保守的革命〉の広がる様が見られます。その目指すところは、外部のもたらす腐敗とは無関係に、空想の始原と完全に一致させた想像上の共同体を作り上げることです。〈包囲された共同体〉の純粋さへの憧れは、先進資本主義国のネオコン極右を育て、またとりわけ中東においては武装した宗教的狂信主義の基になっています。なかでも、イスラームの戒律を利用したテロリズムは、絶対超越法にまるごと従う完全無欠の共同体幻想に導かれています。このようにして、宗教的絶対がアメリカとその同盟者による経済的絶対に挑戦しているのです。

人類のためのもう一つの民主的未来

近代とはすなわち資本主義と言えますが、同時に、近代とは民主的制度によって自らを治める社会への願望でもあります。資本主義と民主主義に、かつて良き調和が実現したとはとうてい言えません。一八世紀に作られた〈代表制〉民主主義は、現在、乗り越えられぬ障害にぶつかっています。国民の主権は、多重債務を抱えた諸国家の債権者である多国籍企業、金融市場によってますます脅かされています。今日の最も深刻なドラマは、われわれが集団的運命を自由にできないことではないでしょうか。国際ルールを牛耳るのは私企業であり、国内法は彼らに好都合な形で作られ続けているのですから。

幸いなことに、今後の社会の進展には、別の未来の展望もありえます。人類の大問題（貧困と格差、地球温暖化、金融投機と脱税、地域紛争、稀少資源の枯渇、人口統計のアンバランス、国際テロリズムなど）を解決するには、国家利益や企業利益の論理を超えた国際的協力を充実させるしかありません。地球規模の難問を正視してとらえるなら、人類が新しい時代へ向かっていくための望みも生まれます。新しい時代とは、われわれがもう一度未来を自分の手に握ることのできる時代です。こうした根源的な挑戦に共同で一致して応じるには、根底からの革命が必要です。人間を利己的利益のみにかかずらわる存在と定義することも、社会をおのれの利得ばかり求める大市場とみなすことも、あるいは自然を資本主義企業の意のままとする無尽蔵の宝庫と考えることも、今やもう不可能です。今の経済モデルがもたらす危険、それがあまりにも大きすぎることは明らかです。これ以上、ネオリベラリズムの道を歩み続けるのは無理です。われわれは人類を守るために、人間社会における新しい連帯のあり方を考えつかなければなりません。太古のあり方や幻の起源に戻るという錯覚に陥らぬために必要なのは、愛と連帯の関係を育てること、それを目指す新しい近代の形を考えること、社会的・文化的平等を真に実現すること、全員が共同して熟議し、決定しうるような、これまでよりもはるかに民主的な制度を作り上げることです。

われわれの前にあるのは、とてつもなく大きな共同作業です。われわれの属する〈共同体〉に、新しい意味と政治的形態を与えるための作業です。これは、労働と共同生活に基づく最も単純で直接的な集団から全人類の共同体にまで及ぶすべての場にかかわります。ニーチェ（『ツァラトゥストラはこう言った』）の言い方を借りれば、「経済人間は乗り越えられるべき何物かである」。明日の民主的人間の創造はユートピアではなく、ネオリベラリズムに対抗する社会運動、生態学的異議申し立て、〈反グローバリズム〉の闘いと不可分の営みです。過去に入会《いりあい》権〔村落の住民が一定の山林・原野を共同で利用する権利〕という慣習がありました。この慣習を二一世紀の人類によみがえらせ、これをおのれの組織化原理に据えていくこと。こうした価値と規範の逆転を果たす知恵が試されています。もしその知恵がなければ、〈万人の万人に対する戦い〉がこれからも至高の規則であり続け、人類はおのれの生存を自ら危うくする方向へと進んでいくでしょう。

二〇一五年一月　パリにて

クリスチャン・ラヴァル

経済人間——ネオリベラリズムの根底／目次

＊本文中の［　］は著者のもの、〔　〕は訳者のもの。

経済人間

ネオリベラリズムの根底

Cet ouvrage a bénéficié du soutien des Programmes d'aide à la publication de l'Institut fançais.
本書は、アンスティチュ・フランセ・パリ本部の出版助成プログラムの助成を受けています。

Christian Laval

L'HOMME ÉCONOMIQUE

Essai sur les racines du néolibéralisme

序論

西洋諸国の社会が世界に見せている外観は独特であり、しかもさまざまな面で悲壮な様相を呈しているのに、この社会は自分ではそれに気づかずにいる。少なくともその正当な代弁人の言うところを信じるなら、この社会は、財やサービス、思想、感情、情動や欲望の巨大で強力な生産機械と化しつつある。また、この社会を代表する一部の知識人、それも著名な者たちによれば、世界の他の地域の社会もみなそういう社会になろうと憧れているらしい。西洋は外に向かって掲げる理想に従い、全世界への拡張の夢を目指しており、世界中の人々もまた、自分たちの社会が完全に経済化した社会、**高度経済社会**になれるよう憧れているそうだ。この点からすれば、西洋はこれから新たな失望を味わうことになるだろう。彼らの望みの今後の行方については何もわからない。それでも、われわれは少なくとも、いわゆる近代社会という特異な大変動期が今どの地点にたどり着いたのかは知ることができるし、それを目印にして、伝統的宗教社会を近代経済社会へ導いていった要因と道筋をたどることはできる。

西洋主義を構成するものの見方はいろいろあるが、現在、際だって勢力を増しているのは、というより取り戻しているのは、市場を人間関係の唯一の型とする見方だ。二〇世紀最後の三分の一の特徴は、おぞましい〈共産主義〉官僚体制の崩壊のあと、生産・交換の絶対的自由の理想が奇妙にも復活したことと同時に、一八世紀以来あふれるほどに繁く描かれてきた経済的人間像というものがよみがえったことである。過去、現在を問わず、どの社会もこの理想的タイプに合わなければ、すべて死産とみなされるか、緊急かつ根本的改革の対象になるらしい。「物質的安楽を願うことこそ、およそ人間に与えられた唯一の運命である」「そもそも人間とは、人生のどこでも最大の個人的優位を倦むことなく求める者であって、彼の人生には個人の満足を最大限に生かす場以外の領域は存在しない」。こういう信念は今日、いわゆる**ネオリベラリズム**によって極限にまで達している。〈市場〉は、あらゆる恩恵の源であり、あらゆる公的・私的害悪の解決方法であって、絶対的シニフィアン〔表現〕となったかのように見える。今後、ヨーロッパはアメリカ合州国と同様、〈選ばれた地〉となるつもりでいる。

こうした独断的信念の分析にかんしては、すでに過去の立派な社会学者たちが広い道を開いてくれている[1]。マルクス〔一八一八〜八三。ドイツの革命家・哲学者・経済学者〕やウェーバー〔一八六四〜一九二〇。ドイツの経済学者・社会学者〕のことを考えれば、十分だろう。現在のネオリベラリズムは、社会科学の中心にある問題をもう一度取り上げるようにわれわれを促す。西洋と西洋化に向かう世界に課せられた問いとは、次のようになる。各人が自己を優先し、他人との関係を利益によって維持し、さらに、他者にとっての自分の効用を重視するという、われわれの社会のような世界を、われわれはどのようにして思いつくことができたのか。どうやってその論理の道筋を付け、どのような先見の明によって反論を遠ざけ、粉砕して、このきわめて逆説的な見方や理屈を押しつけ、あるいは社会の奥深くに浸透させることができたのか。今、われわれは残らずこの中に巻き込まれているように見える。公共の利益ではなく、何よりもまず自分の利益に従うことの正当性を主張する人間。そうした人間からなる社会体の統治をわれわれはどのようにして考え出し、実践することができたのか。こうした統治は、別の社会道徳からすれば、実に奇妙な〈価値観の超越〉とみなされるのではないのか。なるほど、われわれはますます、社会の逆説的基盤として、利益で動く自我を規範とする体制の下で生き続けようとしているようだ。

1　強固な信念

われわれは長いこと、近代を、開放の時代、広大な地平線、無限の世界として思い描いてきた。人類は、閉ざされ、繰り返される社会を抜け出し、おのれの能力、本質、歴史そのものに秘められた可能性を全面的に実現させるはずの新体制に入ったのだと。しかし、今や明らかになってきたこの文明は、近代の予言者たちが考えていたものとはまったく違うのではないか。この文明は、〈生産のための生産〉という論理に、すなわち富と人間的安楽が無限に進化していくという幻想に狭められ、閉じ込められてしまったのではないか。西洋はこの幻想を、自分以外の世界にも分けてやるつもりでいる。

この問題は単なる〈ブルジョワ・イデオロギー〉の問題を超えている。たしかに、富の所有者が生きる理由と目的の主になりたいと願うのは、古くからあったことではある。しかし、財産が人間の主要な目的、〈発展途上の〉世界の唯一の狙いとなったこと、また、人間関係そのものが商業的資産となったことは、問題のありかを一変させる。無限に伸び続ける生産と通商は行き着くところ、世界の新たな閉塞となり、人間およびその活動を物と化す方向に仕向け、活動の価値も、人間が存在するそもそもの権利も、ただただ経済的効用次第となるのだ。われわれは数量が支配する世界に置かれ、〈人間の幸福度の最大値〉という考え方に慣らされている。そして人間そのものが、現在使われている〈人的資源〉とか〈人的資本〉(2)という言い方に表れる通り、〈消費可能な製品〉に変換させられている。ネオリベラリズムの始まりは結構古いのだが、現在のそれは、これまで社会のつながりの基となっていた世代間、男女間、グループ間の相互関係をも忘れて、その方向づけを極端に推し進めているように見える。社会生活の中で個人的目的の商業上の側面だけを優先的に最大化させようとしている。われわれは今や、人類の資本主義的完全飽和状態に近づきつつあると言えるのかもしれない。これは、「社会そのものが資本に包み込まれた」とマルクスが言った状態であろう。もっともマルクス自身は、新しい共産主義的豊穣社会への成熟という進歩主義を固く信じていたから、この状態をきわめて楽観的に見ていた。

人間活動の目的を、有用な資源と資産の獲得に限定するこうした傾向は、われわれ相互のあり方に歴然と現れている。この方向へと進むにつれて、現代人の不安感を振り払おうと、ありとあらゆる防衛ないし気晴らしの仕組み、娯楽手段、多様な精神安定剤が開発されてきた。人々を安心させようと、良い市場経済と悪い市場社会との区別の仕方を思いつく者さえ現れた。この区別は日ましにまやかしになりつつあるように見える。しかし、経済は市場に限定されないだろう。ポランニー〔一八八六〜一九六四。ウィーン出身の経済学者。経済人類学の理論を構築〕は経済を普通言われる個別の世界ではなく、すべての社会関係を封じ込め、形作るカバーのようなものと考えた人だが、彼の表現によれば、市場とは〈商業的フィクション〉である。実際、今や経済の領域と道徳的・審美的・文化的・政治的領域とを分けるのは、次第に難しくなりつつある。経済というか、より正確に言えば、人間関係を考えるための計算的・会計的な〈経済中心〉方式は、すでに人間生活の主要部分を占めたように見える。これについてはこれから述べていくが、いずれにせよ、新しい社会的現実、新しい秩序、新しい明白な事実はこうして作り出されている。つまり、社会は相互効用空間とでも呼ぶべきものとされ、その空間は独自の規則で運営されるもの、そしてこの空間こそ人間本来の本質、他者と取り結ぶ関係の特質であるとされているのだ。

2　人間の経済的生成

われわれという経済的主体、経済**の**主体、あるいは経済に従属する者でもあるこの主体は、どうすれば別の可能な道を見出せるだろうか。利益の主体、自分自身の利益のためのこの主体は、社会的つながりという大事な枠組みの解体を前にして、またそうしたつながりがさまざまな形で乱される事態に対して、どんな行動ができるのか。問題の核心は、経済社会の特殊な従属形態に対抗して立ち上がるこの主体は今どこにいるのかという点にある。この問題が微妙なのは、**現実**の社会が市場に等しくなるにつれて、市場というものについての人々の考えがますます現実の市場に限定され、経済人間《ホモ・エコノミクス》というモデルがますます現実の存在として立ち現れているように見えるからだ。

社会と市場を同化させる傾向、さらに根本的には人間生活と経済生産を同化させる傾向に対しては、相当以前からさまざまな形の知的抵抗がなされてきた。しかし今日、こうした経済中心主義の激化に抵抗する書、幅を利かせている金融論理を正確に指摘し、環境・社会関係・文化生活に破壊的な結果をもたらしている自由経済政策や生産体系の働きを批判する書は見あたらない。西洋社会に生きる人たちは、危機が何度も繰り返され、生態学的な大災厄が至るところで待ちかまえ、大勢の人間の生活条件が悪化しているというのに、少なくともこの進路に断固として反対するに十分なだけの勢力と術をもたない。〈経済機械〉の運行につながれている政治・経済のエリート層については言うに及ばず、である。しばしばアリバイ作りに貢献してきたアングロ－サクソン勢からなる支配グループだけならまだしも、西洋の国々全体がこの新規の理念に唯々諾々と従い、またこれに対する十分な反対運動さえ現れないという事態は何故に生じてしまうのだろうか。結局、この特殊な種類の原理主義は打ち負かされて然るべきなのに、どうしてそうならないのか。私が思うに、この答えには三つの要素が組み合わされている。一つめの要素は、これから本書で解き明かすつもりだが、生産機械と市場というフィクションが今や西洋文化に固有の明白な事実となり、この教理が西洋の表象システムの中心にしっかりと腰を据えてしまっていることである。二つめの要素は、このフィクションが単なる想像の産物ではなく、もはやわれわれの行動様式を決定していること、規範や規則と一体化してわれわれの行動様式を決定し、もう長い間われわれの行動を調整する力の原理となっていることである(3)。三つめの要素は、ますます現実化し、体験されていくこの信念が、労働の現場で次第に募る不安を生み出しながらも、物質的安楽への期待を同時に育てていることである。要するに、マックス・ウェーバーが近代経済の〈鉄の檻〉と呼んだものに個人を閉じ込める、報酬と強制のシステム、希望と不安のシステムに、われわれは思いを致さざるをえない。われわれは、しばしば望まないのに、経済人間となっている。ジョルジュ・バタイユ〔一八九七〜一九六二。フランスの哲学者・思想家・作家。のちのブランショ、フーコー、デリダに影響を与える〕が命名した〈経済人類〉を具体化させる現実の中に、われわれは実際に生きているのだ。

市場社会は、生活の必要性から自由になって物質的享楽を約束してくれるだけでなく、生活のあらゆる次元である種の〈個人の自由〉も約束してくれる。自分個人に快楽を与えてくれる最もふさわしい財、人々、場所、時間、これをいつでもどこでも選べる理想的消費者としての自由である。人々が市場社会を望むのは、伝統、信仰、義務、帰属から解放してくれるのに役立ち、解放されれば〈経済的〉価値という新たな抽象的論理に自発的に従えば良いからに他ならない。そうなれば、人間〈環境〉を形作るすべての要素がこの〈経済的〉価値に還元される。現在支配的なイデオロギーは揺れ動いている。したがって、イデオロギー自体が問題というより、ある形の社会がもたらした主体の変化のほうが、より重要な問題となる。この社会は主体を経済論理の中でのみとらえ、主体を二つに分割してしまう。一方は、経済人間、ホモ・エコノミクスで、選択における抽象的主体であり、他方は、利用可能な単なる対象としての主体である。一方は価値観を司る崇高な主であり、他方は巨大な会計帳簿上の一つのちっぽけな〈価値単位〉[4]である。こうした〈個人の自由〉はきわめて特殊なもので、単なる選択と消費の自由にすぎず、経済的隷属にほぼ等しい。

3　人類的変遷の根底

西洋の新たな主体の構築は、最近に始まったわけではない。何人かの哲学者は、かなり早くから功利主義の考え方を明らかにしている。これは、利益中心の行動にかんする最大化計算のモデルを人間関係全体に広げ、市民社会を人間相互の利用関係の多様性としてとらえ、人間をつねに、苦痛を逃れ快楽を求めて動く存在として見る考え方だ。人間の制度を築く原理には何ら超越的なものはなく、あるのはただ牽引と反発、協調と対立の働きだけであり、その普遍的な鍵は効用と利益の二つである。ヘーゲル〔一七七〇～一八三一。ドイツの哲学者〕は、ドルバック〔一七二三～八九。フランスの百科全書派哲学者〕とエルヴェシウス〔一七一五～七一。フランスの哲学者・啓蒙思想家〕の哲学に、こうした利益以外の余分な要素を振り払おうとする躍起の態度を見て取った――「自分自身の中に、つまり人間精神の中に、確実な羅針盤が内在していると思う絶対的な傾向がある。人間精神にとって、いやしくも自分が自由でなければならない、少なくとも世界の中で自分が自由であらねばならないとすれば、こうした固定点をもつことが喫緊である[5]」。一八世紀の功利主義と経済学は、科学的かつ規範的なこうした根本的原理の上に築かれることになる。人間の活動は、たとえどんな性質、どんな重要性を帯びるものであっても、合理性に従って最も満足度の高い目的を選び、それに合った適切な手段を用いることで、成功が保証される。こうした諸原理は、一八世紀末に、哲学者・法学者のジェレミ・ベンサム〔一七四八～一八三二。イギリスの哲学者・経済学者法学者。功利主義の創始者〕によって形作られた**功利性の公理**を生む――「自然は人類を苦痛と快楽という二つの主権者の支配下に置いた。この両者だけが、われわれの行いを決定し、なすべきことを教えてくれる。〈善〉と〈悪〉の基準、そして因果の連鎖はこの権威に縛られている。この二つの主権者は、われわれのすべての言動、すべての思考を意のままにしているから、われわれがどんなにその隷属から逃れようとしても、それはその力を証明し、確認するのに役立つばかりである。たとえその君臨にどんなに公然と異を唱え、どんなに逆らったとしても、現実はつねにその配下にある。効用原理はこの隷属を認め、その状況の上に理性と法をもって至福の体系を築き、そのためのシステムを構築する。これに反対するシステムはどれも、意味ではなく音を、理性ではなく気紛れを、光ではなく闇を、いたずらにもてあそぶだけである[6]」。

ベンサムよりもずっと前に確認されていた利益の合理性は、一七世紀以後にその影響を広げ、人間性にかんするどの学問分野にも進出した。経済学およびその価値・価格分析では、計算可能性の要素が有効になる。医学・生理学では、快楽と苦痛の〈解剖〉が行われる。言語と制度の歴史を見れば、この知的・政治的〈道具〉の発明が、いかに必要であったかがわかる。社会的行為である経済行為は、道徳にその地位を占めて当然となる。こうして、経済にかんする科学は、古い道徳を振り払って生まれ、科学性を自称する新たな規範としての神学・教理問答となる。しかし、何よりも一変したのは、生活に向ける眼差し、まずは社会における人間の義務に向ける眼差しである。謹厳さが追放され、道徳がつねに個人の利益とまじわる幸福の時代へ移行していくことについて、ヒューム〔一七一一～七六。イギリスの哲学者・歴史家〕は正確きわまりないことばを発している――「これまで多くの神学者や一部の哲学者が着せかけた陰鬱な衣装を、道徳はもはや纏っていない。道徳は善意、人間愛、慈善、親切心に他ならない。場合によっては、遊び好きで、やんちゃで、陽気な面さえ見せる。道徳は、余計な謹厳さや厳格さについても、苦痛や諦念についても語らない。唯一の目的は、もしできるなら、その弟子たち、すべての人間たちを人生のいつの時点でも満足させ、楽しませることだ。道徳はそう断言する。人生の別の時期にその損害を十分弁償すべき可能性がある場合を除いて、道徳が好んで人間の楽しみを取り上げることは決してない。道徳が要求するのは、正しい計算と、最大の幸福を選択するのに必要な努力だけである」(7)。このことばが示すように、これからわれわれが扱うのは、人間全体であり、一つの**人類学**というか、われわれの人間像に据えられた真実の**台座**である(8)。

西洋の利益中心の〈自我〉としての人間主体像。その歴史的勝利を、少なくとも部分的に説明することが本書の主題である。**経済人間**と言うと、〈経済的〉という特殊な活動の部分、つまり、需要を満たす財の生産・流通・消費という活動にかかわる人間のことを指すと思われがちだが、実は、モース〔一八七二〜一九五〇。フランスの社会学者・文化人類学者〕が『贈与論』で用いた力強い表現、〈計算機械〉としてのこの新しい人間像は、こうした狭い領域を大きく超える。この概念は経済人間ということばとともに生まれたが、経済領域における自立化と活発な活動はさらにこの概念に力と輝きを与えた。個人は自分の利益に支配され、その行動は最大化の計算と合致する――こうした考え方は、**厳密な意味**での経済分野にはとどまらなかった。これにより、まさに人類の経済全般が社会の前面に立つようになり、**あらゆる**人間関係が個人の効用に律せられる。それほど目覚ましい成果を上げていたわけではなかった初期の経済学は、自らの範囲を特殊な行動・活動に限定するとし、別のタイプの関係、別の人間的側面にかんする考察は他の学問、他の論述に委ねるとした。社会像を描くのにこうした規範的分業モデルを最初に考え出したのは、おそらくアダム・スミス〔一七二三〜九〇。イギリスの経済学者・神学者・哲学者。『国富論』〕だろう。だが、スミスの前にも後にも、また同時代にも、利益中心の人間像にかんしては、はるかに全面的な言説、完璧で統一した真の人類学が展開され、西洋型の統一した規範的土台として提起されている。これが実は、キリスト教教義の純粋な代替物として立ち現れたものに他ならない。現在復活しているのは、こうした〈利益の公理論〉である。最近の経済学者には愛の経済学、家族経済学、犯罪経済学を唱える者もいるが、彼らはこの根本的公理論の歴史をしばしば無視している。ヘーゲルの後にマルクスが言ったことは、本質を突いている。彼は、資本主義社会の社会的つながりを単なる効用関係に基づいた形ととらえ、商品が世界の女王に変身したところにその秘密を探り当てた(9)。

本書で使われる**経済人間**という言い方には、当然ながら誤解がつきまとう。その初期の足取りをさかのぼって調べれば明らかなように、このことばは経済学だけの対象ではないし、経済学者が発明したのでもなく、経済関連科学の産物や所有物でもない。学問としての経済学はむしろ、この人類学的台座に乗って発展を遂げたものである。そして、おのれの特殊な公理を異論なき公準として利用し、慎重に現実感を削いで、〈合理的主体〉というものを少しずつ仕立てていったのだ。経済人間は利益的社会関係の主体として横断的な現れ方をするが、その本質は普遍的である。この存在は社会的・歴史的事実として、また文明のもたらした結果として、考察され研究されるべきものである。

4　ある社会的・歴史的事実

功利主義の理論は、カール・ポランニーが〈実践的功利主義〉と呼ぶもの、アラン・カイエ（一九四四年生まれ。フランスの社会学者〕が〈発散型功利主義〉と呼ぶものと密接にかかわる。私はすでに前著〔『社会学の野心──サン・シモン、コント、トクヴィル、マルクス、デュルケーム、ウェーバー』ラ・デクヴェルト、二〇〇二〕で、功利主義的表象の理論面と実践面との関係の確立こそが主要な古典社会学の方法であり、また成果でもあることを明らかにした。本書では、個人が商業タイプの社会関係に次第に嵌まっていく、今日の自己自身の姿の見方にかんする社会的な事実を論じる。裏返して言えば、これは、こうしたものの見方が人間の実践にどのような形を取らせ、どのような構造となって現れたかを問う作業である。

　利益によって導かれ、自分の満足を最大化し、労力を最小化しようと努める経済人間という考え方そのものが、まず市場における人間の行動を標準化することを意図している。人間は、道徳的・政治的な面で計算者となる。そこでは効果的な行動を取るよう計算することが要請される。厳密に言えば、一七世紀と一八世紀にはすでに、自分自身の行動がおのれの目に映る姿はより個人化され、より計算された取引の経験に伴って変化していた。こうした経験は次第に様式化され、社会像が盛んに組み直されていく時期に有利に働き、その間に経済学は社会行動の科学としての地位を確立していく。事物や他者とのかかわり方のレベルで計算を行うというこの主体は、基をたどれば、窮屈な伝統社会の枠組みから解放されはじめる個人と関連づけられる。そこでの彼は、自分の生活、自分の身分、自分について抱くイメージ、他人の自分への評価、自分の商業的価値、自分が生み出す〈製品〉の価値、要するに他者にとっての自分の効用にかんして、次第に依存的になる自分に気づくのだ。近代を通じて、こうした個人の社会経験は拡大する一方である。個人は決定の中心として、さらには〈自分自身の企て〉[10]として、危機に直面する度に自分を作り直さねばならなくなった。普通に言われているよりもずっと早くから、計算者としての個人は、自分の〈環境〉を〈変わりやすいもの〉とみなす人間として登場する。社会制度や他者は、個人の〈環境〉にとって、時におのれの行動を妨げる障害ともなれば、時にその行動を有利に働かせる切り札ともなる。計算者にとって、そのような社会は好期と危険の場の様相を呈する。それはまさしく市場社会、すなわち市場とみなされる社会であって、それ以外のものではない。

経済人間と市場社会は並んで存在し、不可分のカテゴリーである。この二つはともに、個人をたがいに結びつける関係が、おのれ自身に向ける各人の関係から始まるという事実に発する。この新しい社会秩序は、説明可能な規則性によって初めて成り立つ交換の秩序であるが、その規則性は経済的関係とそのもたらす結果を予想可能なものにする。なぜなら、その基盤にはつねに、行動の安定したモデル、つまり、まさしく最大化を求める経済人間のモデルがあるからだ。秩序を規則正しく自動的に形作る経済的社会という概念と、満足の最大化を望む人間という前提との間には、切っても切れないつながりがある。

新しい経済人類は、その独自の道徳によって他と区別される。この点にかんするこの上ない新しさは、人間のエゴイズムの現れにあるのでも、その許しがたい性質にあるのでもない。むしろ、その新しさは、各人が自分自身を優先させるという事実によって、それが人類のやむにやまれぬ本性として確認され、人間相互の道徳的・政治的関係の唯一の土台として示されたところにある。さらに言えば、この自己優先が宗教的本質から生じる社会制裁との結びつきから離れて、人間科学や新たな規範性の条件そのものとみなされたところにある。はるか以前から、社会的表現としての道徳は、共同生活とその象徴的相互性の観点に立ち、人間の自己中心的な行動を制約してきた。その点で、規範的材料・基礎としての個人的利益の勝利は、まさに歴史的な新しさであったが、一方、それを考え出し、受け入れるには、並大抵ではない困難があった。そこにはまさに大逆転があったと言える。それまで人間性の暗黒面と考えられてきたもの、集団にとっての脅威とみなされてきたもの——すなわち、共同体に対する個人の優位、物欲、共有の拒否、感謝の念の欠落——が、新しい人間的秩序のための基本的な条件に変わったのである。それは、より自然で、より幸福な、あまりにも明白な秩序であるから、旧い社会秩序も、まだ十分近代化されていない社会の秩序も、功利主義が支配する論理以外の論理ではとうてい立ち向かえないと思われるほどだ。

もちろんそれは、他者への敬意、集団の掟の尊重、受けたものを返す義務といった、社会関係が必要とする形式を無視するということではなく、そういうものすべてが、正しく理解された個人的利益に由来すると考えられるようになったということだ。人間のつながり自体を目的とする社会の存在についてはもうほとんど考えなくなった。それぞれの社会関係の中で自分の姿を描き、自分の本質を定義すること、あるいは、自分よりも自分の集団のほうが存在論的・道徳的に価値あるものとして〈当然〉とみなすこと、そういう考え方はもうしなくなった。要するに、社会学的・民族学的用語を借りれば、人間のつながりの中に、個人的功利性から見て余分なもの、本来的に社会的なものを加える必要など、もはやなくなってしまった。より正確に言えば、社会の象徴的本質を認めなくなったばかりか、認めようともしなくなった。利益中心の自我を強力に求めるのは、象徴という世界のために自己を喪失してしまうことを、断固拒否するからである。その世界には個人的な満足を与えてくれそうな見込みがないのだ。近代社会の〈個人主義〉の裏面にあるのは、人間が社会の象徴的次元に服従することから生じる事態への否定である。

5　新しい人類の規範的な土台

利益の歴史は、西洋における自我の歴史である。つまり、他者・制度・言語との関係が私の自己投影としてどのような姿を取ったかの歴史である。ヘーゲル、マルクス、ついでラカン〔一九〇一～八一。フランスの哲学者・精神科医・精神分析家〕が、その本質を突いている。ヘーゲルが一八世紀のフランス人の功利主義について述べているのは、この主観的自由の主張は身体的感受性においてだけでなく、自分自身の満足という形で、庭の中と同じように、自分の内部のどこにおいても自我の存在を認めたいとする要求を含むということだ――「〈自分自身〉は本質的な契機である。私が欲するものは、たとえ最も神聖なものであれ、私の目的物である。私はそこに存在し、それを肯定し、それを良しと思わねばならない」。それゆえに、後年、驚きの対象にもなるのだが、功利主義の構成分子に愛他主義と自己犠牲が組み込まれることになる。〈自分自身〉の満足は、他者および社会との関係によって形作られるべきものである。「犠牲は必ず満足を伴い、人はそこに自分を見出す。自我の契機である主観的自由は、つねにそこに存在するはずである」(11)。人間のどんな行動も、それが親しい存在の生活や自分の生活の犠牲の上に立つ行動であるなら、実のところ、この欲求によって特徴づけられている。この崇高な犠牲が、自我のすべてを捧げるという参入を保証するのだ。義務は、本来の利益を他にしては考えられず、利益と共存するだけでなく、利益の実現のために利益と協力する。功利主義は、他者への奉仕を一切拒む〈エゴイズム〉とはまったく異なりる。功利主義は〈自我主義〉であって、つねに自分自身や自分の財産の一部を譲渡する。その度に利益を伴う交換がなされ、そこで自我は自分をまた〈取り戻す〉、つまり、満足を得るのだ。[12] このように、それ以降、これが規範性の基本、幸福の基本となり、どんな神学的・存在論的考察も及ばぬところとなる。われわれの研究における最も中心的な著述家は、おそらくエルヴェシウスであろう。彼の著作を読めば、この基本的な幸福主義が一番よくわかる。率直明快に述べているからだ。「[…] もしわれわれの存在への愛が、苦痛への恐怖と快楽への愛を基盤としているなら、幸福への願いは、存在への願いよりも強い。所有して、幸福になりたいと願う対象を手に入れるためには、われわれはその対象を所有したいという願いの強さに応じて、大なり小なりの危険に自分の身をさらすことができる」[13]。この点から、〈利益〉が占める基本的な地位が、一層よくわかる。つまり、〈利益〉とは、西洋の思考システムにおける自我の満足の別名なのである。それは、人の求め、行い、考えの中に〈自分自身〉を組み入れることであり、目的への主観的参入によって対象物を所有し、道徳的・政治的行動の実現のために自ら同意し、満足を得るようにすることである。その結果は、他者の眼差しやことばに反映されて、表れる。

本書の関心は、社会の宗教的・道徳的・政治的な根底を手つかずにしておく類いの、浅はかな力学にあるのではない。まずこのことは理解していただけるだろう。西洋におけるこの積極的な自我の同意は、その基準として**利益原理**、ないしは**効用原理**という名をもち、唯一自然で、可能で、明白な至高の規範的原理として現れる。これは、社会にも個人にも有無を言わせず通用するものとして、制度総改革の導き手となるはずである。また、そうした理由で、これは、かつての神の原理、神に由来する教義に取って代わる。エルヴェシウスは労働にかんして、道徳の逆転の教えを引き出した——「労働の必要性を、原罪の結果として神が与えた罰とみなすのはばかげている。この必要性は、逆に天の恩恵である。人間の食べるものが労働の代価であるのは事実だ。だが、この単純な事実を説明するのに、超自然的な原因に頼り、いつまでも人間を謎とみなす必要があるだろうか。かつてそうだったとしても、そのあと、利益原理がここまで広まり、利益がわれわれのあらゆる思考と行動の原理として証明されたのだから、謎ということばはもう解明されたし、人間を説明するのにパスカルが主張するような原罪の援用はもう不要である」(14)。エルヴェシウスによれば、この利益原理はニュートン〔一六四二〜一七二七。イギリスの物理学者・数学者・天文学者〕の重力原理に相当し、人間を本当に知るための普遍的な新しい鍵である。あらゆる社会組織、政府の政策は、これを中心に作られるべきである。〈人間の謎〉ということばがこのように解明済みとなれば、社会集団というものはある種の利益で集まる全体として考える以外になくなる。利益は、人々が連携して生きるよう促すのだ。もっと言えば、〈社会〉は、ただその点からのみ表現の対象となるのであり、特殊な考察をされることになる。ホッブス〔一五八八〜一六七九。イングランドの哲学者。『リヴァイアサン』〕をはじめとする契約・自然権の理論は、まだ胚芽的ではあろうが、それを証明している。

6　徴候と抵抗

本書の主題は、科学的に誤りだとして功利主義に異を唱えることではない。また、経済分析における最大化計算の単純さを強調することでも、効用をめぐる経済学および道徳哲学の技術的論争に介入することでもない。トマス・マコーリー〔一八〇〇～五九。イギリスの歴史家・政治家〕以来、人間の行動についての功利主義的説明が類語反復的であるという検証はこれまで数知れず繰り返されてきたが、大した成果を上げていない(15)。おそらく、それは認識論的な問題である前に、むしろ社会学的・歴史的な問題であるせいだろう。利益と効用による行動の説明に類語反復があるとすれば、それは、利害に発する主体として定義される人間に、存在論の規範となる性格があるからだ。この規範的存在論こそ解明の対象となる。

功利主義的言説を古い規範性による言説の代替物として認めることと、この功利主義的言説が異論なく広まったと主張することとは別である。おそらく、利益と効用の説ほど、批判され、論破され、告発された言説はない。しかも、およそありとあらゆるやり方で、そうされてきた。消極的、退行的、非生産的なやり口もあったが、それだけではない。文学、社会学、哲学において、主要な反対論が次々と現れた。功利主義と経済的主体の系譜学は延々と続き、抵抗の主要形態の一部の歴史を作り、その歴史は、個人的・共同的歴史の種々の徴候とつねに結びついてきた。たしかに功利主義は西洋の人間像の土台ではある。だが、その主流の言説には分派・異端の説を引き起こす力がある。だからこそ、土台となっている。それらの異説は一方で主流を認め、これと同化し、他方で主流を拒否し、これにつねに反抗することで、功利主義をより穏健なもの、あるいはより巧妙なものに無理矢理変える危険にさらしている。

しかし、肝心なのは言説だけではない。生活形態、つまり抵抗言説が依拠し奨励する対抗型生活もそうである。まだ当分の間われわれは、社会的主体である全員が自分の果たす仕事の売り手であり、同時に何らかの効用をもつ生産的消費の材料でもあるという考え方に同意することはないだろう。別の人間関係、別の生活経験が、モースが近代のホモ・エコノミクスを指して言った〈計算機械(16)〉という名の主体への完全な変身を妨げている。あたかも人間の共同体であるかのような市場は、人間関係の一番大事なものを取り逃がしてしまうから、深い空虚感をもたらさざるをえない。また一方では、社会的主体同士を大きな象徴的構築によって結びつけるもの、つまり一部の人が贈り物あるいは借りと呼ぶものが、家族や友人相互の親密な回路、芸術の洗練された表現、社会化と教育に備わる関係、さらには官僚化された形とはいえ再配分にかんする政治的仕組みの中に姿を潜めている。

そういうわけだから、ネオリベラリズムの勝利とその抵抗についての分析は、われわれが今どこにいるのか、われわれが今何をなすべきかを理解するには必要な作業である。しかしそれだけでは不十分である。政治的な揺れが続く中で、もっと底の深い動きが、個人間のつながりのあり方や、個人と制度の関係、各人の自分の生活にかんする見方を変えている。個人的・共同的生活の西洋固有の考え方として現れるこの功利主義という歴史的土台こそ、これから向かう相手である。言い換えるなら、われわれはこれから、近代西洋の経済的主体という人間像を、これまでの社会学的伝統と歴史家の仕事の方向性を確認しつつ、それらが成立した政治的・知的・経済的・社会的条件の検討を通じてたどることになる。したがって、本書の問いは次のようになる。功利主義論は、どんな条件の下で、どんな問い直しを経て、人間的・道徳的・政治的現実について信頼に足るイメージを形作るに至ったのか。

おわかりのように、われわれが提起しようとする問題は、経済学の範囲の分析、経済的行動の説明と結果の分析をはるかに超えている。この問題がかかわるのは、経済人間と、彼にぴったり寄り添う効用が、新しい時代を作る上でどのような位置を示してきたかについてである。言い換えれば、問われているのは、**近代西洋の規範性**の形、中身、本質である。われわれは利益と効用の歴史をたどることで、多方面で生じてきた**近代の規範体制**の成立要因について分析したい。分析の対象は、個人の行為に影響を及ぼす権力の性質であり、主体のタイプや主体が他者と結ぶ絆のタイプを定義してきた論考であり、主体とのかかわりの中で現れる権力の正当化の形である。

これから読者が目にする歴史は、曲がりくねっている上に、およそまとまりに欠ける。すでに述べたように、経済人間はさまざまな方向に延び、拡がっているし、あらゆる言説、あらゆる分野に作用している。経済人間は社会全体の見方に特殊な光を当てるし、人間にかんする知を新たな序列で配分する役を担っている。だから、歴史の発展の様子は、経済思想史という手段では十分な説明はできない。経済学が主要な地位を占めていく新たな規範性の出現を理解するには、むしろ宗教、道徳、政治にかかわる一連の変貌の全体を明らかにしなければならない。ただし、こうした変貌については、各部分を完全に一つにまとめて論じるということは難しい。このことはおわかりいただけるだろう。この変貌の分析において、最初から欲望についての道徳を確立したり、市場社会における政府の活動の本質を定義したりするのは簡単なことではない。分析されるのは、一七世紀と一八世紀に現れた緊張と逆転の世界である。その後、この世界は、それに続く世紀のイデオロギーと政治的実践が歩んでいく道筋を描き出すことになるだろう。

第1章 正当な生活の変貌

利益と効用は西洋に精神的・知的大変化を生じさせた戦略的概念であり、自我を人間世界の中心に立たせる基になった。人間関係のとらえ方と規範性のこうした変化は、マックス・ウェーバー以来、資本主義の発展、経済的計算合理性の拡張と同一視されているが、その結果、人間の実践活動があたかもすべて特殊で一貫した経済的行為であるかのように理解し、分類し、整理し、調整するようになった。この大変化によって、西洋はそれまでのいわば教条的な状態から新しい秩序へと移行した。すなわち、キリスト教の愛徳と高貴な慈善を他者との関係の理想的規範としていた状況から、利益を行動の道しるべとするような状況へと移行したのだ。イタリア・ルネサンスの大物の一人、グイチャルディーニ〔一四八三～一五四〇。フィレンツェの歴史家・政治家〕の言うところを聞けば、「私的な利益こそ、すべての人間を導く主である」。利益の支配こそ、普遍的な鍵の役を果たし、その信奉者に繁栄、権力、さらには新たな道徳への道を開くと。[1]

聖アウグスティヌス〔三五四～四三〇。初期キリスト教会最大の思想家〕のことば「愛徳だけは罪を犯さない caritas sola non peccat」から、一七世紀イギリスの格言「利益は嘘をつかない Interest will not lie」（この文句は、ローアン公爵〔一五七九～一六三八。フランスの軍人〕の台詞「利益だけは決して間違えない」の英訳である）への移行はどのようにしてなされてきたのか。私益がどのようにして社会的レベルの規範的原理となりえたのか。相互性、ヒエラルキー、宗教的権威に基づく共同生活にとって、長い間潜在的に危険であるとみなされてきた私的特典の追求が、どのようにして個人の本質のやむにやまれぬ要素となり、社会関係を構成する原理、政治力と社会福祉の発展をなす道となったのか。

こうした変化の跡は、一六世紀以来、一見その反対物と思われるものを共同の財産に組み入れようと努めてきた膨大な文献に見られる。一七世紀初めまでは、政治的・道徳的言説はまだ声高々に、支配者と臣下の私的効用に対する公の効用の優位を唱えていた。さまざまな形を取りながらも、超越する諸原理の名において、個人が共同体に従属することが規則であった。中世西洋は古代の遺産を引き継いで、私的利益よりも共同体への義務を優先させる道徳的・政治的考え方を守っていた。その形態がいろいろ個人化されても、とくに聖性の追求も戦士のヒロイズムの探求も、共同体への義務と一体であった。

西洋の変化は三つの様相を呈する。まず、個人的目的が共同の義務から切り離されていく。次に、効用の概念がはるかに物質的な意味合いを帯びていき、伝統的な政治言説に国家の富・力・繁栄という目標を導入していく。そして、利益をめぐる問題が、どんな対象、どんな性質の行動であれ、人間の行動すべてに拡がっていく。こうして、個人化、物質化、そして道徳的・政治的言説における利益と効用の概念の拡張が、これまであらゆる道徳的・政治的思考が表現を義務づけられてきたところの普遍的な主題を扱うようになる。利益はどこにも存在する。国家にも、社会にも、主体にも。利益は人間の行動の対象でも手段でも目的でもある。

これほどにも大規模な変化がどのようにして起こりえたのか。この問いは、社会科学では古くからあり、数々の研究を生み出してきたが、部分的にとどまるものが多い。その中で一番有名なのが、マックス・ウェーバーの研究、『プロテスタンティズムの倫理と資本主義の精神』である。彼の見方は歴史家の側から異議申し立ての対象になったが、この研究は、功利主義の支配が宗教界の内部闘争の中で、また闘争後において、初めて成立したことを示した点で、今も豊かな内容を秘めている。しかし、ウェーバーの考え方は、もっとその範囲を拡大すべきである。なぜなら、安定性と相互性の上に成り立つ経済活動という伝統的な概念から、個人の最大の利潤を目指す貨幣交換という近代的概念へのこうした移行は、より総合的な修正の一側面にすぎなかったからだ。実際、〈宗教的な経済道徳〉ならびに〈名誉という高貴な倫理〉に対する闘争がなければ、西洋に新しい正当な形態が確立することはなかったのだ。

1　利益をめぐる争点

利益という概念は、政治的・社会的・経済的生活のさまざまな分野の合理化のキー概念である。これを単なるエゴイズムの翻訳にすぎないとか、飽くことのない財の獲得への欲望の表現であるとみなしてはならない。むしろ、社会の政治的・道徳的根底の主原動力と考えるべきである。

この概念の圧勝ぶりを見ようと、その歩んだ道のりを全部たどるなどと言うつもりはない(2)。その成功の歴史を追うのが難しいのは、それが旧社会に対する外部からの攻撃で実現したのではなく、むしろ建物の内部から、人々のごく普通の考え方の中心部で起こったからだ。この〈内因性の進化(3)〉は、むしろ古い単語の意味と使い方の緩慢で不規則な変異であって、効用あるいは利益という単語もその一部であり、次第にずれが生じていくうちに、社会的秩序と規範的構造の概念に顕著な亀裂をもたらすようになる。また付け足して言えば、この昇格が行われたのは、明白・明瞭な概念の世界でのことではなく、ある社会状況から次の社会状況へ、ある時期から次の時期へと移る中でのことであり、また、同一の意味内容と価値をもつことの少ない単語の混沌とした流れの中でのことである。利益という単語だけに限ってみても、お金にかんする意味を想起させる最低の動機もあれば、**全体の利益**という言い方が表すような、はるかに気高い動機もあった。エルヴェシウスはまだ一八世紀の後半にあって、この単語がもつ金銭上の卑しい対象としての意味と、〈人間すべての原動力として悪徳にも美徳にも向かわせる強力で一般的な活力(4)〉としての意味とを対比させ、利益が最善の行動の誘因にも最悪の犯罪の動機にもなるとした(5)。

道徳と政治における利益。この抽象的なカテゴリーの支配は、いくつかの種類の利益を、良いものと悪いもの、生産的なものと害をなすもの、というふうに訳なく区別できるという主張へと向かった。たしかに、外部の、あるいは上位の法に頼らずに、人間の行為を対比し、判断し、規範化しうるには、異なるさまざまな利益を区別できなければならない。あらゆる人間の行動を包括しうる一般的カテゴリーとして利益原理を行きわたらせるには、それが条件となる。

　グイチャルディーニは、利益という単語の新しい使い方を普及させるのに大いに貢献した著者の一人だが、その『リコルディ』で、こう述べる。「この社会で自分の事業をうまく行う人間は、つねに自分自身の利益から眼を放さず、この目的に照らしてすべての行動を評価する人間である。しかし、自分自身の利益がどこにあるかをわきまえず、利益が名誉やおのれの評判や名声よりも、金銭的財の中にあると思う人々は間違っている[6]」。正当な利益と不当な利益、立派な利益とよこしまな利益をこのように対比することで、この推論を人間の行動全体に広げるための方法が確立できる。

　利益ということばの多義性は、そもそもの語源たるラテン語にあり、その中にそれぞれの意味が含まれている。クリスチャン・ラズリ〔パリ・ナンテール大学哲学教授〕によれば、「利益 intérêt は、〈真ん中にある、間に位置する[7]〉という空間的意味のラテン語の動詞 inter-esse の名詞形に由来する」。そこから、二つの瞬間、二つの事物、二つの事件の間の差違を示すために使われるようになった。この差違の表示から相対的重要性の概念へと移行し、何かに重要性を与える意味をもつ〈関心がある〉という概念が生まれる。一方で、この単語は、ローマ時代の法律家が使っていたきわめて特殊な意味の一部を残し続けた。期限内に返済しない場合に債務者が支払うべき損害と、告訴人が被った被害の金銭的価を同時に意味したのだ。貸し主が受け取る収益をも意味するようになったこの単語は、カトリック教会がこれを共同体を害する貪欲さと同一視し、当時は公式な断罪の対象として否定されていた。それゆえ、利益という語は、早くから損害と儲けの二重の意味をもっていた。ロレンツォ・オルナーギ〔一九四八年生まれ。イタリアの政治学者〕によれば、フランス語では、損害という最初の意味が一六世紀まで残っていた。その時代以降、ラテン語の意味、〈一番重要なもの〉および利潤の意味が復活した(8)。

2　富裕化の欲望を抑える

個人的利益の名誉回復は一直線には進まなかったし、一挙に実現したのでもなかった。ローマ法、中世神学および政治哲学の古い用語に決定的な地滑りが生じたのは、古代から受け継いだ古典的規範性を形作る政治、道徳、宗教の言説そのものの内部でのことだった。

古典的規範性にかんする一般的概念においては、個人の活動は包括的一般秩序の中に組み込まれ、その秩序はみなが知り、尊重するものであって、おのれの行動はこれに合わせるべきであるとの考えの上に成り立っていた。経済的交換も例外ではなかった。正義に合致した立派な原理がそこに働かねばならなかった。交換と正義は不可分であった。その基本的な用語を整えたのがアリストテレス〔前三八四〜三二二。ギリシアの哲学者〕で、これは近代の功利主義者によって引っくり返されるまで有効だった(9)。都市国家の法の庇護の下に、自然な需要と財を結びつけて政治的人間を満足させる限り、交換は正当なものである。それは平等な市民間における公平で正しい操作である。危険は、金銭欲に際限がなくなり、平等で、自由な、自分自身の主である市民同士の関係を壊すことから生じる。悪い貨殖活動、つまり、自分だけが限りなく豊かになるための、過剰な、貨幣の間違った使い方は、都市国家の敵である。それは、所有財産の正しく制御された使用を前提とする良い生き方に反する。ギリシア人が使った家庭内の意味での経済とは、事物を正しく利用するための主の知恵であり、飽くことなき貪欲さに歯止めがかからない商人の貨幣活動とは正反対である。自分の所有する財産の楽しみ方を忘れ、果てしない欲望にもてあそばれる人間は、〈悪い生活〉へと導かれる。ポリス〔都市国家〕と富のための富は二律背反である。

こうした私利に対する都市国家の優位性は、道徳・政治の両面で古代全体を通じて変わることがなかった。**公の効用**あるいは**共通の効用**という用語、そして「個人の利益は公の効用に従う」という考えは、長いこと人々の基準になっていた。とりわけ効用 **utilitas** という概念は古代ローマにおいて、倫理・法律・政治分野の他のカテゴリーとの対比関係の中で、その意味を獲得した。この概念が一見柔軟な意味のように見えるのは、ある場合には気紛れ、欲望など、純粋に個人的な快楽と対比して主体が負う義務の側に並ぶ文脈もあれば、また別の場合には、道徳的要請や道徳的義務や精神的喜びと対比して個人的快楽、とりわけ肉体的満足感の側に並ぶ文脈もあるからだ。したがって、この効用という概念は、倫理的言説のボルトの役割を果たし、目的のための手段である。行動や事物は、幸福や快楽や義務のために有益なのである。効用 **utilitas** は、実体化されると、快楽と同化しうることもあれば、もっと広く、たとえば誠実 **honestas** と区別されて自分の特典を指すこともある。これについては、キケロ〔前一〇六～前四三。古代ローマの政治家・哲学者〕が『義務について *De Officiis*』で触れている[10]。しかし、幸福へと導くためには、個人の特典の追求は義務とどんな関係をもたねばならないのか。良い人間 **vir bonus** は誠実 **honestas** と効用 **utilitas** との協調を目指すべきである。ということは、個人の特典は都市国家に対する義務と不可分なのだ。古代、エピキュロスの支持者とストア主義信奉者の論争が長く続いたことは、よく知られている。効用と快楽を同等にみなすべきか、みなしうるか、あるいは逆に、幸福へと向かう効用は必ずしも義務の正当な評価に仲立ちされる必要はないとすべきかが問題だった。効用と快楽をエピキュロス主義のように同一視するのは危険である。なぜなら、それは快楽の計算から有徳の行為を導き出すからである。ストア派はこれとは反対に、幸せな生活にふさわしい行為は世界の自然な秩序との協調で決まるとした。エピキュロス派にとって、快楽の計算は習得すべき技であり、財産の果てしない追求と取り違えてはならないものである。際限なき富裕化は、どんな場合でも、個人の混乱と政治秩序への脅威の印となる。

中世の道徳的・政治的思想では、純粋に個人的な利益に対する共通の効用、あるいは公の効用のこうした優位性がずっと続いた。ただ、古代の価値システムとキリスト教思想の間には、いろいろ隔たりがあったことは考慮しなければならない。たとえば、怠惰の糾弾と労働の復権とも言うべき状況がある。労働はキリストの身体としての共同体にとって主要ではないが、必要な役割とされていた。中世文明、また宗教的な見方では、「身分に応じて」まじめに働くという事実を良しとしたのだ。労働と、勤勉な仕事の果実である小財産が道徳的に価値あるとされたからこそ、金融資本主義への断罪があれほど歓迎されたのだ[11]。商業・金融活動というものは、各社会集団の要求に適応した自然な経済の枠内で考えられた。商業が個人の仕事だとしても、価格は共同体にかかわる。価格は、同胞である同一共同体の主体間の関係にかかわる以上、〈正しく〉なければならない。この**正しい価格**という概念は、それと結びつく、**正しい給料**という概念と同様に、法律、宗教、道徳、経済のそれぞれの次元に違いがなかった状況を表している。各人は〈公明正大な、良い〉経済の中で権利があるものを当然受け取るべきである。富のための富は悪魔的とみなされた。キリスト教徒の理想像は、富み、盛んな人間ではなく、磔にされた身体、神のお気に召す気前よさを示す機会を与える貧者である。俗世から遠ざかり、禁欲に励み、地上の利益を拒む、これこそ価値ある行いである。『マタイによる福音書』には、二人の主、神とマンモン、すなわち真の神と偽の黄金の神に仕えることはできないとの警告がある。唯一の例外が教会の財産であるが、この富は神の栄光に捧げられている。それに対して、高利貸し付けは道徳的に非難されるが、国家の運営と戦費に借金が不可欠なときは、許される。高利貸し付けは働かずに儲けを生むから、長い間、神の時間を盗む悪魔的行為とみなされてきた。

3　中世思想の変遷

西洋における高利貸し付けというこの大問題は、今日歴史家によって〈資本主義の分娩〉ととらえられている。[12] キリスト教世界は、商業資本主義の発展に伴い、かなり早くから価値体系の変化を目にするようになった。実際、キリスト教社会がその理想的統一から隔たり、社会の至るところに広まっていたはずの単純な社会システムによる調和に満ちた像とかけ離れていったことは、よく知られている。[13] 中世西洋は長い期間、社会的・精神的世界、さまざまな思想、論理、価値観、異質の時間が対立しながら共存し続けた。社会的・精神的世界の分化が進む中で、少しずつ都市の商業、手工業、産業環境の間に新しい思想形態が姿を現していった。その結果、初期中世の有機的社会を一時支配することができた統一世界像は次第に崩れていった。

当然ながら、資本主義はある日突然生まれたのではなく、それに対応する種々の実践の展開が可能になったのは、金銭、高利貸し付け、営利的投資の上に重くのしかかっていた宗教的タブーが次第に衰えていったからに他ならない。商人の活動は、博愛の優先というキリスト教の社会倫理におよそ反することを平気でやっているのに、キリスト教の議論はこれに妥協的になり、次第に許容されていく。

こうした変化はどのようにして起こったのか。現代の歴史家は、支配的な教義が果たしたブレーキと障害の役割を強調し、一七世紀以降の商業・貨幣経済の発展は宗教的禁止が次第に解除されていったことで生じたのだと説明する。たとえば、ジャック・ル・ゴフ〔一九二四～二〇一四。現代フランスを代表する中世史家〕は、カトリック教会がスコラ派神学の論理の助けを受けて、一二世紀以降の高利貸し付けの増大に対して、強烈な抵抗をしたという論証を行っている(14)。貨幣経済の展開とともに貸し付けが広まるにつれ、教会は断罪と禁止を繰り返したと。しかし、彼はまた、利付きの貸し付けが一定の形と限度を守る限り、教会はこれを少しずつ容認していき、一三世紀以降は、〈煉獄〉の概念が一部のタブーを取り除くことを可能にし、経済活動に課せられていた宗教の裁きを緩和して、金貸しに救済の条件を取り戻すチャンスを与えるようになったとも論じている(15)。

カトリック教会は聖書に基づいて、金を貸す場合、聖アンブロシウス〔三四〇～九七。ミラノの司教〕の定義に従って、与えた以上に受け取ることを罪とした(16)。金を貸すべきとき、その見返りに何も受け取ってはいけない、それは罪となるから。高利の貸し付けが犯す盗みは、同等のものを与えずに金を稼ぐという事実から生じる。さらに、高利の貸し付けの罪が重いのは、それが決して止まることのない、金貸しが眠っている間にも利子が働くからだ。教会は教義上、金が商品間の交換に役立つ仲立ち以外のものになることを拒否する。金が目的そのものなることを拒否する。だから、商人は銀行家と同様、死が近づくと、自分の人生の決算のバランスを取り戻そうと、教会に莫大な遺贈を行うことが長く続く。ひたすら金を貯め込むのは、聖書の黄金の仔牛〔ユダヤ－キリスト教徒にとっては異教信仰、偶像崇拝への戒め。拝金主義の比喩としても用いられる〕と等し並みで、自然に反するものとされ、汚れ、恥ずべき行為であり、〈正当な値〉によって支払われる対等な役務の交換という正義とは正反対のところにある。金銭に魅せられ、貨幣フェティイズムの犠牲者である**肥えた金貸し**の最後の運命は、地獄と決まっていた。働かず、いかなる有用性も作り出さない金貸しは、神のみに属する時間の盗人にすぎない[17]。彼は魂の救済に替えて、儲けのための儲けへの期待を選んだ。教会が擁護する時間の概念は、商人が考える時間のイメージと両立しない。商人は時間を自分の道具と化し、蓄積のために利用する。ジャック・ル・ゴフは、この二つの時間の対立を強調する――「商人の時間は儲けの重要な機会である。金をもつ者は、自由に使える金を手元にもたない者から返済を待つことで利益が得られると考えるからだし、また商人は、自分の活動を時間の筋立てによる仮定――飢饉に備えたストックを知り、情報・通信網を利用して経済状況や食料品市場の基調や金の流通状況などを知ることで、有利な時期を狙って行う売買――の上に組み立てるからだ。このような時間に対して、教会の時間のほうは、ひたすら神のものであり、金儲けの対象ではありえない[18]」。時間は、実業家にとって尺度であり、金である。これは、ベンジャミン・フランクリン〔一七〇六～九〇。アメリカの政治家・科学者〕よりずっと前にレオン＝バッティスタ・アルベルティ〔一四〇四～七二。初期ルネサンスの人文主義者〕が主張しているところだ[19]。その時間は計算可能な技術の全体、危険と関連する見込みの領域の新しい思考形態を含んでいる。一四世紀に都市の中心に据え付けられた大時計、それが指し示す時間の尺度は、リズムを取って計られる生産と賃金労働のためにも、都市の自立した政治権力の確認のためにも不可欠だった。諸都市の近代の時間は、農業のリズムや自然のサイクルに結びついた循環する時間から遠ざかり、メシア待望の典礼の時間からも離れて、実業と産業労働の尺度となった。この時間は、労働力、生産効率、厳しい商取引を取り仕切る道具であり、儲けの源である。そもそも、この精密に計算される時間それ自体が、精密さを重んじる精神、もっと広く言えば、数量の習慣を発展させる商品の運用と無縁ではないのだ。それは、新しい経済の尺度の時間、〈新しい主人の時間[20]〉、時間の主人になろうとする者の時間である。

4 〈はみ出し階級〉の昇進

高利金貸しという行為、もっと一般的には、商取引は、たとえ共通の効用に貢献するとしても、中世社会の三機能の図式（僧侶・貴族・平民）には容易になじまない。金銭熱と金貸しの悪魔視の原因は、さらに、宗教的タブーの原理である一番根の深い精神的[21]カテゴリーから見て、行き過ぎとみなされているところにもある。商人と金貸しという〈はみだし階級〉の昇進は、一〇世紀から一一世紀にかけて実体化していた三機能の図式を修正する方向へと導くことになる。社会職業的な機能の分化に応じて社会がいろいろな〈身分〉に区別化されるに従って、この図式は複雑化され、柔軟に変わっていく。これによって、より順応性のある道徳がさまざまな機能と身分に結びつき、特殊な職能規範を定義し、キリスト教の教義上は正しくないとされる慣行に修正をもたらす。この道徳はまた、商人が共同体に果たす役割の効用を認める。「公の効用のために商業に従事するなら、また生活に必要なものが国内で不足しないよう願うなら、金儲けは、目的として求めるのではなく、労働の報酬として要求する限りにおいて良い」と、聖トマス〔一二使徒の一人〕は言っているが、それでも、彼の場合はまだ、商人という職業に恥ずかしい面を見ていた[22]。しかし、カトリック教会自体は、教義の理論体系が長いこと厳格なままだったとしても、生まれてくる資本主義と妥協し、それを利用して財政の基盤を固めた。融資は道徳的禁止を避けて通り、〈改めて認められた〉為替手形は遠方の取引を利して融資と支払期限を先延ばしにした。金銭の取引は商品の取引と並んで発展し、農村の市、都市の市場、〈世界を制覇する〉商社が〈交換の働き〉[23]を拡大し、強化する。とりわけ海上貿易にかんしては、協同契約が企業の力を増大させてリスクを減らし、いくつかの商人 mercatores の大家族を中心に近代的な意味での企業を生み、特化した企業によって開発された契約技術に基づき、保険システムが現れる[24]。都市が交換センターとなり、産業定期市がヨーロッパの北部と南部に発展することで、商人–銀行家は国家に貸し付けを行い、教皇権を財政的に支える。彼らはまた、君主たちを支援し、その見返りに、一部の聖職者の激しい非難を浴びながら、自分たちの活動が同業者団体としての義務から免れることを認めてもらう。このような状況の下で、大商人は貯め込んだ富をバックにして、都市における他の社会階級に対して自分たちの文化・社会・政治面での影響力を強めていく。宗教界は、勢力を維持するために、この新しい知的好奇心による活発な活動を容認した。こうして一二世紀後半から、世俗の公教育の第一歩が始まり、高度な職業技術教育、実業家の専門教育、ルネサンスの土台をなす文学趣味が広まっていく[25]。資本主義はすでに新たな社会形態をなしていた。

5　計算と経理

生まれようとしていたのは、単に一つの階級だけではない。大部分が農業社会と宗教社会のままだったところに、新しいタイプの人間が現れたのだ。中世文明の土台を彫り崩す主体の誕生である。資本主義のハビトゥス〔社会慣性〕が出現するのに、一七世紀、いや一六世紀の宗教改革さえ待たなくても良かったことは、あらゆる点から明らかである。たとえ支配的で統一された一般的なシステムとしての資本主義にはまだ間があるとしても、個人的資本主義について言えば、すでに中世に、通商・産業の高い序列の位置に立派に存在し、活発に働いていた。象徴的なのは、資本という単語自体が、一三世紀以降のイタリアに定着し[26]、とりわけ、資本と労働が織りなす社会関係を進め、しかもそれを、時にむき出しの形で深めたことだ[27]。

ブルジョワ資本家の特徴は、新しさ、冒険、征服、リスクを求める精神である――ウェルナー・ゾンバルト〔一八六三～一九四一。ドイツの経済学者・社会学者〕によるこの考え方は、長いこと受け入れられてきた。資本家はおそらく彼の時代の先端に立つ人間であっただろう。資本家は時代とともに残り、おのれが作り上げた時代の精神をおのれのものとしてきたことは証明済みである。一二世紀末から広まったフィレンツェの世俗教育は、その良い例だ。初等算数が教えられたのは商業的理由からであり、それは交換を行う状況と結びつく訓練の形を取った。会計簿を付ける必要から、読み・書き・算数・簿記の教育が行われた[28]。正確に筋道を立てて考えることが要求されたし、記号の簡素化も要求された。ローマ数字をやめてアラビア数字とし、ゼロを取り入れた。売買の値段を定め、単利・複利を計算し、値段やリスクの算定に為替レートの変動を組み込み、多様な貸付業者をうまく利用し、自分たちのシステムで使う〈度量衡〉を熟知した。そうしたすべてが、一三世紀に発する単語の転換、金銭の術 aérismatique と算数 arithmétique の入れ替えということばに象徴される、ある精神を育てた。金銭を記号とする計算は、ピエール・ジャナン〔一九二四～二〇〇四。フランスの歴史学者〕が強調するように、〈思考および生活一般の合理化〉を推し進めた[29]。科学が思考に量を導入したと言うよりは、商品を扱う訓練が数字の正確さや〈量的思考型〉になじませたのだ。「数は、科学にとって理解の手段になる以前に、利息のための活動の道具である[30]」。

脇役として働くこうした実践教育の他に、国際的取引のために、古典学よりもまず一般的知識と言語の教養が必要とされた。言語（とくにラテン語とフランス語）、政治、地理、歴史である。情報に商業上の戦略的価値があるとすれば、まずは情報を提供する側と受け取る側双方に予備教育が行われねばならない。これが前提となり、新しいエートス〔道徳習慣〕が形作られる。金の儲け方を学ぶと同時に、身の処し方、身なりの整え方、言葉の遣い方を身につけ、さらに正しい方向に無駄なく努力を傾けていく必要があるというわけだ。有能さ、粘り強さ、慎重さは商人の大きな徳である。実践的功利主義は、アメリカの先駆者となるベンジャミン・フランクリンのずっと前から、実業界全体の雰囲気になっていた。この価値体系においては、善は効用と、そして時は金と一体である。

一一世紀以降の貨幣経済は、世俗的価値の上昇、新しい〈ものの値段〉の展開を伴って進行する。清貧を誉め称えることは減り、繁盛を自慢するようになる。貨幣は国家の活力とみなされ、すべてに値が付くようになり、人間さえもその対象となって、とりわけ、住民の中で労働報酬を受け取る者の比重が高まるにつれて、その傾向が強まる。金の力で土地、称号、地位、資格が手に入る。金は実に卑しいものだが、高い身分へと昇る道を開く。金ははかなく消えていくものだが、不動産の安定性に通じている。それればかりか、あとで触れるが、金で来世の買い戻しさえ可能になる。その結果、貨幣の濃厚な液に次第に浸っていく世界は、数と量でものごとを考える世界にもなる。日常生活の諸関係は、貨幣の湯浴みをすることで量の問題との結びつきを強めはじめ、住民の間に〈数の感覚〉が研ぎ澄まされていくと、今度はそれが商業の発展の役に立つことになる。(31)

6　来世の経理

クリスチャン・ベック〔一九六九年生まれ。現代フランスの経済・社会史学者〕は、一四世紀と一五世紀の実業家が書き残した文書の分析を通して、彼らが本来の宗教への熱意をすっかり失い、料金と契約に基づく宗教に傾いていたことを明らかにしている――「実業家にとって、神はもはや、神秘の瞬間への飛躍を叶えてくれるあの超越的存在ではない。神は、地上の生活における闘争を支えてくれる脇役となる。中世末のフィレンツェ商人は、神に自分たちにとって有利な働きをしてもらうために神と商業契約を交わし、費用とお務め（施し、祈り、ミサ）は自分たちが懇願した働きと釣り合わねばならないとした。要するに、実業家は自分の支払うべき分を払い、その見返りに利益と救済を期待する(32)」。これを一番よく示すのが、死との関係であり、それ自体で、信仰の変わりようがわかる。〈自己の死(33)〉としての死の意味は、一四世紀頃には、〈自己の生〉としての生そのものとの関係の中で根本的に修正されていった。先祖の声はさらに低くなり、現世から来世への移行は個人化されていく。遺言の慣習は、それを伝える好例である[34]。現在ではよく知られているが、芸術が個人性を重視するようになったのも、人物像において個人が描かれ、個人の観察者が空間の中心となり、構成主である遠近法がその手法として使われる、という独自性を見れば納得がいく。さらに、ジャック・シフォロ〔一九五一年生まれ。フランスの中世専門の歴史学者〕の表現である〈救済の数学〉も、もう一つの注目すべき指摘をもたらしてくれる。来世への〈移行の値段〉を決めるのに、個人による算定が介入してくるのだ。富の蓄積に基づく会計によって、宗教的序列に従った遺贈のバランスが案配され、次第にミサの回数、煉獄の時間も定められていく。この世での善行とあの世での褒美には比例関係が成立する――「こうした慣行の多様化を見れば、〈移行〉のイメージの著しい変貌は明らかだ。これ以降、移行は慣例的に一年で行われるのではなく、変更自由な期間の中で、各遺言者が死の前 pro mortuis のミサをどのように挙げるかを詳細に取り決めてから、これを算定する。それどころか、信者は、死亡後に続く時間、日数、月数について、できるだけ代禱〔煉獄の霊魂の償いを補足する祈り〕を積み重ねることで、この潜伏、待機、清めの時間を減らす手段が自分の手の中にあると考えるようになったらしい」[35]。宗教面を覆い尽くすこうした救済の会計は、商人の数学をそっくり写している。この会計はもはや反復的でも循環的でもなく、累積的である。ミサ、聖歌、大蠟燭、巡礼等の質と量を測定し、聖画像、聖遺物、免罪符を蓄える。教会は新たな祭式の形を取ることで、会計と個人性に基づくこの新しい時代に見事な適応ぶりを見せた。まさに宗教界の内部から、時間は生者の所有物となって彼らの来世への移行を保証し、勤行の実践はそうした保証のための実践へと形を変える[36]。

7 儲けの再評価

利益をめぐる問題は、単なる経済の台帳に限定されるものではない。社会生活に占める経済活動の比重の増大と、新しいブルジョワ階級の勢力上昇にも結びついている。商業・産業活動に正当性を与えることへの関心、この活動を自然で有益なものとして認めさせようとする欲求、これらは〈利益〉という語に新たな評価を加えていくのに無関係ではなかった。ずっと以前から、利益とは儲けに対する正当な愛好心を意味してきた。

快適さと富の追求の同義語として使われる利益という概念の経済的側面をとくに重視した著者たちがいる。一六世紀のイタリア人ジョヴァンニ・ボテーロ〔一五四四～一六一七。イタリアの思想家〕、一七世紀初頭のフランス人アントワーヌ・ドゥ・モンクレスチャン〔一五七五～一六二一。フランスの経済学者〕などである。しかし、利益が経済的カテゴリーとして重要視されるようになったのは、いわゆる経済学の誕生のはるか以前からであり、また政治的な使われ方をする以前からである。

たとえば、イタリアのジェノヴァ、ヴェネチア、フィレンツェの商人・実業家の間では、中世末から利益中心の行動を正当化する一連の取り組みが見られる。それはブルジョワ固有の日常文化が育まれていく過程でもあり、そうやって、一般社会、諸制度、宗教を商人が維持するという関係の構造ができていく。近代資本主義の実験室の役を果たすこれらのイタリア都市では一三世紀の間に商業ブルジョワジーが実権を握った。そうした都市環境の中で、保険の技術や、契約、郵便、統計、在庫目録、さらには簿記の実践といったものが一般に普及し、形を整えていく。几帳面な日記、正確な計算、これらを好む傾向が拡がり、合理的な行動の予測に基づいて他者との関係を築くという点においても、それが必要となる。[37] これについてはいくつかの証言が書き残されている。フィレンツェの商人ジョヴァンニ・ヴィラーニ〔一二八〇～一三四五。フィレンツェの銀行家・歴史家〕が書いた『新年代記』においては、数字で表される特徴を中心に自分の町の状況を記述している。イヴ・ルヌアール〔一九一八～二〇〇九。フランスの歴史家〕はこの注目すべき文献を次のように注釈している。「良き実業人として、ヴィラーニは都市生活における経済の重要性を知っていた。彼はまた、数の雄弁さ、どんなに無味乾燥でもそれを列挙することの見事な効果を知り、どんなに大きなものでもすべて分析可能で、形容詞よりも数字のほうがよく表現できることを知っていた。彼は直感的に、自分の愛する都市の栄華を祝す誇らかな賛歌を歌うには空疎な叙情的表現ではなく、数字の連禱によるべきであると感じていた[38]」。これらの実業家たちにとっては、のちに格言を残すことになるフランシス・ベーコン〔一五六一～一六二六。イギリスの政治家・哲学者〕のはるか以前から、〈知は力なり〉であった。少なくとも、この知が自分の仕事の利益に深く結びつく情報へと近づく助けになるときには。「自分の仕事で損をしてまで、他人の役に立ってはならない」という格言は、実業家がたがいに維持している競合関係にふさわしい精神傾向をよく表現している。この資本主義の倫理は、いかなる道徳的・宗教的配慮ともまったく無縁な倫理である。それは、一四世紀のイタリアの実業家が言う、「手に入れた富を個人主義的な享受原理に則って使うために、最も有効な手段を見出し、その獲得においても享受においても、自分の満足感以外には境界を認めない[39]」とする倫理である。フィレンツェの商人たちが財産（運）fortuna を重んじたのは、単に事業が財産に大きく依存するからではなく、財産がリスクの名において高い利潤を正当化してくれるからである。[40] しかし、このリスクに抵抗しつつ、また同時に支えられつつ、数字、勘定、尺度からなる、そして行動の時間でもある大時計の時間からなる一つの文化が築かれていく。時間と空間は商業活動のパラメーターである。理性 ragione は新しい思想の中心的カテゴリーだが、ここでの理性は哲学の抽象的な理性ではなく、勘定であり、商人 mercatores の計算 ratio である。おまけに、人間自体が、賃金と罰金において算数的評価の対象となりはじめる。[41] こうした会計士的合理主義、日常生活の経済的世俗化が世界を再編し、知覚を再構築して、すべてを量に、貨幣単位に、時間・空間単位に変える方向に向かわせ、計算万能への道を開く。取引の時間、市場の時間は、イタリアの都市では〈主要な社会的時間〉[42] となる。しかし、この時間は単に不安定な個人性を帯びた時間、はかない生命の時間であるだけではない。恵まれた集団においても若死にすることがあるのだ。時間の展望は商店の展望であり、企業や家族の継続性の展望である。すべてに通じていたレオン＝バッティスタ・アルベルティは、商業ブルジョワジーの公教要理を書いた。[43] そこでは家族は本質的なものとされ、個人主義でさえ家族的な形で現れる。なぜなら、一見、社会をバラバラにしかねない守るべき利益とは、実は何よりも家族の利益であるからだ。商業活動は人々や家族を結びつけ、その活動の内部においては、相互信頼の絆で結ばれる協力者が補充される。商人経済の運営は経済外のつながりの上に成立し、公共生活もこれとまったく同様に、家族の統治の上に整えられ、形作られる。血統と商家の永続にはきわめて重要な努力が払われる。したがって、子どもを財産（運）の作者 faber fortunae に仕上げるために、各子弟には入念な訓練が施される。

中世期末とルネサンスの人間たちの行動の動機は、経済的利益だけではない。彼らは高い理想、都市の自由や家族の名誉を守ることをわきまえ、古代人の中に見習うべき立派なモデルを見出す。しかし、この経済的利益は、合理的で冷静な行動として現れるとき、いわば心の装置、文化的形態、測定尺度となって具体化された。この行動する合理主義によって、さまざまな出来事をつなぎ合わせ、予測の基礎を作り出す一連の条件を確定することができる。知は、ますます予測の必要性に応じて働くようになる。(44)過去と現状をよく調べることで先を読むこのような能力は、商人の慎重さの大元にあって、恐れでも冒険心でもなく、一番有利な目的を達成するための手段の計算として発揮される。フィレンツェ商人の歴史が示しているように、彼らの道徳は計算の精神からなる。彼らの慎重さは徳の高い行動の中に神を求めるキリスト教徒のそれとも、正しさを求める哲学者のそれとも違う。要するに、イタリア商人、もっと広く言って、ヨーロッパ商人は、とうていウェルナー・ゾンバルトが述べた原始的な存在に帰するものではない。この商人は、正確さ、適確さ、言語、教養ある会話を心がけた。これは正確な測定、戦略、他者との洗練された対話を好む知のあり方を定義する。また、この商人は家族も祖国も神さえも蔑しろにはしない。

8　新世界

古い宗教倫理は、経済的活動を救済と同胞愛の掟に従わせ、富の蓄積や貿易商の貪欲よりも農民と職人の労働のほうに好意を示していた。この教義は、金が金を生むことを認めなかったから、(一一世紀から一三世紀にかけての都市の商業革命や一五世紀以降の生産熱の広がりが示すように)個人的資本主義の誕生を阻止はしなかったものの、おそらく、社会システムとしての資本主義の飛躍に対しては心理的な歯止めにはなっただろう。「商人という職業は神のお気に召さぬ」。教父学〔教父の著作や思想の研究〕の下すこの糾弾を忘れるには、時間がかかった[45]。またこの古い倫理が衰えて初めて、新しい商業・産業階級の支配にふさわしい新しい規範システムが表に出ることができた。利潤の追求と個人の富裕化が道徳的・宗教的面で正当化されるようになったのは、利益の、もっと一般的には労働と利潤の、倫理における〈自然な〉次元が引き上げられたからである。事業を行う際のむき出しの資本主義倫理、これを会計という形で操る商人を、カトリック教会自身が容認する。ただしそれには、慈愛に対する最小限の儀礼と義務を適切に果たそうとするキリスト教徒の行動が伴わねばならないとされた。一四世紀末になると、教会は、豊かさとは神が一部の人間に与え給う状態でもあるとさえ説く。また、金融会社に預けた資本が利を生む状態については、認めはしないものの、目をつむる。

しかし、実践の領域から見るならば、厳密な意味での資本主義は規範の転換の影響を受けた他のいくつもの分野の中の一つにすぎない。大転換はむしろ、経済的利益が商業・産業階級の集団的・個人的生活における原動力になったという資本主義的な事実よりも、あらゆる関係が利益という唯一・同一の問題群に属することになった事実の中にある。周知のように、後世の一部の著者たちは、利益の概念を経済領域専用のものと限定し、物質的・金銭的利潤の概念と同一視しようと試みた。たとえば、道徳哲学者シャフツベリ〔一六七一〜一七一三。イギリスの哲学者・政治家〕は、利益を〈われわれの安楽と生計維持を保証する財産欲〉と定義している[46]。ヒュームも同様に、利益を〈金儲け欲〉と狭く結びつける[47]。だが、こうした限定づけはあまり拡がらない。ベンサム、ジョン＝スチュアート・ミル〔一八〇六〜七三。イギリスの哲学者・経済学者〕、その後に続く一連の功利主義哲学者たちは、物質的富だけを目的とはしない利益の道徳をつねに主張することになる。実際、利益は最初から、経済分野をはるかに超える一般的道徳形式として姿を現した。利益という抽象的概念、〈利益一般〉はかなり早くから、個人独自の目的全般、あらゆる自己肯定、人間の活動全体に及ぶ一種のメタファーとして、成功と栄光への追求を意味していた。したがって、ベンサム以降は個人的特典、人生の飛躍、身分の上昇等、個人の目的のどれもが商業的利潤にたとえられ、同じ分析の道具、同じリスク計算を用いて算定されるようになる。[48] その意味では、この概念は、世俗社会における個人生活の合理化の表現として理解すべきであり、商業・産業階級はこれを人間生活の正当なイメージとして広めるのに貢献したのである。

商人が時間の経理係になったとすれば、新しい人間は、個人の所有物、つまり厳密に個人的次元とみなされる自分の人生の経理係となる。日常の時間の使用、自分の生活の合理的な利用は、〈自分の人生を稼ぐ〔生計を立てる〕〉ことを願う者には決定的な関心の対象となる。個人は、恐れ、力、迷信の上に成り立つ強制手段に依存しない〈自由な生活〉のために、自分自身を制御するよう促される。この制御は、より内面化され、十分計算された利益に基づいて行われる。つまりそれは、単一・同一の個人が自分に認めさせ、自分で受け入れるための自己規律となる。この点から見て、利益道徳と自己規律は最初から不可分なものである。利益の上昇、結果として道徳の計算に基づく着想、個人の自己目的追求に対する積極的奨励、これらはすべて、個人としての生活がそれ自体の行為の結果をどれだけ制御しうるかにかかっているという考え方を前提としたものであり、また同時にその考え方が表出したものである。各自が自分の人生の主であり、その人生は過去から未来へ、揺りかごから墓場へと続く一本の直線、手なずけた来世にまで続く一本の抽象的な線である。時間が機械的で抽象的なものになるとき、つまり時間が農業生活の循環的連続とも血統を構成する世代の系列とも切り離されたものになるとき、時間は個人的次元となり、近代的主体はその次元の中で自己制御を行うよう心がけはじめる。アーロン＝J・グールヴィッチ〔現代フランスの中世史学者〕は、中世の主体の変貌を検討した上で、指摘する。個人は大家族の時間から解放されて、成就すべき個人的人生を割り当てられるので、もはや社会体の中の一つの身分、世代交代の中の一つの地位にはとどまらない。真の豊かさとはもはや一族郎党の数による豊かさではなく、個人的成功で決まる物質的な豊かさ、現生の豊かさであると。(49)

近代的経済活動に邁進したこれらの階級が、何故に宗教、道徳、哲学、政治の分野で生じた従来の伝統との断絶を歓迎し、これにことごとく肩入れしたのか、その様子と理由がこれで理解できる。断絶は、資本主義の経済的エートスに反しない意味づけと正当化を彼らに与えてくれたのだ。(50) R＝H・トーニイ〔一八六〇〜一九六二。イギリスの歴史家〕の古典的研究は、この点を見事に証明している。彼は言う。カルヴァン〔一五〇九〜六四。スイスの宗教改革者〕の教義は都市の商業文明の新条件に基づいて形作られ、その文明に合理的道徳規則をもたらそうとしていたのだと。トーニイによれば、カルヴァン主義の理想社会は、経済的動機を率直に正当なものと認める社会であり、「人々が自分の気質を忍耐強い労働で鍛えるとともに、神のお気に召す奉仕に献身すること、この両面を自覚してひたすら真剣に富を求める社会である」。(51) この新しい活動、とりわけ金の貸し付けの受容こそ、宗教改革の社会的重要性を最もよく表しているもので、この理想の下でカルヴァン主義は労働とその努力による社会の正当化を目指していく。慈善という方法を使っての創造主との交渉はもはや問題外であり、神の栄光のためには正直に働かねばならない、というわけである。規律と労働の教義は、とりわけ新しいブルジョワ階級を組織し、強固な教えと道徳一式を備えるのに役立った。この教義は現実において、生活を規定するよりも、長い時間をかけて生活の意味を変えていく方向に働いた。また厳密に経済的な意味では、それによって資本家たちは、カトリック教会の禁止事項をうまくかわす手段を手に入れた[52]。

マックス・ウェーバーが提起したプロテスタントの倫理と資本主義の精神との〈親近性〉にかんするテーゼが招いた論争は、さして重要ではない。その後、ブルジョワジーがこぞって宗教改革の側に並んだわけではないし、むしろカトリックのままのブルジョワジーも負けず劣らず活発だったことは周知の通りである。論理だけに限って言えば、イエズス会〔一五三四年、スペインのイグナティウス・ロヨラらが結成、四〇年、ローマ教皇に公認された修道会。反宗教改革の先頭に立った〕の教理問答のほうがピューリタンの道徳よりもさらに資本主義に好意的だったとする主張さえ、時にはあった。われわれの視点から見て大事なのは、新しい生活形態が正当なものとなるには、宗教的規範性の中心において変化が必要だったということである。この正当化の作業は、簡単で、直線的な道をたどったわけではない。自己制御欲、あるいはウェーバーの言う俗世間禁欲主義が純化され、極端な形になったことには、たしかにカルヴァンの影響があっただろう。しかし先に触れたように、これには、もっと古く、もっと幅のある、もっと深い動きが存在したのである。それまで禁止されていたことを解き放ち、何よりも生活に対するまったく違う見方を組み立てたのは個人の経済行動であるという新たな主張が現れはじめる。ここで言うまったく違う見方とは、ほぼ会計に基づく見方のことで、この見方に立って個人は資本を残し、増やし、来世に移転することを考えた。この問題を専門とする歴史家たちの認めるところでは、中世以来、商業・金融階級の力が増すにつれて、経理的な精神の働きが広まり、長い時間をかけて資本主義は拡大した。当然の成り行きと言うべきだろう。資本主義は、取引量の増加、市場の拡大、利潤増大を求める生産調整という道を経て進む。資本主義なしの市場はありえても、その逆はない。だから、資本主義にとって利益が強力な知的武器となり、それが新しい分野への取引拡大を正当化するのに役立ったことは、よく理解できる。しかし、少なくとも、「利益の成功は獲得熱と厚かましいエゴイズムだけのせいだけではない」と考えるのでなければ、それは肝腎な点ではない。アダム・スミスが強調し、のちにウェーバーが繰り返すように、貪婪な独占欲は資本主義の十八番ではない。「**すべては自分のために。そして他の者には何もやらない。**これがあらゆる時代を通じ、人類の支配クラスの人間たちが用いてきたと思われる浅ましい格言である[53]」。では資本主義の新しさはどこにあるか。それはむしろ、最大化を求める企業の合理的経営と結びついた論理思考に基づく量的・経理的形態と、普段の資金流動性の操作にある。そして、この〈資本主義の精神〉が、少しずつ広まりながら、中世以降の産業的・商業的拡大に有利な環境を整えることになる。ところが、この精神はさらに、ゆっくりと文化的効果を上げて、一七・一八世紀には、人間という概念そのものを変えていくことになる。商品が日常実践のすべての領域を覆い尽くすという単純な問題だけでは、済まなくなったのだ。もっと重大で、もっと深い、もっと未来にかかわる問題が現れる。利益中心の自我という個人性の概念が、すでに頭をもたげている。まさに近代の夜明けとともに、自分の生活を合理的・経理的に考える新しい人間が姿を現すのだ。

第2章 政治的まとめ役としての効用

利益は地上最大の君主である。
モンテスキュー『ペルシア人の手紙』(一〇六)

公益性の名の下に統治するという言い方は、どの時代にもあてはまる大層な立前として通用しうる。しかし、古いことばがいつも同じ意味をもつとは限らない。効用という概念は、主権性の確立のために貢献したヨーロッパの法学者たちによる新しい考え方と手を組んで、古代の意味とは縁切りして、独自の色合いを帯びていく。一六世紀に入ると、三大地滑りが目に見える形で生じる。まず、国家はそれ自体、戦略的な主体となり、固有の合理性の源となる。次に、国家の力は、次第にその経済的基盤と同一視されていく。最後に、公益性は、私的な所有物とは区別される国家の領地の規則としてだけでなく、個人の利益の集合体としても定義されることになる。功利性の古い概念は、利益と結びついて、新しい意味合いをもち、いわば利益の同義語にほぼ等しくなる。一六世紀には、利益が人間の行動を説明するために特別有効なカテゴリーになるのだが、そればかりか、このことばは統治のための素材、目的、効果的原理を指すようにもなる(1)。近代西洋の新秩序の建設者たちは、新しい意味合いで装備され、再定義されたこの語彙を使って、新しい規範の骨組み、新しい政治的実践、新しい社会組織の姿を作り上げた。ここで、階層社会にかんする中世哲学に優勢だった政治思想との断絶が起きる。それまでこの階層社会の目的は、世界の全体的秩序と神の意志によって規定されていた。やがて主権の原理が新秩序の要石をなすわけだが、この原理は最初から、効用原理・協調・競合の複雑な関係に置かれている。新しい政治技術は、もはや聖書を拠り所とすることなく、王国の経理報告書の作成から生まれる。主権の行使の中心は次第に、共有財産のために国家が個人の情熱を利用するという形を取るようになる。人々がもう利益を共同体の有害物ではなく、政治社会の基盤、力の蓄積に向かう権力行使の手段とみなすようになれば、利益は中心的な政治概念となるだろう。公共財は個人財産の総和からなる——こうした考えは、あとで振り返って繰り返し言われたように、民主的・自由主義的な影響力を及ぼすことになる。しかしながら、誤解しないようにしよう。利益はまた、権力の道具、個人に対する支配の道具としても見られていた。要するに、この利益という大問題の政治的効果は、本質的に曖昧なのだが、少なくとも初期の段階では、国家権力を強化するために個人のエネルギーをいかに利用するかという点を重視するものだった。

ここでもまた、一六世紀のイタリア都市国家は、内部抗争と対立を繰り返しながら、変化の中心に位置している。しかし、俗受けするマルクス主義に騙されてはいけない。ブルジョワ階級だけがその実践活動で利益の観念を復元したのだと、安易に考えてはいけない。政治の世界でも、この観念は政府の活動の基準となり、価値となった。ブルジョワ階級、商人、金融家、工場主の階級だけが、こうした普遍的な考え方を社会全体に広める知的手段をもって、尊敬される地位を得ていたわけではなく、政治権力を行使する理論家や実践家もまた、そうした手段と地位を得る正統性を備えていたのだ。彼らには、そうであるための立派な理由があった。力と富は、ただ一つの同じ政治的目標になる傾向があったのだ。(2) ブルジョワジーでおのれの経済的イデオロギーをあらゆる社会領域、あらゆる階級に押しつけたのは、ブルジョワジーではなく、むしろ権力の建設者と技術者である。彼らは安楽と力を一つに考え、さまざまに異なる問題、状況、処理方法を一つに統合してとらえる手段として利益を前面に押し出した。そうやって、同質な世界のイメージを生み出しうる一定の言語をコードとして使ったのだ。この点から見て、利益は一七・一八世紀の**偉大な政治的まとめ役**である。たしかに、利益が唯一の導き手ではなかった。壮麗な神学的・政治的制度としての主権が存在し、それが民族的空間を形成して中央集権的支配の神聖な正当化を行っていたから、利益はこれとたえず妥協せざるをえなかった。しかし、利益は、契約や自然権以上に広く一般に通じるカテゴリーであり、国家の力と個人の富を連携させようとする近代的政治のやり方を考えるには一番役に立つカテゴリーであったのだ。

1　共同体から個人へ

一六世紀に始まるヨーロッパの政治的思考の動きは長期にわたって続いたが、公権力の神学的・形而上学的根底を揺るがす危機の刻印をはっきりと残している。権力は、すべての力が神に由来するとした聖パウロ〔?～六二（六五）。原始キリスト教の大伝道者〕起源の旧来の公式には次第にすがらなくなり、自らの活動の現実の結果である力の増大と生活の改善に支えられるようになる。公益性 utilitas publica は、すべての公的活動を正当化する概念として変わることはなかったが、次第にその超自然的な決定よりも、〈世俗的〉実質によって定義されるようになる。

中世の政治論文は国家の領域と国家の特殊な対象を同時に定義するのに、公益性 utilitas publica というローマ時代のカテゴリーを受け継いだ[3]。ローマ帝国以来の政治的伝統で優勢をきわめた概念は、共通の効用 utilitas communis、つまり公益性 utilitas rei publicae で、これは財産の規定（個人財産と対比される公共・共通の財）と、その目的（utilitas という単語の語根は、財産の利用と享受につながる）、そしてその受取人（共通財産、ローマ人の財産、市民の財産）を同時に意味していた。これらの政治的・法律的・哲学的概念は、一二世紀に始まる政治・法律システムの変革時に復活した。

それらは、さまざまな異なる解釈をされながらも、主要な提言の至るところに存在してきたが、その提言は次第に君主の公的領域と私的領域を厳密に区別するようになる。言い換えれば、これらの概念は、国家建設のための土台を築き、公的目的の私的目的に対する優位性を法的に保証する。ここでは一つの同じ用語の射程範囲が二つに分割されている。要するに、公益性は王と臣下の利益と切り離された範囲を指すとともに、個人の利益に対する集団の秩序の優位性をも示す。軍事的必要性があるときはとくにそうなる。「人民の安寧が最高の法律 Salus populi suprema lex」――中世の法律家によれば、「王侯は法から解放される Princeps legibus solutus est」という言い方は、そのように理解されるべきである。だから、君主は自分個人の利益のために法の外に出られるのではなく（それでは暴君になる）、政治体制全体の正義と善という唯一の目的に従って至高の権力を引き受けなければならない。公益性という概念は、君主とその政府の行動を判断し正当化する際には一番重要な役割を演じるし、集団生活から外れた個人の行動を処罰する際の最終的根拠にもなる。

それと同時に、国家は運営に必要なさまざまな機関を備えた一つの**身体**とみなされる。君主の世俗的目的は、共有財産を確保することである。中世の自然法の思想家たちにとって、共有財産の確保こそ、国家の真の目的だった。[4]スコラ学の伝統は、社会の目的、君主の目標を共有財産 bonum commune の確立に定め、それを個人財産の上に置いた。「共有財産は個人だけの財産よりも神聖である」とトマス・アクィナス〔一二二五～七四。イタリアの哲学者・神学者。スコラ哲学の完成者〕は書いている。[5]〈全体を代表する一部 Pars pro toto〉――これが、のちに唯名論の影響下にあっても優勢だった格言である。公益性、共通の効用、および共有財産という概念は、著者によって解釈はそれぞれ異なっても、政治的主張の主な基準をなしている。ただ、共同目的の優位にかんして合意はあっても、とくにカトリック教会と国家のそれぞれの特権の分配をめぐる論争では、意見は分かれる。教会は魂を導き、君主は身体を治める。前者は至高の精神的目的を望み、恩寵に従って secundum gratiam 行動するのに対して、後者は正義に導かれ、物質的・肉体的目的を目指して、自然に従って secundum naturam 行動する。国家の究極目的は、教父学によれば、人間の罪深い本性とそれに由来する調和性の欠如に深くかかわる。堕落した人間は統治され、規律に服する必要がある。自然法であれ神の法であれ、集団的配慮の個人的利益に対する優越性の原理がどうあろうとも、効用をめぐる古代の考え方、部分に対する全体の優先、時間的次元に対する霊的次元の優位という考え方において、この両者は緊密につながっている。君主は、身体が精神に従属しているように、神の意志に沿った決定を下す。

　効用と利益という語彙は、このような状況の中で、表に出る面が変わってくる。近代社会を特徴づける大転換の中で一番くっきりと現れるのは、おそらく**集団的効用と個人の利益**の関係に起こった逆転だろう。集団的効用が長いこと倫理・政治面でプラスの価値を保ち続け、個人が共同体の要請に従わざるをえなかったのに対して、長いことマイナスの道徳的意味合いを帯びていた個人の利益が手段として、本体として、さらに最後には公的行動の独占的目的として、認められる時が来たのだ。もっとも、そうした変化は一挙に、直接に生じたわけではない。国家自体が固有の利益をもつ特殊な個人性の上に立って考えられる必要があったろう。一六世紀の末になって、利益という語は、共通の効用 utilitas communis、公益性 utilitas publica、共有財産 bonum commune の古代および中世の規範から区別されるようになり、より直接的に〈使える〉カテゴリーに変わり、政治的主体としての国家が独占的で固有な特典を求める際に用いられるようになる。一七世紀の政治文献に現れる国家のこの特殊な利益は〈国家理性〉という名で呼ばれ、政府に課せられる基準、行動原理となる[6]。利益のこうした政治的概念は、最初は国家の対外関係にかかわったが、やがて政府と国民の関係、そして国民同士の行動にまで拡がっていく。

2　国家の力、情念の強さ

以前の考え方では、国家権力は神の意志と神の築いた永遠の秩序の上に成立していた。それが、力の組織と整備という形で、政治活動を経済のために働かせる存在に入れ替わった。利益にかんする言説は、まず、国家権力の条件と目標の理解の仕方をめぐる言説である。国家はもはや、共同体の財産のために神の絶対的な力を行使すべく委託された存在ではなくなり、自らの財産を最大化すべく、個人の利益と折り合いを付ける技を発揮していく存在となる。

一七世紀に新しい政治思想が花開くが、その基本的な公準では、何事も利益に反しては行えず、それどころか、何事も利益に支えられて行われるべきであるとされた。権力は国民の利益と妥協するだけでなく、権力自身の利益のために国民の利益を作り上げるべきである。こうした政治的利益は君主の行動のあらゆる側面を覆い、彼の行動が目指す国民の集団生活のあらゆる領域に及ぶ(7)。こうして、神に保証された政治的・宗教的秩序の維持を目指すピラミッド型、張り出し型、超越型権力のタイプから、水平型、内在型、本質な管理型権力のタイプへと移行する。

一七世紀における利益をめぐる政治的課題のきわめて新しい点は、政府の秩序の基である〈共有財産〉が私的利益の公益性への屈服ではなく、ましてや超越的要請を理由にした個人的・物質的動機の弾圧でもなく、むしろ全員の効用に向かうそうした個人的・物資的動機の賢くも巧みな利用から生まれるとしたところにある。〈共有財産〉は、すぐに全員に属するものではないし、直接的に全員に共有されるものでもないから、論理的には、最初にあるこの個人の利益の**統合**という操作の産物として定義される。私的な力を道徳的・宗教的規範によって判断するのではなく、こうした私的な力の上に他の個人的・集団的力を働かせ、それらの力をできる限り誘導し、方向づけ、釣り合わせ、協同させ、訓練を施して結合させることが大事である。行動の動機の力学と分析法がやがてそのまま政治的理解のための新しい体制の基礎を作る。この関連づけを構想するためには、国家の政治的目的と個人の私的目的の間に連続性と同質性がなければならない。そこでは、その二つはもう天と地、善と悪のように対立させることができなくなる。つまり、個人の利益の〈政治化〉は、公権力が考慮に入れるべき利益の〈再物質化〉を伴うことになる。富が増すとき、国家の富裕化と個人の富裕化は連帯している。一六世紀末のジョヴァンニ・ボテーロのこの考えは、そのあと一般に受け入れられたが、それによれば、国家の利益と国民の利益は一つになるとされる。なぜなら、前者は王国の富と国民の数の豊かさを目指し、個人的繁栄を求める後者は、国家が強力であるほど、その繁栄が保証されることを知っているからだ。個人的利益は、国家がおのれの目的に達するために用いる手段となり、個人は、それに見合うように、自分の利益を求めるために国家の力を頼りにできるのだ。利益は代わる代わる、また同時に国家の目的と個人おのおのの目的を意味するので、この語の意味拡張自体がその連続性と同質性を容易にする[8]。利益を一般的な政治カテゴリーにすることは、さらにまた、一七世紀の〈政治算術〉なるものにおける量の重視と結びついている。これについては、トーニイがのちに述べている――「政治算術は経済現象を、善悪の区別を懸命に行う決疑論[9]〔良心問題を判断する倫理神学の一部門〕者としてではなく、非個人的経済力の計算という新方式を導入する科学者として扱う」。経済力の数量化という一連の方法の普及こそ、これ以後、政治の実践活動が金銭的尺度の拡張とその結果として現れる生産物・人間・土地の等価性の普及とに支えられていく状況を明瞭端的に示すものだろう。ウィリアム・ペティ〔一六二三〜八七。イギリスの経済学者。古典派経済学・統計学の始祖、算術派の先駆者〕は、著書『アイルランドの政治解剖』で述べる。「このことから、私が経済学で最も重要と考えるのは、土地と労働の間に同等性・等式を確立し、この二つの要素を一つにしてそれぞれの価値を表現しうるようにすることである[10]」。

アルバート＝O・ハーシュマン〔一九一五〜二〇一二。ドイツ出身の経済学者〕の論文によれば、利益にかんする新しい考え方が生まれたのは、哲学者の説教じみた教えや宗教の戒律が効果を失ったのに対応している。その無駄さ加減はすでにルネサンスが予感していたし、一八世紀には確証にまでなる。宗教は単に無力になっただけでなく、ヨーロッパの分裂と内戦の直接の原因となった。そこで、モラリスト〔一六〜一八世紀フランスで、人間性と人間の生き方を主に随筆的に書き著した人々を指す。モンテーニュ、パスカルなど〕や政治家たちは、さまざまな力とそれに対抗する力の論理を用いて、破壊的な情念と闘うためのもっと有効な方法を模索した。情念と利益のこうした政治的利用は、既成の道徳の根底を深く揺さぶらずには済まない。国家権力が欲望と貪欲と虚栄心からなるかくも卑しい人間の本性に拠り所を求めることを、どうして容認できるのか。人はかくも不完全であるのに、どうして国家がずっと堅固な秩序を築き続けられるなどと考えるのか。もちろん、新しい政府の考え方を正当化する作業においては、力学の効果は無視できない。一七世紀の政治と道徳は実際、科学的であろうとした。〈人間の本性〉を構成する諸々の力の分析において、ガリレオ・ガリレイ〔一五六四〜一六四二。イタリアの物理学者・天文学者〕の物理学はモデルの役割を果たした。たとえば、ホッブスの場合、これが明らかであった。また、こうした力の分析の結果、この〈人間の本性〉の中に、政治という術の根底にある政治的・道徳的メカニズムを求めるようにもなった。政治の術を基礎づける重要な理論の一つは、まさしく、利益に基づく新しい経済は〈人間の本性〉にきわめて合致しており、この経済によって君主は力を増すという説である。それまでの社会秩序に欠陥があったのは、その秩序が人間の一番基本的な願いとは無縁な、自然らしいと思われる秩序を引き写しにしていたからである。それは、利用すべきものを逆に押しつぶそうとした。新しい考え方の斬新な点は、単に利益の道徳的復権にあったのではない。〈人間の本性〉に基づく政治を打ち立てること、この本性を超越的戒律やその結果としての規範で歪めないことこそが新しさであった。実践的な新しさと、そこから生じた断絶、それが起こったのは、個人を生産力と考える政治的〈統治のあり方〉が個人を新タイプの自己統治に向かわせたことに起因する。この観点から見て、個々の人々の利益からなる政治的統治と各人の利害中心の行動からなる自己統治は、同一の国家理論の二つの章に他ならない。

3 〈国家理性〉という契機

もう一つ、新しい考え方の開花に有利な理由があった。ヨーロッパの状況である。国家が個人の利益の総まとめ役になるには、国家が固有の目的をもった特殊な現実的存在であるとみなされる必要があった。つまり、各国家は、諸国家の利益システムに組み込まれ、その相互依存・競合システムにおけるおのれの地位によっておのれの客観的な利益が決定される存在である必要があった。また、各国家はおのれ自身の力を増そうと努めるライバル国家群の中にあって、おのれの利益のみを守る義務があるから、国民とこれまでとは別の関係を発展させる必要もあった。ローアン公爵の有名な言い方によれば、「君主は人民に命令し、利益は君主に命令する」。近代の政治的理性は、独自の意図、独自の型の合理性、独自の力をもつ国家の存在を拠り所としている。独自の力とは、みずから有効に行動する気でいるときの国民の力に他ならない(11)。こうした戦略的計算の概念は、一六四八年のウェストファリア条約で終結するヨーロッパ固有の情勢と関連がある。領土をめぐる支配王朝間の抗争は次第に経済的・軍事的・政治的力関係を競う国家間の対立に取って代わる(12)。ヨーロッパの各国家は、他の国家主体と競合する空間で行動する主体となり、力と均衡のバランスが揺れ動く一つの体制をたがいに形成した。果てしない外交、プロの軍隊の創設、統計・重商主義タイプの経済を基調にした政治、こうした要素のすべてがヨーロッパの均衡の調整に並行している。そのとき、国家とその他の〈戦略的〉主体の分析が盛んになる。つまり、〈利益〉という問題意識と〈政治権力の力の蓄積〉という問題意識を関連づける方法に向かわせる。こうした合理的方法を工夫していけば、各同盟の性質、各相手方の計画、彼らの行動の予測が、それぞれの力とそれぞれの利益の中身の計算によって可能になる。この成り行きは、フランス、スペイン、イギリス、オランダ間のヨーロッパの対立関係をめぐる状況と密接に結びついている。ウィリアム・ペティと彼の直弟子たち、グレゴリー・キング〔一六四八～一七一二。イギリスの経済学者〕とチャールズ・ダヴィナント〔一六五六～一七一四。イギリスの経済学者〕は、その著作で、戦争がすべての計算の背景にあることを率直に認めている(13)。

　こうした新しい政治思想を可能にした知的素材の大半を供給していくのはイタリアである。なかでも、神学的形而上学を基にした古い政治的考えとの断絶に、決定的な役割を演じたのはマキアヴェリ〔一四六九～一五二七。イタリアの政治思想家〕である——そうみなすのが伝統的な見方である(14)。国家はもはや自分の利益という規則以外の掟とは、一切無縁となる。したがって、正当とみなされる政治目的を定義するあらゆる道徳的・宗教的要請に疑いの目が向けられる。それ以降、こうした単純な傾向を間違いとする作業がいくつか進められる。[15]

富と徳の間に生じる緊張としての政治というマキアヴェリ的概念、つまり、政治は敵意と戦争であるというカテゴリーと公準、あるいは政治は欲望の競争と個人の内在的悪意に沿って考えられるべきだという思想が、善の思想へと向かう政治の道徳的概念に疑問を抱かせたのだろう。これまで、伝統的に君主の行動は、共通善のための良い統治という定義に縛られていたが、この思想をめぐるスキャンダルによって伝統は断ち切られた。マキアヴェリの説で、倫理と政治は訣別する。

しかしながら、一六世紀における通例の国家理性（国家的理由）**ragione di Stato**〔イタリア語〕の定義との関連では、マキアヴェリ的概念はそれとすぐに、また直接には結びつかない。彼はそもそもこの表現は用いていない。ミッシェル・スネラール〔現代フランスの政治哲学者、リオン大学教授〕が指摘しているように、とくに反マキアヴェリ派の著者たち、一番有名なのはジョヴァンニ・ボテーロだが、彼らが政府の実践とモラルに見られる乖離に踏み込み、国家理性の概念を練り上げたのだ。[16] イタリア人が〈国家理性〉の科学と呼ぶもの、それは公権力の維持と人民の利益との関連における権力自身の利益管理としての科学である。イタリア人がこのことばを生み、その意味をもたらした。一三世紀以来、ラジオーネ **ragione** という語は通常、〈計算〉を意味し、ラジオナーレ **ragionare** は〈計算する〉という意味である。それゆえ、この国家理性とは、政府の実践に組み込まれる計算の論理である。[17] この新しい科学の根は、おそらくイタリアの大商社のラジオーネ（理性、道理）にある。ラジオーネはもはや国家の政治的実践を国家以外の何物にも委ねないことを特徴とする。また、このラジオーネは合法性を超える必然として存在し、力をもっているので、これを前にした法律はただの道具にすぎないことを特徴とする。ボテーロは、次のような定義をしている。「国家は人民に対する確固たる支配である。国家理性とは、このような支配と領主制を築き、守り、強めるのにふさわしい手段を知ることである[18]」。国家による力の保持と強化が目的であるとすれば、国家理性は、この力の源にある活力、つまり、人民とその仕事、その技を知り尽くし、制御することで成り立っている。その源は、商業とその密度、その流動性、その構成であり、世論とその中身、その安定性、そのしっかりしたまとまりである。

　中世の政治的秩序との断絶は、マキアヴェリとともに一挙に起きたわけではない。しかし、彼が試みた挑戦で、その流れが加速されたのは確かである。利息という考えはマキアヴェリの著作に明確に現れることはないが、彼の作品に続いた注釈や解釈の伝統には、何よりもそれがはっきりと姿を現す[19]。たとえば、イタリア人の著者、トラジャーノ・ボッカリーニ〔一五五六〜一六一三。イタリアの風刺作家〕は述べている。「利益は、暴君の魂の真の暴君であり、暴君ではない君主の暴君でさえある[20]」。ボテーロは、利益を、君主の行動の黄金律であり、君主が他者の行動を理解するための黄金律であるとした――「君主が思いを凝らすとき、何よりも重視するのは利益である。これは確かなことであると考えたまえ。したがって、友情も、血縁関係も、条約も、どんな他の結びつきも、それが何より交渉相手との利益の上に成り立っているのでなければ、当てにすべきではない」。また彼は主著の補足に記す――「君主は友情や親しい関係において、自分に何をもたらしてくれるかに基づいて行動する。それ自体まずい食べ物が料理人の加えるスパイスのおかげで美味しくなるのと同様に、利益が君主の精神と勘定を導くのに応じて、君主は生来の性向に関係なく、一定の方向に傾く。その理由は、国家理性 ragione di Stato とは結局のところ、利益の理性 ragione d'interesse と大して変わらないからだ」(21)。国家理性と利益の理性を等式で結ぶこの表現は、その後もよく知れわたっている。君主は、人民個人の利益に基づいた政治を行うことになるし、個人は、自分の利益の追求に熱心で、また君主が与えてくれる安楽の恩恵を感じるだけに、ますます君主に従うことになる(22)。

こうした枠組みの中で、利益という概念は新しい政治的意味合いを帯びる。すなわち、守るべき行動の規則である利益の計算はまた、他者の行動を理解する原則にもなるということだ。このタイプの合理性においては、徳とか、義務とか、およそ力関係の分析に要する行動原理以外の原理は必要ない。利益という概念は、これでおわかりのように、何らかの恩典に対する漠然たる願いを指すものではない。それが意味するのは、権力の維持と強化を目指す各国（ないしは何らかの組織）の政治的状況であり、特殊な〈性向〉の〈解剖〉に基づいて定義される戦略的行動である。利益に則るこうした合理的行動については、ローアンが、〈過度の欲望〉〈激しい情熱〉〈迷信じみた見方〉とはっきり対比して考えている(23)。政治的解剖はこうして十分に計算・吟味・理解された利益の評価を導き出し、利益中心の行動の合理的理想型にかんして、のちの功利主義者の分析の先駆けとなる。

4　経済的〈内政〉としての政治

企業や家計において良い管理があるのと同様に、国家における良い管理もあるはずである。私的経済は公の行政にとってのモデルであり、人民の安寧の条件として、一層貴重なモデルなのだ[24]。一六〇六年、イタリアのA・パラッツォは、「国家理性とは穏やかに暮らす規則である」と書いている。一六世紀の、道徳を本質とする規則に縛られた高潔な生活を前提とする幸福のスコラ学的定義から見れば、これはまったく新しい観点である。利益を充足させるという約束を基にする経済が、良き政治の目的と手段とされてきたそれまでの倫理的・宗教的義務に取って代わったのだ。これ以降、幸福とは物質的な意味での安楽と考えられるようになる。この考え方は、ホッブズが『市民論』〔一六四二年〕で採用している――「なぜなら、国家を統治する人々は、国内外の戦争の災いを遠ざける。各人が自分の働きで獲得した財産を安心して享受できるようにする以上に、公共の幸せに資することはない[25]」。商人社会の人々の経済的言説は政治思想と連結している。生産、富、労働、通貨、住民、利益などの概念が、国家を司る連中にはなじみ深いものとなり、古い政治的言説の倫理的・宗教的カテゴリーを次第に追いやってしまう。一七世紀後半のイギリスで著作を残した商人、たとえば、ダドリー・ノース〔一六四一～九一。イギリスの経済学者〕は、こうした経済的関心の浸透を利用して、商業にかんする議論を、因果関係による説明を旨とする科学の体裁で進め、自分たちの利益の擁護の疑惑を避けて、それが公共の利益であると堂々と主張している[26]。

　ブルジョワ階級の力の増大は、国家の新しい現実とともに、経済を国家の力の主要源にするための働きとして現れるようになる[27]。この時期は、一八世紀初頭まで支配的だった経済・政治の考え方の大元である重商主義と、〈国家内政〉のテクノロジーとが同時に出現した時期と重なる。重商主義思想は、絶対権力の理論や戦争論を超えて、たちまちのうちに商業的自由と私的利益のための議論へと発展していく。それが強さの基になると考えられたからだ。重商主義の主張では、周囲の他の政治組織体と対立する政治組織体としての国家の力は、その政府が生産・交換の主要な担い手にどれだけ関心を払うかによって決まる。単純すぎる見方に反して、重商主義者は社会組織の階層序列にかんする昔のイデオロギーの旧式な擁護者とはまったく違う。彼らこそ、マンデヴィル〔一六七〇～一七三三。オランダ生まれのイギリスの思想家〕やアダム・スミスより早く、国民の総財産の形成のために個人的利益がいかに重要かを強調したのだ。彼らの発言の中には、明確に利益の独立性を強調する提言さえある。

重商主義は、国家の力は王国と国民の繁栄を手段にして成り立つという考えに立脚している。もし国家が国民によって強い力をもつことになれば、国民もまた、平安のうちに暮らしを立て、繁栄させてくれる国家の力で、強くなる。手段と目的はたがいに代わりうる。その交代というか揺らぎが起こる可能性が、つねに大きかった。経済は国家間のたえざる戦争（経済戦争、あるいはコルベール〔一六一九～八三。フランスの政治家〕の言い方では〈通貨戦争〉）にすぎないのか、それとも、政治の目的そのものなのか。そのあとに自由主義の著作が現れ、諸利益の調和という公準が効果を発揮して、国家を市場の補完物と考えるようになる。

国家が生まれるのと同時に、固有の利益をもつ特殊な全体としての国家経済という、より明白なイメージが現れる[28]。貧しい君主は弱い君主である——少なくとも一五世紀以来、そう繰り返し言われるようになる。どの国家も、自国の地理的、人口的、経済的資源を基にして、力を増大させようと努めることになる。重商主義は、関税の保護や、手工業生産の奨励、輸出、植民地企業によって経済力を組織し、調整し、統率して、その効果を高めるよう提言する。国家間の戦争は、〈金〉と〈力〉を結合する。国家の力の中心部は計算の中心部でもある。政治算術は力の集中・最大化を伴うのだ。実際の所有物だけでなく、潜在的所有物も計算し、住民の数、その区分された数を数え、当然、兵力、その装備を計算しなければならない(29)。

政治経済学――一六一五年、最初にアントワーヌ・ドゥ・モンクレスチャンが用いた表現〔その後経済学の意味で通用する〕――が、公的効用にかんする真の科学として名乗り出る。彼は著書『政治経済学論』の中で、それ以前の政治的著作を、〈国家が必要上義務として第一に払うべき公的配慮(30)〉への言及を忘れたとして非難している。公的救済は、貴族の軍事的威力や司祭の下に結集する共同体の信仰心から生じるのではなく、何よりも先に、人々の仕事、組織された労働、商人の有能さ次第で決まる。モンクレスチャンが言うには、農民・職人・商人からなる第三身分が公的効用の三本の回路を構成するのだ。国全体が繁栄するためには、彼らの仕事をできるだけうまく揃える必要がある――「国家の管理の重要なポイントは、彼らのさまざまな職業の監督にある。そこから生まれる秩序が人間社会において、生活の原理となる(31)」。生活、富、力の源としての労働を奨励することが、神聖な政治の唯一の道である――「国家において行いうる最大の仕事は、内部に怠けた部分が残るのを許さないことである(32)」。したがって、良い政府の社会管理の広大なプログラムとは、さまざまな技術を教えること、貧し人たちのために作業場を作ること、輸入に対抗するために国内の活動を保護することである。モンクレスチャンの主張は、私的経済を行政のモデル・土台にするというものだった。私的経済とは、自分の仕事として、手腕と秩序、そしてもちろん利益も含めて、すべてがあいまって支配する領域である。世帯という基本的な単位は、他の世帯と結びついて、全体の繁栄を築く。それゆえ、商人・職人・農民に対して、彼らの好きなように生計を立てさせるのが良い。全体が部分に勝るという中世の政治組織のモデルは、手ひどい修正を受ける。〈世帯〉が公共財産の作り手であり、国家は公正さの諸原理が守られるよう見張る〈公の手〉である。

モンクレスチャンは経済的豊かさが作る力の源にこだわる一方、政府が個人の富を奨励して得られる、より直接的な利点も忘れていない。個人の豊かさこそ、安定と、君主への愛と、権威への尊敬の源だからだ――「人民に利を与えるのが君主の最大の技であり、それ以上に彼らに服従と恭順と祝福を授けるものはない。われわれは原則として、自分に良きことをしてくれる者を愛する。彼らには神とわれわれの間の第三の性質があると思われる。だから、われわれが彼らに自由に得させる儲けは、われわれの主要な利益の源であるとみなせる(33)」。

ところで、世帯の家計に見習った管理というこの統治技術を、あらゆる手を使って権力の掌握・維持を図る、君主の図々しい計算と混同すべきではない。モンクレスチャンは、〈マキアヴェリズム〉の政治伝統に反対さえしている。政治の目的が主として経済用語で定義されるようになってから、統治の形態という問題は、場所を変える。国家の力と安定は、国民の繁栄を前提とするが、その繁栄は君主への従属を必要とする。政治的権威と私的利益は相反するものではない。両者は、それどころか、たがいに連動する。ホッブスは、『リヴァイアサン』で、その事実を主要軸の一つに据えるようになる。主権の近代的考え方では、君主と国民の相互依存、両者の相互生産、共同生産を基本に据える。そしてこの考え方は、法的秩序の根底をしっかり守りながら、政治的実践のより技術的な配慮へと道を開いていく。その技術は、まず行政を整えた君主制による諸利益の形成と協調、ついで一九世紀および二〇世紀の官僚的民主制による諸利益の形成と協調へと進むのだ(34)。その端緒は計算と量による民衆の国家統治の中にあり、その方法は〈数・重さ・尺度〉でしか表現されない政治算術の中にある。[35] こうして政治技術は、法と規則で利益を正しい方向に向け、奨励し、容易にし、必要なときには、教え、また抑える取締法になる。

5　和解としての経済

利益について政治的に考察することは、新しい力の基を得ようとする政府権力による活動を正当化するにすぎないのか。そうではないだろう。経済が政治の素材・手段になったとしても、経済は同時に、社会的安寧と公共的秩序の要因でもある。人はおのおの自分の仕事に専念し、そうやって全員の幸福に貢献すべきである。公的効用の経済的次元は、一六・一七世紀の政治的著作の作者たちの大きな関心事の一つと深く結びついていた。その関心事とは、社会的和解と市民的従順の条件を考え、作り上げることだった。政治が戦争の用語ではなく、和解の用語で語られるようにするには、どうすれば良いか。モンクレスチャンは、利益システムと公共業務の正しい運営にこそ、人々の安楽の源があり、平和な政治秩序の土台があると考えているようだ。危険のありかは場所を変えた。平和が脅かされるのは、人々の情念のせいではなく、おそらく一部の国民の怠惰が原因である。労働者と商人が豊かになろうと努めるとき、彼らを咎めるものはどこにもない。新たな危険の基になるのは、逆に、あらゆる無用者、寄生者、浮浪者、乞食、愚か者、すなわち効用という新しい規範に背く者すべてである。彼らは追い払うか、強制労働に就かせるべきである。秩序と社会全体の効用の新たな概念は、貧者への慈善という考えと縁を切る。君主の国民は労働力とみなされ、権力にとっては最も効率よく働かせるべき経済的存在となる。この点では、〈一斉囲い込み〉は、全員の繁栄に向けた各人の貢献の成果として説明しうる、〈全員の効用〉の再定義の裏面に他ならない。もし人が自分の仕事によって他人に役立つ義務をもち、生産にとって最小の力の一つとされるなら、不活動、無為、怠惰は共同作業に対する犯罪とみなされることになる。

無用者に対するこうしたひどい扱いは、個人の利益追求の上に立つ公共の平安の裏面である。社会空間の平安化は、各個人の内部で行われる力のゲームで決まる。理論家たちにとっては、正しい計算へと導く経済的利益は国民間の調和的関係を築くための、また君主への政治的服従を保つための大原則となるのだ。ジョヴァンニ・ボテーロが言うように、「利益がすべてを和解させる」[36]。マキアヴェリは君主に次のような功利的な和解の提案をした。「統治するとは、国民が君主を害するとか、そういった考えを起こさない状態にすることだ。それを可能にするのは、彼らからそうする手段を奪うか、他の運命を願わないほどの安寧を与えてやることである」[37]。レス枢機卿〔一六一三〜七九。フランスの聖職者。フロンドの乱の首謀者。『回想録』が有名〕が、女王摂政の初期に言ったのも、同じことである――「個人の幸福は、全員の幸せによって完全に保証されているように見えた」[38]。経済的言説はこのように、一九世紀以降の〈自由主義〉と呼ばれるものの成立よりも以前に、規範的体制の根本的な修正を提案し、超越的・共同的権威ではない、およそごく普通の、世俗的で、摩訶不思議からはほど遠い実践活動を基礎に据えたのだ。それは、価値転換どころではなく、人間行動の道徳的・政治的な評価の突然変異に等しい。

国民のこうした和解的態度への変化には、いくつかの種類の説明が付けられた。ウェーバーの有名な説、それは、社会内部の禁欲主義が個人的衝動に対しても集団的日常行為に対しても強制力を働かせて、効果的な労働を奨励したという説である。一方、ノルベルト・エリアス〔一八九七〜一九九〇。ユダヤ系ドイツ人の社会学者。のちにイギリス国籍〕は一九三〇年代のいくつかの大作で、その説明として、物理的暴力を独占した中央集権国家の力が増大するにつれ、貴族階級がこれに隷従していったことを挙げている。貴族の洗練された宮廷流儀は次第に社会的認知を求めるブルジョワジーに吸収されることになったのだ。〈文明化〉の仕方は、諸関係の和解、より確固たる自己規制の要因となったと同時に、その結果の表れにもなった。これらの現象には、力の国家化という原理が働いた。しかし、こうした説明は魅力的ではあるが、部分的にすぎるであろう。エリアスは、まだ貴族を〈社会モデル〉として重んじすぎており、ブルジョワジーに模倣欲しか見ていない。ミシェル・フーコー〔一九二六〜八四。フランスの哲学者。『言葉と物』で構造主義の旗手とされた。ここで述べられていることは『監獄の誕生——監視と処罰』によると思われる〕のほうは、別の道を選び、特殊化された補完的な制度に基づく民衆の規律化という、時間はかかるが、深い影響を及ぼす作業の重要性を強調した。しかし、こうした規律社会の分析は、そうした制度の特殊で局部的な活動を過剰評価するあまり、見事に管理された市場社会における具体的な、繰り返される日常的相互依存のより拡散した効果をおろそかにする恐れが大きい。

　まさしくこうしたタイプの効果こそ、一七世紀以降、いやその前から、一部の著者たちが、同一国家の国民同士の利害関係がもたらすプラス機能を分析し、弁護したときの、考察の対象である。経済的考察のまさに政治的な次元は、市場での相互交換がもつ調和的で、和解的で、調整的な効力が問題になるとき、これ以上なく明白に姿を現す。これらの効果は国家の力への貢献にとどまるのではなく、人々をとらえる見事なやり方、彼らの同意を得て彼らに及ぼす支配の方法にもかかわってくる。利益は人々の間に、かなり前から驚くべき特質として現れる。その特質とは、彼らを従えさせ、国家権力に仕えさせること、それも自ら進んで、というだけでなく、気づきさえしないうちに、それを可能にすることだ。アルバート＝O・ハーシュマンは、一七世紀に破壊的な情念の抑止力として働いた利益というパラダイムがきわめて重要な位置を占めていったことを明らかにしたが、彼の説は本質を突いている(39)。当時の政治的・道徳的著作に一貫しているテーマが、一八世紀まで続いている。ある欠陥と戦うには、別の欠陥をもってするしかないというテーマだ。ヒュームはのちに、こうまとめている。「［司法官は］ある欠陥を正すためには、別の欠陥を使うしかない。こうした場合、社会にとって一番害の少ない欠陥を選ぶべきである(40)」。

ここで検討の対象となるのは、内外両面に対する自己確認のための物質的・人的資源を要求する国家の力と、礼節と秩序をほぼ最初から内に備えているとみなされる人間同士の相互依存との間の、新しいつながりについてである。仮に、人々が自分たちの取引を通じて穏和になり、自分たちの関係によって自らの規律を良くしていったとする。その場合、それでもまだ、恐怖心で敬意を払わせ、力で抑え込む体制が必要だろうか。活動で満足が得られ、その満足がさらに活動を強めるなら、権力は、人々を統治するやり方を考え直す必要があるだろうし、自己の力を最大化するためにどこまで人々を統治すべきかを問い直すべきではないか。これはおそらく近代政治思想の大元にあった問題、戦士と僧侶による社会と決着を付けるためにさまざまな角度から提起しなければならなかった問いなのだ。

6　諸利益を操作して、人々を導く

人間は利益によって統治することができる。本当に人を統治することができるのは利益しかない。利益は人を彼の満足の源に結びつけるのと同じように、人を政府に間違いなく結びつけることができる。利益は、自己抑制のできる〈個人〉とみなされる人々に対する統治の手段である。利益は、無秩序な原理であるどころか、対立相手の反応を予測したり（ローアンが公権力にかんしてそれを明らかにした）、ある人間に独自の計算能力があると判断されたときからその人の反応を予測したりすることができるようにする。もし個人の合理的行動というものが、ある時点での勢力分野における自分の立ち位置の論理に従うことだとすれば、その個人が過去に取った行動も理解可能になるし、現在どのような行動をしているかや、明日どのように行動するかもわかってくる。諸利益の分析の重要性を例証しようと、ベンサムが多くの先人の後を受けて提起した大きな論拠がここにある。誰かに影響を及ぼすにはその人の利益が手がかりになる。これが一番大事な点であり、彼の行動を導くのも彼の利益の角度からである。また、誰かに影響を及ぼし、その人を導くには、その人の動き方を知らねばならない。予測を助けるこの知は、他人に対する力である。風刺作家であり、ジャーナリストのマーチャモント・ニーダム〔一六二〇〜一六七八〕は、その風刺文書『利益は嘘をつかない』（ローアンのことば「利益だけが過たない」を英訳したもの）で述べる。「もしある人間がかかわっている具体的状況において彼の利益がどこにあるかを理解できるなら──彼が慎重な人間であるとして──、彼のとらえ方、つまり、彼の意図を判断する仕方を知ることが可能になる[41]」。一八世紀の間じゅう、こうした考えがずっと通用することになる。ヒュームは、ある政治的格言で、統治システムにおいては「各人は自分の利益以外の目的をもたないごろつき［knave］とみなされるべきである[42]」と表現している。また、ジャン＝フランソワ・ムロン〔一六七五〜一七三八。フランスの経済学者。重農主義の先駆者〕

は、その『商業にかんする政治的試論』で、ウィリアム・ペティから着想を得て、個人の行動を理解するにはすべてにわたる計算の仮説から出発すべきであると説明している――「すべては、計算に還元しうる。計算は、純粋に道徳的な事柄にまで拡がる。計算は、立法者、大臣、個人が、ある提案や、ある企てを受け入れるか、拒否するかの決定の確率を、はっきりと読みうる」[43]。ベンサムは、この説を繰り返し、さらに拡張するようになる。科学的政治の根本がここにあり、個人を統治する技術の鍵がここにある、というわけだ。立法者、そして彼らに助言する学者は、個人の計算を予測できなければならない。

そういうわけで、統治技術は、予見を中心とする訓練と習得にかかってくる。しかし、予見の技を学ぼうとする者は、彼自身が他者にとっても立法者にとっても、予見可能な対象となる。ならば、全員におよぶ相互規制が行われ、それが定着していくべきであろう。法律と規則の合理的な理論づけ、法の効果の予測、大臣と役人の監視、これらが良い統治の規則となるべきであろう。それが、透明性という理想の基礎になり、国家が抱える不透明な技と権威による攻撃を遠ざけるはずである。

それゆえ、利益による統治は、個人の自由(自立的計算という意味での)とも行動の動機の真実とも対立しない。まったく逆である。個人が自分の利益を計算する自由は、数世紀来、最大の経済的・社会的原理である。したがって、それは支配の政治的原理でもある。この統治は、一部の自由主義の聖典が二世紀前から繰り返し言ってきたのとは違い、強制と対立するものではない。そうではなく、むしろ、教育、監視、処罰、強制の多様な形態をとらえ、利益に則って行動する動機を促し、守るよう努める。

7　諸利益の一致と統治権力の限界

利益論は権力の行使を考えることである。しかし、すぐその逆も言えるので、利益について論じれば、権力行使の制限の原理を考えることにもなる。権力を正当化する原理は、同時にその限界の原理にもなる。それが、少なくともイギリスとオランダでは早くから理解されていたことである。

ローアン公爵の著作の翻訳と注釈が出てから、一七世紀半ば頃のイギリスでは、政治的論議については利益という用語が中心的な位置を占めた[44]。とりわけイギリスの内戦時には、利益という概念が大いに幅を利かせ、重要な政治的意味を演じる。社会的職能分化が次第に進んできたこの社会では、権力とその概念、その組織を再考することが重要になってくる。公的利益が個人の利益によって成り立つという考え方は、権力の目的について具体的な定義を与えることで、明らかに有益な働きをする。つまり、権力行使の究極目的を定め、それを制限し、制御する上では、明らかな利点となることを示してくれるのだ[45]。こうした考え方を支える根拠は、利益の代表者とされる人たちの利益と議会のメンバーとの結びつけ方にかんする考察の中にあり、これによって諸利益の調整、それらの相互関係は、政治生活の組織化手段とみなされるようになる。社会システムの各構成員は自分自身の利益をもち、その利益は他の利益と組み合わされ、バランスを保って、公共の福祉 salus populi、ローアンの語彙を真似た表現をすれば、〈イギリスの利益〉を決定する。一般利益は、諸利益を相互に組み合わせ、関連づける具体的な機能・装置によって決まるものとなり、もはや絶対的な規範への服従の結果ではなくなる。

　個人の利益と一般利益のこうした関係は、分業が強まり、経済活動の相互補完性がより明白になる社会でのさまざまな職業を観察すれば、確かなものとなる。マンデヴィル以前、たとえば、商人間の利益と公共の利益とを関連づける考え方はかなり広まっていた。また、一七世紀末と一八世紀初めには、さまざまな人たちが自由取引を強く擁護し、「商人の富は雇用を生み、他の活動を促すから、王国の富である」と主張した。たとえば、ピーター・パクストン〔?〜一七一二。医師ながら、多面的な才能があり、ロックが高く評価した政治論文を書く〕は言う。「商業の最大の神秘は、私的利益と公的利益という二つの異なる利益を統一するところにある。というのも、もし私的利益を考えなければ、取引は成り立たないし、公的利益を考えなければ、取引など行わないほうが良いからだ」[46]。よく引用されるダドリー・ノースのことばも、同じ意味を述べている——「商人が栄えるところでは、彼らの属している社会も栄える」[47]。

　ピーター・ドゥ・ラ・クール〔一六一八〜八五。オランダの経済学者〕の著書『オランダの利益』（一六六二年）は、こうした論理の建て方の見事な例証となっている[48]。このオランダの著者が明らかにしようとしたのは、「良い統治とは、国民の繁栄ないしは不幸が、役人支配層の資質の良さ・悪さで決まる統治ではなく、支配層の幸福ないしは不幸が、国民の繁栄・逆境をそのままに反映する統治である」[49]ということだ。「役人支配層が国民全体の繁栄から自分の恩恵を得る」[50]ような状態こそ、自由な共和国の特性であり、そこでは、科学、商業、国民の数、力、富、それらすべてが発展する。著者は、気候、国土の地形、主要な活動、それに従事する諸階級について記し、海の近さを強調し、それらすべてがオランダを商業活動へと導くことを証明する。とりわけ、住民が豊かになったのは絶対的専制君主がいなかったからだ——「わが住民はこの役人の支配下で正当に金を得ることができるようになった。それに加え、今や彼らはそれを安らかな気持ちで所有し、心ゆくままに楽しんでそれを使うことができる。何か偽りの口実を用いて、それに手を出したり、自分の力に影を落としたりするような人間が出ることも恐れる必要はない。だからこそ、子どもたちのために富を増やそうという気になるのだ」[51]。この富は経済活動で生まれたのであり、王侯やその廷臣たちの力によるものではない（「漁業、商業、製造、航海が住民の生計を成り立たせている」）。とりわけ、諸々の活動のつながりと補完性が富をもたらしている――「かくも多数の人々が、たがいにつながる製造、労働、取引を通じて、たがいに支え合うのは、大いなる神の祝福である」[52]。分業と各職業の相互依存は、権力と戦争が好きな政府に邪魔されないだけに、繁栄を保証してくれる。平和は〈オランダの基本的方針〉[53]であると、彼は確言する。オランダの商人は自分の行動を猫の行動に合わせるべきである。猫は、攻撃せず、家で過ごし、子どもと生活のために念入りに働き、逃げ出す際に押し合いで身を守るとき以外は、ひどい争いはしない。統治にかんする、こうした比喩的表現をおろそかにはできない。オランダ連合州〔一五七九年、スペイン領オランダの北部七州がユトレヒト同盟に加盟して成立。八一年、オランダ共和国として独立〕の成功は、ヨーロッパ全土に強い衝撃を与え、市場の力の働きについて考えるきっかけとなる。これにかんしては、多くのイギリスとフランスの評論家が、オランダから離れていることもあり、世界規模での需給関係の抽象的な輪郭を描き、真似るべきモデルとして評価する。オランダを観察した論者たちはそこに、取引規則に沿って整備された法律、遠方との貿易を基盤とする力、私的獲得へと向かう人的活力が働いていることを見て取った[54]。彼らがすでに見抜いていたのは、交換のこの新しい舞台は非物質的で、不可視ではあるが、現実そのものであり、交換の当事者であるすべての人間をそこに立たせるということだ。それは、関係という抽象的空間、伝達と通商のネットワークとしての社会である。国家はそれに形を与え、国家自身もそれに合わせて形を作らねばならない。

8　組織化の原理

利益と効用という概念の浸透とともに、情念と利益にかんする抑圧的な考え方から、生産的な考え方への転換が行われる。新しい政治的理性が、力学にも似た統治技術の大元を一新する考え方として働き出す。そしてその政治的技術は、個人を国家の相対的力の細胞として評価する実践的功利主義を動き出させる。規範性の領域で大きな地滑りが起こるのが、わかる。規範性が個人的性向や誘惑をあきらめさせるのではなく、むしろそれをうまく活用するよう求めることになる。[55] アダム・スミスよりずっと前の著者たちが、「利益に逆らってもしかたがない」「利益とともに歩むべきだ」と言っているのだ。古典時代以降に練り上げられてきたこの利益の政治論は、危険な悪い情念を抑圧し鎮めるのではなく、規格化し、順応させ、訓練を施して、最も合理的なやり方で、その情念を全員の福祉と幸福のために役立たせるよう、教える方向に向かう。だからと言って、その後、私的利益が徳の一部となったのではない。むしろ諸々の利益は危険で、対立するものである。それでも個人的利益は個人の基本的な力の基なのだ。その力から技術者や学者は、複雑な道具一式によって練り上げるべき実践的・理論的物理学を組み立てなければならない。

国家論の中での、こうした利益にかんする問題の立て方は、確固たる階層秩序で仕切られる社会のイメージから実践活動・職業によって仕切られる社会のイメージへの移行を明らかにしている——〈政治算術〉が、分業の効果を実証する作業とたえず結びつくようになるのだ。一七世紀には、明確な団体によって構成され序列化された共同体という伝統的な見方が、私的目的を追求する個人が分離していながら機能によって結びつく集まりという社会観に取って代わられ、一般化した。利益をめぐる表現は象徴的な存在感をもつことで、ある程度まで、抽象的な公共財産の優越性とか帰属する共同体の要求に対抗しながら、個々の利益を正当化していく。たしかに、それぞれの論者が諸利益の調整という問題を扱うやり方は、相当に異なっている。王政主義者は、王が実現・具体化する〈諸利益の統一〉という考えを擁護するし、この時期に現れた最初の民主主義の一派は、むしろ、国民のほうが統治者よりもおのれの利益を知っているだけでなく、公共の利益についても、それが私的利益の結合に他ならない以上、国民のほうがそれをより良く知っていると主張する(56)。しかし、いずれにせよ、政治権力は次第に諸利益の調整のための技術センターになる。利益は国民を導く有効な手段となったのだ。しかも、利益は、国民の自立要求の原則、すなわち、公的資源の利用や政府の決定を国民の意志に従わせるという原則にも適う。権力は、諸利益の管理という機能について再定義されると同時に、その干渉の範囲について制限を受ける。これは、当時の論者のあらゆる考察の対象となっている。こうした政治評論は、ただちに主要な作品となって現れたわけではなかったが、経済学の立派な理論が練り上げられ、広まるはるか前から、実業家たちの意識には深く浸透していた(57)。一六九〇年、J・チャイルド〔一六三〇～九九。重商主義期イギリスの経済理論家。東インド会社の重役・総裁を歴任〕は、「利潤と権力は一緒に考える必要があると私には思われる(58)」と主張している。国民と国家の繁栄の相互依存は、ヒュームを信じるとすれば、一八世紀初頭では至極当然でさえあった――「国家の偉大さとその国民の幸福とはある点ではまったく別であるとしても、こと通商にかんしては、共通のものとして判断される。個人が公権力から自分の取引と富の自由について大きな保証を得ていると同様、公権力のほうも、個人の取引拡大と豊かな暮らしに比例して、発展している」(59)。こうした変化は、やがてきわめて大きなものであることが明らかになり、それ以降に生じた重要な問題を決定づける基になる。では、利益のほうは、国民内部だけでなく、外部の経済的利益の相互依存に支えられながら、国家間の抗争関係においては外部に対してどのような政治的力を発揮することになるのか。もっと抽象的な言い方をすれば、主権性の原理と効用の原理の間でどのように折り合いを付けることになるのか。すでにおわかりのように、利益の問題は、物質的安楽への効果という面だけで扱うことはできない。アダム・スミスはもっぱら経済的な見方ばかりに終始したとよく非難されるが、彼はのちに『国富論』の中で、まさしく政治的な教訓を見事な表現で語った――「商工業は、それまでほぼいつも隣人と争っていた住民たち、上に立つ者への奴隷的依存の中でいつも暮らしてきた田舎の住民たちの間に、秩序と良い統治、したがって個人の自由と安全をじわじわと浸透させた。これこそ、それまで気づかれてこなかった何よりも重要な結果である」(60)。

こうして、利益は高度に政治的な概念となった。自由主義思想がその後に続いたが、その点は変わらない。しかしながら、古い規範の台座をひっくり返すには、それだけでは足りなかった。その台座の中心部、宗教と道徳という台座に手を出さねばならなかった。これまでより、さらに大胆さが要求される作業を、同時に行わなければならなかったのだ。

第3章 総取引所、道徳の大逆説

神は人間を社会に運命づけ、彼らを社会に引き入れるつながりを設けた。
ジャン・ドマ〔一六二五〜九六。フランスの法律家〕

近代社会における利益の地位上昇の歴史には、いくつかの逆説の刻印が押されている。利益をめぐる問題が社会の中で広がった理由の一つは、自我の虚しさを宗教と道徳が批判したことと関連がある。これにより教義の面と法規定の面で行動の規範を再定義する必要が生じ、人間の望みうるこの世での正当な幸福の概念さえも変わることになる。神が喜び給うことを意味した世界から、それとはまったく違う、具体的な財を所有する喜びの世界への移行は、どのような道筋の中で行われたのか。財産は、まず不可避の悪とみなされ、ついで社会生活の条件そのものになり、最後にはどんな形のものであれ、幸福を手に入れる唯一の道とみなされることになった。慈愛の原理から利益の原理への移行が、どのようになされたのか。慈愛の原理では、神を偉大な寄贈者とし、人間の贈り物はすべて神の手に戻ることになる。これに対して、利益の原理は人間同士の間での超越的なものの交換をいっさい断ち切るのだ。

しかし、古い規範的体制を掘り崩した、もう一つのプロセスがある。社会秩序とその正当化の最も基本的な形であった貴族の雅量に対する解釈が、一七世紀には根底から変わり、彼らの寛大さは利益の単なる偽装とみなされるようになったのだ。キリスト教徒の慈愛と貴族の気前の良さ。この二つの社会的な形は、古い規範体制の下では人間の行為の模範となりえていたし、宗教の教義、共通の価値観、集団の伝統を一つにまとめる贈り物の循環として位置づけられていた。親族、友人、隣人同士の相互関係は、田舎の社会ではきわめて緊密であった。そして、それは、特権階級の秩序を表現するための理想像と調和を保っていた[1]。ところが、それまで内部の緊張を知らずにうまくいっていたこの規範全体が、自己愛と利益優先によって問題視されることになったのだ。

自己愛というカテゴリーは、道徳的・宗教的領域では決定的な役割を演じてきた。この領域ではおそらく、人間を否定的にとらえる見方に従って、自己愛を人間の転落の現れとして告発しようとしたと思われる。アンリ・グイエ〔一八九八～一九九四。フランスの哲学者〕は、自己愛に対するこうしたアウグスティヌス的告発を指して、〈反人間主義〉と言った[2]。ここで、ある種の感受性がアウグスティヌス主義の見事な勝利となって表れたことに触れても良いだろう。それは、ある思想史家に「一七世紀は聖アウグスティヌスの世紀である」と言わせるほどの勝利だった[3]。問題はむしろ、自己愛の告発から、人間には利益中心の本質があることを認め、受け入れるまでに、どのような移行をたどったかを知ることである。いずれにせよ、確認すべきなのは、悲観的に見られた自我の地位上昇によって、人間の行動のさまざまな動機の中に、自己に直接・間接にかかわる特典を広く求める態度が明らかになったことだ。自己愛から利益へ、利益から自己愛へと交互に移行していくうちに、利益中心人間、商売をその本質とする恒常的取引人間という考え方が幅を利かせるようになった。だから、一七世紀のモラリストの大物の一人、ジャック・エスプリ〔一六一一～七七。フランスの文学者〕によれば、世間の誰もがそれなりに商人である――「どの大都市にも見られる商人たちの見事なまでの幅の広さに誰もが感心するし、金儲け欲によって、商業が単に生活の維持と便宜に必要なものだけでなく、贅沢と快楽にも役立つものになったことを、誰も怪しまない。しかし、人はみな商人であり、何らかのものを売りに出し、それを利用していることに注意を向ける者は少ない。ある者は、生涯、国家の支柱として、また死後には偉人として見られるよう、勇猛果敢さと軍事的才覚を売り、ある者は、財を積むために職と技を売り、またある者は、名声を得るために学問を売る。ある者はどの仲間にも歓迎されるよう才気を売り、ある者は宮廷で信用され、顔を利かせるよう実務能力を売る」。いかなる才能も持ち合わせていない者は、他人を頼るしかない。さまざまな手口を使って、他人へのサービスにこれつとめ、自分の地位を引き上げてもらえるように、他人を仕向けるのだ(4)。こうした事実は、新たなものの見方を表している。利益の具体的な形はいろいろあり、それらを区別し、比べることができるが(たとえば、商業上の利益と名誉という利益)、そうしたすべての利益の背後には、人間の本質にある最初のもの、各人の自我、自我という一般的存在がある。利益は多様であるが、それを支配する原理はただ一つである。経済的利益の概念は、すでに見てきたように別の流れの中で発展を遂げたが、ここで人間の条件の主要相、固有の特徴として姿を現す。実を言えば、取引の普遍性という考えは新しいものではなかった。一六世紀以来、トラジャーノ・ボッカリーニのような政治理論家は、主張していた――「世界は巨大な店舗以外の何物でもなく、そこでは売り買いできないものは一つも存在しない。したがって、そこで生きる人間の真の目的は、儲けることと金を貯めること以外にない」[5]。社会が大きな一つの商取引の場であるとすれば、その社会の調整役もやはり、さまざまな利益同士の内部均衡の働きなのだ。そういう教義をしっかり打ち立て、それを認めさせる努力をしなければならない。新しさはむしろそこにあった。モラリストやジャンセニスト〔一七世紀以降、法王庁に異端視され、人間の罪深さを強調したキリスト教思想、ジャンセニスム信奉者〕による人間の情念の分析は、政治技術の再定義とは別の語り方ではあるにしても、同一の動きの表れであることを見過ごすわけにはいかない。つまり、政治家が個人の利益を利用して、力と繁栄の増大のための働きをしたのと同様に、新しい道徳的教義は、情熱の分析を通じて、そこに何よりも社会に役立つ目的を見出そうとしたのだ。どちらの場合も、利益は基本材であり、それを基にして新しい社会秩序、新しい普遍的規範性を考え直さなければならない。

1　ジャンセニスム的人類学

一七世紀末から、ジャンセニスムはおそらく論敵の教義や主張よりも深く、道徳的に利益について考え、議論を豊かにしたと言える。人間がどんなに悲惨な状況に陥っているかを分析し、地上で得られるつもりの正義と幸福の土台に対して疑いの目を向けるに至る。パスカル〔一六二三〜六二。フランスの哲学者・数学者・物理学者。『パンセ』〕だけでなく、アルノー〔一六一二〜九四。フランスの神学者。ジャンセニスムの中心人物〕やニコル〔一六二五〜九五。フランスの神学者〕にも、神を逸脱した生活へのそうした批判が見られる。彼らの批判は、社会的・文化的な面で変動が起こりつつある状況を、この上なくくっきりと浮かび上がらせる働きをしている。

アンリ・グイエはジャンセニストの論争の中に、キリスト教への忠実さと変貌する社会への適応との間に生じた緊張と危機感を読み取っている[6]。イエズス会の議論の組み立ても、やはり日常の道徳の脱キリスト教化に対する反応である。パスカルは誰よりも、虚栄心と便利な生活が本物の信仰を打ち負かし、それによって宗教が消えてなくなる脅威を理解していた。

いずれにせよ、こうしたジャンセニストの危機感は、利益中心の自我像の受容と批判、その両方が現れる顕著なきっかけとなる。実際、そこでは神の意志に服する被造物としての人間というキリスト教的とらえ方の正当性をめぐって問題が生じてくる。堕落した人間性にかんして宗教が妥協すること（イエズス会のこの〈安易な献身〉）を、パスカルは攻撃目標とし、拒否したが、彼の立場の根底には二つの性質、二つの愛、キリスト教の二つの道を峻別するという考えがある。すなわち、原初の状態の完全な性質があり、堕落した性質がある。神への愛があり、自己愛がある。神の意志の優位があり、被造物の意志の優位がある。カルヴァン主義者に対抗して、パスカルの理解では、「神の意志と人間の意志は、救われる者の救済、地獄に落とされる者の断罪に協力する」。しかし、もし彼が断固として言うように、「これらのすべてに何の問題もない」のであれば、つまり、もし自己の救済に人間は何の力にもなれないというカルヴァンの〈残酷な〉誤りを拒むなら、「人間の意志が神の意志の原因となるかどうか、あるいは、神の意志が人間の意志の原因となるかどうかを知ることが問題となる」[7]。この二つの意志のどちらが支配するのか。神の意志と被造物の意志の間に、どんな関係があるのか。カルヴァン主義者は神の願いを絶対的な願いとして、被造物はそこにまったく関与できないとするが、モリーナ〔一五三六〜一六〇〇。スペインのイエズス会神学者。神の恩恵が効果を上げるには、人間の意志の協力が必要であると説く〕信奉者は、善悪をなす被造物の願いを、人間を救済したり地獄に落としたりする神の願いに依存させる。そこで、カトリック教会は、〈中庸を守る〉のを望ましいとみなすに至る。人間のうちのある者を救うのは神の意志であり、ある者を彼らの好きなように放っておくのも、また神の意志である。[8] だから、わかりにくいけれども、こうした放棄も、やはり神の決定である。人が神を欲し、神を愛することを、神は望んでいるのか、それとも逆に、人間が神から離れるよう、神は人間の許を去ったとすべきなのか。こうした神の意志の優位性は、人間の意志のみに宗教を基礎づける原理と対立する。そもそも、この人間の意志はどうなるのか。ヤンセニウス〔一五八五〜一六三八。ネーデルラントのカトリック神学者。ジャンセニスムの創始者〕の注釈による聖アウグスティヌスこそ、ジャンセニスム派の最初の論理、とりわけ二つの愛の区別の大元にあることは、周知の通りである。原罪の刻印を受けた人間、神に負うべき無限の愛を自分自身に振り向ける、限りある人間は、もし価値ある恩寵に触れなければ、自己愛に従って、つまり、決して満たされるチャンスのない自分への無限の欲求の掟に従って生きるしかない。絶対の対象である神のみが、この愛する意志を叶えることができる。

　証明は、なかなか現実性を帯びる。われわれが自己愛に蝕まれ、不満と自己憎悪に苛まれて生きる様が描かれる。暴君でありながら位を奪われた王としての人間の中央に置かれた自我は、不可能な偉大さ、不可能な自分の価値の確実性を望み続ける。ジャンセニストも、勿体ぶったモラリストも、こうした類いの人間地獄を描いてみせるが、その風景の舞台は、工業製品ではなく人間そのものがたえず並べられる一種の市場である。社会というこの世界は一つの〈総取引所〉であり、そこでは誰もが、他人が与える評価に基づいてできるだけ高値で自分を売ることを心がけるよう導かれるし、一方、誰もが、他人について自分の軽や評価に基づいて査定と値づけを行うよう促される。市場社会は高値を求めるエゴの全面戦争として形成されていく。

2　人間の悲惨

パスカルによれば、うめき悲しみながら真理を求めることがキリスト教徒の選ぶ生き方である。パスカルはまた、聖アウグスティヌスに従って、「人間はすべて幸せであることを求める」「これは、あらゆる人間のあらゆる行動の動機である。首を吊ろうとする者でさえ、同じである」[9]とも言う。人は、最高の善、至高の神と結ばれて、初めて幸せになれるのに、自分の経験や生来の理性では、そのことがわからない。それには、信仰の恩寵が必要である。ところが、パスカルの言うには、原罪以来、アダムの心に神の無限の愛と共存していた有限の自己への愛が、無限の自己愛となった――「自分に対する愛だけが、無限の愛を容れることのできるこの大きな魂の中に残ったから、神の愛が去った空白に、この自己愛が拡がり、はみ出した。かくして、自己愛はおのれのみを愛し、すべてをおのれのために万物を愛した。ここに、自己愛の始まりがある。それはアダムには、無垢のときには自然で正しいものだった。しかし、彼が原罪を犯したのちには、罪深く、無節度なものになった」[10]。それ以来、人は神から遠ざかり、地上の現実を楽しむことを望み、あらゆる人間の運動の源に自我を存在させるようになる。

人間の悲惨は、どこよりもこの自我の過ちを犯す力の中によく見える。自我は人間から、定まった基準点を奪ってしまう。この魂の病は、道徳的混沌に向かわせる。善への方向づけにおいて神がいなければ、道を指示するいかなる確かな展望もないからだ。自我とは、〈はかない幻想〉の支配するところである。アルノーとニコルは、その『論理』で、自己愛のらせん状の下降にかんする印象的な物語を述べているが、これは、善行の経験やイエズス会士の穏健な神学における、自然の美に従って神へと向かう上昇とは正反対の道である。それによれば、下降はまず感覚的快楽から始まる。魂は、善の概念をこの快楽の基である外部の事物と結びつけ、そうすることで、獲得した富と誰もが憧れる幸せとの変わらぬ関係を、頭の中に描かせる。しかし、人間にとって、〈自分の愛の対象〉を所有するだけでは十分ではない。有用な財に満足して落ち着くまでの間は、平安はない。財は評価と賛嘆の手段だからだ。人が求める幸せは自分一人では得られない。これを得るには他人の賛同の眼差しと追従的な判断が要る。アルノーとニコルは言う。たとえば、ある人間がいて、その彼が、外見は彼にそっくりだが何の考えも分別もない〈ロボット像〉を従えていると想像してみたまえと。その像は、言われればすぐに、何でも彼の要求を聞いてくれるのだが、その機械的なサービスに、彼は何の喜びも得られない――「それゆえ、野心家たちが好むのは、人々が自分の考えを表さずにただ従順な態度を見せることではない。野心家たちは、ロボットではなく人間を意のままにしたい。だから、他人が自分のせいで恐れたり、評価したり、賞賛したりするのを見て、喜ぶのだ[11]」。こうして、社会生活は自我‐偶像の要求に沿って丸ごと形作られる。それは、一枚の鏡にも似て、そこでは誰もが他人の目の中に自分の価値を読み取り、本来の自我については知らないようにして時間を過ごすのだ。

これは根本的堕落であり、その対位法は神の中にしかない。キリスト教徒は自己満足を振り払い、孤独に向かう。社会の鏡の働きを遠ざけて、知識によってそこに向かう。この自発的隠遁は、自分の能力を鍛え、自然を理解するためにその能力を使う機会なのだ。こうした知識は、その向こうに宗教の真理が存在する境界にまで導いてくれる。それは、人間を〈自然の主・所有者〉に仕上げるための科学ではなく、自分が大きいと思っているこの人間世界の狭さを教えてくれるための科学である。

3　利益の正体を暴く

長いこと、自分にも他人にも良い生活を保証してくれる不変の徳とみなされていたものが、激しい対立を重ねた末に、歴史のある時点で、その裏面に多種多様な利益を隠す偽善の仮面に覆われたものとして見られるようになった。ラ・ロシュフーコー〔一六一三〜八〇。フランスのモラリスト〕の『箴言』のどの版にも、翼のある天使〈真理愛〉がセネカ〔前四頃〜六五。ローマのストア派哲人〕の仮面を剝ぐ構図の口絵を挿んでいるが、セネカはここで異教的道徳を代表しているので、『箴言』におけるこの真実暴露の意図はこれ以上ないほど明らかである。つまり、道徳の中にある利益の正体を暴くことこそ、各人が自らに課すべき真理の行為であり、それがフランスのモラリストたちのなすべき義務であるとされたのだ[12]。しかもそうやって、あえて人間喜劇を白日の下にさらし、社会のつながりの大元にある偽りを明かしてしまうという危険を冒した。ここで、利益を普遍的な鍵とみなすこの動きにおける、とりわけ象徴的な二人の作家を取り上げてみよう。ラ・ロシュフーコーとジャック・エスプリである。彼らが引き出したジャンセニスムの原理は、人間の徳の狭さを示すこと、さらにはその〈偽り〉を示すことである。ジャック・エスプリの著書『まことしやかな書』については、ヴォルテール〔一六九四～一七七八。フランスの作家・思想家。啓蒙思想の代表者〕も触れているが[13]、エスプリはこの題によって、神の愛としての慈愛を中心とする、キリスト教の徳の高さを浮かび上がらせようとした。異教の哲学者が強調した徳は偽りの幻想であり、自己愛の働きの主役をなす仮面である。この働きは、何の見返りも求めない神への愛という純粋な動機をもたないすべての行動を活発にする[14]。

〈自己への愛と自分のための万物への愛〉を明らかにすれば、見せかけの徳を背後にある意図と関連づけることになるし、その徳はきまって自我のおのれのための利益を考えざるをえなくするだろう。というのは、ラ・ロシュフーコーにとって、大事なのは、単に特別の悪徳としての〈エゴイズム〉を批判することにあるのではなく、われわれの世間および他者に対するすべての判断と行動の中に、自我の普遍的存在をとらえることにあるからだ。彼が定義した〈自己愛の魂〉としての利益は、たとえこの上なく高潔に見えようと、われわれのどんな活動の裏側にもある自己回帰にすぎない。「利益は、河が海に没するように、利益の中に没する」と、『箴言』一七一にある。これは、結果重視の道徳とはおよそ無縁である。悪がなにがしかの善をもたらすことがあるように見えるとしても、世界は最初の過ちの影響下にあるから、悪はつねに基本的には悪を生み出すのである。したがって、われわれの他人との関係につきまとう自我の存在は、この転落のしるしを本物の美徳とするわけにはいかない。ヴォルテール〔一六九四～一七七八。フランスの文学者・啓蒙思想家〕はその『哲学辞典』で、こうした禁欲的な傾向に腹を立てているが、彼が忘れているのは、これらのモラリストたちにとって世間は、たとえ保護され繁栄させる掟によって律せられているとしても、そこには一部の者が望んでいるような価値などないということだ[15]。なぜなら、各人が愛の演出する舞台上の登場人物となる人間喜劇は、人間たちにいつまでもお芝居を続けさせるからだ[16]。おそらくその点が、自己愛（ギリシア人の言う philautia）批判の新しいところだ。ただし、それ自体には何ら独自な面はない。

エスプリにとって、自己愛は、真の神に取って代わった「人が用いるあらゆる策略の発明家であり、あらゆる美徳の誤りの原因である」[17]。これらの美徳は、真の神に取って代わった異教の偶像である。賢者たちは誠実な行動を求めるが、しかし誠実な行動を愛するのは誠実さの外見をまとう人間に対する賞賛を愛することにすぎない――「[…]自己愛は人間の主人・暴君となってしまい、美徳はすべて自分を良く見せるために利用するだけである。したがって、親に然るべき敬意を払い、困っている貧者を助け、どんな取引においても公正さの掟を守るよう分別が働くのは、自己愛の目指す目的に適った場合に限られる。人は通常、自己愛の働きでのみ自分の義務を果たすにすぎず、そうやって自己愛はおのれの意図を実現する」[18]。高潔な行動を取りさえすれば良いのではない。自我の功利性のためではなく、神への愛のために、その行動を高潔に行わなければならない。ところが、本当の信仰、慈愛ほど、一見、真似しやすいものはない。だから、この神への愛という徹底的な姿勢からすれば、人間の行動は何一つ批判を逃れられない。真理愛、誠実、友情、穏健、寛容、すべては、あらゆる類いの儲け、恩恵、個人的満足を求める心であり、友情と思われているものさえ、汚染されている――「友情と絆のほとんどすべては利益によって作られる」[19]「穏やかな人がいるが、あの穏やかさはみなに好かれたい気持ちからである」[20]「寛大さとは、他人を自分の好きなようにしたい気持ちであり、もし他人が自分を好きなようにさせないなら、自分もそうはしない」[21]。肉親や友人の死がもたらす苦しみのような、最も激しい、打ち消しがたい感情については、「涙の最も大きくて一般的な源は、模倣、誇示、利益である」[22]。利益の角度からなされる人間行動の分析として、これ以上先に進むのは難しいだろう。ドゥ・サブレ夫人〔一五九九〜一六七八。フランスの作家〕は、自己および自分と他者とをつなぐ絆にかんする〈総取引〉の効果を言い当てるいくつかの格言を残している――「自己愛は、自己愛そのものによって間違うこともある。他人の利益にかんしてあまりの無関心さをさらけ出してしまうから、見返りの取引にあずかるはずの利点を得られなくなるのだ」[23]。人が自我の虜になれば、その結果、他人から得られるはずの利益（たとえそれが見せかけであろうと）がもたらす恩恵を当てにすることは不可能になる。

こうした頑固一徹の分析は、古代の哲学者によってもたらされた誤った道徳と神の愛によってもたらされた動機とを対比させるに至る。二つの都市国家があると同様に、二つの美徳がある。人間的な美徳とキリスト教の美徳である。前者は、見せかけの外観、まったくの幻想であるのに対して、後者は、世間を離れて、内面的な精神の生活に向かって開かれている。ラ・ロシュフーコーの親友であったジャック・エスプリは、これについて、明言する――「神は世間が賞賛するような行動を取る人々の心を断罪する。そして、神はわれわれの内面的な体質と真の意図のみを考慮に入れて、最も華美な、最高と思われている美徳を偽りの徳とみなす」[24]。

自己愛が導いたこの偽りの仕掛けによって、人は自分が偉大であり、高潔であると他人にも自分にも思わせるために、自分のもっていない美徳をつねにまとおうとする。利益を美徳に変装させるのは、自己愛の策略である。パスカルはあらゆる現世欲の根源にあるこの自惚れにかんして、無知という情念を強調した。人はおのれを愛し、愛されることを願うが、おのれの欠点を見ることができない。それゆえ、「人はおのれを咎め、おのれの欠点について説得する真実なるものに激しい憎悪を抱く」[25]。パスカルは、この無知の情念を〈意志的な幻想〉とか、〈たえざる幻想〉と名づける。人は好かれることに利益を見出し、他人からの愛に自我の利益を見出すから、自分についての真実を自分に隠し続ける。また、憎まれることを望まないから、自分の欠点にかんしては他者にもその真実を隠す。人間同士の連携は、〈たがいの騙し合い〉の上に成り立っているのだ――「だから、人間とは、仮装、嘘と偽善に他ならない。自分の内部でも、また他者に対しても」(26)。しかも、人と物についての正しい判断は、人がかくも自慢にしている分別というものによって導かれるのではない。理解力の方向を決めるのは意志だからだ――「われわれの考える道筋は、結局、感情に任せられる」(27)。

4　公平無私の欺瞞

自己愛は他者と自分自身の両方に対して、人を輝かしくも寛大で、公平無私の光に照らされた存在に見えるよう仕向ける。この点から見て、公平無私は、ラ・ロシュフーコーとジャック・エスプリが指摘するように、利益の見事な策略である。人が公平無私のお芝居を演じるとき、欺瞞はその頂点に達する、とエスプリは書く(28)。人は、自分の魂の美しさを他人にわかってもらおうなどと思ったことは一度もないと断言しながら、自分の望んだ利益を手に入れることで一石二鳥を狙う。エスプリは憤慨する――「公平無私とは一体、何か。それは、人々から嫌悪されることを恐れて、気づかれぬよう名前を替え、本来の姿を見せない利益の別名である。それは、この上なく抜け目のない人間が何かを手に入れるときに通常用いる露骨な手法とは、逆の方法である。公平無私とは野心の最後の戦略であり、人間のあらゆるごまかしの中でも最も厚かましいものである[29]」。

ニコルもエスプリと同じことを強調している。彼は、そのエッセイ『慈愛と自己愛について』で、人間の一番大事な望みは他者が寄せてくれる好意であるから、人は自分の行為の真の理由を偽るようになるのだと述べる。人間の誠実さとは、こうした偽装に他ならない――「だからこそ、人の憎悪に敏感で、自分をその的にされたくない者は、できる限り自尊心を他者の目から見えないように努め、自己愛の本来の姿を隠すように偽装し、自己愛を完全に免れている人、つまり、慈愛の精神にあふれ、ひたすらその心に動かされて行動する人の行いを真似ることになる[30]」。利益中心の行動の動機は公平無私の態度と似ており、事実上探りようがないので、一見最も純粋に見える行動にまで疑いの目を向けざるをえない。偽物はすべてに拡がっている。慎ましさ、自分に対する誠実さ、他人への気遣い、勇気、これらはすべて自己愛に律せられている。だから、礼儀とか品位とか言われるものも、分別によって整えられた自己愛に他ならないのだ。

社会生活全体が嘘に満ちているとすれば、人間そのものが嘘で織られた布である。パスカルは強調する。「自己愛と人間の自我の本質は、自分だけを愛し、自分だけを考慮することにある[31]」。そこから考えるべきなのは、現世欲と自己愛が人間の行動の原理であるとしても、人間はそうやって行動しながら、その原理についてはいつも知らずにいるということだ。それは、秘密の動機とも言えるものである。外見上、人を動かす動機を見分けるのは、容易なことではないから、なおのこと、この見方は正しいのだ。「強欲ほど慈愛に似ているものはないし、強欲ほど慈愛に反対のものもない[32]」。純粋な慈愛という、外部にある理想の一点だけが、美徳の偽装をした社会生活、人間関係、人間そのものを白日の下にさらす。

5　貴族の倫理に対する批判

人間の行動の第一原因を自己愛と利益に求めるならば、名誉と利益は慈愛の反対物として同じものとしてみなされ、同じように断罪されることになる。ジャンセニスムとその影響を受けたすべての作家たちは、**虚栄のための自己愛**と**便宜のための自己愛**のどちらも、転落以後の人間が自我にかんして抱いた〈偉くなりたい欲求〉と同じものとみなし、ひとまとめにして糾弾している(33)。ラ・ロシュフーコーは、『道徳的考察』の前書きで明言している。「作中、利益ということばは、必ずしも財の利益ではなく、多くの場合は、名誉の利益や栄光の利益を意味している(34)」。この対比自体、貴族の倫理に固有の、名誉の論理の評価の下落を見事に表している。ポール・ベニシュー〔一九〇九〜二〇〇一。フランスの文学史家〕の古典的注釈(35)によれば、ここに、貴族の君主制秩序への屈服と、転落した人間の共通の本質に対する受容という、価値の逆転を意味深くも証明する例が見て取れる。英雄的偉大さという封建的道徳は、名声の論理が偽装という社会的戦術に凋落することで、あるいはまた、ジャンセニストであるニコルが表現した〈得るために与える〉社会関係というとらえ方に凋落することで、否定されてしまう。

すでに見てきた通り、利益の地位向上は、新しいブルジョワ階級が力を増したことと密接に結びついているだろう。利益という概念は、エネルギーと合理性を折り合わせる取引の**エートス**にうまく合致するのだ。しかし、利益が支配者同士の関係をどのように明らかにしたのかを説明するには、ノルベルト・エリアスが〈宮廷社会〉と呼んだ社会的配置状況に注目しなければならない(36)。貴族階級がそうした

〈宮廷社会〉に同化し、特殊な依存に陥る形態は、人間本性を分析するのに適した条件を作ってくれた。周知のように、絶対主義国家の支配は、その行政管理、税の中央管理、軍事力の独占の強化などとあいまって、財産と地位の流れを根本から変えた。転換は経済だけにとどまらず、価値の序列、人々・身分の移動によっても象徴的に現れた。それまで貴族は、主君の恩恵に依存して自分の序列を維持していたから、貴族の言説もまた、力を失う。それまで彼らは、自分の勇気と寛大さを〈拠り所〉にしてきた。つまり、おのれの身分が義務づける贈り物（〈ノブレス・オブリージュ［貴族は義務づける］〔身分の高い者は、それなりにふさわしい振る舞いを求められる〕〉）によって、彼の臣下たちがその借りを任意に支払ってくれることに期待していた。貴族が自分の偉さに自己陶酔したのは、誇り高く、強い情念を抱く自分を、卓越した能力がある者として誇示し、その社会的地位と名誉を何としても守る必要があったからである。ところが貴族のこの気前の良さは、疑惑の対象の塊とされ、自己愛の企む策略にまで格下げされる。この点で、モラリストは新たな社会的論理の発生を証明して見せた。モラリストたちは、貴族への評価の基はもはや贈り物、寛大さ、犠牲心などにあるのではなく、偉大な宗教の仕掛けとヒロイズムの真似事にあるとした[37]。ここでもまた、宮廷装置の全体が疑惑の対象とされる。すなわち、一方でモラリストが明らかにするのは、いわゆる大人物たちは宮廷人（おべっか使い）にすぎず、ある意味では最悪の人間の悲惨の典型であるということだ。他方でモラリストが強調するのは、貴族の虚栄心、人の気に入られようとするやり方が貴族を社会的現実から遠ざけ、引き離してしまうため、それが彼らを、洗練はされても無用な人間にして孤立させ、〈人間の本性〉の力をほぼありのままに発揮させてしまうということだ。こうした状況が新しく生まれた以上、どうして通常の社会的掟を上から道徳的に支配するものが存在し続けると言えるだろうか。名誉が利益の仮面以外の何物でもないとすれば、どうして勇敢で寛大な行為があるという考えを弁護できるだろうか。名誉など、便宜上の利益よりも品位の劣る〈幻〉のようにさえ見える。名誉など、エゴイズムや最も愚かしい虚栄心の対象なのだ[38]。のちに、マンデヴィルはフランスのモラリストの弟子として、これを妄想、〈見えない飾り〉として取り上げる[39]〔本書一三〇頁参照〕。

モラリストは、貴族の倫理を単なる自我の幻想ととらえ、名声を自己愛と利益だけにかかわるものと考えているから、この一社会カーストがもつ特権をただ打ち砕くだけでは満足しない。これに加えてモラリストは、名誉の論理全体とその具体的表現としての気前の良さや寛容に総攻撃を仕掛ける。「寛大さと見えるものは、小さな利益は見捨てて大きな利益に向かう偽装された野心にすぎないことが多い」(『箴言』二四六)。「心の広さはすべてを得るために、すべてを無視する」(『箴言』二四八)。

6　評価の市場

ここで、〈価値〉という概念がきわめて重要となる。一七世紀において、価値は勇気の同義語であり、名声という貴族の倫理と結びつく。ところが、それまで公認とされた〈価値〉が、他者に対して効果を上げていたイメージやそこから得られる欲得ずくの賛辞とはもう無縁であると思われたとき、地滑りが生じる。宮廷は、まさに社会的価値を生み出すための格好の観察場所である。ダミアン・ミトン〔一六一八〜九〇。フランスの作家。一七世紀貴族社会の紳士像オネットムを描く〕は指摘している。「人は王侯の宮廷でひたすら気に入られるために体裁を作る。そこで自分を感じの良い人間にすることで、自分の運をつかむのだから。そういう意味で、宮廷人は洗練されている」。テーブル・マナーも、素早い頭の回転も、会話術も、すべてそこから生まれる——「民間ではそれと逆に、人はひたすら働くことが本分だから、気に入られようとする彼らの配慮は、むしろ彼らを粗野な人間にする」[40]。そこには、トクヴィル〔一八〇五～五九。フランスの政治思想家。『アメリカの民主制』〕が貴族の発生の仕方とその役割について指摘したことが、凝縮された形で表れている。トクヴィルは言う。「フランスの貴族は、自分の城に閉じこもり、君主に知られることもなく、近辺の住民とも無縁であって、社会の日々の動きの中で動かないままであった。彼の周りにいるのは王の士官たちで、彼らは裁きを司り、税を課し、秩序を守り、住民の安寧のために働き、住民を指導した。貴族は、ぱっとしない余暇にうんざりし、莫大な財産を蓄えていたから、パリに赴き、宮廷で暮らすことになる。そこは、貴族の威光の舞台として役立つには唯一の場だった」[41]。

　威光を見せるためのこの舞台は、自己制御と戦略的計算という、より一般的な動きの性質を帯びている。貴族がどんなに自分の異質性を育てようとしても、彼らもやはり〈自己制御〉に加わらざるをえない。ノルベルト・エリアスによれば、これこそ近代のハビトゥス〔社会慣性〕を特徴づけるものだからだ。そういうわけで、宮廷化とそこから必然的に生じる利益行為は、社会に拡がる欺瞞を映す鏡の役を果たした。贅沢な出費やまばゆい豪華さよりも倹約と有利な投資を好むブルジョワの時代は、情熱の穏和化を前提とし、あるいは封建的支配に伴う気前の良さ、無償の行為の抑圧を前提とする。すべてを自己に引き戻し、すべての行為がそのもたらすはずの結果に応じて計算されるようにしなければならない。貴族の出費に対する批判は、彼らが社会資本への投資行為をあらゆる無償行為やヒロイズムと同格視することから生じる。誰もが社会資本の充実に対して義務を負わねばならないのだ。ここで奇妙きわまりないことに、貴族の行為は利益や投資の論理に当てはめられている。モラリストの『箴言』がたえず強調しているのは、まさにこうした共通の条件への切り下げである。「高慢はすべての人間において平等であり、唯一の違いはそれを外に出す手段とやり方だけである」（『箴言』三五）。「利益はあらゆる種類の言語を話し、あらゆる種類の人物、公平無私な人物さえ演じる」（『箴言』三九）。

こうした攻撃は貴族階級の社会的正当性を貶めるものでもあった。この階級はそれまで、自分に名誉をもたらす行為や、他者に対する変わらぬ気前の良さや、住民に対して親切であろうとする性向によって自分を守ってきた。モラリストの言によれば、気前の良さは、必ず愛されるという見返り、あるいは罰せられずに害をなすという見返りで利益を得るから、汚れている。[42]そのため、恩恵を施された者は借りを感じずに済むよう、恩恵を施す者には悪意があると考えざるをえなくなる（「誰かに一旦良いことをされると、あとから悪いことをされても、当然と思うようになる」『箴言』二二九）。恩恵を与えるのは、安価に自分の評価を上げるためでもある（「忠告ほど気前良く与えられるものはない」『箴言』一一〇）。これは虚栄心がなせる技だと『箴言』は強調する（「気前の良さと言われるものは、多くの場合、与えるという虚栄心にすぎないので、われわれは与えるものよりも虚栄心のほうが好きなのだ」『箴言』二六三）。さらにまた、恩恵を施す者が身をさらす危険、とりわけ忘恩と復讐の危険が強調される。

貴族支配の正当性をこのように否定する態度はジャンセニスムの中にも含まれている。ジャンセニストは、恩寵を与え、配る、神の唯一絶対性というものを徹底するからだ。[43]その考えによれば、現世の権勢を維持する制度、称号・名声はつねに必要とされているが、その正当性はもっぱら機能として必要であること以外にはない。実は、神の贈り物、恩寵の他には、どんな贈り物の余地もない。一七世紀のアウグスティヌス主義には慈愛と自己愛の間に重大な対立があり、そこでは自己にかかわるどんな行為も、また人間関係以外のどんな人間の行為や関係も疑問視される。人間世界は、慈愛と自己愛の戦場ではないか。自己愛こそ、すべての罪の源である以上、敵の主役ではないか。すでにスノー神父〔一六〇四～七二。フランスの説教師〕は『情熱の使い方』において強調している――「〔キリストは〕ただ自己愛を滅ぼすためにのみ、慈愛を与えてくれるのであり、彼が十字架上で死んだのは、この敵を死なせるためだった」[44]。同じ意味で、ヤンセニウスの弟子、サン・シラン〔一五八一～一六四三。ジャンセニスムを説く著者の一人〕は自己愛をアンチ神とみなしている。

人はただ神にのみ依存するということだ。この考えは、実体のない権威やお偉方を愛したり、賞賛したりすることを否定するための強力な手段となる。彼らはわれわれと何ら変わらず、われわれは彼らに何ら負うところがないのに、われわれは現実世界の支障ない運行に必要だとされる服従を続け、必ず恩寵が得られるという保証もないのに、道徳的に自立しなければならないとされている。だが、恩寵の強い力とは、そもそも、古くからの社会的屈従から解放される手段である。ポール・ベニシューが書いているように、「天から授けられる実に稀ではあるが、直接信任を受ける可能性という考えの前に、地上の諸制度の権威は消え失せようとしていた」[45]。一七世紀のアウグスティヌス主義に基づくキリスト教の求めるところは、それは権威の原理の拒否ではなく、権力者に対して向けられる社会の負債という権勢の土台の拒否だった。その権勢の力は、社会集団の間でも、また教会組織と信者との間でも、有効に働いていたのだ。社会が貴族ではなく神から恩恵を受けるとすることで、ジャンセニストと、その後をたどったモラリストは、個人の価値が広く通用する市場という公理のために比類なきエネルギーと才覚をもって働くことになる。矛盾は、人間の心の隠れた原動力としての利益の問題化と、古くからの道徳心の信用失墜に、一役買ったのが〈キリスト教的良心の反応[46]〉だったことである。もはや道徳心は、ニーチェ〔一八四四～一九〇〇。ドイツの哲学者〕の『曙光』における激しい表現を使うなら、人間性の粗雑なとも巧妙なとも言える欺瞞（とりわけ、人が自ら騙される欺瞞）とみなされる。

7　現世欲の秩序をどのように得るのか

ジャンセニストによれば、〈現世欲の秩序〉は、悪い都市、神が不在の罪人たちの都市の社会生活における唯一の秩序と関連をもつ。その社会生活において君臨するのが現世欲と力である。しかし、この秩序は、物質的な欲にかかわるにしても〈慈愛の図式[47]〉を見せてくれる。つまり、「現世欲からかくも美しい秩序を引き出したという結果が、人間の偉大さの理由を表している[48]」。人がたがいに向け合う憎しみから、どのようにして人間同士を規制することできたのか。人間のさまざまな強欲の調和がどのようにして成り立ったのか。この調和を生み出すには、いくつかの要因が組み合わさっている。また、慣習を尊重し、人間を整備されたロボットにするという習慣に人間がなじむことで、一種の第二の本性がそこに育つ。人はたがいに掟を課すことができるので、たとえ泥棒でもたがいに協定を交わす。パスカルは自問しこう述べる。「古代以来、哲学者は何をしてきたか。精神病院の中に法律を定めることだけだ[49]」。権力の喜劇、貴族の紋章、君主制国家の示威行動は、対立や内戦といった社会のあらゆる悪を避けることができる。けれども、それを一番効果的に避けることができるのは、やはり自己愛の働きによってなのだ。

たとえ神を離れても、世界は可能だし、世界は実に人間的な満足に満ちているのだ。ラ・ロシュフーコーやエスプリ、ドゥ・スタール夫人〔一五九九〜一六七八。フランスのジャンセニストの一人〕やダイイ神父〔一六一三〜八〇。フランスの哲学者〕でさえ、自己愛がたとえ偽りのものであれ、美徳の土台となり、良き効果を上げていることを認める。人がならず者であるとしても、彼の欠点でさえそれなりの価値をもつ社会秩序を生んでいる。効果を上げるそのときの意図は、どうでもよろしい。ジャンセニストの法律家ジャン・ドマはその『民法論』[50]で、こうした推論の全般的な働き方を説明している。君主が所有主となることで、最初の人間の法が成立したが、その結果、みなが幸せになった。彼が言うには、神は全員にとっての善であり、各人の幸福の基である。神は人間に共通のものとして土地を与え、全員に平等にこれを享受できるようにした。しかし、アダムの堕落とともに、地上の財産が普遍的な財に取って代わった。自己愛は地上の事物の個人的所有とともに勝利したのだ。ところが、地上の事物は性格上——神の特性とは正反対に——全員が所有することも個人の幸福の基にすることもできない。これは、個人所有権にかんするスコラ派の妥協策とはまったく異なる。この〈至るところに存在するペスト菌〉は、私的財産が各人の利益とかかわらない限り意味がないようにするが、一方で、個人がわずかな財産しか所有できないと幸福を味わえないので、個人同士の絆を結び直す効果ももたらした。結局、ドマの過激なことばによれば、毒でさえ神の治療薬になった。

この逆転の可能性を最もよく解明する表現が、ニコルの『慈愛と自己愛について』にある——「神への愛と自己への愛ほど異なるものはないとしても、慈愛の結果と自己愛の結果ほど、似ているものもない」[51]。二つの大元はこれほど異なるのに、その結果の一致には驚くほかない。さらに、「自分の真の利益を知り、分別によって自分の求める目的に向かう見識ある自己愛」[52]のことを考えるなら、自己愛はわれわれを導くその先を教えさえしてくれると、ニコルは付け加える。では、堕落した人間は、自分をすべての中心と考えるにもかかわらず、なぜ慈愛の道を教えてもらえるのか。〈われわれが内部に飼う怪物〉、このすべての罪の基は、どのようにしてわれわれを善に導けるのか(53)。自己愛は他者を虐げて無理矢理おのれの欲望に従わせることを望みながらも、欲しがって手に入れた財産を、穏やかに楽しむことさえ望むのだ。そして人はみな、同じように虚栄心と支配欲によってエゴ同士の力の均衡を保ち、自分たちの欲望の激しい対立が生む破壊的な危険を自覚しながらも、団結して法を作り、それを破る者を罰する。つまり、このようにして社会は、各人の心の中にあるこの横暴な好みを弱めるというか、もっと正確に言えば、それをもう少し穏やかな道に誘導し、社会的美徳の控えめなベールで覆うことに成功するのだ。自己愛は隠されただけで、消えたわけではない。それがあからさまに暴力的、専制的な形で表れないよう、絞首台と車責めへの恐怖によって抑えられているだけである。しかし、もう一つの可能性が開かれている。取引、追従、手管、提携によっておのれの欲望の充足を手に入れることだ。言い換えれば、嘘で固められた社会関係は、他者との絆も含めたすべてを自己に引き寄せ、自己愛の不変の核を満足させることができるのだ。人間関係の平和的に見える世界は、嫉妬と羨望と憎悪で織られていることに変わりはないが、他人の自尊心を踏みにじるよりは、それを満足させてやることで、自分に従わせるほうが良い。つまり、他者を支配するには、分別を働かせて、他者の自己愛に仕えることで、彼の自己愛を自分に従わせることほどうまい手はない――「ある者は、自分の利益を自力で増やすよう努めるし、またある者は、おべっかという手を使い、おべっかのお返しを得る。それが、人間同士の間で数え切れぬほどのやり方に変化して行われる取引の基であり、土台である。そこでは、商品を他の商品またはお金と取引するだけでなく、労働、サービス、勤勉、礼儀もまた取引の対象となる。そうしたすべてのものが、同じ性質のものと交換されたり、ずっと実質的なものと交換されたりする。たとえば、空虚なお愛想によって、実利的なものを手に入れることもある」[54]。仕える者の立場に身を置き、彼の役に立つのも、他者を支配し、自己愛の目的に達する、遠回りのやり方である。ヘーゲルはやがて、主人が有能な使用人に従い、彼なしでは生きられず、没落しはじめるケースの見事な証明を行うことになる。

ニコルによるこの自己愛の論理で不思議なのは、自己愛が穏やかで満たされた社会状態を作るという点だ――「このように、この取引という手段によって、慈愛の介入する余地がなくなり、生活のあらゆる必要が満たされる。したがって、真の宗教が禁じられ、慈愛が入れない国家においても、聖者の共和国にいるかのように、やはり平和と安全と便利さの中で暮らせるのだ」[55]。この表現は覚えておくに価する。アウグスティヌス主義は、その一世紀前のボテーロのような人の教訓を思い出しているようだ。利益は、憎しみの対立の原理から、和解の原理に転じた。人間が変化したわけではない。各人はありのままであり、以前と同じように自分自身のほうを向き、自分の強欲と願望に苛まれている。自己愛のセメントによって固まることができるのも、人間の悲惨の恐ろしい側面の一つなのだ。ニコルにとって、人間界は自然界と同質である。デカルト〔一五九六～一六五〇。フランスの哲学者・数学者・自然科学者〕の仮説によれば、結集した物体がおのれの中心の周りを回転し、大きな渦を形成するのと同様に、粒子としての人はおのれの利益の周りを回転し、社会に固有の大運動を起こすのに貢献する[56]。

8　貪欲を規制する

貪欲は社会に莫大な貢献をしてくれる。強欲のおかげで、人は家も食料も薬も手に入れられる――「人間の貪欲そのものほど、多くのことをしてくれるものはない。しかし、貪欲が人間のためにうまく働いてくれるようにするには、それを抑制する何かが必要である。なぜなら、もし貪欲を自由にしておくなら、貪欲には限度も節度もなくなる。それは人間社会のために役立つのではなく、社会を破壊する」[57]。

それゆえ、貪欲を規制するために、政治的秩序は欠かせない――「政治的秩序は、刑罰を恐れさせ、貪欲を抑える。これを社会に役立つ物事に用いられる技術にする」必要がある[58]。ニコルはこれに加えて、「ライオン、熊、虎、その他の猛獣を飼い慣らし、人間の生活に役立たせる技を見出す者があれば、どんなに賞賛されるだろう。国家の秩序が行うのは、まさにそれなのだ。なぜなら、貪欲ではち切れそうな人間は、虎や熊やライオンよりも手に負えない。彼らはそれぞれ他人を貪り食いたがるはずだ。ところが、法律と警察という手段を使えば、これらの猛獣を見事に飼い慣らすことができるので、その成果は、最も純粋な慈愛のなすことに等しい[59]」。だが、刑罰へのこの恐れは、慈愛に紛う効果を上げる一連の組み合わせを解き明かす、一つの要素にすぎない。ニコルはそのことを、三つの要素を挙げて説明する。恐れ、利益、他者への愛、である。まず、刑罰への恐れは、苦痛を避け、死におののく気持ちから、われわれを罪から遠ざける。次に、われわれは、自分自身の利益になる形で、隣人に援助、便宜、励ましを与える。最後に、これが最も重要な要素になるのだが、自己愛が導く傾向の中で、他者への愛を求めるよう望む気持ちほど、普遍的なものはない。そこから、他者の気に入るための努力が生じる[60]。ところで、人は他者の気に入るように努めるとき、慈愛の原理で動く人と同じ行動を起こし、同じ結果を手に入れる。ニコルがそこから結論するのは次のことである――誠実さとか礼儀正しさというのは「一般的な自己愛よりも賢くて巧みな自己愛以外の何物でもない。それが自分の意図を邪魔するものを避けさせ、よりまっすぐで、合理的な道を通って、人々の評価と愛を得るという目的に向かわせるのだ。以上のことは、自己愛がいかに慈愛の重要な行動を真似ているかを明らかにすることで、容易に理解できる[61]」。アウグスティヌス的キリスト教は、古代および中世の倫理の根底を、ひたすら自己愛の角度から見ることによって、見直しを迫る。それは〈英雄破壊〉と言えるもので、賢者も見直しの対象であるが、慈愛一筋の聖者は尊重される。だが、さらに大胆な考え方にまで進むと、宗教も美徳も人間社会の効果的な土台ではないとみなされる。なぜなら、通常の道徳は宗教に支えられる必要がなく、賢い自己愛、正しく理解された利益だけで十分効果を上げているからだ。もっと言えば、人が行動するのは、自らの義務の根底にあると認める原理に従っているからではなく、自分の楽しみのために与えられた状況の中で、自分の気質に従っているからなのだ[62]。

パスカルの同時代人で友人の、世俗のリベルタン〔ルネサンス思想と啓蒙思想をつなぐ役割を果たした自由思想家のこと〕であったダミアン・ミトンは、ジョン＝スチュアート・ミルよりも前に、誠実さを〈抑制された自己愛〉と定義したが、ニコルのほうはこれを『道徳論』の中で〈見識ある自己愛〉と定義した[63]。分別によって見識を与えられた利益は有害な利益に対抗しうる。このことを明確に示した著者たちは、早くからさまざまな利益の調整を可能にする道を選んでいる[64]。利益は分別のあるやり方で抑制され、取引と相互奉仕に転じることができる。自己愛の抑制を良きものととらえる考えは、一七世紀においてほぼ共通の認識だった。ダイイ神父の『さまざまな思い』には、一八・一九世紀には常套句となる表現が見られる――「自己愛は、その理解の善し悪しによって、美徳にもなればあらゆる道徳的欠陥にもなる[65]」。慎重な行いは、〈用心深く、見識の深い〉自己愛の表れとみなされ、誠実さはまさに、〈きちんと抑制された自己愛の判断〉の表れとみなされる。[66]ダミアン・ミトン、彼をよく知る者が名づけたこの〈オネットム〔一七世紀貴族社会の理想像。完成された趣味・教養・作法の持ち主〕[67]のブルジョワ〉にとって、大事なのは、誠実さが寛容、善意、貧者救済へと導くことである。考えの筋道は単純である。誰もが幸せに暮らしたいが、「最小の苦労で幸せになるには、しかも確実に幸せになり、自分の幸せを乱される恐れがないようにするには、他人がわれわれとともに幸せにならなければならない[68]」。こうして、〈たえざる対立〉を避けるためにはわれわれは他人の利益に目をこらし、「すべての障害が取り除かれ、誰もがわれわれに手を貸してくれるようにすべきである[69]」。ここから、誠実さが、〈幸せでありたい、ただし、他人も幸せであるやり方で〉という願いとして定義されることになる。オネットムは、〈寛容で、人間的で、親切で、他人の不幸に敏感〉である[70]。その存在は、リベルタンにとって、宗教に社会的役割を見つけてやる手段である。ミトンは率直に、宗教、幸福、誠実さを密接に結びつける――「宗教と敬虔な心は人を幸せにするので、誠実さの最も堅固で確実な基盤となる[71]」。

社会の成立を可能にしているのは、宗教の命じる道徳を守ることよりも、情熱それ自体をうまく組み合わせ、バランスを保つことのほうだ。なぜなら、「世の中のどんなものにもその反対物があり、個人の情熱が矛盾し合っているが、通常、そこに適切な統治が働くことで、あらゆる困難は避けられている[72]」からだ。

政治の領域でこうした情熱の相殺の掟が有効であることはわかった。しかし、こうした力と対抗力の論理は、こと道徳の領域では、直接あてはめることができないと考えられがちである。まったく違う。そこにもまた、まさしく同一の論理様式があるのだ。「さまざまな悪徳は〈たがいに害し合う〉」――ピエール・ベール〔一六四七〜一七〇六。フランスの哲学者、思想家〕は楽しげに言う。次の世紀の哲学者と経済学者はモラリストや政治思想家たちが残してくれたこの豊かな資産を利用するだけで良いはずだ。ルソー〔一七一二〜七八。フランスの作家・啓蒙思想家〕は、「冷たい理性は目立つ仕事はしないので、人はさまざまな情熱をたがいに対立させて、それらに打ち勝つ」(73)と、人の口によく上る文句を書く。一七世紀には、この種の提言が無数にある。たとえば、スノー神父は、情熱を飼い慣らせば、情熱を役立つものに仕立て、美徳に変えることができると主張している――「人は、堕落した自然から情熱が引き出したものを取り除き、かつて無垢の状態のときにもっていた純粋さを情熱に戻してやることができる」(74)。古代の哲学者が信じていたように、人間は本来の資質だけで美徳に行き着けるのではない。恩寵なき分別は何もなしえないのだ。エピキュロス派は快楽を求め、ストア派は栄誉を求めるが、そうした現世欲だけが人間の美徳探求の大元である(75)。スノーはその美徳探求を利用して情熱を飼い慣らしうると考える。力ではなく技を用い、強制ではなく利益を使うのだ――「美徳は情熱を利益でつかまえ、情熱自体の性向を用いて情熱を打ち負かす。情熱に宗教の最も純粋な感情を抱かせることはできないので、情熱を非信者として扱い、利益中心の分別で説得する」(76)。それはつまり、情熱を美徳に導くために、情熱を利用することである。感覚を使用し、想像力をつかまえて、情熱を美徳に導く。勝ちを得るためにはそこまで身を落とすこと、天に昇るためには地上に降りることが必要である――「私は情熱をそれ自身の利益によってつかまえるし、その激しさを和らげるためにそれ自身の性向を用いる」(77)。もし愛と憎しみがあらゆる感情の母であるなら、それらがきちんと抑制されていれば、それらはあらゆる美徳の種子となり、それらが放縦のまま置かれていれば、それらはあらゆる悪徳の種子となる。情熱には良い利用と悪い利用があるのだ。憎しみは、罪を憎み、堕落したものとしてのわれわれ自身を憎むとき、良い使い方となる。きちんと統御されたあらゆる情熱は美徳に変身できるし、まさにそれが道徳となる。さらに、スノーによれば、政治は道徳そのものと同じことをする。なぜなら、政治は人々を統治するのに、人々の情熱、人々の見返りへの期待、人々の処罰への恐れを用いるからだ。愛と恐怖は二本の「堅固な柱であり、それがあらゆる国家を支えている」[78]。道徳は宗教に源をもち、宗教に確実な保証を見出そうとするから、政治の計算とは無縁に見える。しかし、実は道徳もまた、最初からこの力の論理と、もはや意図とのつながりから切り離された〈結果主義〉の作用で動いている。規範性は、その核心部において利益の問題提起の影響を受けている。

9　宗教の不十分さ

人間にかんする真の科学は、次の確認から始まる。すなわち、人間は自分を知らず、自分の行動の原理を誤認し、自分のことにかんしてはわざと見えないようにしているかのような振る舞いをする。アウグスティヌス主義者は原罪の神学の中に真理の説を打ち立てようとしたが、他の学者たちは個人が計算によって自分の利益を解明しうるような人間の科学の中に、真理を求めることになる。合理的な検討を行うことで、人間の行動の動機におけるすべての多様性、矛盾が無効もしくは解消される条件を整える。

しかし、ジャンセニストとモラリストがその地点まで進んだとしても、そこから、人間が自分の動機にかんして解明できるようになったと結論するにはまだ遠い。ラ・ロシュフーコーや他のモラリストを読むと、すべてが一つの原理に結びつくが、それらは実に多くの形を取り、さまざまな結果をもたらすのであるから、それをもって人間が自分の利益と他人の利益との調和によって完全に充足しうるなどと想定するわけにはいかない。すべてが逆に、真の利益は自己愛の迷路をさまようよう宿命づけられていることを示しているようにも思われる。

パスカルもまた、これについて疑いを抱いた。仮に知識というものがみな知性と意志の結実であるとするなら、果たして人間は自分の生来の光だけで、精神的なものについても物質的なものと同じレベルに達することができるだろうか。愛を求める意志だけが自分の見方を定め、自分の好きな物質的・精神的世界の局面を選ぶのだから、その答えは否定的だろう。人間がいかに現世欲のさまざまな表れに動かされているか、それを明らかにし、行動の原動力として分析することはできる。しかし、個人が自分自身の利益を知る力については信頼するわけにはいかない。なぜなら、人はたえず果てしなく他人の愛と財産の充足を求めるとしても、自分の諸利益の真の順位表がどうあるべきかについては知らないからだ。救済をはじめとする最も重要な事柄にまさるのは、最も〈軽薄な〉事柄である。ニコルがあえてそう述べたように、見識ある自己愛は慈愛に代わりうるなどと、どうして主張できるだろうか[79]。パスカルは、誰にもある経験を基に、次のような結論を引き出している――人は自分の救済のために一番大事なものを無視続け、理性の欠落をつねにあらわにする。

これらの主張から出てくる主な結論は、社会を作るのに、宗教は不十分であり、必要でさえないということだ。カルヴァン主義者であり、徹底したアウグスティヌス主義の信者でもあったピエール・ベールも、同じことを言っているはずだ。もし〈人間の心〉〈数知れぬ罪深い情熱の虜〉が、〈すべてを犠牲にしてやまぬ快楽への癒しがたい願望の座〉(80)だとしたら、この情熱への従属は社会とは両立しえない。〈不純で、放縦な情熱の湧き続ける泉〉としての人間は、神の法を想起させる宗教の誓いよりも、人間の法と世間が課す制裁のほうを恐れる。情熱が方向を変え、変貌するとすれば、安楽を好み、苦しみを恐れるという、やはり感情の次元でのことである。ベールは、情熱を好意的にとらえる試みを高く評価し、そうすることで、情熱が、賞賛すべき行動に変身することがままあるとした(81)。そして、利己的な存在が願ってやまないこの賞賛好きこそ、社会的なつながりの主たる原動力であるとした。そこから、二重の総体的な結論を打ち出す――「悪をなす傾向は、人間の本質の源に由来し、情熱によって強まり、源と同じく気質にも由来して、その後、人生のさまざまな出来事によって、多様な変化を遂げる」。また、「同情、節度、温厚さなどの傾向は、神の存在を知っているという事実ではなく［…］、個人の資質に由来し、それが教育や個人の利益、誉められたいという願望、理性の本能などによって強化される。こうした動機は無神論者とそうでない者の双方にある」(82)。異教徒であれ、偶像崇拝者であれ、無神論者であれ、つまり真の光から遠い者でさえ、人はやはりもともと社会で暮らし、法や他人の意見を恐れ、自分の安楽を求める傾きがある――「私が願うのは、無神論者の原理が彼をひたすら彼の情熱の利益のほうへ向かわせることである。この原理が人を社会の破滅へと向かわせることなどありうるだろうか。彼は自分の安らぎ、財産と子どもたちの保護に、何の利益も見出せないだろうか。つまり、彼は公共の安全のために何のかかわりももたないのだろうか(83)」。宗教は、情熱を抑えるのに無益ではないにしても、社会の不可欠の土台にはならない。社会が理解できるのは無神論者だけであろう。ここが分岐点となる。

第4章 大逆転

キリストの王国はこの世のものではない。しかし、この世は、たとえ利益の中に埋もれはていても、不幸すぎることはなく、可能な世界である。人々をうまく導く術を手に入れさえすれば良い。こういう状況の全体をしっかり確認し、新たな使命を明示する必要がある。これを簡潔に、うまく要約して、新しい常識の代表ジャン＝フランソワ・ムロンが言う。「もし人がキリスト教の格言に忠実に行動する幸運に恵まれているなら、もう法律は必要なくなる。義務が罪の歯止めになり、美徳の動機になるからだ。だが不幸にして、主導権は情念にあるから、立法者はその情念が社会のために働くように、ひたすら努めなければならない」(1)。つまり、宗教と政治はたがいに対立はしないにせよ、別々の目標をもつということだ。しかし、すでに見てきたように、宗教自体が、社会に役立つ無神論的な道徳を考えるに至った。

ムロンが論じるのは、この宗教と政治の分離のことである。経済学者は、別の学者が〈物理の原理〉を提起するように、〈商業の原理〉をもち出す。経済学者に、経済の法則と道徳・神学が課す義務との一致について考えるよう要求すべきではない。(2) 情念と利益の世界が義務と美徳の古い規範モデルと分離していること、このことがますます公然と言われるようになった。現世欲の秩序が可能であり、また現実に有効であること、これを示すこと自体は、もう問題ではなくなる。大事なのは、そのような秩序だけが人間の本性に合致しているのだと主張することである。やがて、宗教に**反して**その説を擁護する方向に向かうことになる。人間の秩序は慈愛を〈真似る〉ことができるとか、人間的手段によって宗教と同じ社会性・倫理性の効果を上げることができるといった想定をするのは、もう終わった。今なすべきなのは、利益の支配を可能な限り積極的に促進することだ。利益の影響は、道徳にかんすることも含めて、人間の行動に対する直接的で明白な倫理的影響よりも、その効果において**まさっている**。しかし、大きな毒に対する最良の薬はより小さな毒であるということを認めるとしても、毒そのものを弁護するには、また、「宗教のお説教的な言い方は人間を不幸にする有害な試みだ」と主張するには、もはやそれだけでは不十分である。どのようにして、情念の世界と道徳の掟との分離を一方で認めさせながら、安楽と富裕への好みがもたらす顕著な利点を売り込むことができたのか。どのようにして、堕落の明白な特徴とされていたものが、実践可能な、しかも望ましい社会再編成の原理へと変わっていったのか。われわれがこれから重要な問題として扱うのは、この**大逆転**である。

1　ならず者の支配

一つの可能性として、また道徳的解決策として、無神論者だけからなる社会を考えることは西洋社会の歴史の転換における決定的な契機を作り出す。その分岐点で、この社会は、人間性のとらえ方において大きな移行を遂げる。人間性には堕落の決定的なしるしが付けられているという否定的なとらえ方から、人間には多くの欠点があるが、だからこそ幸福で繁栄した社会を作りうるというはるかに肯定的なとらえ方への移行である。ピエール・ベールは、人間の情念に対して信仰心がほとんど影響を及ぼさないことを確認して、無神論者には市民としての美徳があると主張する。[3] しかしそれは、神を知らず、きわめて徳の高い未開人の社会が示すところのものではないのか。こうした問いに対し、ベールは、プルタルコス〔四六頃〜一二五頃。ギリシアの哲学者。『英雄伝』が有名〕の『迷信論』から、邪悪な信心深い者と道徳的な無神論者との逆説を借用してこう断言する。無神論は社会にとって何ら破壊的ではないのだから、無神論者たちの社会は完璧に可能な世界であると。[4] ベールはニコルよりもずっと先に進んで、問いを引っ繰り返す。最も完全なキリスト教社会のほうこそ、むしろきわめて弱く、もろくて、不可能な世界であると言えるのではないのか。もし福音書の教えを文字通りに守るなら、間近の現実的利益を損ない、社会を衰弱させるのではないのか。つまり、悪徳にどんな効用があるかではなく、美徳にどんな効用があるかを考えるべきではないのか。それが、ラ・ブリュイエール〔一六四五〜九六。フランスのモラリスト〕が『人さまざま』という著作の宮廷にかんする章で述べた、「廉直の士を一体どうすればいいのか」という問いの意味だ。力に力で対抗もせずに、策略や取引や悪徳を拒むような、高潔ではあるが貧しい社会は、美徳では劣るが武装ではまさる社会の食指に抵抗しうるだけの手段をもたないのではないか(5)。この点で、ベールのペシミズムは徹底している。世の中は情念と悪徳によってのみ維持される。この両者を法律は抑えようと努めるが、なくすことはできない。悪徳には主要な政治的効用があり、それは社会の維持のため、人類の永続のためには必要悪である。ベールは書いている。「[…] 世の中が今われわれの見ているような状態で保存されているのは、ひとえに人々が無数の誤った偏見と、無数の理性を欠いた情念に満ちているからだ。一方、もし哲学が理性の明確で判然とした観念に従って人々を動かすことに成功するなら、人類はやがて滅びると確信できる。間違い、情念、偏見、その他の似たような欠陥は世の中の必要悪のようなものである。人間は、もし欠陥を治してしまったら、地上で何の価値もなくなる(6)」。

ベールはそこから、都市を守るためのやくざやペテン師の社会的有用性にかんして、きわめて逆説的と見えかねない結論を引き出す――「現代と前の時代を調べれば調べるほど、わかることは、対外戦争にさらされるどの社会も、もし福音書の精神に則っているなら、まもなく負けてしまうということだ。ある国が隣国に抵抗するに十分な強さをもっているなら、キリスト教の諸原則は説教師のテーマに委ね、それを理論として残し、実践としては、攻撃には反撃し、われわれをわれわれの父たちよりも、そして現在の状態よりも豊かで良い条件にしてくれる自然の法則に任せよ。吝嗇と野心の活発な働きを守れ、ただし盗みと詐欺はさせないよう見返りを与えて、それらをさらに元気にさせよ。製造業や商取引を活性化する新たな手段の作り手には年金を約束せよ。金《きん》の発見を求めて国民を世界各地に派遣せよ、両回帰線に船団を行かせよ。暑さも寒さも、何ものも金持ちになりたい情熱を妨げないようにせよ。自国の中に、他の国々の富を蓄積せよ」[7]。はるかのちに有名になったギゾー〔一七八七～一八七四。フランスの政治家〕の〈金持ちになりたまえ！〉には、カルヴァン主義による先例があったことになる。この教えは一八世紀とそのあとの時代を駆け抜け、ヨーロッパとアメリカの精力的なブルジョワジーの公式となる。

2　マンデヴィルの寓話

これから論じる**大逆転**について、最も大事とは言わぬまでも、最も目立つ役を演じるのは、オランダ生まれのイギリス人医師バーナード・デ・マンデヴィル〔一六七〇～一七三三。オランダ生まれのイギリスの精神科医・思想家。『蜂の寓話―私悪すなわち公益』は多くの思想家に影響を与えた〕である。もっとも、彼の一番有名な作品、『蜂の寓話―私悪すなわち公益』の目的は、金儲けと贅沢の弁護とはおよそ異なり、この世の中で物質的安楽と実践的道徳の両方を手にすることはできないということの証明にあった[8]。『蜂の寓話』のテーマは、一七一四年の第二版で作品の主な構想を示した副題の説明の中に示されている――「私的な悪徳は公的な善となる。堕落した人間性の内にある人間の欠陥は市民社会に役立つように利用可能であり、その欠陥には道徳的美徳の地位を占めさせることができる。本書はこれを証明する論考数編を含む」。一七一四年版の付録「社会の本質についての研究」[9]で、彼は自分の説を要約している――「私的な悪徳は、巧みな政策を行う辣腕の政府によって公的な善行に変えられる」[10]。マンデヴィルは善悪の因果関係をできるだけ完全に述べようと試みる。凡人にはそれが見えないとしても、この医師には、「至るところで悪から善が次々と現れる、ちょうど卵から雛が出てくる」[11]のが見えるのだ。

ラ・フォンテーヌ〔一六二一〜九五。フランスの詩人〕の『寓話』の翻訳者でもあるマンデヴィルは、自分の説を補強するように、自らの作品において小さなフィクションをこしらえた。盛んに活動し、贅沢に申し分なく生きている蜜蜂の巣を想像していただきたいと、マンデヴィルは言う。メンバーは惨めな労働者で、あらゆる種類の悪党もいれば、〈まじめな働き者〉もいるが、みなペテン師、たかり屋、ひも、いかさま師、遊び人、かっぱらい、偽金遣い、占い師のようなならず者ばかりである。誰もが熱心に働いてはいるが、その活動には等しく欺瞞が付きまとう――なぜなら、蜜蜂の巣では、〈どんな身分でもペテンを免れない〉[12]からだ。仮面をかぶっているのは、美徳と称されるものだけではない。すべての身分、職業、称号がいかさまと腐敗に覆われている。しかし、それがみなの幸福の代価なのだ――「そういうわけで、どの部分も悪徳で一杯だが、全体は楽園だった［…］」。マンデヴィルはさらに付け加える。「それ以来いつも、多種多様なきわめつけの悪党が公共の利益に貢献した」[13]。社会の幸福は道徳の掃き溜めで発展する。泥棒や強盗は動機の点で弁護の余地はまったくないが、彼らの行為の結果は、人が思うほど有害ではない。たとえば、吝嗇な者の金を循環させ、商業を活発化する[14]。どんな悪徳もとりわけ虚栄心や気紛れな流行を生み出し、羨望は取引や産業、創意工夫を促進する。寓話の教えによれば、実直と富を一つにまとめようとするのは、頭がおかしくなければできない。それゆえ、個人の悪徳は栄える社会の条件である。

寓話はそこで終わらない。悪徳である高慢と偽善は、すべてのやくざ者にいんちきを使わせ、矛盾を冒してより実直を取りつくろうよう促す。この偽善に腹を立て、人間一人一人の心に誠実さを植えつけ、自分のやっているありのままの自分を見据えて恥じ入るよう促すのがジュピターである。この神の計らいは、マンデヴィルによれば滑稽であり、子どもの心に道徳が生まれるよう繰り返すようなものだ。[15] 蜜蜂の巣に誠実さが定着すると、生活に必要なものが質素で単純になるから、たちまち事業は停滞する。のきなみ失業が増え、技術が衰え、貧乏が拡がる。著者が引き出す結論は、誠実さと商業は両立しないということだ。寓話は、誠実で貧乏な巣が強力な敵たちに攻撃され、荒らされ、滅びて終わる。生き残った蜂たちはどうなったか。彼らは自ら発揮した軍事的勇気によって、〈満足と誠実という財産〉を備えた木のほこらにゆっくり避難することができた。[16]

3 マンデヴィルの意図

『寓話』〔『蜂の寓話』。以下同〕の著者は、諸技術の洗練と繁栄を自賛する人々の偽善を非難する一方で、強力で繁栄した国家を支配する悪徳と不都合を嘆きもする。[17] 寓話が教えるのは、人間の本質のまさに〈最も下劣で、最もおぞましい特質〉こそがこうした富の土台にあるということだ。人は一度その富の味を知ったら、もうそれなしでは済まない。物質的財産をもつには、それを大きくしてくれる背徳的な情念が必要である。ちょうど、ロンドンのような繁栄した都市が、経済活動に不可避の付属物として、汚くて臭い通りと一杯に拡がる雑踏が必要なのと同じである。要するに、一方で得ようとするなら、他方で失う。マンデヴィルは一七二九年刊行の『寓話』第二部で、断定的に次のことを証明したかったのだと述べる。「立派な上部構造は、ふさわしくない腐った土台の上に建てられる[18]」。また別の箇所では、さらに明白な言い方をしている。「人間にとって自然なのは友好的な性質や優しい愛情などではない。分別と自己放棄によって得られるような社会の土台は本物の美徳ではない。われわれが精神・物質両面でこの世の悪と呼ぶものこそ、われわれを社会的生き物にし、堅固な土台、例外なくすべての身分職業の魂と幹を作る大原理となる。われわれは、そこにこそあらゆる技術と科学の真の起源を求めるべきである。もし悪が止むなら、そのときには社会が完全に解体するとは言わないにしても、だめになってしまうのは明らかだ[19]」。

これほどまでの挑発的な表現、考え方は物議を醸した。話の中身を認めるにしても、その乱暴な議論の性格については改めるよう批判する人たちがいた。イギリスとヨーロッパ大陸の両方で、そうした人たちによる反論がさまざまな形で現れたが、これを詳しく述べるには及ばないだろう[20]。多くの反論者が、善意や寛大さ、人間の美徳本来の性格を強調した。このマンデヴィルの説は、すべての情念を悪徳と解釈する厳格主義と同じように扱われることがよくあった一方で、悪徳は有効に使えば良いものだとする皮肉な説として受け取られることも少なくなかった。とにかく、厳格主義なのか皮肉なのかが判然としないこの説は、同時代の著者たちにショックを与えた。彼らは時にこれを諷刺し、時にその著者を徹底的に糾弾した[21]。ウィリアム・ウォーバートン〔一六九八〜一七七九。イギリスの聖職者・作家〕はベールとの比較の中で、マンデヴィルが美徳を〈追従と高慢の子〉であるとしたがゆえに、彼を〈道徳界における最も醜い人物〉とみなした。

マンデヴィルの意図は挑発の先にある。彼が狙うのは、人がみな自分の本当の成り立ちを知ることができるよう、人間の本質を分析し、解剖することである。人間は情念と本能からなる存在として社会を作る技を身につけた。情念は〈機械全体を動かす能力〉であると、彼は『名誉の起源』の中のエッセイで書いている。生得的な発想はもたないが、人間はこの情念の本質に恵まれているからきわめて社会的で、教育可能かつ改善可能である。情念は社会の基盤にある。その最も根底的なところに人間は自己への愛 self-love をもつ。そして人間はそれを、自己保存、安楽、自己愛への傾向という最も古典的な意味で理解している。マンデヴィルは、自己愛を指すことばとして古くて珍しい表現〈self-liking〉を持ち出している。これは間違いなくラ・ロシュフーコーの『箴言』から導かれた考え方で、マンデヴィルはためらうことなく、そのいくつかの文章を自らの作品に引用している。[22] ここで触れておくべきは、マンデヴィルはモラリストの本を大いに読んだらしく、自分の皮肉な考察、臨床的見解を加えながら、彼らの主要なテーマをイギリスに輸入したことである。[23] もっとも、マンデヴィルとラ・ロシュフーコーの考え方の比較はかなり早くからなされていて、やがてアダム・スミスが『道徳感情論』でそれを行い、この『寓話』の著者とフランスのモラリストを同時に批判して、〈みだらな体系〉と断じている。

ラ・ロシュフーコーのことばにあるように、[24] 個人の自分自身に対する行き過ぎた評価は、社会関係のすべて、人間の行動のすべてに影響を与えている。この過大評価には自分への猜疑心がつきまとう。なぜなら、われわれは自我について抱いているイメージよりも自分が弱く劣っていることを知っているか、または恐れているからである。マンデヴィルは、この過大評価と賞賛願望、いわば〈われわれの最も熱烈な願いの母〉[25] である自己愛の源からすべての情念の流れを引き出そうと努める。情念はわれわれの生存のための道具であり、武器である。もしそれがなければ、われわれには何の望みもなくなり、危険にさらされ、我が身を守るための行動の活力も失うだろう。しかし、情念は行動の唯一の源ではあるが、一方では〈むくみ〉――医者が言う悪性の〈症候〉――、たとえば高慢の原因にもなる。マンデヴィルは高慢を侮蔑しているようだ。

この著者の言わんとするのは、われわれがすでに詳述してきた人類学と重なる。すなわち、次のようになる。人間はすべての中心であり、支配本能によって周囲を奴隷と財産で囲み、独占し、誰であれ自分の喜びを減じることを良しとせず、自分の所有を制限しようと考える者に闘いを挑み、法律以外には自分の羨望と復讐を抑えるものを許さない。同時に、社会は自ら道徳を教え、かつ悪徳を生み出しているが、その存在はこうした人間の弱さに負っている。弱さがあるから、数々の多様な欲求が現れて、人間を活気づける。人間が社会的存在なのは、もともと同類を愛するからではなく、危険から自分を守り、自分の欲求を満足させ、同類に愛されたいからである。社会を作り、維持し、繁栄させたのは、人間の欠陥である。したがって、あらゆる情念を取り除くのではなく、むしろ小さな欠陥を使って大きな欠陥と闘うべきである。社会では、情念は形を変え、偽装し、時には抑えられた形で働かざるをえない。早くから自己愛の不適切な表れを恥ずかしいと教え込まれているから、情念はつねに正当に理解されていない。一方、礼儀もまた、自分の価値と比べて相手の価値を羨ましく思うことから生まれる。自分を過大評価する個人同士の出会いは、快いものではありえないと、マンデヴィルは確言する。自分には自分が思っている姿よりも高い値を付け、相手には自分が思い込んでいる姿より低い値を付ける。しかし、礼儀とは、文明と結びつくことばであり、より良く暮らし、たがいに助け合い、みなの安楽を増すための社会的仕掛けである。そのために、人は人間関係において、意図を取り繕い、いんぎんなことばや内面の動機とは逆の、品の良い態度をたがいに見せ合うのだ。こうした礼儀の形は、偽善的ではあるが、果てしない闘いを防ぎ、人間たちがたがいに有益で快適な存在になるよう取り計ってくれる(26)。教育のおかげで高慢は恥に姿を変えるから、人の外面はその内側の感情を打ち消している。したがって、社会は全面的な〈不誠実〉の世界と言わざるをえない。人は社会の中で自分の欲望を追い求め、欲求と情念の刻印を押された弱い存在であり続ける。ただし、その欲求と情念を、人は公共の利益のヴェールで覆い隠している。要するに、社会は欺く者と欺かれる者だけからなっている。

4 巧みな操作

マンデヴィルは、そこから経験の結実としての政治技術の必要性を導き出す。その技術の核心は、例の有名な表現、〈巧みな操作によって私的な悪徳を公的な善行に変えること〉にある。この〈巧みな操作 dextrous management〉とは、おだて上げて人を騙し、相手の誇りにしている取り柄を誉めそやしたり、逆に欠点や弱さを非難したりすることで、相手に錯覚を抱かせる技である。立法者もモラリストも、美徳の純粋なモデルを作り上げて、ある者には自分をそれに合わせるよう、またある者には卑劣な行為に向かうよう仕向ける[27]。こうして、美徳と悪徳が生まれ、人間は徳の高い者と徳のない者に分かれる。前者は後者よりも、一見禁欲的に見える自分の行いの真の動機をうまく隠すやり方に通じており、賞賛のことばを欲しがる。このたくらみは、悪徳を社会的な目的のために利用する一つの方法である。それゆえ、政治とは、個人的恩典と処罰とをうまく振り分け、人々が自分の利益になる形で有徳の人になるよう誘う技術である。人々自身に、自ら自発的に公共の利益を考えて行動していると信じ込ませるのだ。こうして、名誉が自分にそう命じていると人々に思わせることで、人々は社会に有用な人間として仕立てられていく。政治と道徳はそれ自体、最も巧みな者たちの支配欲に由来する。「道徳の最初の基は、人々をたがいに有用かつ従順な人間にすべく、巧みな政治家によって持ち込まれたものであり、その主な目的は、野心家たちから利益を引き出し、彼らのほとんどをより簡単かつ確実に支配することにあった[28]」。自己犠牲、公共の利益のための犠牲は、一つの策略である。「道徳的美徳は、追従と高慢が手を組んで産ませた政治的子どもである[29]」。ある者はやすやすとつかまって自分を犠牲にするのに、悪い奴は自分の仕事を続ける。英雄や献身家は、いつも自分の高慢に騙されているから、彼らにとって、ならず者や厚かましい者はおまけとして手に入れる獲物である。そこから、この著者の見方が出てくる。相手が述べることばにうかうかと耳を傾けず、ただ彼らのすることをしっかり見て、そこから彼らの主な情念と、彼らを惹きつける快楽を見抜くようにせよ[30]。美徳と悪徳、というか、われわれがそう呼んでいるものは同じ情念の諸要素から成り立っていて、解きほぐせないほど絡まり合っているのだ。

このような考えの底には、いつも、行動の基にある悪い動機と、その好ましい結果との間の緊張がある。この考えでは、目的の道徳で批判し、結果の道徳で賞賛することしかできない。〈マンデヴィルの逆説[31]〉が一番ショックを与えたのは、物質的安楽と道徳性との分離であり、安楽の原動力とキリスト教徒に期待されているものとの乖離である。「商業と宗教は、まったく別の二つのものである。多数の隣人に最大の迷惑をもたらし、最も多くの労働とそれを要求する産物を作る者、彼こそが、良かれ悪しかれ社会の最大の友である[32]」。

マンデヴィルは実は、その精神形成期に、オランダのプロテスタントの間できわめて優勢だったアウグスティヌス主義の影響を受け続けた[33]。彼がやったのは、摂理主義神学に収まりきれない功利性の古いテーマを、まったく新しい状況の中で再活性化したことに他ならない。「精神的・物質的を問わず、世の中で悪と呼ばれているものこそ、人間を社会的存在にする大原理なのだ。それだけが、例外なくすべての人間の仕事、商業、職業の唯一の堅い基礎であり、生命であり、また支えである。まさにその点にこそ、あらゆる技術とあらゆる科学の真の源を求めるべきである。したがって、もし悪がやめば、社会はそれだけで完全にくつがえりはしないまでも、混乱してしまう」[34]。これは、ほぼ一七世紀を通じて、キリスト教道徳と人間の経済の間を横切る基本的なアンチテーゼであった。この考え方は、ラ・ロシュフーコー（『箴言』一五〇と一八二）にも、またニコルの『慈愛と自己愛について』やベールの『彗星雑考』にも見られる[35]。ベールとマンデヴィルは、福音書と物質的繁栄は両立しないという結論に達する。したがって、彼らはパスカルにならって、宗教と世俗の利益を折り合わせようと努める教義には妥協しない、道徳的・知的厳密さを証明しようとしているのだ。

5　マンデヴィルに対する批判

『寓話』が与えたショックは、訴追やフランス語訳の禁止という形で現れたことからも十分わかるように、世論の一部にはかなり深刻に受け止められた。それまでの著者たちもかなり似たような考えをもっていたとはいえ、彼らにおいてはもっと婉曲に表現していた。ところがマンデヴィルの場合は、人間の本性を悪徳呼ばわりし、これ以上ないくらい挑発的な表現をしたから、顰蹙を買った[36]。

ヴォルテールとヒュームは、マンデヴィルの挑発に反応した最も重要な著者の二人だが、彼らによれば、美徳であれ、努力や危険に価する見返りであれ、それを悪徳と呼ぶべきではない。マンデヴィルは実は、道徳にかんして厳格主義にすぎるし、贅沢の定義においてはこれを有害な行き過ぎと混同して、厳密さを欠いている(37)。無実で有益でさえある贅沢とよこしまな間違った贅沢とを区別すべきである。ことばはきわめて重要である。ヒュームは、その『贅沢論』の冒頭で、「贅沢という単語には不確かな意味があり、良い部分でも悪い部分でも解釈される(38)」と主張する。その不確かさは贅沢の社会的・歴史的相対性とつながりがあるが、同時に、各社会が美徳と悪徳の間に引く境目ともかかわっている。感覚的快楽を背徳的な贅沢としてすべて退けようとするのは禁欲主義の狂信者だけであるが、「原則的リベルタン」は贅沢を一律に擁護する。悪徳は技術の洗練から得られる快楽とは別のものである。悪徳は個人を害する行為であり、人が自分の義務を果たすのを妨げる。ジェイムズ・ボズウェル〔一七四〇～九五。スコットランド出身の法律家。『サミュエル・ジョンソン伝』の著者〕の伝えるところでは、サミュエル・ジョンソン〔一七〇九～八四。イギリスの文学者〕はこの批判を次のように要約している。「マンデヴィルのこの本の詭弁は、彼が悪徳も善行も定義していないことだ。彼は快楽を与えるものすべてを悪徳に数え上げている。道徳性の一番狭い枠組み、快楽そのものが悪徳だとする専制的道徳性を採用している(39)」。これはもちろん単純化しすぎた解釈である。マンデヴィルはむしろ、贅沢をけちや強欲よりも高く買っているのだ。ヒュームがマンデヴィルの議論を取り上げる場合も、やはり怪しげで、たとえば、『芸術における洗練にかんする試論』(40)では、悪徳ということばが功利性や利益ということばに代えられ、マンデヴィルの教えとは逆になっている。

　アダム・スミスが『寓話』を読んで興味を引かれたのは、くだんの〈みだらな体系〉が引き入れた断絶をよく理解したからである。古代の哲学者たちの言う道徳が〈悪徳と美徳の実際の、重要な区別〉の上に立っていたのに対して、新しい道徳は美徳と礼儀を、虚栄心という唯一の源に結びつける。スミスは、マンデヴィルが利害中心の行いの勝利を至るところに見ようとし、自己犠牲でさえ、得られる利点でしか説明できないとしている点に対して、その主張が読者に与える影響を厳しく批判する。スミスによる『寓話』の読後の要約は、こうなる。「マンデヴィル博士によれば、公共精神、すなわち私的利益を犠牲にしても公共の利益に向かう傾向はすべて、人類が逃れられないペテンそのものに他ならない。そして人々が誇りにする、たがいの競争の機会にもなる人間の美徳は、博士によれば追従と高慢が産んだ子に他ならない」(41)。そこで、スミスはマンデヴィルの〈大嘘〉を非難する――それが〈大嘘〉なのは「どの情念についても、その度合い、傾向がどうあれ、すべて悪徳なものとして扱う」(42)からだと。マンデヴィルによれば、人が自分あるいは自分の行いの価値をどう思うかや、自分あるいは自分の行いにかんする他の人の意見をどう思うかは、その人あるいはその人の行いの実際の価値がどうであれ、等しく虚栄心の問題として扱われる。結局、スミスがマンデヴィルを非難するのは、行為から得られる快楽・満足にほんのわずかな疑惑を抱いただけでも、それを悪徳とみなしたからだ。人間の行為は本来、感情の上では完全に中立で、美徳にもなりうるはずである。スミスはマンデヴィルの説にプロテスタント色の濃さを見て取り、こう主張する。「彼の時代の前に優勢であった教義、われわれのあらゆる情念の全面破壊・絶滅を美徳とした禁欲的な教義が、このみだらな体系の源である」(43)。

しかし、〈巧妙なモラリストたち〉による操作とそれに基づく注釈に果たした言葉遣いの役割をとくに明らかにしたのは、ベンサムの著書『道徳および立法の諸原理序説』である(44)。言語の不完全さは、単語がその指し示す存在への価値判断を内にもっているという事実に、原因の大部分がある。くだんのモラリストたちがさまざまな批判を浴びたのは、普通に使われていることばの用法から十分に抜け出せなかったからである。悪徳と美徳、勇気と虚栄心といったことばは、混乱をばらまき、あらゆる行動の動機と実際の結果について、冷静な分析を妨げるだけである。そういうわけで、ベンサムが強調するのは、もし敬虔さと名誉を行動の動機に挙げたとしても、その一方で、定義上良いとされるこの動機に導かれた行為に否定的な形容詞を付けるなら、わけなく用語上の矛盾を突けるということだ。また、〈色欲〉や〈吝嗇〉と呼ばれる動機の行動を良いものとみなすなら、それもやはり矛盾、あるいは少なくとも逆説であると非難されるはずだ。なぜなら、これらの動機を指し示す名詞自体が悪の観念を内包しているからだ。現実が歴史を超越し、どんな状況からも切り離され、もたらす結果ともかかわりがないものであるとみなされて、そのような現実を伝統的道徳で美徳や悪徳を呼ぶなら、こうした批判が生じるのは避けられない。したがって、マンデヴィルのように、繁栄という結果をもたらす性向や動機に最初から悪い本質を与え続けるなら、混乱は意図的と言える。ベンサムによれば、『寓話』の語りの二律背反をなくすには、人間の行動の動機に対するすべての批判をやめるだけで済むはずのことであろう。しかし、それには、動機を指す単語の厳密な検討が必要だった。

6　マンデヴィルにおける経済の役割

マンデヴィルが唱えたとされる〈逆説〉の中に彼を閉じこめるわけにはいかないし、彼の主張を、地の国・神の国両世界のアウグスティヌス的主張の繰り返しにすぎないと言うこともできない。とくに経済の領域におけるマンデヴィルの影響は、無視できない[45]。たとえば、アダム・スミスはマンデヴィルを徹底して読み込み彼に反論すると言いながらも、ためらわずに、「彼は〈真実に接近〉している」とも述べた[46]。これは、あと少しで経済的自由の原理を完全に解明できたはずだと主張したに等しいのではないか。一方、マルクスも、マンデヴィルに賛辞を捧げている――「マンデヴィルがブルジョワ社会を擁護する俗物どもよりはるかに大胆で誠実であったことは明白だ[47]」。ケインズ〔一八八七～一九四六。イギリスの経済学者〕もまた、『雇用・利子および貨幣の一般理論』への最終ノートに、違う角度から、マンデヴィルを重要な経済思想家と認め、経済成長において消費が果たす役割を、彼がいかによく理解していたかを強調した。実際、マンデヴィルは経済活動の二つの側面とその関係をよく理解していた。つまり、支出は供給を呼び起こし、刺激するし、贅沢品の必要はいつでも使える労働力の必要を含んでいるということだ。『寓話』の著者のこういった口調と中身は、六〇年後のスミスの作品にも同じように見られる[48]――「商業と製造業の多様性が増すにつれ、ますます多くの労働が必要になり、ますます多くの枝に分かれるが、それによって一つの社会の中に、たがいに妨げにならずに行動する人間の数も増え、彼らは楽々と豊かさを得て、力強く、栄える国民となる[49]」。

マンデヴィルは、とりわけ一八世紀の〈贅沢論争〉と呼ばれる論争において重要な役割を演じた。ニコルはすでに、パリのブルジョワジーの幸福は一〇〇万人の労働にかかっているということを述べていた。しかし、これを逆に見れば、この一〇〇万人の労働者がパリの何千人かのブルジョワの気紛れな贅沢に依存しているという言い方もできる。マンデヴィルはこの論争を知っており、議論の中身を読み、そこから着想を得た[50]。彼は、「贅沢は一〇〇万の貧しい人たちに仕事を与え、別の一〇〇万にはおぞましいうぬぼれを与えた」と断言して、この論争に入っていった。[51] この点から見て、マンデヴィルの経済感覚には確かなものがある。質素と貯蓄欲は、家族の中では誇るに当たる道徳的長所であるとしても、経済的繁栄の要因ではない。富と通貨の循環だけが産業を可能にする。売るためには、買わねばならず、したがって、作らせ、働かせなければならない。ケインズがなぜマンデヴィルへの賛辞にこだわったかが、これでわかる。贅沢は必要を超えるものと定義されるが、[52] 交換を促進する。この交換こそ、産業のエンジンであり、技術と科学の進歩の要因であり、貧者に仕事を与える原因である。[53] ただし、貧者を豊かにしすぎたり、貯蓄を奨励したりしてはならない。そうすれば彼らは働くのをやめてしまうからだ――「豊かな国家にとって利益となるのは、貧者が怠けないこと、しかも、稼ぐに応じて、その稼ぎを貧者に消費させることである」。すでにペティが指摘したように、豊かさは貧者の労働で成り立つ。それゆえ、政府の目的と社会秩序の務めは、怠惰を阻止することである――「人間の労働が豊かさの真の源泉であるなら、賢明な国家が何よりも怠惰を阻止しようと努めるのは、当然ではなかろうか」。[54] したがって、望ましいのは、労働者が努力する気持ちを失わぬよう、彼らには必要をわずかに上回るだけしか支払わないことである。

マンデヴィルは贅沢を賛美しているのではない。すでに見てきたように、彼の説明では、経済的繁栄と真の道徳を同時に可能にすることはできない。彼のこの主張は、厚かましくも物質的享楽を最新タイプの道徳的行為であると思わせたがる人々への、そして贅沢に満足げに浸りながら贅沢反対を唱える人々への反論である。[55] マンデヴィルは最後まで、贅沢は罪だととらえ、商業を、たがいに騙し合おうと努める二人のならず者の交渉であるとみなし続けた。[56]

7　マンデヴィル説の逆転、新しい経済道徳

贅沢を批判することは、金持ちの脅威と貧者の怠惰にさらされるような、質素な社会を望むことを意味するのだろうか。マンデヴィルは心ならずも、この〈贅沢論争〉で口開けの役割を演じた。この論争は、作家たち、とりわけフランスの作家の大部分を巻き込むことになった。これに加わったモンテスキュー〔一六八九〜一七五五。フランスの政治思想家・法学者〕、ヴォルテール、ルソーは、たびたび彼を引用し、彼の考えから示唆を受け、それを修正し、反論を加えている。論争を最初にフランスに持ち込んだのは、ジャン＝フランソワ・ムロンの『商業にかんする政治的試論』（一七三四年）である。ヴォルテールが一七三六年に普及させた詩、『俗人』がこれを引き継ぎ、パリにスキャンダルの種を蒔いた。[57] ヴォルテールは、マンデヴィルとムロンの経済論議にアウグスティヌス説とは正反対の快楽生活擁護論を組み合わせ、生活を暗くし、世の中に悲しみを広げようとする〈えせ信者の雇い主たち〉を告発する。[58] 自由思想と経済思想を結びつけたヴォルテールのことばは、〈幸福主義〉と、さらにはこの世紀に後継者を生む〈快楽主義〉の草分けとなる。[59] それは、投機で当てて豊かになったブルジョワジーが高く評価する、生きる喜びの表現である。この良い暮らしと消費礼賛論に、利己心、利益、富裕化という道徳的・経済的テーマがすべて駆り出される。『俗人』は、富とあらゆる形の快楽へと価値が逆転していく合図であった。そのあと、ラ・ロシュフーコー以上に、サン・テヴルモン〔一六一三〜一七〇九。フランスの作家。一八世紀精神の先駆者と目された〕がリード役を果たす。彼の〈正しく理解され、正しく案配された快感〉擁護論は、ダミアン・ミトンの箴言と反響し合う。理性は快楽を

調整すべきではあるが、それを抑制したり、たじろがせたりしてはならない。サン・テヴルモンの有名なことばによれば、最大の罪は禁欲である。しかし、ヴォルテールはエピキュロス派の単なる後継者ではない。彼は、ムロンに続いて、質素という誤った美徳に対抗する純粋な経済論を考えるべきだとした。〈贅沢論争〉においては、エピキュロス派・懐疑学派の流れの主張、モラリスト・アウグスティヌス主義神学者の批判、ウィリアム・ペティ、ダドリー・ノース、チャールズ・ダヴィナント、ニコラス・バーボン〔一六四〇〜九八。イギリスの経済学者〕らのイギリス経済学者の諸理論、これらすべてが引っくるめられているかのように、ことは進む[60]。バーボンの議論は、のちに遅れてフランスで取り上げられる。その著書『交易論』（一六九〇年）で、彼はファッションを商業のためのチャンスとした。彼の表現では、衣服にかんしては人はいつも春にいて、決して秋にならない。なぜなら、服を着古してしまう前に、取り替えるからだ。彼は人間の欲望がもつ潜在的に無限の性格をしっかり見抜き、身体がもつ有限の生理的要求と区別する。精神の心理的要求（目立ちたい、見せたい、よく思われたいという欲求）には限りがない。だから、欲望こそ〈商業の核心〉であり、最も多くの仕事を働き手に与えてくれる。バーボンの言い方によれば、「繁栄する経済は、金持ちの気前の良さと貧乏人の勤勉の上に成り立つ[61]」。

　富の渇望と道徳との間に現れる矛盾を乗り越えるには、経済にはもともと有効な道徳があることを示す必要があった。ジャン＝フランソワ・ムロンは『商業にかんする政治的試論』で、〈怠惰と無為を打ち砕く[62]〉贅沢のプラスの効果を口を極めて賞賛した。彼もまた、贅沢という単語自体が混乱していることを認め、「行き過ぎれば、仕事の土台を崩すこともある[63]」とした。しかし、彼の議論で重要なのは、仕事はそれ自体美徳であり、労働と努力には本来、道徳的効果があるとした点だ。ヒュームもまた、人間はおのれの幸福のためには仕事と楽しみが必要であり、それゆえ仕事と楽しみの動機が必要だと主張した。このスコットランドの哲学者は、無為と無精は成り上がり欲に対してよりも、道徳性と社会性に対して悪影響があるとし、ムロンも同じ考えを支持する。大多数の者にとって、富と贅沢への欲求は栄光よりも強力な刺激である。その上、ヒュームによれば、産業の進展は思想と礼儀の進歩と並行して進む――「このように、産業、知識、人間性は一本の鎖で解きがたく結ばれている。経験と分別が示すように、その三つは最も文明化された時代、〈最高の贅沢の時代〉と称せられる時代の本質である」[64]。これがスコットランド啓蒙派による〈産業〉弁護の大議論の一つとなる。欲望、自然との闘い、生活の楽しみ、これらを求める気持ちがなければ、われわれはいつまでも怠け者のままだろう[65]。こうして、物質的繁栄に一番効果をもたらすのは、慈愛というキリスト教の美徳でも、市民の美徳でも、ましてや民衆の道徳でもないという考えにたどり着く。金持ちから要求される仕事で生活している大多数の貧者の道徳は、とりわけ疑わしいことになる。この新しい考え方に一番力強い表現を与えたのがマンデヴィルである――その後その表現にヴェールがかけられるとしても。彼の主張では、貧者の徳が高くなるとすれば、それは彼らが有力な人々の禁欲的な行いを真似るからではなく、金持ちの贅沢のために働くからである。また、金持ちがみなの幸せに資するとすれば、それは彼らが慈愛の心で貧者に与えるからではなく（それでは、働かない癖が付く）、自分たちの贅沢な消費で貧者に仕事を与えるからである。これは、工業と商業による貧しい階級の道徳化に新しい形を与える。そうするほうが、社会的〈お偉方〉の徳のある行いを模倣するよりも、あるいはキリスト教の掟に服従するよりも、はるかに有効なのだ。ここには、新しい社会関係と資本主義を特徴づける諸社会階級間の交換の形が見られ、それを正当化する流れはこのあとも続くことになる。ある者にとっては〈新しい楽しみ〉の交換、別の者にとっては『俗人』（ヴォルテール）の言う〈幸せな仕事〉（詩篇一五）の交換である。ムロンがしつこく言うには、怠惰を打ち壊すものとしての贅沢は、貧者の中でも技の巧みな者に、豊かになるチャンスを与えてくれる。これは、一八世紀前半三分の一までのブルジョワジーの思想には典型的な、何のやましさもない明快な意識の表現のように見える。「オネットムはみなこれと同じ気持ちだ」（詩篇一二）と『俗人』は言う。利益の自由な活動を認めるべき理由は、社会をより繁栄させるからというより、きちんと報酬を得られる労働こそが社会を文明化させ、人々を有益で快適なものにする最良の方法とみなされるからである。

こうした贅沢の経済的弁護は、商業経済をヨーロッパ社会に広げるための宣言に使われ、支配階級の贅沢の欲求を充足させる目的で労働を動員することに正当性を与えた。「世のすべての者があなた方のために働いた」と、ヴォルテールは『俗人』への批判に反論して、〈えせ信者の雇い主〉に言う（詩篇四五）。この贅沢品は近代経済の第一の刺激剤として登場し、専門化した活動に分化された多くの労働者に働きかける。贅沢擁護は、それまで消費のための消費を誉めてはならないとしていた道徳的障害物を取り除いた。この時点ですでに、経済的言説は、純粋に規範的な言説として現れている。というよりも、この言説は、原理上の両義性をかかえて立てられていく。すなわち、この言説は、自然法に従っているはずの人間活動のある特殊な領域を対象にしながらも、一方では人間関係を律すべき規範の新しい土台に深くかかわっていく。それゆえ、まだ哲学的な様相を色濃くまといながらも、政治経済学の適用範囲を超えて、社会生活における諸原理の定義とその正当化を引き受けようとする普遍的な言説へと発展していくのだ。

8　アウグスティヌス主義から功利主義へ

恩寵の世界と人間の本性の世界とを分けるというアウグスティヌス主義の考えは、厳格なカルヴァン主義の環境で育ったマンデヴィルには十分になじみ深いものだった。この考え方に立てば、たとえ人間の制度も美徳も〈偽り〉であっても、人間同士の幸せな社会生活を可能にするには不可欠な人工物であり、たしかに人間は罪の中にあるがそれほど不幸ではなかったことになる。こうして、キリスト教が過激になり、預言と宗教教育の道徳的・宗教的有効性に疑いを抱かせたことから、功利主義が出てくる。げんに、この堕落した世界において、純粋な意図を信じる倫理学にどのような意味があるのか。その倫理をどのように具現化しうるというのか(66)。ニコルの表現によれば、それには〈聖者の共和国〉が必要だが、そんなものは存在しないし、これからもありえない。こうしたペシミズムは、キリスト教世界を改良し、規範化し直するという活動の歴史的限界をはっきりと示している。立法者の目から見れば、工業と商業があとを引き継ぐべきである。聖者の社会がないのなら、商人の社会で妥協しなければならない。

ジャンセニスムと同様、その対となるピューリタニズムは、古い規範性の最後の一つとして出現したものだが、キリスト教の要求をあまりに高みに据え、例外的な、非常な努力の成果を真の信仰の行いとしたがゆえに、宗教的厳格さと日常の実践との間に深い溝を掘ることになった。この溝が埋まることはない。結局、人間の道徳的行為については、宗教は無力を嘆くしかない。あとは、道徳の基礎を作り替え、情念を活動の原動力とし、社会関係をその両義的な力の調整役に据えるしかない。

第5章 行動の擁護、情念の礼賛

人間は幸せになるようにできている。運命の悪戯で孤島に取り残されたロビンソンのように、あるいは約束の新しい土地に着いたアメリカ植民者のように、人間は幸福のために行動し、行動しうるし、行動すべきである。たしかに、どんな行動でも良いというわけではない。そのパラダイム（範例）は労働であり、その原理は効率である。ハンナ・アーレント〔一九〇六〜七五。ドイツ出身のアメリカの哲学者・思想家〕が指摘するように、人間は**労働する動物**であるが、それ以上に**行動する動物**である。能力、知識、理性そのものも行動のために、もっと言えば物を作ることのために一致協力する。物作りの本質は、人間の特質の他の定義がすべて消えても、必ず残る次元である。人間とは何か。彼の作るものである。さらに言えば、人間とは、自分を材料にして作るものである。アダム・ファーガソン〔一七二三〜一八一六。スコットランドの哲学者・歴史家〕は、この行動的人間の人類学を、「人間はある程度まで、自分のあり方と運命の職人である」[1]という言い方で表現した。これはよく知られたことばだ。その未来のアウトラインを引いたのがベーコンである。行動的存在としての人間、この人間の再定義は、人間認識の条件となる。それはまた、新しい道徳と新しい政治学の基礎となる。人間の行動について観察することによって、人間の新しい科学、道徳と政治の科学を構築することができる。自然科学がそのモデルとなる。知そのものも、人間に対する、また人間のための効果との関連で、初めて価値をもつ。知は行動そのものから、そして行動がぶつかる障害から生まれ、より良く行動するのにまず役立つ。それゆえに、ヒュームは人間自体の認識に決定的な重要性を与える[2]。その認識は、他のすべての科学と人間のすべての行動の可能性を条件づける〈諸科学の中心〉なのだ。

功利主義は通常、行動にかんする思想と同一視される。この思想は、ハンナ・アーレントが綿密に示唆したように、観想生活が活動生活に対して長い間占めていた優位の終わりを告げたのは事実だが、単にそれだけではなく、技術的には、個人的・集団的行動の条件、動機、結果にかんする新たな理論化でもあったはずだ。行動は種々の動機を前提としているから、もし行動にそれほど重きを置くなら、個人を動かすものが決定的な地位を占めることになるのは、すぐわかる。もっと正確に言えば、利益をめぐるすべての問題は、行動へと**誘うもの**の重要性を忘れてしまうなら、理解できなくなる。もはや古代人のように、いかにして激しさを和らげ、情念を抑え、行き過ぎに歯止めをかけるのかをまず考えるのではなく、むしろ、いかにして行動へと引き込むのか、利益をかき立てるのか、情念に点火するのかを考える。たしかに、個人は、〈怪物的な〉例外を除いて、自分の欲望のままに動くわけではない。均衡、釣り合い、バランスについて考えることで、新しい規範の力学を定義し、明確化するようになる。この力学は、美徳と義務を扱う言説が失効するのに取って代わるだろう。そして、あとで述べるが、快楽と苦痛の算術を中心とする新しい道徳経済学を築くだろう。だが、こうした新たな力学と向き合う前に、いやむしろそれについてよく考えるために、あらかじめ、この時代の文化における人間の情念にかんするプラスの評価を確認しておく必要がある――情念は道徳的・政治的議論すべての中心で働くことになる。活動を後押しし、製造業を目覚めさせ、欲望をかき立てる刺激のための技が、全体に行きわたる必要がある。デフォー〔一六六〇～一七三一。イギリスの著作家・ジャーナリスト〕の言う企画者 projectors の時代がやって来たのだ。まず人間を古い束縛から解き放ち、新しいやり方で働かせるよう考えなければならない。まず人間を解放し、それから再びつかまえるのだ。その上、妙な言い方だが、できる限り楽しむ義務を課して、人間のあり方を守る必要がある。これが、活動的で情念に満ちた人間に対する新しい調整の形である。

マックス・ウェーバーは、こうした資本主義の精神の活動的で実践的な性格を強調した。伝統の因習に逆らって効率を求め、物質と人間の力を合理的に用いることに専念する精神だ。彼が提起し、かなり限定された答えを出している問題は、経済活動そのものをどのように評価するかという問題だ。彼によれば、この活動は神の選抜のしるしを求める不安な気持ちに包まれているが、それが資本主義自体の活力を育てる精神的要素となった。しかし、金融と商業の営利的な実践活動が次第に正当化されていくにしても、それだけにとどまらない。実際、一七世紀以降、欲望、情念、行動の重視は、文化的台座を作り、その上に富裕化と贅沢の欲望が座ることになる。この点では、アルバート＝O・ハーシュマンの、同じように有名で鋭敏な分析も、やはり部分的過ぎると言える。彼の説明では、ガリレオ・ガリレイの物理学にヒントを得て、〈あるがままの人間〉を明らかにしようとする思いが〈代償情念〉の理論に大いに貢献した。彼はその理論の歴史を書こうとした。最も普通の意味での利益は、危険で破壊的な情念と釣り合わせるために考えられたものであり、この著者によれば、そうやって、〈最盛期以前の資本主義においてはとりわけ有効な正当化〉がなされた。だが、ハーシュマンが複雑な状況を代償ということばだけで要約するこのやり方にも問題が多い。実際、一七世紀以降、道徳的・政治的思想には、基本的な図式として、埋め合わせというイメージだけには収まらない、種々の力同士の力学的活動がある。他にもこうしたイメージ表現には意味深い操作が見られるからだ。たとえば、〈力の人工的機械への転移〉というイメージは重要であり、力を力それ自体に反転させるという点で優れている。この原理は、近代の立派な政治的作品、ことに『リヴァイアサン』〔一六五一年。ホッブスが著した政治哲学書。題名は旧約聖書『ヨブ書』に登場する海の怪物レヴィアタンから取られた〕の原理である。〈水力学的な運河作り〉というイメージもたびたび使われ、情念の流れを〈堰き止める〉合法的運河として商業を正当化する。さらに、支え合う力、補強し合う力というイメージは経済的な秩序作りを支える。いずれにせよ重要な点は、一つの力はもう一つの力によってのみ、そして一つの情念はもう一つの情念によってのみ、変えることができるということだ。それに基づけば、情念が道徳世界の力として働いている以上、理性は相対的に無力であることがよくわかる。ヒュームはやがて理性なるものを召使の機能に限定してしまう。

ここで忘れてならないのは、情念の力の介入にかんするこうした考察は、根源的なエネルギーとしての情念そのものの重視を前提としていることだ。もし情念がなければ、人間には行動する動機が失せてしまう。情念は、制御する前に、時には目覚めさせる必要もある。したがって、最も重要なのは、ウェーバーが考えたような個人的救済への心配でも、ハーシュマンが考えた市民の平安と公共の秩序への関心でもなく、権力の考察であり、社会的・経済的諸力の結びつきの働きについての考察である。この働きは、情念の力学的言語の中に、政治的支配者の利益と勢い盛んな商工業者の利益との関係を象徴的に表現し、情念を政治的に育てるための手段を見出す。

1　西洋のロビンソン化

『ロビンソン・クルーソー』は、マルクスがすでに気づいたように、資本主義的・商人的人類学の本質をなす特徴が表現された小説である。その著者、ダニエル・デフォー自身、青少年向け小説家という枠内に収まる作家ではない。彼は最も純粋な資本主義の精神に基づく世界像を何冊もの作品にしている(3)。デフォーのこの小説の興味深さは、作品の教訓的な脱線に垣間見られる作者の主張よりも、設定された状況と主人公の行動にある。一つの世界から別の世界への移行というメタファー、周到な注釈者(4)が明らかにしている新世界という紛れもない〈原罪〉としてのロビンソンの旅立ちは、父親、祖先、共同体そして伝統との断絶として設定されている。こうした不幸のスタートは、きわめて多義的な形で、途方に暮れた男、ロビンソンの再起を目指す冒険の始まりである。彼はすべてを失い、不安で、たえず転々と移動し、違う財産、違う天地を求めて満たされない。小説の冒頭部で転落として取り上げられる労働は、主人公にとって自分に合った世界を作るための、自分の必要を満たし、何よりも心の安らぎを与えてくれる手段に変わる。それが可能になるのは、物質的ではあるが、それに劣らず大いに象徴的でもある保護システムを築いたからだ。人間の生活の底にあるこの漠然たる心配、ロック〔一六三二～一七〇四。イギリスの哲学者・政治思想家〕によれば、人間につきまとうこの不安 uneasiness は、ロビンソンの労働の中、すなわち、この土地を少しずつ自分のものにする過程の中にいわば吸収され、小説の道徳的・神学的側面を形作る。耕作のおかげで、遭難者は何よりも孤独の苦悩に打ち勝つのだが、これはたがいに脅威となりかねない原子で構成される自然状態のホッブス的描写を思い出させる。労働と土地獲得は、ここでは個人の心の落ち着きと社会的平安の主要な手段として与えられている。重要なのは契約を結ぶことではなく、有益なものを作るために働き出すことである。それは当然、人間同士のどんな合意もなされる前にある。小説では、個人と生産者が一つに描かれる。そして、孤島に投げ出された人間の悲痛と、主人公の努力で土地が快適に整えられていく様の鮮やかな対比が浮き彫りにされる。

小説には異質で矛盾した要素がいろいろあることを強調してもいいだろう。ある種の反植民地主義がそうであり、また、貯めた財産の穏やかな享受とは相容れない冒険心、あるいは生産活動の重視とは矛盾しているような深い宗教感情などがそうである。だが、デフォーの内的世界に染みわたるプロテスタント主義と労働の価値の関係を忘れてはならない。主人公に命じて、自分の使命を果たすべく伝統に逆らって船出をさせたのは、神である。さらに、労働とその成果に与えられる意味の至高の保証人もまた神である。神は、デフォーの時代に共通する考え方通りに、世界がエゴイストの自我によって支配されるよう望んだのだ。デフォーは何度もこの考えの熱心な宣伝役を演じた。

大事な一点だけを記憶にとどめておきたい。置かれたどんな環境においても、物を作ることが個人を救う。個人として一人であり、置き去りにされたという、胸を締め付けられるようなわれわれの苦しみを和らげる手段と活力、これを神はわれわれに与えたのだ。この小説には、時代の哲学的主張の基本的な図式が容易に見出せる。自己保存欲、ホッブスとスピノザ〔一六三二～七七。オランダの哲学者〕の言う生存意欲 **conatus** が行動の第一原動力をなしている。それが最初の力であり、人間の諸制度もそれで説明できる。こうした体の奥底からのほとばしりがわれわれを労働に、そして地上での生存の条件である財産を守るように向かわせる。ホッブスやスピノザ、ロックはこの力を基にして、それぞれ独自の説を展開したと言える。しかし、共通の図式を無視すべきではない。すなわち、行動の力となる欲望が最初に働き、その結果、人間社会、その諸制度、人間関係が形作られるのだ。

2　欲望の力

ここで前に戻って、この欲望の力が、人間社会とその諸制度のスタート時点で働く様子を見てみよう。たとえば、ホッブスの場合、『リヴァイアサン』の政治的建築物の土台は、もはや神の権威ではなく人間の本性に託されていて、彼は主著の冒頭部をこの本性に当てている。人間の本性は飽くことを知らぬ存在の本性である。ホッブスの考察はひたすら、肉体の衝動の要求から政治体のメンバー市民の法律・制度へと移行する、さまざまな変化のあとをたどるように見える。他の著書にも見られるホッブスの各章の配列は、〈身体について／人間について／市民について〉という順序に従っている。これによって、彼のやり方の意味がわかる。人間性の〈大時計〉の各部分だけを基にして、どうやって市民の平安に不可欠な政治的従属を考えるのか。まず最初に、生存意欲としての基本的運動がある。そこでは対象との関係で、願望か反発かを引き起こす。個人は当然快楽を求め、苦痛を避ける。彼は最も快適な身体的・

精神的感覚を得るべく、その行為の結果をよく考えながら、行動を起こす。とはいえ、彼に完璧な予測が可能なわけではない――「行動の結果の良し悪しは、さまざまな結果の一連の長い鎖をどう予測するかで決まる。人に鎖の端が見えることはきわめて稀である」(5)。人にあるのは欲望と不安であり、安らぎはなく、幸せな気分に浸ることから遠い。喜びは、活発に動くか、存在しないかのどちらかである。喜びは、「たえず欲しいと思う気持ちが現れる対象をうまく手に入れるための果てしない繰り返しである」(6)。安らぎをもたらす最高善 summum bonum など存在しない。あるのはただ、ある対象から別の対象への移行、未来の快楽を確保できるようにするための力の蓄積だけである。欲望とは何よりも予測である――「喜びとは欲望が一つの対象から別の対象に向かう絶えざる前進であり、最初の対象をとらえるのは、次の対象へと導く道筋に他ならない。その原因は、人間の欲望の目的がただ一度、短い瞬間だけ楽しむことによるのではなく、自分の未来の欲望の道筋をいつまでも確実なものにしておくことによる」(7)。行動の規則はこの〈より多くの獲得 acquisition of more〉にあり、競争と戦争の道へとつながっている。それは最もよく保証された享受を可能にする支配なのだ。自然状態から想像をめぐらせれば、欲望の対立のままに置かれた世界がどんなものか、想像がつくだろう。人間は欲望の存在として、万物に対する無制限の権利をもつ。その点で、人間はみなもともと平等であり、害を与える能力においても同様である。しかし、この自然の存在はたえず脅かされていて、全員のための規則がないから、各人が自分に都合良く裁きを付ける。「功利性こそ規則である」(8)。この功利性は、各人が自分のものを押しつけようとするから、戦いでもある。

自然状態は個人を矛盾した状態に置く。〈万人の万人に対する戦い〉は各人が求めるものとは対立するからだ。つまり、この戦いはたえざる死の危険を意味し、一切の享受の保証をなくす。そこで、フィクション上の個人間の契約が締結され、欲望がもう人殺しをしないよう、各人を尊重してくれる統治権が生み出される。ホッブスの設定の狙いは、いつも殺し合い寸前にあるライバルたちの社会の上で法律的・政治的権威が支配するという構図である。この権威は人間同士のあさましい対立の影響を受けず、個人の諸利益範囲の外にあるものとされる。統治権の目的は、人間がもつ無制限の欲望を死で脅してでも中止させることにある。また、この統治権は、正義と戦いの剣であり、まさしく全員の代表者である。そして、のちにヘーゲルも言うように、人は、絶対的主人である死とは交渉しないし、和解もしない。〈死の神〉の支配があるから、政治組織体は人間の生を可能にする唯一の制度となるのだ。この絶対的従属がなければ、社会の中での競争と利己心の動きの調整はできない。しかし、この服従はのちに随分批判されたように、決して人間の本性を良くし、人間を欲望の存在から美徳の存在にする方向には働かない。この統治権創設の契機を、情念・欲望の管理の訓練と対立させるべきではない。統治権の政治的技術の目的は社会におけるあらゆる運動を阻止することにあるのではなく、むしろ、あらゆる運動の方向と結果を支配することにある。統治権は最初から、喜びを求める強い願いに歯止めをかけ、その喜びを正しい方向に導くという支配の技として働く。それは、いわば水力学的な技である。ホッブスは明快に述べる。「私が考えるときにいつも頭をよぎるのは、池のほとりによどむ水は腐るということ、また反対に、堰き止められない水は周りに拡がり、どこでも出口があれば、そちらに流れていくということだ。そのように、どの国の国民も、もし法律に決して反することをしないなら、彼らは活力を失うし、もし法律違反の行動ばかりするなら、彼らの生活は放縦そのものになる。一方、法律で規定されないことが多ければ多いほど、彼らの享受する自由は拡がる。こうした極端のいずれも有害である。というのは、法律は人間のすべての行動を妨げるために作られたのではないからだ。自然が川の流れを妨げるためではなく、それを導くために岸を作ったのと同様、人間は人間の行動を導くために法律というものを作った。この自由のための方策は、国民の財産と国家の利益の上に立てられるべきである」[9]。それゆえ、法は〈境界〉と〈流れ〉、そして〈禁止〉と〈方向づけ〉である。法は、正しい享受を定義し、限界を知らずに破壊を働く欲望を正当な利益に変え、政治的権威によって境界線を引く。経済的財産は、楽しみへの欲求を満たすものとして登場し、同時に国家の力を強化する。これで、ホッブスがいかに時代の子であったかがわかるが、一方で、彼の哲学がたえず攻撃の対象となっていたことも知られている。新しい統治権による絶対的支配力を正当化すると思われたからだ。この現世の神の権力は市民の平安にとって大きな脅威となる。この権力は政治組織の各メンバーを保護するとしても、商業と安らかな満足を乱しかねない権威の側からの攻撃を、予防してくれない。ホッブスに対する反論の論拠はさまざまだった。たとえばこうである。最初に存在していた最も重要な法は神の法ではなかったか。王国の基本法は君主も従っており、これはうまくいっているではないか。とりわけ、各個人、各社会には自立的調整原理が働いており、専制的な政治や権威の濫用がなければ、これからもうまく働くはずだ…。ホッブスによれば、支配的な情念は死への恐怖であり、これが戦争状態の克服を可能にする。しかし、この考えに対しては、安らかな暮らしを求める情念の存在も大きいとの反論が出た。こちらの情念のほうがはるかに強く、しかも正しい方向に向かわせる情念ではないのか。

3　身体、情念の源

ホッブスを持ち出すまでもなく、少なくともロック以降、広く認められた公準がある。それは、合理主義の側面をもつ重農主義者たちでさえ賛意を示した公準、すなわち、欲求に支配される存在として人間を定義することである。人間は感覚的存在だ。人間は、動き、話し、活動し、〈支配する二人の主人〉すなわち苦痛と快楽の影響の下で育つ。この二つの感覚は最も単純な要素であり、人間に世の中の関係だけでなく、苦しみを避け、楽しみを見出すよう適切に学ぶプロセスを理解させてくれる。種々の経済理論が経験論的・感覚論的定義を拠り所にして、欲求を感じる存在としての人間に焦点を当てる。この欲求は自然のものであると同時に人為的なものでもあり、人間はそれを充足させるために、自分の身体、精神、さらに自分で作り上げた道具を使うことができる。身体的欲求、欠乏と欲望、その類い稀な世界での生活と生存、これ以上に人間的なものがあるだろうか。こうした現実は、意味と価値の社会的大循環を、そして新しい思想と価値の創造さえをも活発に促す。功利の経済学は生理学的与件の上に成り立っている。価値評価の基礎にあるのは、人間の身体的枠組みなのだ。

　価値の土台であり、源である身体は、人間が体験する感覚の量にかんする普遍的な尺度を存在させる場所である。快楽と苦痛という問題はさておき、大事なのは、身体と対象との関係はそれを手に入れるために払うべき努力とそれを消費して味わう満足感の角度から測りうるということだ。ミシェル・フーコーの言い方を借りるなら[10]、〈自分に身体を与える〉〔フーコーは『性の歴史1――知への意志』において、権力による性の抑圧という歴史的図式を批判し、上昇するブルジョワジーが自己確認のために、性を積極的に活用したと考える。身体はその基本である〕こと、これが多くの言説を基礎づける目的であり、近代の経済的イメージはここから生まれて具体的な形を取ることになる。ブルジョワジーにとって自分に身体を与えることは、あらゆる領域の活動と思想に一つの普遍的事実を埋め込む手段、人間の条件の中でも最も共通した条件を認めさせる手段であった。同時にまた、それをおのれの歴史的正当性にかかわる思考法の主軸とする手段でもあった。自分に身体を与えることは、その身体の感覚、その組み合わせ、その変貌から出発して、思想や諸制度、そして政治秩序の役割を組み立てることである。これまで人間が編み出すことのできた策略はすべて、身体の貧しげな欲求とその観念的派生物に役立つだけのものだった。したがって、感受性を新たな土台にすることは、古い道徳的・宗教的構築物の解体運動という、まさに近代的な再建運動の下で、体験を起点に、体験の地そのものから始める作業であった。

身体を基にするこうした考え方はさまざまな側面をもっている。その影響下に生まれた主な子どもたちの中に、経験論がある。これはもちろん、ジョン・ロックの思想を大きな契機として生まれたものだが、経験論の発展の跡は哲学者で経済学者のコンディヤック〔一七一五〜八〇。フランスの哲学者・聖職者〕の著作『感覚論』（一七五四年）によってたどることができる。この作品は、人間のあらゆる感覚が姿を変えたものとみなされる能力・思念について、その想像上の系統図を一目瞭然に見せてくれる。この作品では、有名な立像の寓話〔嗅覚の官能だけに限られた立像を仮定して考えた〕の中で、人間は楽しみを求め、苦しみを避けるよう導く欲求という最初の原理に引き戻される。この欲求が世界に注意を向けさせ、興味ある対象を選び、行動へと駆り出す。そして思想、言語、社会関係を生む。さらにこの欲求は、行き過ぎに対して制裁を加える調整メカニズムに律せられる。道徳は身体そのものに内在している。身体的体験はすぐれて倫理的な試練でもあり、両者は組み合わさって知的・美的領域にも拡がっていく。そして、感覚の数量化がこの生理学的与件の上に成り立ち、すでに金銭循環の流れにすっかり浸った新しい社会秩序とつながりをもつようになる。

一八世紀の多くの作家の著作では、この身体の真理、判断と行為を導くこの感覚の真実性は一般原理とみなされ、どんな観察もこれと結びついて、これを評価している。とりわけ、ラメトリー〔一七〇五～五一。フランスの哲学者・医者。『人間機械論』〕やドルバックのような唯物論思想家の場合がそうである。前世紀の道徳的箴言の中心をなす自己愛の働きにかんするどんな鋭い指摘も、もはやニュートンの発見にも比すべきこの物理的決定論に還元される。ドルバック男爵は『自然の体系』において断言する――「物質的でありかつ精神的である人間は、生き、感じ、考え、行動する存在として、生存しているどの瞬間においても、自分の気に入るもの、自分の存在に適したものを手に入れることにひたすら励み、自分を害するものから遠ざかろうと努める。したがって、自己保存が共通の目的であり、人間のすべてのエネルギー、力、能力はたえずそこに向かうように見える。物理学者はこの傾向というか、方向づけを自己引力と名づけた。ニュートンはこれを慣性力と呼び、モラリストはこれを自己愛と呼んだ。これは、自己保存を求め、幸せを願い、安楽と快楽を好む人間本来の傾向に他ならない[11]」。ドルバックはここで、啓蒙期の著者たちの作品によく出てくる説の一つを述べているだけである。利益が道徳世界の重力であるという考えは、エルヴェシウス、ベッカリーア〔一七三八～九四。イタリアの刑法学者・啓蒙思想家〕、ベンサムにも見られる。この道徳的ニュートン主義を早くに展開して例証したのは、ハートリー〔一七〇五～五七。イギリスの医師・思想家〕と彼の『人間論』だろう。そこでは、精神の運動と変動は生理学的プロセスを通じて解釈される。欲望が抑制不能なのは行動と身体との根源的関係による。すなわち、肉体的感覚という原動力によって人間の運動は決定されるというわけである。経済学者たちは、この同じ台座の上に論を立てようとした。フェルディナンド・ガリアーニ（一七二八〜八七。イタリアの経済学者・文学者）は『貨幣論』において、こう指摘する。人々に飽くなき欲望をもたせる虚栄心、これを哲学者やモラリストは厳しく批判するが、その批判のほとんどは偽善のなせる技である。彼らが誠実に自分自身の姿を見るなら、自分がいつも世論の喝采を受けたがっているのが、わかるはずだ。欲望の上に欲望を重ねるのが人間の本性であり、決してやむことはないと。ガリアーニはさらに言う。「［人は］たえざる運動にとらわれている。だから完全に満足することはありえない(12)」。前述のように、ホッブスは前世紀にこうした〈より多くの獲得 acquisition of more〉について論じ、そこから別の結論をすでに引き出している。

4　エルヴェシウス、強烈な情念の擁護者

生まれながら利益に突き動かされる存在としての人間――このような定義を伴う新しい規範体系については、ずっと以前、ヘーゲルとマルクスが認め、説明している。その時代、両者は相次いで、近代西洋世界の新しい普遍的な鍵としての功利性を見出した。しかし、二人を隔てる差は小さくない。ヘーゲルは欲求と利益を市民社会の新しい靭帯とするだけでは満足せず、彼なりの論証の仕方で情念の擁護についても取り上げる――「かつて情念なしには立派なことは何一つなされなかったし、今後もなされることはありえない(13)」。その上でヘーゲルは、新しい秩序の中で欲望と情念が強まる傾向と、利益という正常な活動の原理とをはっきり区別する。一方、マルクスは逆に、ブルジョワ世界は仲介業 agency や

製造業を誇りとする積極的な人間のイメージを生みはしたが、情念の擁護にはまったくかかわっていないと考える。結局、マルクスにとっては、のちに『資本論』で述べるように、功利主義哲学とは何よりも俗物〔食料品屋〕の道徳だった。

Ａ＝Ｏ・ハーシュマンは、どちらかと言えば、マルクスの肩をもつ。利益論は、製造業と商業という、落ち着いた〈穏やかな情念〉の上に建てられたらしいと彼は言う。だが実際にはそうではないだろう。さまざまな見解やより複雑な論理をあまり単純化しすぎてはいけない。一七世紀以来、情念をどうとらえるかについてはいろいろな考えがめぐらされてきたが、いつも道徳的・法律的・政治的関心がその中心にあったことに疑いの余地はない。経済的タイプの〈代償情念〉という説を立てれば社会秩序にとっての有害な情念を脇に追いやれると考えられてきたことも確かである。したがって、こうした秩序作りの努力は新たな規範作りのための重要な役割を担った。〈情念の働き〉というこの問題提起は、社会的・政治的功利性に一番プラスになる〈合理的な〉釣り合いを、いやむしろ正確にはその不釣り合いを目指した。富裕化への欲望、安楽への欲望は、カステル・ドゥ・サンピエール神父〔一六五八～一七四三。フランスの思想家。ルソーに影響を与える〕のことばを使えば、軍事的〈虚栄心〉、宗教的狂信主義、そして政治権力の濫用を打ち破って、大事にされるべきである。しかし、情念のこうした働きを強調しすぎると、忘れがちになることがある。他の情念を犠牲にして一つの情念を重視するということは、とりもなおさず人間の本性のうちに、あるがままの情念を復権させる。まだ圧倒的な力でキリスト教言説が命じていた〈宿命〉と〈受動性〉という精神世界に逆らって、それぞれが独自の必要性というものを生み出していくのだ。一七世紀以降、人間の活動性と産業がこのような形で擁護されるようになると、ルネサンスの大躍進にさらに新たな力を与える。人間は必要不可欠な生産力と大変革の力を手に入れるのだ。この力は、のちのヘーゲルの観念論、サン・シモン〔一七六〇～一八二五。フランスの社会主義思想家〕の産業主義、そして、それらの要素をひとまとめにしたマルクスの史的唯物論にも再現される(14)。

ここにもう一つ、より徹底した根源的な言説がある。これを闇から明るみに出さなければならない。それは、およそ最も強烈な情念の擁護、情念の証明と言えるものである。この最大化論なしに、その最も早い時期と最も遅い時期に資本主義の正当化がどのような形を取ったのかは理解されないだろう。ブルジョワ精神は、理性による欲望の中和であるとは言い切れない。この精神は人間の欲望をそのままに正当化する。この精神は英雄的理想の古風な痕跡もいくらかはとどめているが、何よりも、最も強烈な情念から生まれる政治的権威そのものによる正当化という新しい要素を含んでいる。その本質的な主張は〈強烈な情念〉にかかわる。この情念は、「われわれの幸せに不可欠な対象をもち、それを手に入れなければわれわれの生活が耐えがたくなる〔ほどの情念〕」、と定義されるものである(15)。

この点にかんしては、エルヴェシウスがことのほか教えるところが多く、ベッカリーアとベンサムがその後を追って歩む。エルヴェシウスによれば、情念とはもはや転落の痕跡などではまったくなく、人間の本性がもたらす結果であり、そっくりそのまま受け入れるべきものである。これは、その当時の哲学者たちに共通の態度である。彼の独自性は、他の哲学者以上に、情念の強烈化の必要性に重点を置いたことであろう。のちに、スタンダール〔一七八三～一八四二。フランスの作家・批評家〕が彼に賛嘆するのも、そのゆえかもしれない。エルヴェシウスは、自分が信じる唯一の普遍的な内なる原理、身体的感受性なるものの上に道徳と政治を築く(16)――「人は身体的な苦痛と快楽に敏感である。だから、一方を逃れ、他方を求める。この逃走と追求が自己愛と呼ばれるのだ。［…］どんな教育を受けるか、どんな統治の下で暮らすか、どんな地位に就いているかによって変わるこの感情に、人の情念と性格の驚くべき多様性を見るべきである」[17]。ロックの経験論の後継者たちにはおなじみのこの公準に加えて、エルヴェシウスは二つの異なる主張、すなわち情念均衡論（「一つの情念に打ち勝つことができるのは、もう一つの情念だけである」[18]）と、情念の強化というもう一つのより独創的な説とを混ぜ合わせる。エルヴェシウスが説く感情の分析は、次のような経験的事実を基にしている。怠惰は人間本来のものであり、ちょうど重心のように人間を引き寄せる[19]。しかし、他の力が人間に働きかけ、彼を動かす。道徳世界におけるこうした力こそ、感覚であり、感情であり、情念である。まず、倦怠という、そう強くはない痛みがあり、人はこれをあらゆる形の気晴らしで紛らわせようとする。これは、やむにやまれぬ〈動かされたいという欲求〉である。このようにして、相反する二つの主要な力がたえずしのぎを削っている――怠け心と退屈を恐れる心、つまり、惰性の力と活動性の力である。「相反するこれら二つの力に従うために、われわれは普通、自ら動く労をかけずに動かされることを願う。こういう理由で、われわれは学ぶ労を惜しんで、すべてを知りたいという気持ちを抱くのだ[20]」。結局、われわれは自分で検討せずに判断したがるので、「世論が世の中を支配する」。退屈を恐れる気持ちは行動の最初の動機にすぎず、まだ弱い最初の情念である。しかしそれは、強い大きな動きへの最初の衝動を与えてくれるから、ちょうど重力が物質世界を動かすように、道徳世界を活発にする。強烈な情念への移行はこうして起こり、〈発明と諸芸術の華〉を生み出す情念となり、精神の発芽に寄与する情念となり、〈人を大きな行動へと運ぶ強力なバネとみなされるべき[21]〉情念となる。この分析の狙いは、情念と利益のバランスを考えることではなく、道徳的・政治的世界を動かす情念のエネルギーの必要量を考えることだ。人間本来の感覚的な動機について考えるとき、われわれは力学からエネルギー論へと移行する。そしてやがては次第に人間の心についての考察に入っていく。人間世界を動かすこの感覚的動機は、情念の力にスライドして作動する。その力が強いほど、行動は確かで、強い影響力をもつものになる。情念がとびきり大きければ、危険にも、苦しみにも、〈死にも、天にも〉立ち向かえる。[22] またこの情念の力は、国民の力でもある――「最も情念の深い国民は、結局は勝ち残る国民である」。[23] 逆に、欲望を眠らせるような体制は衰退を免れない――「専制政治の特徴は情念を押し殺すことである。ところで、人の心に情念がなくなり、活動性を失えば、市民が贅沢と無為と無気力の阿片漬けになるのと同じで、国家は衰弱して倒れる。国家が一見平穏を楽しんでいる状態は、明敏な者の目からすれば、死を前にした弱体化の現れであるにすぎない。国家には情念が必要である。情念は国家の魂であり、生命である」。[24] 専制政治は情念を殺してしまう。そのような政治支配は〈利益の無秩序状態〉であって、その下では、個人が完全に原子化されて分割され、それぞれの個人はあらゆる残酷さをあらわにする気紛れな暴君を恐れ、ひたすら服従するだけであるから、自由な活動、自由な思想さえ不可能になる。要するに、専制政治は〈無気力な衰弱〉の同義語である。したがって、古代の共和国に範を求めるのが良い。ただし、もはや〈最も強い情念〉は同一ではないから、すべての点で真似るのではない。個人の情念と集団的な力を統一することを学び直すために、真似るのである。これは、モンテスキューが純粋きわまりない共和派精神で提起した問いへの立ち戻りである。すなわち、本質的に商業的・経済的な近代社会では、果たして貧しい国々で見られるような献身と名誉を賭けた行為など期待しうるか、という問いである。かつて、情念を呼び覚ますにふさわしく、その情念を美徳と折り合わせることを可能にしたもの、それは名誉心だった。物質的富にこうした能力があるだろうか。古代の伝統は富と完全に対立する傾向があるのに、富への欲望が祖国愛と手をつなぐということがありうるだろうか。ここでエルヴェシウスが取る立場は、意外かもしれない。富への情熱はむしろ国民の衰退のしるしであり、原因であるとするのだ。商業的な国は、たしかに良識と程良い誠実さを身につけはするが、人を怠惰な消極性から引き上げることは少ない。つまり、物質的利益は、つねに〈贅沢の阿片〉になる恐れがある。これは専制政治のもたらす結果としてだけでなく、その不可欠の前提としても現れる。その原因は、商業と力は対立するという事実にある――「商業の精神は必ず力と勇気の精神を打ち破る」(25)。なぜか。あらゆる快楽はどれも等価であって、それは勇敢な行為よりも卑劣な行為に向かうことのほうが多いからだ――「富を好む気持ちは必ずしも美徳を好む気持ちに向かわせるとは限らない。だから、商業国には、良き市民よりも良き仲買人、そして英雄よりも大銀行家のほうが多いのである」(26)。その前段で解説しているエルヴェシウスの共和派的論拠は、古典的功利主義者の主役の一人にしてはいささか驚きである。彼は問う。もし各人が〈このエゴイズムの精神、帝国の解体を予告するこの恍惚の精神〉に取り付かれているなら、公共の利益の擁護に全力を尽くしうる個人など存在するだろうかと。そしてこう述べる――このような社会体系では「誰もが自分の固有の利益のみに目を据え、全員の利益のために方向転換することはありえない」(27)。だからといって、エルヴェシウスは贅沢をすべて断罪するわけではない。金銭欲は人を動かす活動性原理の一つであり、それは、個人の体の中でと同様、政治組織の中で、「活性化させ、行動へと向かわせる核心、精髄である」(28)。金銭欲は最良の原理ではないにしても、少なくとも人を動き出させ、怠惰の引力の圏外に連れ出す功がある。立法者は金銭の循環と贅沢好みを抑えたり、妨げたりしないよう気を配るべきである――「この欲望は国家を勢いづかせ、産業を目覚めさせ、商業を元気にし、富と権力を増大させる」[29]。金銭は血液と同じように、流れを止めることはできない。そして贅沢は、他の欲望がなければ、行動のきっかけ、労働への誘い、収入源になりうる。悪いのは、贅沢ではなく、贅沢の行き過ぎである。危険なのは、安楽への欲望ではなく、財産の極度の不均衡である。富は有用で、おそらく必要な悪であるから、より公共の利益のほうを向いた他の情念によって制限されるべきであり、豪勢な暮らしの中でまどろむ暇人と抑圧・略奪のせいで貧窮する労働者との間に戦争が起こらぬよう努めるべきである。節度ある贅沢は活動性を支え、過度の贅沢は専制政治への移行を加速させる。ただ、この生活原理が拡がると、必ず社会的・政治的腐敗が生まれる。富が集中し、貪欲が美徳、名誉、祖国のすべてを犠牲にするのだ。その後に続く専制政治は悪を増大させる。一部の者を富ませるが、他の者の意欲を削ぎ、苛立たせる。以上の見方は共和派の伝統的立場であり、トクヴィルの時代にも再び見出される。

エルヴェシウスは、単純な進化論的考え方とは無縁で、専制政治は一つの循環を作ると主張する。どんな社会も開化するにつれて、豊かになり、ついで眠りはじめ、必ず最後は隷属の下で消えていく。ヨーロッパ社会が自由なのは、東洋の古い国家に比べて総体的に若いからにすぎない。ある国の力が、養分としての強力な情念を認めることで成り立っているとしても、必ず発展するわけではないし、まして獲得した力が間違いなく保証されるとも言えないのだ。偉大な時代は、偉大な精神を輩出しすぎて、それに十分報いることを忘れ、終わりを告げる[30]。繁栄はヒロイズムに水をさす。活性を失った古い国には、もはや戦士は存在せず、才能に恵まれた国は、最後には疲れ果てる。衰退は歴史の循環の法則として組み込まれている。[31]

この歴史観は、個人をモデルにし、社会（この社会は情念を公共の善として擁護する諸制度を活用する）の創造的力に頼るオプチミズムと釣り合っている。国の力と国民の幸せは物質的かつ知的な現象であるが、この現象には道徳的・政治的な原因がある。もし統治のあり方が国の精神を決定できるとするならば、衰退を組み込むこの循環は断ち切ることができる。エルヴェシウスが言うには、「教育がすべてをなしうる」。あらゆる制度の活動と個人に対する立法化を伴って。教育は、精神の活力をよく知った上で、情念を目覚めさせ、有益な知識を獲得させることができるから、才能ある人間を作り出すことができる。[32]この教育万能主義の土台にはコンディヤックによって再興されたロックの経験論がある。この土台は社会が運命的な成り行きに陥るのを防ぐ手段を与える。そこでの教育は、力と幸せの原動力である強い情念を人の心に注ぎ込みさえすればよい。ただし、その教育自体が、諸制度と法律によってこの目的に導かれることが必要である。だから、教育によって、国家が真の〈国民の教師〉となるよう、まず統治の形が整えられる必要がある。遺作『人間論』において、エルヴェシウスは国家による公教育に期待すべきこうした効果について論じている。豊かさと贅沢の無気力にまどろむ老いた国民に、強い情念を吹き込むことができるのは教育だけである。古代の美徳に戻れないとしても、少なくとも教育によって国民を仕事と公的なものへの尊重に向かわせるべきである。そうすれば個人の利益と公益性をつなげることができる。もっと一般的な言い方をすれば、国家だけが、純粋に経済的な論理と釣り合うものであり、公的美徳へ向かう情念や、名誉への望み、勇気を眠らせないものなのだ。そして立法者だけが、金持ちになる欲望を抑制し、莫大な富が少数者の手に渡るのを防ぎ、資産家層と極貧層との分離を妨げる手段をもっているのだ。エルヴェシウスはこの点で、情念バランスの図式の使い方を知り抜いている。彼は、分割支配の原理として専制君主に〈鉄の王杖で各国民を統治する〉[33]ことを許す〈利益の無秩序状態〉と、市民が公共生活に参入することを前提とする〈対立する諸利益の釣り合い〉[34]を取り違えはしない。後者によって市民は、相互に自制するさまざまな利益をうまく活用することができるのだ。良い法律は、財産、生命、自由の所有権を保証しなければならず、同時に、できる限り市民間の富の不均等を減らすよう、たとえば所有権を分割することで住民多数の利益と祖国の利益とを結合しなければならない[35]。そして国家は、名誉と心躍る祝祭という素晴らしいご褒美で、できるだけ多くの献身を国民の中に呼び起こさなければならない。

こうした考えは、上昇する新しい階級の物質的利益とは縁が遠く、商業的・産業的活動よりは戦士の英雄的行動の理想に近いものと思われるかもしれない。だが忘れてはならない。エルヴェシウスは〈代償〉と〈釣り合い〉ばかりを中心に考えているのではなく、むしろ、**エネルギーの等価性**を重視しているのだ。彼は、戦においても恋愛においても、血気盛んな騎士道の英雄と芸術・科学の〈穏和な英雄〉(キケロから借用したことば)とを対比させる。芸術家・科学者・哲学者は、戦士に劣らず熱い情念の人であり、戦士と同じように高く尊敬されるべきである。両者を突き動かしているのは同一のエネルギーであり、それぞれは歴史的・社会的な状況の中で別々の形を取っているにすぎない。情念の力はそれ自体破壊的なものではなく、むしろその反対である。情念を弱めることは却って悪い結果をもたらす。情念は精神を作るエネルギーであり、発明の活力であり、産業の原動力である。情念はわれわれが自由にしうるあらゆる財産の源であり、まず精神の財産である。世界を照らし、好奇心を呼び覚まし、事物の関係を理解させるのが、情念である。エルヴェシウスの定理、それは彼の主著『精神論』の鍵となることばの中にある――「精神の活動は情念の活動にかかっている」。偉大な人間とは最も情念にあふれた者に他ならず、周りの意見にのうのうと甘んじることのない者を指す。

　どの社会にも、固有の精神とともに、主流をなす固有の情念がある。この情念は身体の必要性から直接的に相次いで派生するもので、国民の物質的・精神的進化の秩序に従う。最も未開な国の国民は身体の生存要求に曇らされたままであり、最も開化した国の国民はやはり身体的感受性に結びついてはいるものの、社会生活自体から生まれる〈作られた要求〉のほうにむしろ集中する。開化社会では、精神の関心は、とりわけ愛の楽しみに注がれる――「これらの国では、愛がすべてを創造し、すべてを作り上げる。華麗さや贅沢の技によって作られたものはすべて、女性の愛と、女性に気に入られたいという願いの必然的な結果である[36]」。ドゥ・デファン夫人〔一六九七～一七六〇。フランスの書簡作家〕が述べるのはこの秘密のことである[37]。男と女の関係は、精神の活動の原動力であり、さまざまな現れ方を見せるし、基本的な動機としての自己愛には肉感性の力が働く。これは、経済的情念のほうにより大きな関心を寄せる類いの分析とは、まったく異質の議論である。サド〔一七四〇～一八一四。フランス革命期の貴族・小説家〕は、剽窃するまでにエルヴェシウスを読みこなし、その一部を彼のいつものやり方で引用した。

　エルヴェシウスにとって、一番大事なのは、個人の利益と公益性との結合である。おのれの幸せばかりを要求したがる人間を有徳の人にすることはできない。しかし、人間を生来の無気力に委ねることもできない。そこで結論はおのずから決まる。国家は、活力を維持するために、たえず情念を呼び覚まし、正しい楽しみへと誘い、利益を最大の充足のほうへと向けるべきである。立法者は、まず何よりも、抑制の論理ではなく、生産性奨励の論理に従うべきである。種々の力を中立化するのではなく、結び合わせ、組み合わせ、公益性という目標に集中させることが大事である。要するに、われわれは功利主義の教義を新しい一つの哲学として建てることになる。これは、国家を公共の最大の喜び、すなわち最大多数の最大幸福という至高の目的の第一責任者とみなして、〈権力と快楽の結婚〉を祝うことである。

5　企画の時代

若きマルクスは、フランスとイギリスの商工業ブルジョワジーがそれぞれ到達した力の違いを分析して、両国の功利主義者の間に分割線を設けた。しかし、そうした歴史図式に頼らなくとも、イギリス人がより早くに、またより明白に、最大の発展を遂げるにふさわしい真の情念を商業的・産業的活動から生み出していたということは指摘すべきだろう。商人の挑戦的な生き方を述べる理想の比喩として、しばしば海の冒険が使われた。〈企画〉ということばが、企業精神の全エネルギーを表現するために重んじられた。生産の情念を誇るには、ジョゼフ・シュンペーター〔一八八三〜一九五〇。モラヴィア生まれの経済学者〕の革新的企業者理論を待つまでもなかった。この情念は、利益を第一原動力とするなら、それ自身が目的となる一種の働きをなすのだ。

ダニエル・デフォーの『企画論 *Essay upon Projects*』（一六九七年）では、今や、技術、取引、制度にかんするあらゆる種類の発明の多様化によって、経済的・社会的変化が生じる〈企画の時代 Projecting Age〉に突入したことが告げられている。発明の母である〈必要〉が人間を駆り立て、彼らを惨めな環境と遭遇する生命の危険から脱出させようとする。いわば、人間はおのれの生存の手段を発明するよう定められている。その二〇年後に同じ考えを別の形で表現したのが、『ロビンソン・クルーソー』である。さまざまな詐欺師やペテン師もやはり、きわめて破廉恥な技術を発明するだろう。デフォーの言わんとしたのは、まさしく〈詐欺師〉〈放蕩者〉〈いかさま師〉の悪い評判に対して、正しく誠実な発明を復権させることであった。悪いイメージは世論に長く影響を与え続ける。一八世紀、発明のもたらす善悪についての議論が湧き出るように表れる。この点で最も批判的な作家の一人がスウィフト〔一六六七〜一七四五。イギリスの風刺作家〕で、これについては『ガリヴァー旅行記』第三篇を読めばわかる。

やがて、ベンサムがスミスに反論して〈企画者 Projectors〉弁護論を企てる。スミスは、無思慮な危険を冒す者たちにかんして予防策が必要であり、彼らには甚だ高い利子を払わせるべきだとする[38]。これに対してベンサムは、〈企画をもつ人間〉に対して課す制約、とりわけ高利を取る法律は、社会の前進へのブレーキになると言う。なぜなら、進歩はこれらの慎重な発明家、これらの革新的企業者がいなければ、ありえないからだ。彼は書いている。企画とは改革精神に導かれ、生産を奨励し、市場に新しい製品をもたらす〈新しい企業〉に他ならないではないかと。〈決められたコースの道から抜け出す性向〉と定義される〈改革〉は、たとえ特別の才能を伴わなくとも、〈平凡な人間にはないある程度の勇気〉を前提とする。それゆえ、ベンサムは強調する。「この性向に加えて稀有の才能が働けば、どうなるか。製造業においても芸術においても、われわれは、最初のゼロから輝かしい現在の姿に引き上げた相次ぐすべての企てにかんして、勇気ある人々の才能の恩恵を受けているのだ[39]」。

社会の進歩をこのような企業精神と同一視するのは、大きな未来を約束するとされた資本主義を正当化するに等しい。これは、情念と利益のバランスという考えに劣らず、早くからある見方だ。習慣の轍から抜け出せる者こそ、有徳の人である。〈新しさ〉は、デフォーの言うように、万人の進歩と個人の恩恵を同時に可能にする限り、善である。

なにも一九世紀が、〈労働力〉の社会的役割と自然のエネルギーとの類似性を確立した時代、〈人間の原動力〉というテーマを初めて取り上げた時代というわけではない(40)。経済生活を活気づけ、たえずその形を更新し、その活動領域を広げ続ける力という考え方は、すでにそれ以前から存在していた。もちろん、その力は、強い情念という生理的・心理的次元、そして〈必要〉に押される衝動という一八世紀の次元から、一九世紀を支配した労働力の熱力学的次元へと移行することで形を変えることにはなる。しかし、間違えぬようにしたいのは、人間の欲望がすべての個人的・社会的進歩の第一の原動力であるという考えは、機械化の圧倒的な力による一九世紀の激変を前にしても、決して完全に消え去りはしなかったことである。

6　最大化説

ベンサムが唯一の統治原理として唱えたのが、〈最大多数の最大幸福〉である。以来、最大化という近代的な考え方が政治教義の主流をなしていく。そしてこれによって、功利主義は古代のエピキュロス主義の復活とはまったく別ものになっていく。ベンサムはエルヴェシウスから大いに借用し、それを堂々と述べている。とりわけベンサムが明確に表明するに至るのは、近代国家は最大化の目標に従うよう定められているとする考え方である。個人は本質的に情念の存在であり、幸福に向かって歩む。道徳と統治の基礎には、全員の最大の喜びの探求と、〈同一の統治の形に従う最大多数の功利性〉以外のものは存在しない――これらが明白になったからには、立法者はこの唯一の原理に導かれるべきである。これがエルヴェシウスに従った考え方である(41)。こうして形作られた古典的功利主義にとって重要なのは、相互に両立するよう調整すべき個々人のエネルギーと集団のエネルギーとの間で、あるいは個人の利益と公共の利益との間で、結合を図ることだ。一見したところ、個々人の功利性と公益性との関係の流れは、それぞれがそれぞれを定義し条件づけるよう、相互的決定によって円滑に運ばせるのが大事であるように見える。だがとりわけ重要なのが、**運動**の論理である。社会秩序、組織社会は一つの大きな運動であり、たえざる活気であり、複雑なメカニズムであり、全体の動きである。築くべき固定した秩序ではなく、維持し、調整すべき運動である。全体の運動を構成するのは小さな個々人のエネルギーのすべてであり、この全体の運動がその原理によって個人を導くのだ。社会は活動であり、革命であり、情念なのだ。

この最大化原理は〈明白〉そのものに見えるが、実はこれを実現しようとすれば、問題が多い。新しい規範原簿は、もはや引き継がれるべき、不動の、安定した秩序の適用から成るのではなく、社会の必然的で、容赦のない運動に基づいて作成される。経済学だけが、この人間の再定義に力を貸したわけではない。それなのに、この科学は最大化に向かう原理を人類学的に〈正当化〉する知的議論の宝庫となり、この社会の動きが均衡に達することを証明するつもりでいる。この経済学の主張は、欲望の道徳的判断を拒否し、ひたすら個人が〈自分の功利性の最大化〉に成功したかどうか、個人が最大に達するためにどういう選択をしたかだけを基礎に据える。[42] 功利主義経済学者、スタンレー・ジェヴォンズ〔一八三五〜八二。イギリスの経済学者・論理学者〕によれば、「経済の目標は、苦痛という費用を最低に抑え、快楽を得ることで、幸福を最大化することだ」。彼はその先で付け加える。「楽しみと苦しみは間違いなく経済学的計算の対象である。言い換えれば、楽しみを最大化することが、経済学の問題である[43]」。新古典派理論を主流とする近代経済学の教義は、その目標達成に必要な諸条件の研究で一八世紀の最初の試みを受け継ぎ、あらかじめ道徳的・政治的考察を除外すると宣言した。これが、ジェヴォンズが唱えた〈功利性と固有の利益[44]〉、そしてフランシス・エッジワース〔一八四五〜一九二六。イギリスの統計学者・経済学者〕が〈計測可能な幸福学 hédonimétrie〉と名づけた〈経済方法論〉の意味である。ジェヴォンズによれば、この功利性の科学は、最大化、すなわち最小の苦痛と最大の快楽のための科学であり、最大幸福のための快楽と苦痛を計算する[45]。新古典派経済学とは、実のところ、個人が快楽原理に従って最大化を求める行動を、定式化しようとする科学なのだ。この原理については、ヘルマン＝ハインリヒ・ゴッセン〔一八一〇〜五八。ドイツ・プロイセンの経済学者〕が一九世紀の初めに、最も明快な公式を与えている――「人生の喜びの総量が最大になるよう、快楽の調整を図るべきである[46]」。したがって、もはや問題なのは、何を欲すればよいかではなく、何が私に最大の個人的満足をもたらすかだ。この個人優先は、いったいどの程度まで、〈共同体にとっての最も有利なもの〉に対応するのか。問題は今や、欲する対象の道徳的な質ではなく、個人的・集団的満足を最大化するための選択の仕方にかかわっている[47]。

第6章 経済学の公理

経済学では、あるべき人間ではなく、あるがままの人間を扱う。

スタンレー・ジェヴォンズ

要するに、自我selfが世界全体を統治している。現在の人類はそっくり自我によって管理されている。生活におけるどんな企画も、これが土台であり、われわれの行動の始まりと目的である。どんな行動も、契機が何であれ、この目的に合致しない限り、完全に異常であり、常軌を逸している。(1)

ダニエル・デフォー

マンデヴィルの逆説が見事に示した経済領域と道徳領域の断絶は、効用の量的評価に完全に支配される世界において以前の美徳と義務にかんする関心がまったく介入の余地を失ったときに完成する。一八世紀の初め、実はもう、欲望と満足のための科学用の土地は用意されていた。そこでは、もはや道徳というそれ以後規格外となる基準に邪魔されることはない。これが、古い価値観を捨てた真の**価値**の科学、新しい科学となる。政治経済学〔一般に経済学の意味〕は、まさしく価値としての量の科学なのだ。先に見てきたように、経済的総量の一般的公理は、すでにイギリスの政治算術〔イギリスで一七世紀に開発された、統計学的に社会をとらえ将来を予測する手法〕において確立していた。ペティは自然の事物も、生産活動の産物も、人間そのものも、すべて等価であることを方法の規則にしていたほどだ。しかし、この計算可能な科学がとりわけ発達したのは力関係の分野である。経済学がとくに新しかったのは、人間にかんする全体的な論証、すなわち、古い規範性を清算して新しいものと取り替える人類学的方法と結びついた点にある。もちろん、近代経済学に至る道は一直線ではなかっただろう。フランスの重農主義者とその系統の神学者、〈真の必要〉の道徳と〈利用価値〉の道徳、リカード〔一七七二～一八二三。イギリスの経済学者。自由貿易論を唱える〕の労働価値説とマルクスの労働価値説、そうしたものがたがいに、相手に保留と抵抗の態度を示してきた。しかし、全体の動きに意を払うなら、その流れは、経済的な活動・実践・満足について人々が抱く考えの脱道徳化に向かっていたことがわかる。さらに言えば、〈経済〉は、道徳との分離、あらゆる道徳問題からの離脱があって初めて、固有の現実として現れる。経済学者自身の言うことに耳を傾け、それを真面目に考えていればそれで良い――経済学は、個人が社会および他人と結ぶ関係の、徹底して**非道徳的な**概念を展開しようとした。〈非道徳〉ということばを、厳しく非難される類いの不道徳と混同してはいけない。〈非道徳〉とは、伝統的な意味での道徳的関心を完全に外に置いた、財と満足にかんする取り組みと見るほうが良い。「経済 economics は人間の喜びにかんする法則の上に成り立つ」[2]。一九世紀の末にスタンレー・ジェヴォンズはそう述べている。

経済学者は、人間の価値観の問題については自分の管轄外に置き、その存在と個人の選択時における介入権は認めながらも、深い考慮の対象にすべきでないと考える。やはりジェヴォンズが述べているが、経済学者は〈最も低いランクの感情 lowest rank of feelings〉を対象としているのであり、われわれの物質世界はそういう低ランクの感情によって構成されているのだ[3]。そして、経済学者は〈上位の〉判断力と基準については外に置く。効用は、快楽が増えるか、苦痛が減るか、そのたびに生じる。それが経済学者の言う行動規則である。経済学にとって快楽の性質そのものは重要ではない。

人間の欲望にかんする道徳的判断をこのように意図的に控えることがなぜ可能になるのか。これについてはすでに述べた通りである。扱うべきなのは欲求の満足だけであり、重要なのは事物と個人を利用して得られる効用だけである。世界は、われわれの快楽のためにわれわれが自由にできる財とサービスの巨大な貯蔵庫である。富は、どんな性質の欲望であれそれを満足させるためにある。それどころか、「世界、自然のすべては、人間の欲求を満たすのに役立つあらゆる富の倉庫であると思うべきである」と、マルサス（一七六六～一八三四。イギリスの経済学者。『人口論』）は指摘する[4]。経済学は最初から、「自我が世界を支配する」という考えの上に築かれている。つまり、世界は、私の欲求と私の欲望の満足のために作られたのであり、私が作り替えて私が利用するために必要な諸要素で構成されているのだ。そして、他の人間たちもやはり、その満足のための手段であり、私は彼らを満足させ、利用することで、それを得るのだ。ヘーゲルに続いて、マルクスが見抜いたのは、近代世界像のこの台座があらゆる人間関係に及ぶことだ。人間関係はすべて、芝居がかった言い方をすれば、〈効用と利用の関係〉のみに基づいて形作られている。マルクスの指摘によれば、効用についてこのように表現するのは、「近代ブルジョワ社会においては、あらゆる関係が実質上ただ一つの抽象的関係、貨幣と下賤な取引の関係に従属している」(5)という事実のゆえである。私の欲望は世界をただの手段とみなす最高の目的の下に置くのだから、世界は私の富である。「この〈普遍的売春〉」とマルクスはまだ道徳的言い方をしているが、主観的な次元で言い直せば、それはすべての価値の源とみなされる欲望を手にした自我の勝利である。だが、この勝利はまた、数量の普遍的公理の勝利でもある。世界と生命のすべてが個人によって賦与される価値となる。個人そのもので、そこに含まれる。グラスラン〔一七二七〜九〇。フランスの経済学者〕に富の新理論の公式がある。「富の原理は人間の中にのみ存在する」。もちろん、これはいかようにも解釈できる公式だ。

1　価値の一般公理

労働を経済的価値の源泉とする説、あるいは欲望や欲求の上に価値を築く説など、主張の対立はあるにせよ、効用の概念はこの人間の富にかんするあらゆる展開の基礎にある。経済的主張にはみな、同一の仮説がある。事物の価値は、労働や欲望など、人間が事物と保つ関係、というか両者の複合体の上に成り立つという仮説だ。この価値は自然な形で人間に属しているのではないし、本来人間に与えられた特質でもない。この価値は人間から生まれたという意味で、人間的なもの、人間だけのものである。価値は二重の関係から生まれるのであり、経済学者はこれを明示しようと試みた。それは、人間と彼がその一部をなす自然との関係、すなわち最初の重要な関係と、人間同士の関係、すなわち二次的ではあるが決定的な関係である。富にかんする科学のこうした原型的な提言は、唯名論〔普遍的概念の実在性を認めず、それらを単なる名前、単語にすぎないとする説〕的発想の認識理論と重なる。価値が経済的対象に対してもつ関係は、特質が実体に対してもつのと、まさしく同じ関係である。価値は人間によってのみ、つまり、人間が受ける感覚、自ら作り上げるイメージや考えの点でのみ存在する。しかし、人間**によって**というのは、人間**のために**という意味でもある。この点では、人間にとってだけ、富が存在することになる。経済学者にとって何よりも大事なのは、特質と階層序列にかかわる古いスコラ学〔中世ヨーロッパの教会・修道院付属の学校や大学の教師などが研究した学問〕的な考えを一切排除することだ。この場合、最も積極的な提言の背後では、何であれ価値の**内在的**性格に対して攻撃の矛先が向けられた。コンディヤックは言う。「人は、価値を絶対的な特質とみなしがちで、われわれの下す判断とは独立した形で存在する固有のものと考えている。この混乱した考え方が間違った推論の出発点となるのだ」(6)。テュルゴー〔一七二七～八一。フランスの重農主義経済学者〕はさらに強い言い方で、価値は〈楽しみ、欲する人間に相対的なもの〉(7)にすぎないと明言する。価値の基礎は、それがどんな種類のものであれ、何らかの効用である。「人があるものに価値を付与するのはそれを利用するからである。何の役にも立たないものには何の値も付けない」と、ジャン＝バティスト・セイ〔一七六三～一八三二。フランスの経済学者。セイの法則「供給はそれ自身の需要を創造する」が有名〕は述べる(8)。そして、どこにでも存在する効用・価値・富をめぐるこの循環をはっきりと表現する――「何らかの効用を作ることは財を作ることである。なぜなら、物の効用はその価値の最初の源だからであり、その価値は財だからである」(9)。一九世紀の末にはジェヴォンズが、自分の個人的貢献は効用の特性を証明したことにあると主張する――効用とは、物に内在する特性ではなく、完全に人間の欲求・快楽・苦痛に相対的な〈物の状況〉に存在する特性である。彼は一群の有力な著者たちがずっと以前から説き、確立していた〈感受性と価値の関係〉をよみがえらせたのだ。価値づけの唯一の土台として効用を普遍的原理の域にまで育てたのはエルヴェシウスとベンサム、つまり功利主義の古典的哲学者たちである。ベンサムにとって、ある行為、ある物の価値をなすのは、期待される楽しみか、恐れられる苦しみかであり、それ以外にはない。この原理が適用されるのは、好悪の感覚の範囲全体であり、人間の経験の全分野である。この最も広範な、最も包括的な基盤こそ、経済学者たちが、物の実体となる〈経済的価値〉と〈富〉に定義を与えようとしてしばしばその著作の一番先に掲げたものである。たとえば、効用の特質は物を人の欲するようにさせることだと説かれる。ジャン＝バティスト・セイによれば、こうした効用は、必要な物への欲求と同様に、ささいな好みや虚栄心を求める楽しみとしても理解されるべきものである(10)。一般法則としてこうも述べる――「物がもっている、あるいは与えてくれる効用がなければ物には価値がない。新しい財や新しい価値を作り出したいなら、新しい効用を作るしかない(11)」。セイはまた、別の箇所では次のように強調する。「［効用とは］経済学においては、人間にどんな形であれ役立ちうる、物がもつ能力である。たとえば宮廷礼服のようにきわめて無益で不便なものでも、とにかく使われている以上、いわゆる効用がそれに価値を付けるには十分なのである(12)」。

価値はつねに、人が得たいと欲する快楽に由来し、その快楽を生むために耐えた苦痛の〈評価〉に由来する。一七七六年、コンディヤックは価値の一般論を定義する――「ある物がわれわれの欲求のどれかに役立つとき、その物は有用であると言える。またそれがどれにも役立たぬとき、あるいはわれわれがそれを使って何もできぬとき、その物は無用であると言える。したがって、物の効用はわれわれの必要の上に成り立つ。この効用に従って、われわれは物の評価を決める。つまり、それを利用しようとする使い道が適切であるかどうかをわれわれは判断する。その評価こそ、われわれが価値と呼ぶものである。ある物に価値があるとは、それが何らかの利用に価するか、何らかの意味で良いと判断されるということである」[13]。いずれにせよ、交換は、〈評価する〉二人の主体がそれぞれ自分の必要の充足のために、快楽と苦痛を比べる出会いである。価値は、〈評価する〉のがつねに個人である限り、主観的である。また、客観的と言える要素（希少性、困難さ、遠さ）に基づく価値の場合は、個人は満足すべき利益を手に入れるために必要な苦労を考慮することになる。

「どの社会も、ある者にとっての快楽と他の者にとっての苦痛との交換でできている」――経済学のその後の展開においてもこの考え方が問題になることはなかった。ジョン＝スチュアート・ミルは、スミス、リカード、マルサス、セイの重要な主張を道徳的な序列なしに効用の違いによって分類し、有名な『経済学原理』を書きはじめた。外部の対象に組み込まれた固定化された効用、人間の内部に組み込まれた固定化された効用（たとえば、教育者・僧侶・医者の仕事）、そして施されたサービスの中にある組み込まれも固定化もされない効用。効用の違いを彼はそのように区別した。一九世紀末にジェヴォンズ、メンガー〔一八四〇〜一九二一。オーストリアの経済学者。限界効用理論の創始者〕、ワルラス〔一八三四〜一九一〇。フランス生まれの経済学者〕など限界主義者と呼ばれる理論家たちが導入した数学的手法も、この最初の基本的真理、この人類学的基本原理が想定された。とりわけワルラスの場合、それが明白に表れていた。彼は、経済学の対象を社会的富であると定義した。その富を構成するのは、稀であり物質的・非物質的なあらゆる物、つまり、一方では限られた量でわれわれの自由になるもの、他方ではわれわれにとって有用なものである。ワルラスが効用と言うのは、まさしく〈われわれに何らかの役に立ち、何らかの必要に答えて、満足させてくれる〉物の能力を意味している[14]。

2　数量の君臨

効用の公理の結果として、個々人のさまざまな形の違いを見分けるものはその量と深さの度合い以外になくなる。対象の特質としてのみ記される効用とともに、純粋に数量が君臨する時代へと移行する。ベンサムが強調するように、まさにそれが一番本質的な点でさえあるのだ。つまり、人が求める快楽と人が避ける苦痛は通約しうるものであるから、それらを足し算、引き算できるよう、たがいに比較し、要するに、量という堅固で同質の土台の上に一つの〈内的病理学〉、一つの〈心的力学〉を築くようにすべきなのだ。したがってここでは、〈本物の欲求〉や〈虚栄心の対象〉という視点に立った古めかしい議論を一切否定することが重要となる。マルサスが指摘するように、「贅沢の対象は必需品と同じように富の一部である」(15)。マルサスより前にガリアーニが、〈必要なものと無駄なものとの境界線〉という考えを否定している。実際、われわれはどんな観点からその判断を下せるというのか。ガリアーニは、その『貨幣論』で、人間の本質的な必要の中でも、食べ物と屋根の欠乏と同じくらい重要なもの、あるいはそれ以上に重要なものは、愛され、尊敬されることであると述べている。他人の評価というものは嘲笑されたり、非難されたりしてはならない。それは一番大事な財であり、それがなければ、人は不幸になり、身を滅ぼしかねない。そして、愛され、尊敬されたいというこの欲求こそが、モラリストたちの嘲りを呼んだ称号・名声・威厳を求めさせるのだ。この経済学者は、モラリストとは反対に、〈われわれに尊敬をもたらし、当然、われわれに最大の価値をもたらす〉(16)これらの〈非身体的財〉をこの上なく尊重する。この考え方は、あらゆる〈虚栄心の対象〉、たとえば、われわれを美しく見せ、愛させ、力を振るわせてくれる宝石・装飾品・衣服にまで広がる。こうなると、もはや、贅沢を好むか好まないかの議論、ましてや贅沢を非難・賞賛すること自体が問題外となる。焦点はむしろ、欲望の真偽論争から抜け出して、あらゆる欲望の対象、感謝・評価・賛嘆・友情・愛に基づくあらゆる絆を経済の領域に組み入れることである。要するに、そうやって、欲望と享楽の科学としての、経済言説の普遍化が始まるのだ。

境目となる線は、おそらくただちに明白にはならないだろう。その後長いこと、有用なものとそうでないものにかんする論争は、経済学の領域を活発にし、対立を生む。しかし、やはり長いこと、経済学者たちの努力は、およそ彼らの考えられる限りの最も包括的な概念として、効用を扱うことに向かう。ジャン＝バティスト・セイは、当時の研究とその歴史的限界の証明となる。セイはその「経済学要綱」で、贅沢品の効用にかんする伝統的立場からの反論に答えてこう述べる。「あなた方は理性の目で見て有用なものしか効用と呼ばないから、贅沢品の効用がわからない。本当は、このことばで理解すべきなのは、欲求、あるがままの人間の欲望を満たすにふさわしいすべてのものである。さて、人間の虚栄心と情念は、ときに飢えと同じくらい強烈な欲求を人間のうちに生み出す。物が人間にとってもつ重要性と必要性を判定するのは、人間だけなのだ。われわれにその判定を可能にするのは、われわれが物に付ける価値だけである。われわれにとって、物の価値の唯一の尺度は物の人間にとっての効用である。したがって、物に価値を与えるには、物に**人間の目で見た**効用を与えるだけで十分なはずである」[17]。そして、空気や水の場合と異なり、物が自然におのれの特質をもつのでないとすれば、それを作るのは産業であり、そこで必要になる努力が苦労の額を決めるのであって、それを手に入れて楽しむには、われわれはそれと同等の額の支払いに同意しなければならない。だから、消費が、物の質を減らしたり、打ち消したりすることになる。セイはそうやって贅沢にかんする古い論争に決着を付けることができると主張する。(18)なぜなら、そうであれば虚栄のための財と〈真の必要〉に応える財の区別は重要ではなくなるからだ（あとで見るように、必ずしもセイの主張は一貫していないが）。彼が固執するのは、消費によってさまざまな欲求を満たすための費用である。経済学の伝統では、効用の特質は内在的なものではなく、シニア〔一七九〇～一八六四。イギリスの経済学者〕がその後も言うように、人間の苦悩と快楽の関係を表現するところにだけあるということが強調される。人間の欲求における諸タイプの区別でさえ社会の状態次第で決まるのだから、必要なものと余分なものとの絶対的区別はない――マルクス以前に、そのことをみなが知っていた。結局、経済的言説の対象として取り上げられるのは物そのものではない。人間の欲望が物に一定の効用と一定の価値を与え、これを富の中に組み入れるのだ。しかしそれなら、すべてが経済的なものとなり、すべてが〈生産〉と〈消費〉ではないか。ジャン＝バティスト・セイは自分の価値定義の基礎について、「生産は効用の創造であり」「消費は効用の破壊である」(19)と指摘する。自然の要因・資本・労働という〈生産的の担い手〉のカテゴリーは、こうしてあらゆる種類の仕事、学者・起業家・輸送者の仕事にまで広げられる。(20)だから、人間の産業、生産的仕事の成果は、〈物質的〉であると同時に〈非物質的〉(21)とされるのだ。

スミスやマルサスのような他の著者たちは、経済学の対象となる領域を限定しようとしたと言える。スミスの主張では、富を構成するのは、〈人間にとって必要で、有用で、快適な物質的対象〉であり、

〈それを必要と感じる個人または国民が自発的に求めるもの〉である。必要なもの、有用なもの、快適なものの間には一定の曖昧さがあるが、それでも、これら三つの区別された次元は、富を構成する対象全体の定義に含まれる。どれもみな、性質は違うにしても満足をもたらすからである。一方、ワルラスのほうは、道徳的次元を超越した真の科学を打ち立てようとする意図は同じながら、こうした通例の区別が続いていることに経済学者は無関心でいいと言う――「このようにわれわれは、日常交わすことばのレベルでは、必要なものと余分なものとの間で使われる有用と快適との区分けのニュアンスに関心を払うことはない。われわれにとって、必要、有用、快適、余分、これらすべては効用の違いがあるだけである。それ以上、欲求の道徳性ないしは不道徳性を考える必要はない。有用なものがその欲求に応え、満足を与えるだけである。ある物質を欲するのが医者であるか、家族を毒殺しようとする殺人者であるかは、他の観点から見ればきわめて重大な問題だが、われわれにとってはまったくどうでも良いことである。その物質自体は、どちらの場合でもわれわれに有用であり、前者の場合より後者の場合のほうがより有用なことすらありうる(22)」。

3　価値と感覚

価値は、欲望、それをうべなう自我、それを手に入れるために払うべき苦労のすべてにかかわる。人間の欲求と財の価値にかんする判断は甚だしい変動を受けるから、科学の構築を目指すすべての人々には、やっかいな問題となる。時期と地域によって変わる値は、物の価値について固定した原因を求める際には妨げになるのではないか。テュルゴーが断固として主張するように、[23]〈観念〉が単語にとっての存在であるのと同様に、〈価値〉は貨幣にとっての固定点であるかもしれないが、しかし、問題の設定が一つずれている。もし創造神の行為を考えないとすれば、価値それ自体の固定点とは何だろうか。そもそもそういうものが存在するのか。あるいは、市場での評価と出会いとともに、価値は変動すると考えるべきなのか。古い考えでは、定まった点は別の世界、より広大で包括的な秩序の下での正義の観念にあり、人間にかんすることは変わりやすく、流動的で、それ自体固定した目印としては役立たないとみなされていた。今その代わりに自我を尺度として選ぶのは、当然問題の多い案である。この自我のうちの何が〈物の値〉を出せるのか。答えは次のようになる。固定点とは、個人であり、もっと正確に言えば、個人が外界と結ぶ関係、つまり、個人が物・サービス・他の個人に対してもつ利益である。実際、人間は自分の中に、物の尺度になる基、他の個人と共通する何らかの計算能力をもっているに違いない。人は万物の尺度であると言うだけでは不十分で、人は物と結ぶ関係を計測できると言わなければならない。個人、むしろ彼の内なる自我、感情をもち利益・計算とともにある自我が、この〈物の値〉にかんする問いへの問題を含んだ答えである。さらにまた、個人が知る必要があるのは、これらの満足を与えてくれる物の内在的な性質ではなく、それらがもたらす結果、それらが与えてくれる快楽、それらが要する苦労である。つまり、世界が数量化しうるためには、個人に計算能力があるだけでなく、彼自身が計算の対象となる存在となり、しかも自分で計算できなければならない。人が物を計測しうるには、自分を計測しうる必要がある。個人が自分自身を計測しうるとは、人間の内の何を計測しうるということなのか。その答えは個人の**感受性**である。感受性こそ、計測可能であり、価値の尺度の基になるのだ。

これが一八世紀における経済理論の根底であり、人々はそこに利益中心人間にかんする人類学を認め、経済的価値という問いに答えを見出した。

学問としての経済学の歴史をあとで振り返ったとき、主観的価値と客観的価値、効用価値と労働価値という確固たる区別を投影してそれを見るのは、間違いとなる。まして、経済学の科学性の発展上、それぞれの前者がそれぞれの後者に先行すると考えてはならない。労働でさえ、努力の効用にかんする世論に左右される。将来の楽しみとそれを得るための苦しみをつねに比べる必要があるからだ。実際のところ、肝心なのは、求める満足とそれを得るために承知する努力、自然からふんだんに与えられていないものを手に入れるときの苦しみと楽しみの比較である。この比較が可能なのは、そうした感覚が、感じ、動き、計算する個人の中に同一の席を占めているからだ。〈評価価値〉を決定する世論は、その判断の際に、生産の難しさと人間の能力の限界を組み込む。こうして、ハッチソン〔一六九四〜一七四六。アイルランドの哲学者〕は、この上なく単純ではあるが、対立する主張の両方で用いられる公式を表す――「生活に有用な物の値は、それに対する人々の需要と、それを手に入れたり、自ら育てたりする難しさという二つのものが合わさって決まる」[24]。その後、セイとリカードの論争において、さらにもっと後、マルクス流に言えば〈リカード学派の解体〉時になってから、彼らの主張はそれぞれ硬化し、明白な対立を生むことになる[25]。

社会の中で人はつねに快楽と苦労を交換している。すでに言われていることだが、この提言に意味があるのは、この両者が生み出す感覚と感情が通約しうるものであるからに他ならない。のちにマルクスがしたように、この論理をひっくり返す必要があるだろうし、一八世紀の経済学者たちのように金銭上の値段は人間の感覚の生理的・心理的通約可能性の表現と考えるのではなく、むしろ、諸感覚を比べ、それを足したり引いたりする可能性に、貨幣化の結果を見るべきであろう。これらの経済学者にとって、社会は諸利益の多様な関係で構成されたものであり、快楽と苦痛の交換の総体である。一七世紀末のイギリスの著述家たちがすでに記し、数多くの商業論の著者たちも述べてきたように、社会が機能し、繁栄するのは、金持ちが楽しもうと望み、貧乏人が働かねばならないからである。

しかし、交換を律するのが、苦痛よりも快楽、労働よりも享楽であるとすることは、どの程度まで許されるのか。この問いは、(政治)経済学に課せられるさまざまな問題の中に現れる。変動する市場の値の背後に隠された〈自然の値〉とは何か。世論の変化の下にある現実とは何か。また世の中の事柄に対して世論の及ぼす力の変化は、何によって決定されるのか。喜びへの期待か、身体の辛い試練か、それともその両者か、その割合はどうか。一つの答えとしてはこうなる。価値が生まれるには、当然、需要が必要であるが、その需要は定めがたいのに対して、労働、努力の量、要する時間は間違いなく決定的である。また別の答えとしてはこうなる。生産費用は最低限の値を形成するが、この値は本質的に欲望の強度にかかわる。これらの主張の交わる点はどこか。身体の体験に根ざし、想像力とその呼称で形を整えられた諸感覚とを比べることで初めて経済的評価が生まれることになる。価値の創造は、身体に組み込まれている経済的主体の特性にかかわりがある。説明のための二つの相補的な極が表示される。一つ目は快楽の極。これは、交換と獲得に向かわせる快楽の期待のほうにこだわる。二つ目は禁欲の極。これは、欲しいものを手に入れるからには自ら承知した苦痛と労働の重さのほうにこだわる。すべては、一つの中心的な問いの周りをめぐるように思われる。(26) 一方で喜びへの期待に、他方で努力への心配に、現実のうちのどれくらいを振り当てるべきか、という問いがつねにそこにある。一方の説は〈快楽〉案のほうに傾き、そのために満足の要請とその度合い、ジェヴォンズのように〈感情の強度〉を強調し、もう一方の説は自然がもつ物の値の評価にかんする、より客観的な要素として苦痛と労働を強調する。これらの説はいずれも、二つの極のどちらか一方だけを選ぶのではない。それは快楽と苦痛の両面の組み合わせ方の問題であり、消費とその働き、労働とその組織に注目する比率が異なり、その序列化もまた異なる。

こうして、リチャード・カンティロン〔一六八〇〜一七三四。アイルランド生まれのフランスの銀行家・実業家・経済思想家〕の『商業一般の本質試論』のような、丹念な研究によって打ち出された理論が生まれる。彼が築いたのは、前の世紀にウィリアム・ペティがすでに書いているので、振り返って〈混合型〉とも呼んでいい価値理論である――「ある物の内在的な値、価値は、土地の良さないしは収益と労働の質を考慮した上での、その物を作る土地および労働の量の大きさである。しかし、よく起こることとして、この内在的な価値を持ついくつかの物は、価値の通りには市場で売れない。人々の気分、気紛れによって消費が決まるのだ[27]」。同様に、内在的な価値のほうも、労働価値つまり人間の維持、耕される土地の量、その肥沃さによって決まる。この点を見れば、これらの主張に詳細に立ち至らずとも、労働価値理論というものが、時代に先駆けたこの分析に多くを負っていることがわかる[28]。スミス以前に、ペティ、ボワギルベール〔一六四六〜一七一四。フランスの経済学者。近代経済学の先駆者の一人〕、カンティロンが土台を作り、有益な労働を富の価値の起源とした。「どの国でも、国民の年間の労働が、その国の毎年消費する、生活のためのあらゆる必要に役立つ物を供給する。これらの必要物は、労働の直接の産物と、それを売って他の国民から買うもので成り立つ[29]」。富の根源にあるのは、人間が払う苦労であり、単なる交換ではない。私にとって〈過剰な物〉が他者にとって私が認めるよりも大きな価値をもちうるとすれば、交換時のこの評価上昇は、私が消費しない物の価値切り下げと均衡を保つ。上昇と下降は釣り合っている。それに対して、国民が払う労働のほうは、こうした変動の場をもたない。労働が効用の価値を作るのだ。

ペティ、カンティロン、スミスの分析は、一八世紀においてはまだそれほど一般的ではなかった。ガリアーニの主張では、価値と富は、労働と生産手段から生まれるのではなく、交換そのものに由来するとした――『貨幣論』で彼は、価値は効用と希少性という二つの尺度あるいは理由の上に成り立つと明言している。「私が効用と呼ぶのは、ある物の、幸せをもたらす適性である」[30]。ガリアーニはさらに付け加えて言う。人間とは、彼自身を比類ない力で動かし、つねに苦しみを避け、楽しみを求めるようにさせる諸情念の組み合わせである。人はそれを恐れたり願ったりする感覚に従って、財に価値を与える――「有用なものとは、真の楽しみ、つまり情念の刺激を満足させるものである」[31]。だから、価値や効用は、諸情念の力、働き方、心に現れるあらゆる欲望のタイプによって相対的に変わる。ガリアーニは哲学者の説教じみた批判を拒否する。哲学者はいつも、悪い欲望、悪徳に等しい背徳的な情念と闘おうとしていると。実際は、情念が強ければ強いほど、価値も大きくなる。幸いなことに、必要と欲望と情念は限りなく結ばれている。人には不満足という特徴があり、つねにより多くを望み、一時的な情念(食べる、飲む、眠る)以外の人工的な欲求をこしらえ上げてやまない。栄誉と優越への欲望、誘惑の欲望、際限のない利己心、すべてがモラリストにはきわめてつまらないと見えるものだが、彼はそれに最高の価値を与える。そういうわけで、ガリアーニ神父は重農主義者に反論して述べる。富を農業だけに由来させるのは間違いである。都市に住む職人のふんだんな出費は農業を繁栄させるのであり、その逆ではない——「農民、田舎人は豊かになるにつれ、それに応じて金を使わない。彼の生活は勤勉で質素なままであり、田舎暮らしは他人との比較（必ず虚栄心と贅沢を生む源）とも、豪勢を誇る風景とも無縁だから、わずかな必要と欲求だけで済む人間の自然な状態に、いつまでもとどまる」[32]。

しかし、重要な価値をもつのは効用だけではない。われわれは何はともあれ自分の生活とそれを支える財に重きを置くからだ。したがって、さらにそこに物の希少性を加える必要が出てくる。ガリアーニの場合は、分析の結果、自然の産物には豊富さがあるとしても、人間が財を生産し、市場に運ぶには多大の努力を要するという考えを得た。それゆえ、人間の活動、生産に要する時間と困難を重視するようになった。しかし、物の希少性もまた、困難さと同様、判断と評価にかかわるものだろう。

グラスランは欲求とそれを満たす困難を比べて考えた上で、評価における変動と困難という考えを導入する——「物にその価値、言い換えれば、その富の特質を与えるのは、人間の欲求だけである。しかし、価値という語は相対的であり、欲求のどの対象についても、すべての対象との関係を表現する。欲求自体、あの異なる度合いの比較、それぞれの欲求の対象となる物の希少性や豊富さとの関連でそれを満たす困難さの度合いの比較から生じる関係である」[33]。またそこから富の定義も生まれる——「［富は］欲求の度合いと希少性の度合いが組み合わされた、相対的な価値をもつあらゆる欲求の対象の中にある」。この価値の方程式は、たとえば富の量は一定して変わらないというような、驚くべき結果をもたらす。こしらえものの欲求に比例して富が増加すると考える人々とは反対に、グラスランは未開社会が文明化社会よりも豊かさの点で劣るわけではないという説を唱えたが、これはガリアーニの説とは逆である。富の総量は、ある時点で存在する欲求の満足で決まる以上、不変である。必要の対象が増えるにつれて変わるのは、対象の相対的価値のほうであって、満足度にスライドする富の量は一定である。これは、バークリー〔一六八五～一七五三。アイルランドの哲学者・聖職者〕の物質否定論が認識領域における相対論の極端な例であるのと同様に、経済的相対論の論理的な帰結である。富は人間の評価のみにかかわるので、何らかの〈実体的特質〉や絶対的特質とはまったく無縁である。ある物が富になるのは、人がそれに価値を与えるからにすぎないというのがグラスランの立場で、これは、ある物が存在するのは人がそれを知覚するからにすぎないというバークリーの主張と同じである。

テュルゴーは未完の論文「価値と貨幣」で、また別の組み合わせを提示する。孤立した人間が行う自然相手の単独の取引においては、価値の評価はその対象を手に入れるために同意して行う努力と結びついている。同意するコストは価値によって決まる。もし同意しなければ、価値を**測定する**のはコストである。人は受け入れる苦労によって、期待される楽しみとしてのある財の価値を測定する。価値は物との〈主観的〉関係を表現するが、評価されるその物の質の良さはわれわれを満足させる能力次第である[34]。この定義は、一つの物を評価しなければならない孤立した人間にとって、役立つ定義である。しかし、この物を他の財との関係で評価しなければならないときとか、今すぐの満足と未来の満足とのどちらかを急いで選ぶ必要があるとき、つまり、この物を相対的に評価しなければならないときには何の意味ももたない。ところで、孤立した人間が〈選ぶ必要〉に直面したときには、何よりも対象と彼の欲求の間に〈効用の順位[35]〉を立てなければならない。この〈効用の順位〉は〈評価価値〉を決定するさまざまな要素で決まる。諸欲求の序列、欲しいと願う対象のもつ性質の適切度、あるいは対象の希少度との関連における生産・獲得のための苦労などである。価格が生じるのは、対象物が無限に存在しないからであり、また人間の力に限りがあるからでもある。欲求の限界は人間の能力の限界である。

最初の取引は自然を相手に行われると、先に述べた。そこから引き出せる楽しみは人が自分に課す苦労によって支払われる。「人はまだ一人であり、自然だけが彼の必要に応じて供給する。彼はすでに自然と最初の取引をするが、その際、自然は、彼が自分の労働、自分の能力、自分の時間で払わないものは何一つ供給しない(36)」。

二番目の取引、人間同士の間でなされる取引は、個人の能力、個人の力の限界を部分的に取り除く。実際、もし〈評価価値〉が、欲しい対象を求めるのに使われる能力と時間に釣り合い(37)、また〈相対的価値〉が、利用可能な時間全体の中でそれぞれ欲しい物のために使われる時間の割合に応じて定められるなら、個人相互間の交換は事態を変える。

交換する者が何人か居合わせるとき、たとえば、二人の未開人が無人島でばったり出会い、それぞれが自分の必要以上の別々の財をもっているとき、どちらもそれらの財のもたらす楽しみと苦労を比べて、その評価価値を頭の中で計算する。交換する人間が二人で、財が二つあるとすれば、四つの異なる評価が存在する。交換とは、平均値、つまり話し合いと手探りで得られる〈見積り価値〉を見つけることである。テュルゴーの理解では、このような状況下ではどちらの未開人も、相手を前にして突然、自分には用のない財に価値を見つける。それが相手にとって価値があると考えるからだ。一方は自分で食べる気のない魚をもち、他方は自分で着る気のない毛皮をもっている。そのあと、それぞれが自分の財を他人のための効用を尺度にして評価し、その価値は彼が引き替えに買いうるもので決まる。自分の漁の一部を譲ろうとする者は、自分の魚に、自分が身にまとう毛皮を買えるようにしてくれるものを見る。

自分の余分なものを他人の余分なものと交換することができるのだから、交換する者たちは同じ能力でより大きな量の喜びを与え合い、自分たちの富を増す手段を手に入れる——このようにテュルゴーは主張する。交換は、楽しみの対象を交換することによって、より大きな喜びを得させる。そうでなければ、交換は行われない。どちらもそこで得をしなければならない。交換が成立するのは、どちらも交換でより多くを得ると期待するからに他ならない。「譲られる物にかんして獲得者がそれに付ける評価価値の優位性は、交換の本質である。それが唯一の動機なのだから。もしどちらも交換することに利益を見出し、得になると思うのでなければ、また、もしどちらも、相対的に自分にとって、自分が与えるものより多くを受け取ると認めるのでなければ、彼らはおたがいに何もしないだろう。この評価価値は相互的であり、まさしく両方の側にとって等しい。もしその価値が等しくなければ、一方が交換を渋り、他方は自分の値に近寄るよう相手に強いるだろう。したがって、たがいに等しい価値を受け取るために等しい価値を与えるのは、絶対に間違いのないところである」。

コンディヤックは交換におけるこの利得の等価性を信じなかった。その代わりに彼が信じたのは、それぞれがそれによって利益を得ること、つまり、自分が譲るものと手に入れるものとの間に差があること、それを期待しなければ交換はありえないということだ。この差と、相互の願望の補完性が交換を成り立たせ、富を説明する。コンディヤックの言によれば、「商人は、いわば無から何かを作り出す」。

つまり、自然との骨の折れる辛い関係は、取引において有用な物の評価がなされることを通じて間接化される。労働はつねに喜びへの期待の下にある。グラスランは書いている——贅沢を求め、交換で組み立てられた社会における人間関係は、比較と羨望で成り立つ。この考え方は、コンディヤックの場合には、より明白な形で現れる。彼は、価値は完全に、必要と効用で決まると主張する。だが、効用が同じである場合、価値の変動が〈その希少性と豊富さにかんするわれわれの**世論**[38]〉に由来しているとはそれほど明言していない。むしろ彼の説は、その補助として、価値の原因としてではなく、価値の結果としてのコストの見積りという考えを取り入れる──「ある物に価値があるのは、一般に考えられているように、それにコストがかかるからではない。それに価値があるから、コストがかかるのだ[39]」。なぜそうなのかと言えば、われわれがある物を必要とするから、つまり、ある物を必要であると判断し、それを手に入れるための労を取るからである。期待される楽しみが、同意される努力、すなわち仕事で費やすコストを決定する。コンディヤックはそう記している。ここにあるのは、個人にとっても社会にとっても楽しみは何らかの労を費やして買うものだという、ごく基本的な命題である。もし交換において、自分にとって不要なものを相手にとって有用なものと引き替えに譲るとしても、仕事に費やされたコストをもつ財を譲ったことには変わりなく、そのコストは喜びを期待して同意された努力となる。もし私が小麦の余剰分をワインの余剰分と交換するとすれば、私が収穫した小麦の一部は、たとえ消費されないとしても、私が手に入れるワインの一部として、仕事に費やされるコストをもつのだ。要するに、価値とは、まず効用、つまり財のもたらす利潤にかんする見解で決まる。しかし、価値はまた、希少性によっても、あるいは手に入れる難しさ、もっと正確に言えば、その難しさの評価によっても決定される。

当然ながら、楽しみの価値が仕事で費やすコストを決定すると考えることと、この仕事のコストが（とりわけ移ろう世論にも左右されるので）楽しみの価値の真の尺度を決定すると考えることとは両立しない。たしかに、交換価値を仕事にだけ関連づけ、欲望を交換の条件としてだけとらえるなら、この種の問題の経済学を築くことはできるだろう。しかし、スミスの独創的な考えは、人が所有し、譲りたいと思う余分なものを**価値あるものにする**のは、他人に獲得させる楽しみの量ではなく（この量は個人間で甚だしく変わる）、自分のもっている財と引き替えに他人から買うことで免れる仕事の量であるとしたところにある。人はつねに他人にとって有用なもので仕事を買う。それが可能になるのは、その代わりにこちらが差し出す財が、自分の仕事でそれを買いたいと思う者に喜びを与えるからに他ならない。ある財の交換価値は、他人の仕事に及ぼしうる力の量である。その財の価値は、その購買力である。豊かである（経済的に力がある）とは、他人の苦労を買えること、他人の仕事を支配することである。この主張には多くの利点がある。厳密に反スコラ学的なこの主張には、内在的な価値とか組み込まれた価値という見方は一切ない。所有者の財がその所有者に他人の仕事を買う力を移転する。人の仕事が財に価値を移転させるのではなく、財がそれを所有する人に力を移転するのだ。

人は自分が必要とする財の大部分を他人の仕事から入手する。したがって、この説は、社会における直接生産者間（パン屋と肉屋など）の相互依存、さらには企業の枠の中での雇用主と賃金労働者の関係も説明してくれる。これによって、雇用主が他人の仕事を買ったり、労働者が自分の必要な財を早く手に入れたりする方法が示される。

〈基本的な価値〉〈自然な価値〉、あるいは〈自然な値〉は、苦しみはいつも楽しみよりも確かであり、楽しみよりも人の意見に左右されず、安定していて、人間の間で違いがないという考えを思い出させる。スミスの言う価値理論の存在論的基礎は、ここにある。苦労と働き続ける時間は測定可能な現実であり、またどんな人間にも変わらない不快の感覚である。スミスは、「労働はあらゆる食糧の交換可能な真の尺度である」と書き、「等しい量の労働は、労働者にとってどんな時でもどんな場所でも等しい価値をもたねばならない。彼はつねに自分の安楽、自由、幸福と同じ割合を犠牲にしなければならない。彼が支払う値は、見返りに受け取る商品の量がどうであれ、つねに同一でなければならない」(40)と説明する。スミスの手法は、犠牲を強いる辛いエネルギー支出を時間と労働という同質かつ間接的な尺度でとらえ、フィクションというそうした迂回路を通じてでしか現実に達しえないとする共通の主張を明示するところにあった。価値の尺度として労働を優先させるこの考え方は、すでに記したように、新しいものではなかったが、経済学者たちは、多数の人間の間で交換される際の価値の決定に、実際にそれを取り入れるには至らなかった。たとえばテュルゴーの場合、評価価値というものを、次第に交互に算定されて得られる個人の見積価値のいわば平均値のようなものとしてとらえようとしたが、それでも、すでに見てきたように、孤立した人間にとって労働が物の真の値になることに変わりはなかった――「人間の喜びの個々の対象はどれも、配慮と疲労と労働と、少なくとも時間を費やさせる。どの対象に対しても、喜びを求めて自分の能力を用いることが、その代償であり、いわばその値である」(41)。スミスの説の下では、孤立した労働者というこの無用な仮説は回避できる。つまり、財が労働と交換されるのも、あるいは買われた労働の量が人間の作った物の本当の値であるのも、社会内の取引においてのことである。それでもスミスは、感覚の現実の重みという本質を忘れずにいる。市場の値は労働の量という間接的な尺度のおかげで、苦労の重さを中心に決定されることになる。スミスはそうやって価値におけるこの身体の存在を、もう一つの決定的な考え、すなわち社会秩序の中での利益の役割、国民の活動と繁栄にとっての利益の役割という考えに結びつける。国家の富はこうした論理のつながりで〈市場の広がり〉〈余剰の流通〉〈動員する労働力〉〈分業〉といったものと相関関係を作る。

4　学問的な概念としての効用

功利主義に対するロマン派的、哲学的、社会学的な批判の一部は、まったく的外れであった。効用が損得ずくの事柄とはおよそかけ離れていることを、理解できなかったからである。経済学の言説が拠り所にするのは、効用と欲望の同一性である。経済学の言説で効用という概念を成立させるには、実際の感覚の量とは無縁の道徳的内容や意志といったものを、完全に振り払う必要がある。言い換えれば、感覚の源としての対象の、あるいは欲望のタイプの、何が良くて何が悪いかといった事柄にかんする道徳的判断を一切やめる必要がある。誰かある人間が自分の現実または想像上の感覚に基づいて評価しうるものだけを、考慮の対象として取り上げるのだ(42)。当初の功利主義への理解では、欲望を優先させる主観主義が問題とされた。欲望は、あらかじめ支配的な地位を占めていた社会的、道徳的、宗教的な規範のすべてをひとまとめにして遠ざける。これは怪しげな見方と思われた。概して功利主義に向けられる批判は、この見方には、人間のあらゆる活動と意欲を物質的欲求や自己中心的欲望のレベルに貶める傾向があるというものだ。しかし、このように人間のすべての行動と動機を同質とみなし、道徳的・宗教的な面に無関心を示し、行動の次元の区分けを拒否するのは、科学としての経済学の原理そのものである。経済学が個人の行為に見るのはその欲望の形であって、その道徳性ではない。また、経済学の言説で言う効用とは、物質的あるいは生理的な欲求ではないし、集団や他者の幸福のための欲望が存在するという点では単なる自己中心の欲望でもない。このことから、こうした見解の意味するところがわかるはずだ。つまり、価値評価にかんする主観主義は自由に随所に応用できるし、他の評価原理に反論可能なものなのだ。経済的言説に対する皮相な批判的主張とは逆に、本来の功利主義は人間の願望を〈自然な必要〉に切り下げるどころか、欲望の全体を考慮に入れるのであり、そこには当然、社会生活、個人間の比較、情念など、人間行為のすべてから生まれる欲望が含まれる。どんな道徳的判断も経済的価値評価を損なうべきではない――こうした考えに立つ経済学者たちにとって、その評価を左右するのは欲望の強度だけであり、それを計るのは人が満足を得るために同意するコストである。

労働価値説の支持派、とりわけリカードについても、科学としての経済学の公然たる道徳中立主義と好対照をなす経済学者であると考えるべきではない。利用価値と交換価値を区別するにせよ、どんな産物であれ、まずは人がそれを手に入れたいという欲望が伴わなければならないとする点では他の経済学者たちと同じである。その欲望だけが、それを手に入れようとして払う労を説明してくれる。その意味で、リカードらにとって効用は、価値の尺度ではないにしても、少なくとも価値の条件である。リカードのセイに対する非難は、まさしくこの二つを取り違えていることからくる。もし一部の例外的な事物、立像、絵画、書物、希少貨幣、高級ワインなどが「それを最初に作り出すときに必要とされた労働の量とはまったく無関係の」価値をもったとしても、それは、それらを所有したいと思う者の富と欲望に応じてそれらの価値が変動する限りにおいてのことである。[43] しかし、労働量が商品価値の普遍的な尺度となるためには、商品なるものはそれが生産される前からすでに欲望の対象である必要があり、経済学者はこの欲望にかんしては発言権がない。この意味において、経済学は経済的価値の根底に、欲望の優位性ないし前提性という、道徳から自立した公準を与えられたと言える。マルクスが、効用原理は売春の普遍的原理であると述べるとき、この点にかんして彼は間違っていない。[44] だが、そうなると、一旦きっぱりと拒否したはずの道徳的語彙が、再び持ち込まれることになる。

5 道徳の抵抗

実際、欲望と情念の本質にかんする旧来の道徳的な配慮は、一気に消えてなくなったわけではない。人はそれほどエゴイストであることを望んではないという自由主義的な意見を受け入れたいと願う気持ちから、道徳的な慣性は続いていた。しかしまた、論理的一貫性の不備により最後までそれを通すことはできなかった。この点では、効用を主張する経済学者も哲学者も同じだった。イギリスの功利主義者にもフランスの自由主義者にも、その例は多い。そもそも、ジャン＝バティスト・セイにも、こうした抵抗の跡が見られる。彼は満足にかんする道徳的判断を拒否し、非生産的な消費でさえ人間の生産活動の究極の目的であると認めながらも、[45] 贅沢の擁護者を厳しく批判している。そういう意味では、彼は〈本当の必要〉と〈洗練された感受性、世論、気紛れ〉[46] から生まれる〈作り物の必要〉とを本当に区別できているとは言えない――「同じ満足でも、社会全体にとっては、〈作り物の必要〉に対する満足よりも〈本当の必要〉に対する満足のほうが重要である。金持ちの必要が甘美な香水を作らせ、使わせることと、貧者の必要が厳しい季節に暖かい服を作らせ、まとわせることは、どちらの場合も必要が富を生産・消費させた点では等価であると想定できる。しかし、社会が前者で得られるのは実感の少ない、取るに足りない、短い楽しみであり、後者で得られるのは堅固で、長続きする、貴重な楽しみである」[47]。

さらにセイにおいては、慌ただしい消費よりもゆっくりした消費のほうが良く、悪い品質の製品よりも良い品質の製品のほうが良いという考えとともに、この道徳的配慮がやはりまた持ち出されることになる。セイはさまざまなタイプの楽しみをその性格の空疎さ、あるいは本当さの程度に応じて区別するが、これでは平凡な道徳主義に堕しているように見える。彼がこのように健全な節約と生産的な出費を犠牲にした〈軽薄で危険な享楽〉[48]に道徳的な非難を加えるのは、〈正しく理解された消費〉と〈誤解された消費〉を区別するからだ――「正しく理解された消費とは、健全な道徳が認める消費である。それに反する消費は、やがて個人にとっても国家にとっても悪い方向へと向かわせる。しかし、この真実の証拠にかかわれば、私の主題からあまりにかけ離れてしまう」。この道徳主義への回帰と見える態度については、責任との関連で考えると理解しやすくなる。人は自由に自分の好きなものを望めるとしても、そのためにはそのもたらす結果、とりわけ有害な結果を評価できるだけの能力が必要である。経済学者は、許される欲望や快楽といったあらかじめ用意されたリストなど存在しないと言うが、だとすれば、すべては結果の計算にかかっているのだ。それこそまさしく、経済学が寄与するところであり、学校でできるだけ広く経済学を教える正当性はここにある。セイはためらうことなく〈経済学〉の意味をふくらませて、これを行動の原理とした。彼の定義では、経済学とは〈消費に向けられた判断〉、つまり、ふんだんに金を使う浪費と手にしうる快楽を控える吝嗇との正しいバランスである。したがって、〈政治〉経済学は、十分に道徳的な科学であり、自分の収入と社会的身分に応じて経済的であるよう教える〈美徳の学校〉である――「経済学は知恵と開かれた分別の娘である」[49]。

この道徳回帰は、経済的に不当な甚だしい不平等と、そのもたらす結果への批判という性質を帯びる。豪勢な暮らしや放縦な生活に対するそれである。その点で、〈中流階級〉こそ、消費の真の喜びを理解し、自分の投資の予測可能な結果を計算できる者なのだ。[50]

こうして見ると、『俗人』(ヴォルテール)がしたような無邪気な贅沢擁護では済まなくなる。そんなやり方では、経済活動の運用における貯蓄と投資の役割をとらえ損なう。富の形、その利用の形がどれも同じ意味をもつわけではない。貴族が散財するお金は産業階級が投資するお金と等しくはない。「高い権力や偉大な才能をもって贅沢の趣味を広げようとする人々は、国民の幸福に反することになる。王国であれ共和国であれ、大国であれ小国であれ、奨励されるべき慣行があるとすれば、それは経済だけである」[51]。

6　限界計算と政治

一八世紀の(政治)経済学で確立した欲望と道徳の分離は、次の世紀の終わりの〈限界革命〉〔限界という手法によって、経済学と微分学を結びつけ、それまでの労働価値説に代わる価値の根源を示し、近代経済学を発展させた〕で新時代を迎える。限界主義者と呼ばれる一部の経済学者は、ジェヴォンズやエッジワースのように、彼らの遠い先駆者の見方を数学的に確認しようと努めた。[52]問題はもはや一九世紀のリベラルな改革派と社会主義者が共有していた政治的・道徳的ジレンマを解決することではなく、人間の行動の厳密な分析を継続することである。そして、この分析を基にして行うべき経済的政策を正確に導き出すことである。経済学は快楽と苦痛の計算であり、効用の科学である――スタンレー・ジェヴォンズはこのように主張し、方法の一貫性を強調する[53]。彼にとってはまさしく、イギリスの功利主義者やフランスの自由主義者の一部が続けていたような道徳的配慮は、経済学のかかわるところではない。彼は自分の理論を新説として提示するにあたって、価値は効用に完全に左右されるという考えを調節原理として立てた。この〈新しさ〉は、すぐ察しがつくように、まったく相対的なものである。なぜならば、その大部分が、問題はもはや効用の総量ではなく、消費される量に応じた効用の変動を計るところにあるという事実に起因するからだ。それを計ることで、人間の行動の作用を確定し、極大値と極小値を決定することができるようになる。

ジェヴォンズやエッジワースは明らかにベンサムの列に加わり、リカード派とその労働価値説に対抗している。しかし、彼らにとって大事なのは、もはや権力制度や政治的・立法的主体の行動に新たな規範を定めることではない。効用は、感覚、強度、感情、希少度、時間からなる単なる数量の問題として解きうる限り、ベンサムやジョン＝スチュアート・ミルなどが提起したすべての問いを片づけてくれる。効用の数学的処理は、人間の経済活動にかんする考え方をすっかり脱政治化・脱道徳化し、規範的性格を一掃し、厳密に、分析に適した範囲だけを残す。それが明らかなのは、この新しい理論は、計算すべき状況を単純化して、これらを、それまでどの古典的経済学者もあえてやらなかった個人の次元にまで引き下ろしているからだ。ジェヴォンズは、計算理論の先駆者としてのベンサムに敬意を表してから、その洗練された計算道具一式を急いでお払い箱にする。効用の程度は欲求を満足させるとみなされる商品の量の関数で決まる。選択の際、情念・ことば・価値がどのような影響を及ぼすか、そういうことを前提に個人の効用を分類・区別し、組み合わせることはもう問題とならない。社会的な次元はすべて排除されているからだ。新しい経済学においては、個々の人間の効用は比較できないもの、比較する必要もないものと考える。ジェヴォンズは、人間の心を探ることが不可能なのは、さまざまな感情に共通分母が存在しないのと同様であると明言している。この立場は、さまざまな感情の統一化を快楽と苦痛の算術の支えにしようとしたベンサムの努力とはおよそかけ離れている。結局、ジェヴォンズの望む数学化は、その第一歩から、すべての社会的要素とすべての確率論的次元を徹底して消し去ることを要求するかのように、すべてのことが運ぶ[54]。逆にまた、数学的努力は次の前提がなければ成り立たない。つまり、個人間の関係、彼らが決定する際に取る相互依存、彼らがたがいに及ぼし合う影響は、経済的交換の領域の外部でしか働かず、その内部においては厳密に個人的な性質をもつ判断力と感情が向かい合うことはないという前提である。社会的・文化的・政治的影響をまったく考慮しないようにしているのは、市場の中央集中性・自足性という暗黙の公準による。この方向に突き進むことで、ジェヴォンズ、エッジワース、ワルラスは、われわれは〈正確な功利主義の明確な数学的概念〉（エッジワースのことば）をついにもたらしたと、主張する[55]。この暗黙の公準は〈新古典派〉の思想の展開にも見られる。それがミクロ経済学〔個々の企業（生産者）と個々の家計（消費者）の経済活動が生まれる仕組みを分析する。テーマは、市場の働きと価格の分析となる〕であり、エッジワースによれば、ミクロ経済学は完全な競争状態における個人の極大化という問題をまず解こうとする[56]。こうして、「競争の原理によって初めて、（政治）経済学は科学の性格をもつと主張できる」というジョン＝スチュアート・ミルの考えが受け継がれることになる。

7　ホモ・エコノミクスの科学

経済学は、個人同士の交換を整えてくれる市場の中で、利益・コストについて確かな感覚を備えようとする個人を前提に出発する。分析の最初にある個人たちは同じ趣味、同じ財源をもっているわけではない。何よりも自分の趣味に対応する財を自由に使える立場にない。ただ物作りに専念し、余剰を手にして、自分にはない物を所有している他の者に、それを譲ろうと願う。こうして、個人と個人は出会い、必要なだけ交換を行い、最適と判断される状態にたどり着く[57]。〈新古典派〉と言われる経済学はみな、この基本的な心理に堅固な数学的基礎を与えるという主張の上に成り立つ。ジェヴォンズが人間の精神を、〈自分独自の比較によって、感情の量の最終判定人となる測り[58]〉と定義するのは、彼自身もよく承知しているように、彼よりずっと以前の考え方を延長しているにすぎない[59]。

現代経済学には、必要と欲望という形態の〈外部にある〉道徳への拒否が残存している。それどころか、これまで以上に〈科学性〉の原理を据えている。現代経済学は、法則に則って働く〈自然的事実〉としての〈経済的主体間の関係〉を考えたがる。ワルラスによれば、〈数理物理学とまったく同様の[60]〉純粋な経済学が存在しており、そこでは一定の条件下で、経済生活の作用の法則を提示することができる。一方、パレート〔一八四五～一九二三。イタリアの経済学者〕は、経済学のために**ホモ・エコノミクス**（経済人間）だけを研究すること、**ホモ・エティクス**（倫理人間）や**ホモ・レリギオスス**（宗教人間）についてはいっさい顧みない権利を要求し、〈幾何学がそれを無視するのとまったく同様に[61]〉、身体の化学的特性や生理的性質を経済学から退ける。こうした観点から、パレートは、現実の人間を三つの別々の人間に切り分ける必要性をあえて公言する。これにかんする彼の説明では、「別々の身体、別々の人間を考えることは、すなわち、現実の身体、現実の人間の別々の特性を考えることであり、研究すべき素材の層を切り分けることにすぎない(62)」。彼にとって、これは知のための必要である――「人が、道徳を考慮に入れないと言って経済学を非難するとき、同じ過ちを犯している。つまり、これはちょうど、料理法を考えに入れないと言ってチェスの理論を非難するに等しい(63)」。本質的に分析を旨とする科学と、総合的な性質上、分けたものをまとめる実践とでは、価値が異なる――「(政治)経済学は、道徳を考慮する必要はない。しかし実践的な対処を勧める者は、経済的結果だけでなく、道徳的・宗教的・政治的その他の結果も考えなければならない(64)」。

ある財の効用ではなく、その財の補足的効用によって得られる満足を対象に考える限界主義は、主観的効用にかんする一切の考察を、まるで触れてはいけないものであるかのように回避しようとする。初期の功利主義者たちは財から喜びにかんする価値以外の価値をすべて取り除いたが、限界主義者はさらにもう一歩踏み出して、快楽と欲求の序列にかかわるすべての問題、主観的効用の計量に手を染めかねない問題をすべて振り払った。財の効用の一般的考察から最終単位の消費の充足へと移行することによって、道徳からの純化作業は深められた。それ以降、介入するのは、限界効用の減少という厳密に心理的で、形式的には数学的な法則だけである。とりわけこの点で明白な立場を取るパレートは、効用という概念そのものを問題にする。彼によれば、財がもたらす快楽から人の好みを導き出すこと、そこから人の好みを計算の対象にするという考えが生まれた。この快楽が効用と呼ばれる。しかし彼によれば、この概念は、効用の性質があまり問題にされない点で、また効用が人‐物の関係においてのみ意味をもつという事実によって、曖昧なままである。実のところ、効用は〈物の客観的特性〉とみなされることが多かった。一番まともな説明においても、この関係を、効用が消費の量に応じて変化することを考えずに、固定した人‐物の関係にしてしまった——「まさしく古い経済学のこうした間違いを修正することで、純粋な経済学は誕生した[65]」。今や効用は経済学において、通常の表現で使うのとは別の意味をもつようになった。そこでパレートは、この用語に替えてオフェリミテ〔ある状況下で経済主体が得る満足度。〈有用〉を意味するギリシア語由来〕という語を選び、何らかの実際の効用を考えない純粋な個人の欲望という意味をもたせた。この新語は、〈ある物が正当であろうとなかろうと、ある欲求、ある欲望を満足させるようにする適切度[66]〉を意味する。これに対して彼は、効用という用語には〈個人、人種、全人類の発展と繁栄に有利な物の特質[67]〉を対象にする客観的な次元を保たせた。彼が挙げる例はなかなか雄弁である——「読み方を教えることは、子ども自身にとってはオフェリミテに欠けるが、しかし、きわめて効用がある[68]」。オフェリミテは完全に主観的な特質であり、一方の効用はまだ多様で矛盾する基準を介入させる。オフェリミテは、厳密に心理的な性質の、ありのままの事実である。彼が言うには、「経済学の土台には当然ながら心理学がある。それは一般的にすべての社会科学においても同様である[69]」。つまり、経済学は、事物の客観的な特質をまだ介入させていた古い心理・生理学を捨てて身軽になれるということになる。そこでは主体が感じる満足度というより〈経済的な〉原理だけを重視すれば良いので、生理的感覚との関係も不要になる。また、満足度の変化は量に応じて決まるから、その好みの度合いも説明できることになる。

　ところで、これは単なることばの問題ではない。数学的な形に整え、経済問題を計算と均衡のパラメーターに還元することで、「経済学の科学理論は合理的な力学の厳密さを得られる。いかなる形而上的な実体も導入せずに、経験から結果を導き出せる」[70]。オフェミリテの科学として定義される経済学は、したがって、欲望のみにかんする科学である。ただし、当然ながら、個の欲望は計算可能で、制御可能でなければならない。オフェミリテにおいて重要なのは、感覚でも、想像力でも、ましてや対象物でもなく、いくつかの可能な対象物の中から自分の好みで選び、勝手に決めるという事実である。〈オフェリミテ〉は、ある人間の一定量の財との関係から生まれる快楽の次元として定義されるが、その定義そのものが独我論を要求し、経済分析のあらゆる形式的道具の前提となる。そうやって、消費者の市場で行われる選択、好み、優先度が解釈され、財のいろいろな組み合わせを前にした個人の行動を表す〈無差別曲線〔ミクロ経済学で、消費者に同等の満足を与える二つの財の組み合わせを結ぶ曲線。等効用線〕〉が描かれる。ミクロ経済学はこのようにして理論を純化させ、やがて、一切の快楽主義的前提を排し、好みと選択の単なる形式的確認だけで事足りると主張するようになり、その後いっそう徹底された形式化の条件を作ることになる[71]。

価値と欲望の言説として経済的言説が生まれてから、その核心にある断絶は早くに芽生えていた。しかも、その断絶は経済学が本質的にもつ二重の性格から来ていた。一方で、経済学は、独自の法則をもつ現実の実証的知識の言説として成立した。他方で、経済学は、それ以外の道徳と政治の考察を経済の領域とは無縁なものとして排除してきたから、もはやそれらの影響は受けたがらない。この断絶は最初、経済本来のものとみなされる特別の活動領域の自立性を支配する法則として要求された。そういうわけで、ワルラスにとっても、経済学はその独自の領域、社会的富の生産領域における法則を述べるものであって、最適分配とか、統治とか、土地所有権といった道徳に属する問題には何らかかかわりをもたない。(72)こうして経済的言説の根底をなす〈脱道徳化〉(73)は、広い範囲にわたって強い影響を与え、〈正常な〉〈合理的な〉〈論理的な〉行動とは何かを決定していくことになる。言い換えれば、この〈非道徳的な〉経済学は、自ら発見したと主張する法則の下で、新しい規範性としての社会秩序の土台の役割を果たしていく。科学的言説としての経済学が、財と人の価値は欲望の変化によって決めることができると断言する以上、外在的で異質と思われる宗教的・精神的・超越的な次元をそこに付け加える必要などあるだろうか。人間は自らの必要と欲望が交わる需要と供給との均衡の中で関係を築くのだから、自分たちの情念・欲求・利益についても十分に調整することは可能ではないのか。

しかし、それは社会が広大な市場であるということでもある。その市場で各人を評価する基準は欲望の強度であり、その強度は自分の活動や行動の一貫性、自分の欲しいサービスや財を買うために自ら付けた値段の産物がもたらすものである。これに加え、一八世紀に登場するのは、他人にとっての効用に応じて自分の価値や評価が決定されるやり方である。ホッブスがすでに強調している。「ある人間の価値は、ある物の価値と同様、彼の値段、つまり、彼の力を利用するために支払われる値に等しい」(74)。ガリアーニもやがて指摘する。「私が判断するに、人間の才能の価値は、生命のない物の価値とまったく同じやり方で、同一の希少性と効用の原理に基づいて評価されねばならない」(75)。経済的主体の支配権を保証するように見える物の尺度は、人間が市場の共通尺度の場で評価されるときの人間の値段の裏返しにすぎない。このような根底の部分から（政治）経済学への批判を開始するには、カール・マルクスを待たねばならない。その間、道徳は形も中身も変えてしまった。マルクスはベンサムにかんして、意地悪くも〈俗物の道徳〉という言い方をしている。たしかに、あらゆる価値が欲望やその強度、それを手に入れるために同意する犠牲次第で決まるとなれば、人間の行動全体にかかわる一般的公準も、それらを基に確立されることになる。つまり、人間の行動はすべて例外なく、快楽と苦痛の体験に基づいてなされるということになる。そこでは、効用は、規範性の根底を変革すること以上の道徳的基準をもたらすことはない。経済学者たちが要求するように、経済学はたしかに非道徳的でありうるとしても、それは善悪を指示する道徳法に個人がもう従わなくても良いという範囲内で、いっそう規範的に働く。満足を最大とすべく、経済学はあらゆる秩序（財政的、法的、社会的、政治的など）の制約を取り込めるよう正しい計算を行う。この点から見て、またこの領域において、経済理論は規範体制の交代という長期の作業に貢献するのだ。

第7章 自己規律としての計算について

誰しも計算するのが好きだ。というのは、その精度はさまざまにせよ、感情はいつでも計算するからだ。ヒューム、エルヴェシウス、ベンサムなど、多くの人がその考えを繰り返し述べている。(1) ただし、個人が知的な手段と計算の道具を必ずしも持ち合わせているとは限らない。計算するとは、ある行為が何らかの良い結果をもたらすことへの、確率論的な意味での期待の度合いを決めるということである。しかし、この計算は生まれつきの能力ではなく、自分の欲望の制御を確実にする技術であり、個人の自己管理を妨げる悪い力を抑えるための内的な取り締まりの表れである。その点では、計算は新しいタイプの道徳的・政治的経済の性格をもつ。もちろん、快楽と苦痛の計算・算術は本来、ベンサムやセイの世紀のものではない。まったく別の文脈の中ではあるが、エピキュロスや、さらにはプラトンにまでさかのぼって、その最初の例を見ることができる。しかし、個人のこの計算自立性というか、会計自立性が実際に確立するのは啓蒙時代のことであり、コンスタン〔一七六七〜一八三〇。フランスの作家・政治家。『アドルフ』〕はこれを、〈近代人の自由〉とみなし、ヘーゲルはこれを、どんな行為にも自分を見出す自我の〈主観的自由〉とみなした。[2]自分に身体を与え、生理的感受性を与えることは、自分に感覚の規律を与え、好みの合理化を与えることであり、それゆえそれは、行動の基になる期待と恐れを調整する道徳を、自分に与えることでもある。ともかくも明言すべきは、望みうる限りの最大幸福に到達させてくれるはずの個人の行動には、同一性を保つ機能があるということだ。啓蒙時代になされたこうした試みの多くは、まだ的確な記述と処方には至っていないが、その狙いは、個人道徳の計算を体系的に明示することである。すでに述べたように、経済学はこれまで、外部の倫理的規範からの自立性を強調してきた。それと並行して、これもすでにあらまし述べたように、一七世紀以降、もう一つの運動がはっきりと姿を現す。道徳と政治の次元に経済的考察を導入していく動きである。あたかもこの二つの運動が離れてはまた交わるような具合に、歴史は進んでいった。一方は道徳と政治に対する独立性を主張し、他方は道徳と政治を経済学的計算のモデルにならった選択の科学にしようとする。こうした歩みを見る際にとくに注視すべきは、経済学者たちの道徳的無関心が、実は、計算という独特な形を取った規範性の作り替えの表現に他ならなかったことである。

　経済的交換の道徳的結果については二つの見方があり、それは、相互の効用関係を両方の側面から検討しうるという意味では、交わる二本の道でもある。一方で、人の行動は他者の欲求に合わせ、それを予測する。他者に対するこの適応は、他者の欲求への認知であると考えられる。もう一方で、人の行動は自己満足の最大化を狙い、個人の合理性を訓練する。前者は、私的利益間の相互依存関係を大事にする。つまり、他人の利益が満たされるのでなければ、私の利益を満たすことができない。ヒュームやスミスは、こうした他者の欲望の習得、他者が市場で望むもののたえざる予測を強調する。市場における諸々のつながりが生み出す一つの秩序、スミスが『国富論』で示す〈見えざる手〉が、交換の鎖を通じて働くわけである。しかし後者は、それとはかなり別のもので、前者と矛盾するわけではないものの、慎重さを強調し、また、計算する経済的主体としての個人の証しの度合いを強調する。ベンサムの義務論では、これらの二つの見方が重要となる。得失の計算は、すぐれて近代的な規範性であり、抑制された自由、義務づけられた自己規律となって現れる。行動規範性についてのこうした新しいとらえ方は、人間の行為それ自体に対する見方であるとも言える。人間の行為は、外部の教えへの服従によってではなく、その人の行為の形によって定義される。この規範性は、不可避のリスクを伴う行動の新しい合理性と一体である。計算に基づく合理性というものが、本来、商業実践と結びついていることについては、すでに述べたように歴史家たちによって十分に証明されてきた。彼らが強調したのは、偶然が絡む問題と、利益を正当化する手段としてリスクを次第に考慮の対象にしていったこととの関連性である。より一般的には、この新しい合理性は、行動の視点、選択する際のチャンスの予測という視点を取り入れる。それは賭博師の視点であり、ゲームと同化したような日常生活に浸る個人の視点である。その点で、この行動規範性は、教義や信仰の受容ではなく、未来の評価から現在の決定を下す不確かな状況下で行動の規則を打ち立てようとするものである。行動はもはや、一般的な願望目的を異論のない条件とするのではなく、種々の目的間のバランス、その充足の変動、その可能性の度合い、そのさまざまな効用とそれにまつわる蓋然性、それらの組み合わせを前提とする[3]。

新しい規範性とは、欲望のエネルギーの自己制御、衝動の自己調整、情念の自己規律である。実際、〈資本主義の精神〉は自由な欲望の要求を導き、自己制御の要請を引き出す。経済的言説は、一方で富のエネルギー源としての欲望、価値計算の原理としての欲望を弁護するが、他方ではこの同じ計算を欲望調節法にして事物の秩序と両立させようとする。

1　チャンスとリスク

最初にやるべき大事なこと、それは、世界の運行の超自然的な流れに道徳を求めるのを、やめることである。人間の科学は経験から始まる。ここで言う経験とは、「仕事であれ楽しみであれ、社会における人間活動がもたらす世界の、いつもの営みに現れるがままの経験[4]」のことである。この点から見ると、人間の行動を説明するのに最も適切な図式は、蓋然性というか、当時の言い方では、チャンスである。周知の通り、ヒュームがパスカルに続き、社会における個人の経験について、その接近法の大元を作った。個人は自分の行動を予想してその結果を推論することができる——このことを前提としなければ、人間の行動を正しく記述することはできない。人はまったく不確かなままに行動するのではないし、絶対確実と思って行動するのでもない。自然が与えてくれる〈中間的な解決策〉のようなものが存在する。たしかに目的の表示は不可欠であるが、そこには手段の表示も伴う必要がある。両者の調整は蓋然性をその原理とする。チャンスの計算は、たしかに利害に基づく行動の枠をはみ出す。人間にとってそうした行動は自然の世界を認識するときの一つのやり方でもあるからだ。その意味では、人間の科学は、純粋で理想的なはずの自然科学に比べて劣った認識の形なのではなく、日常生活と自然観察において人間の推論がたどる道筋そのものである。ヒュームの哲学は、人間の科学を自然科学の下にある企てとは見ていない。ヒュームはまったく逆に、自然科学も実は因果性の高い蓋然性をもつものにすぎないのだから、それ自体、蓋然論であると指摘する。確実性と不可能性の間には、あらゆる度合いの蓋然性が揃っている。蓋然性は、たえざる出来事の習慣に他ならない法則がもつ純粋な理念性を壊してしまう。そのうえ、ヒュームにとっては、自然科学は人間の科学に比べればむしろ二次的なものである。なぜなら、われわれはたえず至るところでたがいに出会い続けているが、われわれがそのときどきに他者と結ぶ関係こそ、われわれを事物へと結びつかせ、われわれを事物の認識へと導いているものに他ならないからだ。

他者および自然との関係を考え、その中で実際に生きるということのやり方は、〈生活の流れ〉へのわれわれの参入の仕方を示すものだ。われわれはもう船に乗り込んでいるのであり、われわれはその事実そのものから、すなわち、世界に距離を置く理想的観察者の視点（神ないしは、たとえばストア派哲学者の視点）からではなく、内部にある視点から、人間行動を説明しなければならない。内部の視点とは、突き動かす情念の中で自分の感情をもつ、自分の仕事に巻き込まれているわれわれの視点である。外部の視点のほうが良い観察を行えると思われることもあるが、もはやわれわれには、それは虚構で組み立てられた人工物として扱われるだけである。情念は計算する、それが人間の現実である。チャンスの計算は、情念に対する理性の超越を、そして、求める目的から逸れる外的視点を、まったく排除する。直接感じられる快楽と苦痛が人を動かすというこれまでの力学的な考え方とはおよそ異なる蓋然論が、予測、想像力、推論において重要な地位を占めることになる(5)。

ヒュームとベンサムが、このように考え直された人間行動にかんする大理論の大家となる。感覚の現れ方には二通りある。〈現にあるがままに感じられる印象〉としての形と、〈頭の中にあるだけの〉形である(6)。これによって、信念に対する情念の働きと、情念に対する信念の働きを理解することができる。人が行動するとき、その主体は自分の感覚の指示通りではなく、自分の行動から期待しうると信じる快楽と苦痛のイメージに従っている。計算が可能になるが、その対象になるのは〈あるがままの印象〉ではなく、この〈過去から未来への移転〉によって作成される未来の出来事の蓋然性である。主体はそれまでのある程度の経験の結果から、すべての出来事が十分安定した関連性で繰り返されているわけではないこと、したがって、完璧な因果関係を想像するのは無理であることを知っている。過去の一部の事実は逆の結果を生んでいることさえ知っている――「一番よく起こる結果を、われわれはいつも一番ありそうなことと判定する(7)」。こうして、われわれは過去の経験を未来に転移する能力を身につける。それは、もはや超越的な規範や既成の秩序の合理性に従ってではなく、過去の経験に基づく計算の合理性に従って行動するための能力である。この能力はまた、その限界を超えてまで最終原因を求めるような無謀な計算はしないという合理性も含んでいる(8)。われわれの選択を導く蓋然性は経験と想像の両方の上に成り立つ。想像の際には、過去の好都合な出来事がひとまとめにされて、意味を与えられる。何よりも、この図式のおかげで、さまざまな情念自体がどのようにたがいに結びつき、和らげ合い、強まり合うのかが、明らかになる。そうした情念の力が、有利な、あるいは不利な出来事の蓋然性の程度となる。

それがまさしくわれわれを突き動かすものの定義であり、それによってわれわれは未来の出来事の実現を信じることができるようになる。未来の出来事は〈チャンスと経験に応じて各部分が組み合わさった結果〉以外の何物でもない(9)。だからこそ、過去の災いと満足は、たとえすでに経験されたものとはいえ、頭の中ではまったく別の次元、まったく別の地位を占める。それが、恐れであり、望みである。行為の根底をなすと考えられる快楽と苦痛は、したがって、計算する際の推定として、あるいは結果の〈可能性〉として働く。

この考え方を、〈行動の動機 Springs of Action〉として定義される「心理力学」の一環として、〈行動の理由〉の解明のために十分発展させたのがベンサムである(10)。さらにまた、権威によって規定される道徳的行動という伝統的な考え方に対して、蓋然的な期待の論理に従う行動という新しい考え方を明確に打ち出したのもベンサムである。彼は、計算の難しさをよくわきまえている。精神面での〈雲の密度〉のほうが身体面でのそれよりも明らかに高いと考える。なぜなら、行動にかかわる精神的要素は直接的な観察範囲の外にあるだけでなく、心的現象としての計算は多くの錯覚に陥る危険にさらされているからだ。その原因は、知的な弱点や、間違った利益、さまざまな形の偏見にある(11)。それでも、彼が確信しているのは、計算された行動の理論なしには、法律学、経済学、心理学という科学は存在しないということだ。

ベンサムによれば、個人は苦痛と快楽の予測に従って行動する――「行動を促すのは、苦痛ないしは快楽を待ち望む心である(12)」。こうした予測の根底にあるのは何か。人は、決断する時点では実際の現実は欠けているから、感覚はまだ存在しない。人はいつも目の前の危険を直接恐れながら行動しているわけでも、すぐに得られる満足を期待しながら行動しているわけでもない。少なくともひどい目に遭うのを免れた直後は、そうである。[13] 個人が自分の行動の結果への期待を先に延ばし、予測する能力を発揮しようとするからこそ、社会の進歩は実現するし、そうなったときにその理由も説明することができる。ベンサムは『道徳および立法の諸原理序説』で、人間の行動のばねとなるこれらの動機のリストを作成している。個人が自分の内部で自分の苦痛と快楽を計算して制御すべきそうした不安や希望は、自分自身の予測にかんする一種の自己制御装置として現れる。ベンサムはこの計算の形式化には意を致さず、その数量化にまでは行かなかったが、各人が自分の選択を合理化しうるための、つまり、ありそうな結果をわきまえて行動しうるための要因は提供しようと努めた。彼はヒュームに続いて、直接経験から生まれる感覚、すなわち〈最初の〉感覚と、回想や予測から得られるイメージ、すなわち本来の行動への誘いとなるイメージとを区別する。そうすることでベンサムは、「快楽や苦痛がすべて動機として作用するのは、想像力という媒介のおかげに他ならない」[14] ことを強調する。本来は想像上のものであるが、現実面では快楽と苦痛にかかわるこの動機こそ、人間の行動の原動力であり、人間界に働きかける力、物質界における引力のようなものである。想像力は、主体を好きなときに行動させるのだから、戦略的な価値をもつ。ベンサムが記すには、思い出の楽しみのように、主体を受動的にさせる不活発な楽しみもある。しかし、想像力の感覚、期待 expectations、つまり蓋然論的な意味での期待は、それ自体十分に働きかけが強く、行動を決断させる。快楽や苦痛の想像力は、未来においてその快楽を満たしたり苦痛を避けたりできる行動のイメージと協力しなければならない。そうやって、人は行動する真の理由をもてる。そしてそこから、同意した努力の結果の予測とともに、法律による保護の保証が果たす重要な役割も生まれる。想像力から生まれる感覚には〈快楽への期待〉と〈苦痛への懸念〉の二種類がある。[15] 法律が行動のもたらす有利な結果を守れば守るほど、主体は良い方向へと動く働きを強める。それと対称的に、行動に働きかける恐怖がある。法による処罰の恐怖は、主体が悪い行動に誘われぬよう強められる必要がある。

こうした想像の次元は、まず人間の身体的経験に根ざしている。身体を基に、感覚と欲求の存在として個人を定義し、苦しみを避け楽しさを求める存在として人間の動きを観察することは、人間がどのように規範を設け、それに従うかを考え直すよう導く。一九世紀に、多くの著者たちがチャンスの計算と〈低劣な〉感覚主義とを切り離そうと努めることになるのは、周知の通りである。感覚主義はホッブスとその卑しむべき物質主義に基づくとされた。その前の世紀、ある種の洗練された感覚論と主体性の蓋然論は緊密に結びついていたのに、それを押さえ込もうとしたのだ。

2　道徳と科学的な政治

宗教は幸福願望の普遍的なものさしの例外ではないが、絶対的な密度をもった永遠の喜びへの想像上の期待という面では、特権的な領域であり続ける。宗教の問題は、その信仰にあるのではなく、信仰と実経験の不釣り合いにある。信仰は人に幸福をもたらさず、むなしい。現在の生活に及ぼす効果はまったくないか弱いか、時にはマイナスに働くのに、〈死後への期待〉をかけることになる。こうして、宗教は、幸福については不当な犠牲へと導く悪い経済という特徴を帯びる。必要のないところで不安と後悔を増大させる。正当な快楽を禁じ、地上の喜びからすれば不当にも、日常の行為と個人に対して人為的な嫌悪感を作り上げる。要するに、宗教は人間性を憎悪する[16]。その意味で、宗教は個人に内在する〈利益感覚〉とはまったく相反する。ベンサムは言う。「人間の行動に影響を与えうるのは、利益感覚、つまり苦楽の予測だけである[17]」。

道徳的・政治的問題は身体が体験する次元で整理される。その場合大事なのは、チャンスの計算であり、善悪を考えるには、ある決断から期待しうる良いことと悪いことの区別がまず必要になるほどである。快楽・苦痛の計算という算術を思いつくことができたのは、考える能力と内容が生まれるこうした大元を再定義したことによる。この計算は、やがて一部の著者たちにとって道徳や科学的な政治の試金石となる。道徳と政治は、二つの力の方向、すなわち人間の〈身体化〉の定義と、蓋然論による実践的理性の再定義とを一つに結びつける。ベンサムの思想はこの結合、接点の実例である。すなわち、一方で彼が力を込めて強調するのは、感覚ほど現実的なものはなく、人間の感受性に対する処方や規範の実際上の効果を考えなければ道徳も法制度も築けないということである――「楽しむことと苦しむこと。楽しませることと苦しませること。私が知っている感覚を表現すれば、そうなる[18]」。他方、現実との接点となるそうした感覚は、彼においてはかなり正確な計算対象になりうると想定されている――「人間にかんする事柄は大まかに対処し、漠とした概算を施すだけでよいと言われるかもしれない。そういう言い方は、無関心か無能さの表れである。人間の感覚は科学か芸術の対象になるほど、十分規則的である[19]」。ベンサムにとって、こうした科学的な熱望を拒む態度は制度改革における進歩への期待をまったくあきらめること、羅針盤なしにやみくもに進むことを意味する。彼にとっては効用原理を〈大まかに〉認めるだけでは足りず、それを実践的に適用すること、その共通要素を日常作業において全員で運用することが大事なのだ。ベンサムは一連の断片的な注釈の中で記している――「もし計算がなければ、効用原理は他の妄想とともにことばの海の中をむなしく漂うだけだろう。計算は量に対する理性の適用である。快楽と苦痛の量を勘案することへの批判は、逆説と不条理の極みである。もし誰かがこうした計算の拒否を一日でも行うと仮定すれば、彼は間違いなく精神病院に行くだろう。そこだけが、彼自身と彼を取り巻く人間にとっては唯一ふさわしい安全な場所となる[20]」。

快楽と苦痛は行動の動機の大元である。快楽と苦痛にかかわる動機は、人間世界で行動に至らせる原動力であり、それは物質世界における引力に等しい。ベッカリーアはすでにこの利益の力を重力の法則になぞらえている――「身体の重力にも似て、この密かな力はつねにわれわれを安楽のほうに押していく。この衝動に影響を及ぼすのは、ただ法律という障害だけである。人間の種々の行動はすべてこの性向の結果である[21]」。ベンサムは何度もこの類似を取り上げ、たとえば政治世界で求められる違うタイプの欲求を区分けして、複雑化して述べる――「権力、金、作り物の威厳――その存在と全能さは天体の運行と同様に引力によって文句なしに決定される。善の素材となるこれら三つの要素はそれぞれに、有害な影響を与える素材と同じように作用して、他の二つを引きつけ、引き寄せる。人がこれらの要素の一つを十分に所有すればするほど、人間の本性上、際限のない欲望に応じて、他の二つを手に入れる努力は楽になる[22]」。

3　快楽と苦痛の金銭的等価性

人間世界においてさまざまに働く力の相互関係をどのように分析すれば良いか。ベンサムは基本的なメカニズムでは満足しない。というのも、彼は、人間というものが動かない対象ではないこと、物質世界でうまく働くニュートン主義を応用するには道徳・政治世界のほうがはるかに複雑さを伴うことを、よく知っていたからだ。幸福の算術を可能にするためには、その幸福が、苦痛の総額を差し引いた快楽の総額として定義できるようにしなければならない。言い換えれば、快楽と苦痛の基本量を、あたかも分離・測定・加算できるものとして想定し、取り扱わねばならない。また、そのように扱うには、測定装置はみな架空の作り物であると見なければならない。大事なのは、それぞれ別個の量をあたかも測定可能なように取り扱うことである。この見方からすれば、感覚の量の金銭への換算は、単に考え方のポイントとなっただけでなく、実際にわれわれが金銭という道具のおかげで道徳的・政治的決定を全面的に数量化することができ、これまでとは別の記号秩序の中に身を置くようになったことを示すのだ——「温度計は気温を計るのに役立つ器具であり、気圧計は大気の圧力を計るのに役立つ器具である。これらの器具の正確さに満足しない者は、より正確な何か別の器具を見つけるか、自然哲学と訣別するしかない。金銭は苦痛と快楽の量を計るのに役立つ道具である。この道具の正確さに満足しない者は、より正確な何か別の道具を見つけるか、政治と道徳に別れを告げなければならない(23)」。金銭という記号による数量化は、お金だけが楽しみを生み出すとか、もっているお金が減れば苦しみをもたらすとか、そんなことを意味するのではない。ベンサムの考えでは、それが意味するのは、幸福を割り切れる数に分割するには他に方法がないということである――「もしわれわれがある苦しみ、ある楽しみについて、その金銭的値打ちを言えないなら、その量について何も言えないことになる。そうなれば、罰と罪について、釣り合いも不釣り合いもなくなる」(24)。ベンサムは、感覚の単位を数量化する金銭的等価というこの迂回路を限定的に用いることができれば、金銭的代償原理に基づく罪と罰の関係をも決定できるとした。より一般的なやり方として、彼は快楽と苦痛の総量を測定、決定、比較する唯一可能な手段を金銭という言語に求める。金銭の等価ということの表現だけが、すべての計算を可能なものにするだろう。また、それによって判事、立法者、さらには計算能力のあるすべての個人が、自分の行動と決断の結果を最も正確に測定できるようになるだろう。

道徳計算を決定するのにこうして金銭に頼るという考えは、まったく斬新だったわけではない。このような考え方は、間接的ながら、モーペルテュイ〔一六九八～一七五九。フランスの数学者・著述家〕が『道徳哲学論』で提起している。彼はその本で、幸福度を、幸運の総和から災いの総和を引いた残りとして量的に定義した。幸せな時間、不幸せな時間は、それ自体、持続と強度の産物として計算可能である。持続にも強度にも尺度がないとしても、少なくとも価値の順序は与えられる。もっとも、モーペルテュイにおいては、このような計算を実際に行う可能性にかんしてはきわめて大きな疑念を表している。パスカルは、モンテーニュ〔一五三三～九二。フランスのモラリスト〕の後を受けて、「快楽の原理は堅固でも安定的でもない。その原理は人さまざまで異なり、個人の内においてもあまりに多様に変わる。人は他人と異なる以上に、異なるときには自分と異なる」(25)と指摘している。時に身体的、時に精神的・知的な、性質の異なる良いことと悪いことを、比べられるだろうか。もちろん、幸と不幸を、感覚論者や物質主義者のやるように身体次元に限ることもできるし、モーペルテュイのように想像上の価値の序列という特殊な心理的作用に帰させることもできる。しかし、さまざまな感覚を個々の違いを超えて比較しうるような、あるいは、まったく違うものの量を組み合わせて過去の経験と未来の期待とを比較しうるような能力・手段・仕掛けを想定するのでなければ、快楽と苦痛の計算などできないのではないか。カント〔一七二四～一八〇四。ドイツの哲学者〕がのちに、モーペルテュイの『道徳哲学論』の注釈で強調するのはこのことである。カントは言う――「［人間の幸福の総量の見積りは］人間には解けない問題である。同じ性質の感覚だけなら合計できるにしても、生活のきわめて複雑な状況の中で生じる感情は、多様な心の動きに従ってそれぞれ異なるように見える」[26]。だが実は、カント自身、その数ページ先で、解答を出している。可能な解決はただ一つ、感覚と貨幣の等価性に頼ることであると。彼は二〇〇〇ターレル〔一六～一九世紀にゲルマン諸国で用いられた銀貨〕の領地収入（二〇〇〇の快楽に等しいと想定される）をもつ人のケースを取り上げる。生活の維持に四五〇ターレルの出費（つまり、四五〇の不快と等しい）があるとすると、差し引き一五五〇ターレルが残り、これと同額の快楽があることになる。

〈貨幣的解決〉は経済的計算の暗黙の前提をなしているが、それ自体が問題として検討されることはまずない。アルフレッド・マーシャル[27]〔一八四二～一九二四。イギリスの経済学者。新古典派を代表する〕のような一部の経済学者は、それでも、金銭的等価性への準拠が不可欠であることをはっきり主張した。彼によれば、精神の愛着を直接測定することは不可能であり、その結果を測るだけである。そして、経済学は基本的な心理法則の表れを観察できる点で、計り知れない利点をもっている。その法則とは、人間の願いを伝える行動は支払い・受け取る金額によって測れるという事実のおかげで、小さな儲けより大きな儲けのほうが好まれるというものだ。ベンサムがすでに強調しているが、貨幣という道具によって、金銭欲の比較だけでなく、異質で多様なものの共通の測定、あらゆる満足と苦労の間接的な比較もできるようになる。それぞれが本質的に異なるもの、ばらばらなものは、そのままでは処理できないのだ。マーシャルによれば、経済学者は一連の行動を貨幣という形で記録するただそれだけで、〈正常な行動〉を決定することができる。ここで明らかなのは、経済学者はその従事する操作にかんして、また、貨幣量の公理への依存にかんして、自らわきまえているということだ。

4　諸状況の組み合わせ

この貨幣記号の援用はたしかに有効ではある。しかし、快楽と苦痛のできるだけ正確な価値を評価し、ある行動やある決定を得るためには、幸福や不幸に資する価値をどのように足したり引いたりすればよいのか、その計算方法や計算次元については何も教えてくれない。快楽と苦痛を計算の基本単位として採用し、計算次元の分析の仕方を教えるのは、ベンサムである。彼はその『道徳および立法の諸原理序説』で、正しい評価のためには感覚の四つの次元を組み合わせるのが良いと明言する。感覚の強度、持続、近さないしは遠さ、そして確実性である。ベンサムはさらに、この四つの次元におけるそれぞれの最大値や最小値を次のように設定する。まず、強度の最小値は、快楽の最も弱い度合い、無感覚状態から始めてやっと感じられる次元で、したがってこれは単位として定められる。持続の最小値は、識別しうる快楽の持続の最小部分、すなわち、日常経験で〈瞬間〉と呼ぶものである。近さの最大値は、感覚の価値が下がり始める瞬間における感覚の現実の存在である。そして、蓋然性の最大値、つまり絶対的確実性は、感覚が実際に存在したときに生まれる。近さと蓋然性のそれぞれの程度は、現実の存在および絶対的確実性の最大値が減じていく割合によって表される。結局、感覚だけでなく、ある行為や、法律や、制裁の実際の感覚的結果全体をも評価しようとするなら、さらに二つの要素を考える必要がある。一つは、行動や決定のもつ豊かさ、つまり、直接体験した感覚と同じ性質をもつ別の感覚がそのあとに続くというチャンスである（このように一時的感覚と二次的感覚が区別される）。もう一つは、純粋性、つまり、ある行動が最初に体験した感覚とは反対のタイプの感覚のあとに生じるというチャンスである。もし個人一人ではなく、集団が問題であるなら、感覚の価値を測るには関係する個人の数を掛けなければならない。感覚のこれらの次元を組み合わせれば、ある行動において期待すべき個人的・集団的結果をできる限り正確に評価しうると考えられる。この計算は、expectation つまり**期待**の上に成り立っていることを思い起こそう。現実の存在ないし絶対的確実性という例外的な場合を除いて、ある感覚の価値の評価はチャンスの計算領域に属したままである。少なくとも、過去のいくつもの行動の結果一覧を作るのではなく、ある行動の未来の結果を予測し評価しようとするなら、そうなる。四つの主要な〈価値の要素〉、すなわち強度、持続、近さ／遠さ、確実性はすべて同じ期待のパラメーターである。ベンサムはこの計算のモデルとして、ためらうことなく投資の場合の期待を挙げる――「金銭的投資を行う者を導く動機は何か。彼は最大で、確実、迅速な収益が得られるやり方を好む。よりリスクの大きい投機やより長期に自分の金を据え置く投機を紹介されるなら、かかる期待の価値はより小さくなり、より大きな収益に魅せられるのでなければ、彼はそこに踏み込むことはしないだろう(28)」。

5　自己制御として計算

ベンサムの説の中では、こうした計算ばかりが、つまり、人間の行為の数学化への移行という未完の企てばかりがしばしば取り上げられた。そこからやがて限界主義が出てくる。おそらく、ベンサムが期待されすぎた点はある。彼にはより一般的で、より伝統的な傾きもあったのだが、だからと言って彼が自ら取り組んだ権力の性質にかんするこのような企ての歴史的な意味は見落としてはならない。こうした計算が実践的な性格をもっていないとしてベンサムを非難するのは、間違っている。彼は虚構の領域に入っていることを自ら良くわきまえており、真剣な科学的努力には虚飾が不可欠であるとの判断もしている。ゆえに、この計算の過程 process の厳密さには期待すべきではなく、この過程を道徳的判断や立法的・司法的手続きと独立させてとらえてはならないと主張している。それを踏まえた上で、この過程はつねに頭に入れておくべきものなのである――「実際に行われる計算の過程が道徳や司法手続きに近づくほど、過程の性格はさらに正確さを帯びる」[29]。ベンサムはこの計算法と**パノプティコン**〔ベンサムが考案した全展望監視システム。一七七一年、その詳細を発表した。のちに、ミシェル・フーコーがこの考えを取り入れる〕によって、市場による一定の行動規制体制の性質とそれを補う近代行政国家による監視活動の性質を解明するための道具を提供する。

まず、この計算が二重の働きをすることに注目したい。立法にも道徳にも役立つのだ。つまり、政治的行動の規則にも制限にも役立つということだ。実際、もし個人が計算を行うことで自分の選択の結果を正確に予測できるなら、国家は個人の自律的計算が有利に働くよう計らい続けるか、計算によって個人の欠陥が現れるかもしれない場合にはその計算を補ってやる行動にとどまるべきである。ベンサムの独自性は（もっとも、エルヴェシウスやベッカリーアも同じ道を先に歩んでいた）、最大多数の最大幸福をもたらすべき立法者が法律作成と算術を結びつけて考えられるようにしたことである。立法者は、罪と罰の均衡表と、国民が用いると思われる感覚測定の道具の二つを手にすることによって、最大多数の最大幸福のための法的決定を正確に下すよう案配することができる。ベンサムの仏語版編集・翻訳者、デュモン〔一七五九～一八二九。スイスの政治著作家〕は、この算術を度量衡で用いられる正規の統一システムの確立法になぞらえて、この操作を要約している。要は、人間の行動の結果に共通の尺度、共通の相場を作り、法律によって効用原理に合致した判断を下すということである。この計算は意志と行動の原動力の科学、立法者に直接役立つ科学に属する。デュモンはこう強調する。「立法者の目的は市民の行いを決めることにある。したがって、立法者には意志のすべての原動力を知り、あらゆる動機の個々の、またはその全体の力を研究し、意のままにそれらの動機を規制し、組み合わせ、闘わせ、かき立て、あるいは緩めることが求められる。そうした動機は、立法者がおのれの意図の実現のために用いる梃子であり、動力である」(30)。

ベンサムが応用の範囲を広げたこうした政治算術は、当時の知識人の目には一連の排斥すべきスキャンダルとしてみなされていたものへの一つの回答でもあった。すなわち、判決の不規則性、司法組織の濫用、裁判手続きに要する時間の長さと費用、そして何よりも罪と罰との不均衡に対するそれである。ベンサムは裁判所の不統一で乱暴な運用に怒る啓蒙思想家の一人である。この流れの中から、際だった成果を挙げた人物として現れるのがチェーザレ・ベッカリーアであり、彼の『刑罰論』（一七六四年）

には、罰を軽減するのではなく、それぞれの罪に、より適応し、規則性を持つ、明白な制裁を課すための要求事項が詳細に記述されている[31]。ベンサムの特徴は、合理性の形を徹底して体系化しようとするやり方にある。計算の条件、要素、方法をすべて示して、その形を作ろうと努める。

この算術は、とりわけ権力の合理的行使を可能にする手段である。ベンサムの目的は、諸制度の改革である。彼にとって幸福の計算の目的は、合理的でない次元を支えにするような決定方法の廃棄、つまり、伝統や、〈古人の知恵〉、共感や反感、犠牲的禁欲といったものを廃棄するためにある。要するに、大事な起点は、科学的統治の実行を促進し、公権力の活動から宗教的・形而上的基礎を取り払い、結果について正確な評価だけを行うところにある。幸福の名において個人を制御する機械、それをベンサムは考え、作ろうとした。そうやって、可能な限り、安くて大きな権力を実現しようとしたのだ。これこそ、住民囲い込みの制度と民衆の行政監視に役立つパノプティコンを用いて彼がなそうとしたことである。

ベンサムはこうした観点に立って計算を行い、自己決定の中心たる経済人間像を築く。しかし、これだけでは満足しない。彼は、政治権力と道徳的更生制度（子ども・貧者・罪人・病人向け）の中に、全国民の行動の結果を計算する新たな能力や、社会の諸階級を調査する能力、生産力とその費用を評価する権能といったものを網羅的に付与する。つまり、国民の数を数え、彼らの欲望・行動・選択を巨大な帳簿に記録する計算能力を、政治権力と制度に与える。実のところ、合理的で効果的な政治権力の行使というものは、国民が自分の行動を計算できるという前提がなければ成り立たないし、権力を制限するのも、国民のこの計算能力しかない。権力の目標は、ひたすら国民の計算能力の改良に置くべきだし、また権力自体も、おのれ自身の計算・簿記能力の強化によって、初めて改良される。

6　義務論

ベンサムはこの新しい形の道徳を自らの〈義務論 déontologie〔ベンサムの造語。ギリシア語由来〕〉、すなわち語源的には、〈なすべきことの科学〉と言えるものの中に取り入れた。この著者にはよくある例で、新語はそれまでそのように扱われていなかった新しい分野、学問を指すものとされる。ベンサムは、このことばを作ることで、道徳がその根底と性格を一新したことを強調した。[32] その基本的な考えは、〈利益と義務の同質性、つまり道徳はつねに利益と結びつく性質をもつ〉ということだ――「統治される者の幸福を目指す法律はすべて、彼らに課せられる義務が彼らにとって自分の利益になると思える方向に働くべきである」[33]。それ以外の倫理的土台は、至高の善であれ、美徳であれ、名誉であれ、すべて排斥される――「義務論者の目標は、人の感情ができる限りおのれの幸福に仕えるよう、その感情を導くやり方について教えることである」[34]。したがって、おのれの幸福と全共同体の幸福を最大化すべく、他人に対する行動の仕方を教えるのが重要となる。

計算は、規範となる基本的な道具とみなされる。自分の利益をよく考えること、それが道徳的行為の条件である――「背徳的な行動とは自分の利益を間違って計算することであり、正しくない人間とは快楽と苦痛にかんして誤った評価をする人間のことである。見識あるモラリストにはこのことを証明する務めがある」[35]。モラリストの務めはまた、個人が過去に得た経験によって行動の結果を評価し、自分一人の直接的利益にとどまらず、他人の利益をも考慮に入れて視野を広げ、選択の結果の評価に際しては時間を未来に延ばすのを手助けすることである――「抽象的な言い方をすれば、すべてが唯一の問いに帰着する。どのように未来の苦痛を払い、どのように未来の快楽を犠牲にすれば現在の快楽を購えるのかという問い、そして、どのような未来の快楽が現在の苦痛の代償になると期待できるのかという問いである。この検討から倫理性が生まれる[36]」。要するに、個人にとって大事なのは、自分をより幸福かつ道徳的にする条件の分析手法をたえず教わり、学ぶことである――「道徳の理に適うようにするには、いろいろな行動を比較し、苦痛と快楽の結果を熟慮し、人間の幸福の収支合計を出すことが必要である。最も巧みな道徳家とは最も上手に計算する者を指し、最も高潔な人間とは正しい計算を行動に適用して最も成果を上げる者を指す[37]」。ここでは、ベンサムの前に多くの著者が強調しているように、自分の利益と他人の利益との絆を理解することが想定されている。また、将来のより大きな快楽のために、間近の快楽をあきらめるほうがよい場合もよくあるのであり、それを知ることの大事さも説かれている。ベンサムの義務論は、ヒュームやエルヴェシウスが述べていることのより明確な表現である。公の幸福、つまり、世論がプラスの判断を与えるもの、これを増すことが道徳的なのだ。〈道徳的認可〉は世論の結果であると同時に、世論の導き手でもある。

この道徳的計算という仮説は、個人にその計算能力があり、誰もが計算によって快楽と苦痛の価値評価ができることを前提としている――「快楽と苦痛の評価は、それを楽しみ、それに苦しむ者によってなされなければならない[38]」。この仮説はまた、個人が自らの利益について最も正しく計算できるよう、立法者のほうにも制度的条件が整っていることを前提としている。実際、行動の結果を計算するには、人が受けるありとあらゆる〈認可〉を考慮に入れなければならない。たとえば、他人の意見が下す純粋に道徳的な認可も、個人にとって行動するか／しないかの動機となる一連の〈認可〉の中に組み込まれる。そうした認可は、個人が自分の計算をする際のデータとして取り入れるべきものである。身体が受ける生理的認可があり、世論が下し、自分の社会的イメージに影響を与える道徳的認可があり、司法の正規組織の定める掟を犯した場合の制裁、すなわち政治的認可がある。さらに、ベンサムはそれに加えて、近親縁者や友人仲間が下す〈感情的認可〉を挙げる。行動の動機となるこれらの認可は、期待と不安の場を形作る。このような新しい道徳は快楽と苦痛を期待と不安に転換する働きをするので、行動の刺激ともなれば歯止めともなる。行動の有効性を決めるのは、計算における正しい評価である――「行動の目的を一旦決めたら、しっかり見守るべきである。そこに達する最も有効な手段を探すことほど大事なことはない。そうした手段は行動に作用する刺激の形として現れる。手段は行動とその結果を、期待と不安の場に導く。期待はさまざまな快楽を予見してそのバランスを計り、不安はさまざまな苦痛を予見してそのバランスを計る。こうした刺激は、認可と呼ばれるのが適切である」[39]。しかし、それと同時に、この期待や不安は、さまざまな形の独断論や専制主義によって操作されやすい。たとえば、地獄と天国は、とりわけ強力で有害な隠喩である。それゆえに、規則体系の整備や諸懲罰の定義、その均衡、その確実な保証、その効用面での正当化にかんしては、立法者と義務論者の仕事が重要となる。計算能力とは、まず立法者と義務論者の計算能力のことである。もし彼らが最初に計算するのでなければ、どうやって個人に計算を教えられるだろうか――「立法者は幾何学者のように冷静でなければならない。両者ともに、冷静な計算を借りて問題を解決する。義務論者は苦痛と快楽を数字として扱う算術家である。だから彼もまた加減乗除を行うが、それこそが彼の科学なのだ」[40]。

すでに触れたように、マルクスはベンサムの考えを〈俗物の道徳〉と見ていた。ベンサムの道徳から読み取れる一部の定義が、一見したところ、問題だったらしい。ベンサムはこう書いている。「この道徳の目指すところは、拙速に歯止めをかけたり、軽率に取り返しの付かない処置を取ることで生じるまずい取引を防ぐことにある。この道徳は、苦痛につながらない均衡の取れた快楽には何ら文句を言いはしない。要するに、エゴイズムを調整するのだ。そしてこの道徳は、積極的で賢明な執事として、われわれにできる限りの利点を引き出させるべく、幸福の取り分を管理する」[41]。

7　規範的な形としての合理性

ベンサムが『義務論』において〈エゴイズム〉の視点、より厳密に言えば、中立的な言い方で個人的嗜好 self-preference と呼ばれるものの視点で内側からエゴイズムの調整を図ったとしても、それが彼の主張の全体だと誤解してはならない。一八世紀の諸理論では、二つの要素が不可分であった。つまり、個人の最大化のための計算と、最大多数の最大幸福のための共同の努力である。後者の目標は余分な付け足しとして現れたのでも、上から律する〈社会精神〉として与えられたのでもない。それどころか、社会的存在としての人間にとっては論理的とも言える目標であったのだ。立法者に課せられる目的、政府が守るべき規範は、個人の生理的・心理的組成によって決定されていた。立法者の計算と個人の計算は厳密な相関関係にあると考えられていて、二つの計算のどちらも、たがいに他を十分考慮に入れ、相手の条件になるようにすべての作業が行われた。一九世紀の終わりになると、一部の経済学者と哲学者は功利主義を引き合いに出して、快楽主義者の計算と功利主義者の計算を切り離そうとした。そうやって、個人的効用の最大化に基づく経済理論と最大多数の最大幸福という倫理とが完全な分離を果たす。こうした区分けは限界主義者の間では当初から明白になっている。この点でジョン＝スチュアート・ミルにかなり忠実なワルラスは、数学的処理の領域である生産分野と倫理的選択の領域である分配分野とを分けようとする。また、エッジワースは、シジウィック〔一八三八～一九〇〇。イギリスの哲学者・倫理学者〕に続いて、経済学的計算と功利主義倫理を峻別する――「〔経済学的な計算の場合は〕誰もが最大の個人的効用を目指す中で種々の快楽主義的な力のシステムの均衡を求めるが、功利主義の計算のほうは、それぞれが、そして全員が最大の普遍的効用を目指す中でそのシステムの均衡を求める」[42]。そのとき、個人的計算は、市場経済の枠の中で科学としての経済の対象となった。全員の最大幸福のための条件や政治的決定に委ねられていた目標を考えるのではなく、均衡状態のための条件を決定することが重要になったのだ。問題の立て方がもう違っていた。もはやそれは、直接的で明白な道徳的・政治的次元ではなく、経済が完全に科学的な知になるための条件という、力学的・エネルギー論的次元である。エッジワースは、ラグラン〔一七三六～一八一三。イタリア生まれのフランスの数学者・天文学者〕の原理を拠り所にして、〈天体力学〉と〈社会力学〉のどちらも最大値の原理に基づくがゆえに、〈社会力学〉を〈天体力学〉と同じように論じることができるとし、最大値原理は〈物理科学と倫理科学の至高点〉[43]であると主張した。

　このことから、中心に計算人間という問題意識を据える新しい経済学と古典的功利主義との系統関係が見えてくるし、最大幸福という目標が外部の従属的な領域に押し込められたことで生じる断裂も説明できる。この断裂の結果、およそ規範的な要素がすべてなくなったのではない。経済学が二本の枝に分かれ、規範的な問題の立て方で二つの交わらないやり方が生まれることになったのだ。シュンペーターが直観していたように、幸福の経済学は、最大多数の最大幸福という古典的功利主義者の問題提起をよみがえらせた(44)。

同一の形を人間の行動全体に広げて用いるためには、初期の新古典派経済学が設けた制限も含めて、経済学の領域を制限するすべてのやり方を排除しなければならなくなるだろう。ジェヴォンズの主張では、科学の条件そのものと同様に、多くの概念は何らかの量を受け入れることができる。また、重力がそうであるように、効用もおのれを直接計ることはできないにしても、その効用を生み出す行動は計れる。人間の心の感情を直接量的に計れないとしても、感情の量的結果は計ることができる。なぜなら、それらの感情がわれわれに買わせ、売らせ、働かせ、消費させるからだ。それでもジェヴォンズは、厳密に経済的な欲求の領域、つまり、いかなる道徳的基準も介入させない独自の領域と、経済的計算とは無縁の基準が介入できる領域、または介入すべきである領域との分離を守り続けた。ここで明らかなのは、純粋理論の個人的最大化の論理と倫理的領域との分離が、最大化の行為にいかなる拘束もない経済固有の領域と、快楽・苦痛の計算からはみ出る倫理的概念の領域との分割を前提にして成り立っていることだ。それは当然ながら、純粋経済学を自己中心の計算の場として定義したときから決まっていた結論である。しかし、この科学の対象の特殊化と、それに続く経済学者の専門化の代償は重かった。一八世紀において人間の欲望にかんする一般理論が取り扱うつもりでいたものすべてが、道徳的・政治的領域から棄てられてしまったのだ。それは内部にバリアを設けることになる。つまり、個人的計算の妥当な範囲に奇妙な制限を加える一方、それとは反対に、経済の外側で定義される倫理的・政治的規範についてはその自由にさせることになりかねない(45)。要するに、経済学者が道徳家と立法者による個人的計算そのものへの介入を拒否しようとするなら、経済学者は欲求のうちの一部について語るだけにするしかない。それは、快楽と苦痛という材料から社会的規範と政治的意志にまったく無関係な問題を切り取るに等しい。ジェヴォンズは、ベンサムなら使ったであろう表現とは正反対のことばでこの分離を表現する――「効用の計算は、最も低い仕事のコストで通常の人間の欲求を満たすことを目指す。各労働者は、他の動機がなければ、富を蓄積することにおのれのエネルギーを注ぐと想定される。道徳的善悪についての上位の higher 計算は、その富を自分と他人の両方の善のためにいかに有効に利用すべきかを示す上では必要であろう。しかし、この上位の計算によっていかなる禁止も行われない場合は、われわれは道徳的無関心の対象となるものにかんして最大の善を獲得するために、下位の lower 計算を必要とする。もし正当な仕事のコストを払って、それが可能であるなら、一本だけでなく、二本の草を取るのを禁じる道徳規則などない(46)」。

マーシャルによれば、最大化の計算こそ〈正常な行動〉そのものとなり、社会的合理性の基盤になる方向に向かっている。たとえば、現代アメリカのネオリベラリズムは、経済学が〈通常の欲求〉だけに自己制限することに反対して生まれたが、そのやり方は、古典的功利主義ではとうてい認められなかったに違いない。つまり、ネオリベラリズムは限界効用の計算をすべての社会的・政治的状況に広げる。そのためにまず、すべての社会関係が市場の状態に還元しうるものとされ、次に、全体の満足の最大化は個人の満足の最大化による自然な結果であるとされる。アメリカの経済学者、ゲーリー＝スタンリー・ベッカー〔一九三〇年生まれ〕は、〈物質的な行動 material behavior〉についての分析道具を、〈非物質的な行動 non material behavior〉、とりわけ家庭生活・教育・犯罪に関連する行動の分析に用いて、理論面でも学会の評価でも大成功を収めた。功利主義の伝統の後継者を自認するこの経済学者は、この伝統の近代化を目指している。

経済的な活動は、とりわけ近代国家の内部では、単に手に触れられる物質的な財の生産に限られるのではない。経済対象の物質化が進んだのは、農業生産の後を引き継いだ工業の重要性によって特徴づけられる、歴史の一時期だけのことである。現在の経済の〈非物質化〉は、経済的計算を他の活動領域に広げるよう促す。そこでベッカーは、功利主義的経済人類学にすでに存在していたものを再発見するのだ。経済的研究方法の対象になりうるのは人間全体であり、その方法の特徴はまさに〈人間の行動のすべての範囲を取り込む[47]〉ということである。

ベッカーはこの〈経済的研究方法〉の普遍性について、ベンサムとの関連を挙げる――ベンサムはその『道徳および立法の諸原理序説』の冒頭で、快楽と苦痛の計算はわれわれが行い、語り、考えることすべてに適用されると断言していると。しかし、ベッカーは、ベンサムが行動の解明よりも社会改革のほうを指向していたことも同時に指摘し、自分とベンサムとの手法には大きな違いがあることを強調する。実際、ベッカーは、古典的功利主義の本質をなしていたものに意を用いない。つまり、諸利益の人為的な形成、計算の習得、そして法的・道徳的拘束の柔軟で巧妙なシステムによる選択の方向づけ、これらをすべて除外する。個人が最大化を求める合理性、これを普遍的なものとすることにベッカーは一瞬の疑いも抱かない。あたかもわれわれがすでに、理想的な経済人間と現実の人間との違いを問わなくても良い段階に達したかのように彼は考える。人間の行動、生活上の選択、教育、道徳性、誠実さや不誠実さはすべて、関連するコストと利点という一定の構造によって決定される。それには個人の選択が自由になされ、その選択が市場の働きで調整されるという条件が要る。人間の〈正常な行動〉は、変化することの少ない基本的な好みに従って、効用の最大化を目指す選択行為によって特徴づけられる。

今日のネオリベラリズム経済学者にとって、思考の地平は〈経済問題〉の純粋な分析領域をはるかに超えている。人間によるどんな選択であれ、その量的な処理をすれば、人間の行動をすべて扱えるつもりでいる。〈理性を量に当てはめること〉とベンサムが言ったように、経済学はそれだけで社会科学を構成するという自負を取り戻した。経済活動が人間の活動のすべてを覆い尽くせると考えたのではない。そうではなく、人間の活動はすべて同一の論理、つまり合理的最大化を求める行動の論理に属するとみなしたのだ。

第8章 利益の内発的秩序

農民、漁民、兵士、職人、商人はすべての共同体の本当の支柱である。
ウィリアム・ペティ

経済的言説は、対象と欲望の道徳的価値を定義するという主張をもうやめてしまい、倫理的評価に代えて、承知した上での苦労に対する正当な代償の探求に転じる。こうした道徳的関心の薄れと並行して、自由市場の効率性が肯定され、そこから生まれる富の蓄積による満足が肯定されていく。しかし、経済学の中身を財獲得の非道徳性（やがてトクヴィルが〈誠実な物質主義〉と述べるもの）だけに限定しては、間違うことになる。経済学は社会の土台にかかわる、ある基本的な公準の上に成り立っている。それは、社会を支えているのは個人間の経済的相互依存関係であるという考え方に基づく。道徳的美徳や、礼儀や、親切心はたしかに有用ではあるが、はるかに実体のある現実にとっての装飾品にすぎないと考える。経済学の真の前提は、人間のさまざまな利益が一つの自足的システムを形成しているということだ。経済学を構築する固有の発見は、まさに社会関係そのものの**根源的内在性**に基づいている。オーギュスト・コント〔一七九八〜一八五七。フランスの哲学者。社会学の祖〕もエミール・デュルケーム〔一八五八〜一九一七。フランスの社会学者〕もこう明言している――アダム・スミスを筆頭にした経済学者たちの偉大な功績は、社会的現実は**個人利益の相互依存**の中にそっくり収まることを証明した点にあると。つまり、社会学の創始者たちは、諸機能がつながって成り立つ〈システム〉としての社会は先行する経済学者によって考え出されたものだと認めたのだ。一部の経済学者は、欲望をもつ人間の本質よりも神の判断と関連づけるほうを選んではいるが、しかし、この利益の相互依存は摂理のもたらした結果というわけではない。人間がきっぱりと決定され、限定された欲求をもっているわけではないし、人間が良い欲望と悪い欲望を区別するために何か超越的な存在にその決定を委ねているわけでもない。人間は、ただその大元にある欠乏によってのみ、そして満足したいという欲望によってのみつながり、隣人と近づくことができる。これが考え方における決定的な基本線となる。先に見たように、マンデヴィルはこの点で、重要な挑発者である。しかし、**社会構造**としての利益システムを評価した多くの著者たちの一人にすぎない。経済学が自立した学問領域として確立しえたのは、かくも小さな原理、かくも初歩的な公準をおのれの土台とすることで、社会関係全体からおのれの活動を切り離すという動きを強めたからである。経済学の社会科学としての出発点は、生産者が自分の要らない余りを交換して、さまざまな欲望が交わり、満たされることで、調和の取れた総合システムが生まれると考えた点にある。ただし、欲望を満たし、利益を求めることが、法の範囲内でなされ、個人の合理的計算によって導かれる場合に限られるという条件が要る。交換において相互協力を行うためには、各人が満足の対象に抱く欲望の力以外、いかなる権力、いかなる決定力も介入させるべきではない。なぜなら、もし欲望の善悪、価について適切か不当かを言わねばならないとしたら、交換におのずから備わった調和が崩れてしまうからだ。要するに、経済学の新しさは、欲求と欲望の根底にある対象の不足を、交換の秩序を形作る社会構造の原理そのものに仕立て上げたところにある。これで、経済的カテゴリーの道徳的中立性と、諸利益間の相互依存原理との間にある変わらぬつながりがよくわかってくる。この両者は一方だけでは成り立たない。商人間の関係の拡張や近代政府の型から排除されるのは、人間関係における道徳的・宗教的超越性の余地である。利益と欲求からなる社会は、一方で欠乏をおのれのために利用し、他方でそれを埋める善をもたらそうとする一切の宗教的・道徳的・政治的権力を拒む。

1　摂理と欠如

自由主義の根底には〈摂理主義的目的論〉という宗教同然の考え方があるとしばしば主張され、しかもその源がアダム・スミス一人に帰せられることがままあった[1]。人間の本能の自由な展開から生まれる社会組織は神の意志の表れに他ならないとされたのだ。実際、こうした神学的解釈の繰り返しがあちこちに見られた。ジェイコブ・ヴァンダーリント〔一七世紀、イギリスの経済作家〕[2]は、すでにスミスよりもずっと前に、〈人類の安楽と幸福のために自然に設けられたこの摂理の道〉について語っている。ジャンセニストを含む多くの著者たちがすでに、現世欲の秩序は可能であり、その秩序は〈慈愛の秩序に似る〉ことさえできると主張して、この道を選んでいる。欲求と労働、快楽と苦痛は地上では相互依存の関係にある──こうした考え方は、人間の悲惨をもたらした原罪に基づく欠乏という概念と密接にかかわっていた。もし国と国の間、同じ社会の違う階層の間に取引がないとしたら、一年間に年金四〇〇〇リーヴルしか受け取れないパリのブルジョワがそれほど多くの財をもてるはずがない。ニコルは人間の秩序が上げる功績に感嘆するように、その事実を念入りに強調している。それは、分業が成立し、世界各地の交流が確立したことの確認でもある。自惚れた人間たちは、自分たちに尽くす無数の労働者たちの恩恵に預っていることに何も気づいていない。ニコルは考える。これらの財のすべてをただ一人の領主、国王だけが所有するには、どれほど多くの従者、兵士、飛脚、大型船、職人が要るだろうかと──「すべての技はひとつながりであり、たがいに必要とし合うものであるから、王はそのすべてを必要とすることになりかねない。しかも、自分のために必要であるだけでなく、彼の臣下全員、彼のもとで働くすべての者のためにもそれが必要となる。だから、王にとって、必要は延々と続く。ところが、ごく普通のブルジョワはみな、このすべてをもっているし、しかも何の面倒も、苦労も、心配もなくそれをもっている」(3)。この相互依存の規模は、「[この自分の金をもったブルジョワが]自分のために働いてくれる一〇〇万の人間を自分の内にもっていると言っても間違いではない。彼はフランスの職人全部と隣国の職人を自分の臣下に数えられる。なぜなら、彼らはみな彼のために尽くすつもりでいるのだし、彼は彼らに対し、一定の定められた報酬を払い、最小の担保を与えるだけで良いからだ」(4)。そして、彼は、臣下をかかえる王侯貴族の厄介事など一切知らずに満足を得る──「個人の身分で王の身分を味わわせ、大金から生じる不安を免れさせる一方で、恩恵をもたらす富の利点は評価しても評価しきれるものではない」[5]。

2　自然の取り締まり

もちろん、一七・一八世紀の著者たちがみな、ジャンセニストの宗教的・道徳的関心をもっているということではない。とはいえ、彼らの多くは、労働、欲求、産物のこうした補完性を説明するのに、宗教的精神の痕跡を見るのではないにしても、自然とか摂理のようなものの活動を挙げている。ペティに続いて、ボワギルベールは、政治当局が、ではなく、自然のみが設ける必要な取り締まりというものの存在を説く[6]。『富、貨幣、貢租の性質についての論考』において、彼は社会を、〈理想的な協力と洗練に達した国家の姿を形成する二〇〇の職業からなる〉工場になぞらえ[7]、社会の現実はすべて、諸活動の相互依存システムで表現できるとした――「一国のどの職業もすべてたがいのために働き、相互に維持されている。これは、単に供給だけでなく、欲求にかんしても、さらには彼らの存在そのものについても言える」。ボワギルベールはここで摂理なるものを持ち出し、そのおかげでいくつものさまざまな職業がたがいに交換を行い、それによって全員が豊かになるとともに、たえず競争心が働いて、技が完成されていくと説く[8]。アダム・スミスの名と切り離せない〈見えざる手〉という考え方が早くから現れる。ボワギルベールは言う。「みなが個人的利益によって四六時中この富を守っているが、それは同時に、彼らが一番考えることの少ない、みなの利益をも作り出している。彼らは自分だけの効用をつねに期待するはずだが、そこにはみなの利益も含まれている」。交換が維持されるのは、交換する者たちの間に共通のプラスがあるからで、だから全員が自分だけのために交換を望んでも、均衡が成り立つことになる――「自然、というか摂理は、それだけでこの公正さを保つことができる。ただし、もう一度言えば、他の何者も介入しないことが条件である。それが可能になるわけは、次の通りである。自然はまず、売り手・買い手の双方において儲ける欲望だけがすべての市場の精神となるような仕方で、すべての取引での売買の必要性を平等に設定する。この均等性というか釣り合いのおかげで、両者ともに等しく分別を働かせ、それに従わざるをえなくする(9)」。

個人間にも国家間にも同じようにバランスが取れるというこの考えは、もっと以前から現れている。この考えは、先に触れたオランダの作家ピーター・ドゥ・ラ・クールの著作『オランダの利益』(一六六二年)にもすでに見られる。彼はそこで各種職業間の諸利益の相互依存とこの諸利益の関係の王国における重要性を明らかにしている。一七世紀末のイギリスで、ダドリー・ノースやグレゴリー・キングが商業の自由を擁護するために同じ考えを支持している。もっとも、この諸利益の〈自然の〉連帯性が、相補い合う個人間に才能と仕事を程よく振り分けるはずの摂理なるもののイメージを抱かせるにしても、この連帯性が行き着く先にある〈破廉恥な〉提言についてもきちんと理解すべきである。つまり、こうである。経済的相互作用から自然に生まれる秩序は、誰の意志によるものでもなく、効率的な諸原因がもたらした成果であって、それを解明できるのは科学だけである。摂理という考えには隠喩の働きがある。つまり、人は神の決定に従うように、社会の自然法に従わねばならないのだ。

実際には、これら一七・一八世紀の著者たちにおいて、摂理の次元から内面性の次元への移行はほとんど気づかれぬ形で進んだ。人は他者とともに生きることで、社会的になり、道徳的になる。人は自らをしつけ、教育し、社会的実践そのものによって利益と優しさのつながりの中に入る。神は人に社会的存在の特性を与えることによって、被造物との間で果たすおのれの役割を大幅に減じてしまった。人間の本性は、もし自由に働かせるなら、またいかなる他の意図も介入させなければ、それだけで経済関係の確立を説明するのに十分である。社会科学の根底をなすこの発見について古典的社会学者が一番評価するのは、この点である。つまり、こういうことだ。経済関係には、一つの秩序、一つの共同財産があり、それは個人一人一人だけで作られたのでもなければ、都市国家全体、ましてや神の意志の代弁者の望みによって作られたのでもない。経済的秩序は客観的な結果であり、個人的な決定や政治的な意志の結実ではない。社会を方向づけるのは、あらかじめ定められた目的によってではない。効果的な原因が社会をある方向に動かすのだ。この方向を理解するには、〈実験的方法〉によって人間の実践を観察することから始めなければならない。ヒュームはこれを人間現象分析の普遍的方法として奨励した。

3　スミスによる断絶

経済活動の分野を、法的・道徳的秩序に依存した伝統的なあり方から切り離すこと。これを最初に行ったのがスミスである。これはよく言われることだが、神話に近い後世の見方とは逆に、スミスが一人でその理論の前提となるものをすべて見つけたわけではまったくない。社会という〈大工場〉の本質を発見したのは彼ではないし、『百科全書』〔一七五一～七二。ディドロ、ダランベールらが編集した〕で例示されたピン製造工場での分業効果を分析して大変革をもたらしたのも彼ではない。スコットランドの哲学者たちにとって、分業が生産性を高めるという言説は常套句にさえなっていた。グラスゴーの道徳哲学講座の彼の前任者、フランシス・ハッチソンは、彼より先に強調している――「ある数、たとえば二〇人の人間が同胞の生活に必要なものを供給するのに働いて上げる生産高を見た場合、この二〇人が十分な訓練を受けずに代わる代わる違う種類の仕事を行うよりも、各人がそれぞれ一つの仕事を割り当てられて行うほうが、はるかに生産性は高い」(10)。また、アダム・ファーガソンは、その『市民社会史試論』で重要な一章を割き、「商業の進展は、生産技術のたえざる分割化の結果に他ならない」(11)と指摘している。

それでもやはり、スミスが手中のあらゆる素材を基に作り直したものには、一つの伝統の〈創始者〉とみなすに十分な革新的、いや革命的な性格がある。『国富論』の理論的な成果がそれを実証している。しかし、この〈スミス革命〉の実質は何か。それは、社会的・経済的関係の分析において道徳的・法律的出発点を徹底して排除し、それに代わって実践的な原理を打ち建てたことに帰着するだろう。その原理は、『道徳感情論』におけるように道徳的主体を観察し、『国富論』におけるように経済的主体を観察することから導き出せる(12)。前者は、他人の感情を共有する能力としての共感原理であり、後者は、自分の欲求と欲望を満たす能力としての利益原理である。この二つの実践原理の共通点は、一切の既成の規範的な見方を排すること、つまり、個人におのれの掟を押しつけ、命令を与える一切の超越的な圧力を完全に排除することだ。スミスは、超越性をすべて排除して社会秩序の根元を崩す。それが彼の歴史的成功の原動力だった。

社会についての古い考え方との断絶。それを果たしたのがスミスである。それまでは、社会秩序を担う権威機関が、各人に、個々の行動規則と全体のためになる個々の役割を命じていた。しかし、二つの実践原理が動き出すと、都市国家の型そのものが変化したように見える。道徳的主体と経済的主体とが、人間たちがたがいに維持する関係における唯一の正義の源になる。すでにヒュームの場合に見られたように、たとえどんな結果をもたらそうとも、あるいはそのときの規則がどんなものであろうとも、およそ人間関係の結びつきのあり方を説明してくれるのは、個人同士の行動それ自体であり、またそれだけである。神の啓示と戒律はもうほとんど役立たない。行動の望ましい方向を決めるのは、人間の実践と情念であり、利益と欲求である。規範はもう天から降りてくるのでも、権威ある聖職者から与えられるのでもなく、個人が他者と対面して行動する最中に描かれていく一種の地図である。スミス的な個人は、モナド〔単子。ライプニッツが唱えた最小の実体〕、扉も窓もない単純な存在とは正反対である。個人は説明すべき結果を生み出すネットワークに組み込まれている。どのようにすれば、こうした個人間の関係が望ましい社会秩序を作り出すことができるのか。

4　動力因〔アリストテレスの区別した四原因の一つ。作用因。今日一般に単に原因の意味を指す〕

スミスは西洋の法律的・政治的な伝統との断絶を、この道徳・経済における二重の作用で完結する。その伝統は、二二世紀前にアリストテレスによって、その鍵となる基準を与えられた。すなわち、「全体は必然的に部分の前にある」。この断言はそれだけで、最良の生き方というか、人間の運命にかんする問いへの答えをなしていた。つまりそれは、人間の行動の規範が、あらかじめ存在する秩序の中に組み込まれていることを意味していた。幸福という自然な目的に向かう都市国家を道徳的な価値によって評価するのは、相対的な事柄にすぎない。しかし、人間の行動を説明し判断するのに、二つの基準は要らない。なぜなら、ある行動を説明するのは、その行動に向かわせた動機以外にないからだ。その動機が人間つまりは都市国家を作り上げた手段であり、目的である。もし都市国家が人間にとって自然なものであるなら、至高の善の定義と不可分の最終原因こそ、本当に重要な唯一の原因なのだ。

一方のスミスは、人間の行動については観察しうる結果しか考えようとしない。〈見えざる手〉の原理そのものがそうであり、それは『道徳感情論』でも『国富論』でも変わらない。同じ思考図式、同じ態度がそこに働いている。スミスは個人のイメージから出発していると言われ、それゆえ個人主義者とも見える。実際、道徳面での共感も経済的な交換も、**人間間の諸関係**の自然な特質である。スミスの展望が共感関係と利益関係のどちらに中心を置いているかはともかく、その本質は関係性にある。これは、スコットランドの著者たちに共通の特徴である。つまり、人間の社会的本性は一つの公準を共有しているところにあると考える。ただし、著者によってその公準の解釈の仕方は異なる(13)。スミスにとっての探究は、ある型の人間関係が善や悪、快楽や苦痛をどのように生み出すのか、共感や利益がそれにどのように作用するのかという点にある。彼は、神の高配にとって価値あるものにすぎない〈良い意図〉については取り上げない。人間の秩序の中で価値があるのは、行動とその結果だけにかかわる道徳的判断しかない。だから、スミスは『道徳感情論』で主張する――「[人は] 良き行動を伴わない良き意図の取り柄が人々の賞賛を得たり、良心を完全に納得させたりすることはまずないと承知すべきである(14)」。価値があるのは、〈隠された美徳〉ではなく、徳が結果となって表れる行動である。行動のない良き意図は無価値であり、立派な意図がないように見える良い行動は道徳的に貴重である。

スミスは目的論の優越を非難する。目的論は自然の働きにまで及び、そのために、これまで人間の道徳的あるいは経済的な現象を動力因によって説明するのを妨げてきたと彼は非難する。スミスは目的論の最後の残り滓、弁神論〔世界における諸悪の存在が全能な神の善性と矛盾するものではないことを明らかにしようとする立場〕の名残、つまり実践と道徳の二元論を排除する。ヒュームはマンデヴィルと同様、情念とその活力について描けば道徳の客観的な原動力を引き出せるとまでは考えなかったが、スミスはマンデヴィルの素描した挑発的な計画を取り上げ、〈動力因〉だけを頼りに情念の動きを正しいものと判断し、その動きを考慮しさえすれば、古い目的論なしで済ませられると考えた。そのためには、適切な基準として原因と結果だけを尊重し、意図だけで〈悪い情念〉とみなされるものとそこから生じる観察可能な良い結果との間の矛盾を打ち砕けば良い。

5　見えざる手と内在性

こういう枠組みでとらえれば、〈見えざる手〉の果たす役割もよく理解できることになる。スミスの名声の一部はこの考えに由来するので、その意味と影響をここでは考え直す必要がある。スミスによれば、まず不足という事態があり、そこに個人の合理性と関係性に基づく性格が働く。そこで、〈ある物を他の物に代え、取り替え、交換したがる傾向〉[15]が決まる。人を交換に向かわせるのは、他者に対して抱く必要であり、その他者がある財を差し出すのは、その必要が相互的だからである――「しかし、人間はほぼつねに同胞の助けを必要としているが、彼らの好意のみに期待するのは、無理である。彼らの利己心に働きかけて、彼らがこちらの要求に応えてくれることが彼らの有利になるのだとわかってもらえれば、こちらの望みが叶うチャンスはずっと増す。市場で他人に取引を申し出る誰もが、そうやっている。私に必要な物をくれれば、あなたも必要な物が手に入る。これがこうした取引の提案の意味である。われわれはこういうやり方で、必要とする仲介の役割をおたがいにまかなう。われわれが夕食を食べられるのは、肉屋やビール業者やパン屋の善意のおかげではなく、彼らが自分の利益を考えるからである。われわれは、彼らの人間性ではなく彼らの利己心に語りかけ、われわれ自身の必要ではなく彼らの利点に訴えるのだ」[16]。こうしたよく知られた言い方は、人間同士の〈効用ある差異〉の展開の出発点とも言える〈交換を好む性向〉を定義してくれるし、この性向は市場の広がりに応じて強まる。人はおのれの利益を得ようとして、それと知らずに他者の利益、他のすべての者の利益を求めることになる。他者の足りない物を供給するからだ。それが〈見えざる手〉の与える原動力であり、個人的な利点の追求が集団的な安楽に貢献できるのもそのおかげである。

〈見えざる手〉という考え方は『国富論』の中心をなすものだが、このことば自体はそこにはあまり出てこない。この表現がまず使われるのは『道徳感情論』においてである。それは、幸福に必要な財の分配が問題になるときである——金持ちの必要を貧乏人が満たしてくれるから土地が平等に分配されているように、金持ちは〈見えざる手〉に導かれて貧乏人に報酬を分配する[17]。この表現は、後に『国富論』の中で、資本家が自分の資本を好きなように使うに任せるべきか、もし任せるなら社会はそれによって得をするかといった問いの形でまた出てくる。スミスは、さまざまな議論を繰り広げて、示す——「各個人は、たえず自分の支配できる最も有利な資本の使い方を見つけようと努める。たしかに、個人が見るのは自分自身の得であり、社会の得ではない。しかし、自分自身の得をよく眺めれば、自然に、というより必然的に、社会に最も有利な使い方に導かれる」。その先で、彼は主張する。資本家が外国産業よりも国内産業を選ぶのは、自分の儲けと安全の両方を求めるからであり、「その場合、彼は他の多くの者と同様に、**見えざる手**によって、自分の意図には入っていなかった目的を推進するように導かれる」。そして、スミスは付け加えて、社会の利益は直接求められる目的でないことが望ましい、なぜなら、「資本家は自分の利益を追求することで、社会の利益を、実際に狙うよりも有効にしばしば増進させるからだ」とも言う。これこそ、彼がまさに一番言いたかったこと、つまり、マンデヴィルの挑発への穏健な適応と認められる。マンデヴィルなら、その後に続く次のような指摘は書けなかっただろう――「公の善のために商取引をする振りをした者が立派なことをなしとげるなど、私は見たことがない。たしかに、商人の間では、そういう振りをするのが通例だが、それをやめさせるのは実に簡単だ」(18)。〈見えざる手〉という言い方は、諸利益を調和させる意志と知性を備えた隠れた力がつねにどこかに存在するという意味ではない。経済的主体は、すべてを見渡せる視点をもつ存在ではないし、またそれを求めるべきでもない。経済的主体は、思い違いさえしなければ、立法者よりも自分の利益をよく知っている。それゆえ、この考えに立てば、全体の利益については、意図してそれを狙うことが少なければ少ないほど、その利益は満たされる。結果を知らないことが、それを実現させる保証にさえなる。言い換えれば、共同体の目的を知るのは不可能であるばかりか、それを追いかけること自体が危険なことになる。間近な個人的諸目的の導くままにすべきである。その諸目的の連関そのものによって、アレヴィ〔一八七〇～一九二四。フランスの哲学者・歴史家〕が〈諸利益の自然な調和〉と呼んだものに到達する。

〈見えざる手〉には宗教的超越性回帰が隠されている、と見ては間違いである。こうした超越性は、重農主義の信奉者の間ではまだ有効だったかもしれないが、スミスの場合には効かない。経済的主体は、明らかな法則の〈証拠〉を求めるどころか、暗闇の中を手探りで動くことしかできない。まさしくやみくもに動き回り、自分だけの直接の利益を求めるとき、市場における彼らの取引同士の調整のおかげで、有益な共同の目的を実現するのだ。(19)

6　神の慎み

スミスにおいて隠喩としての恩寵が不在なのは、経済ゲームでは恩寵の果たす役割がないからだ。人間に交換への性向を与え、さらに言えば、交換という相互ゲームにいっそうの保証を与えるためには、人間をことばを有する存在にするだけで十分だった。もし神、スミスが『道徳感情論』で宇宙の主または指導者と呼んだ存在が、(20)われわれ各自に個人的な幸福に向かわせる本能をわれわれ各人に植え付けてくれたとすれば、われわれはこの本能に従って全体の幸福が形作られていく様をしっかりと見るべきである。反対に、〈主〉の道に分け入るのは、科学の仕事である。(21)

一部の注釈者は、『道徳感情論』と『国富論』には、目的論の度合いにかんして明らかな対立があることを見ようとした。ジェイコブ・ヴァイナー〔一八九二～一九七〇。カナダの経済学者〕によれば、『道徳感情論』では、自然の指導者が人間の心に植え付けた生来の傾向、それが人類を幸福へと導くとされる。したがって、『国富論』にはもうなくなった目的論がそこにはまだある。(22)たしかに、『道徳感情論』を読めば、とくにスミスが〈自然の意図〉として感情や情念を説明する場面でその痕跡を多数見つけることができる。しかし、『道徳感情論』でも『国富論』でも、神がわれわれに明確な意識ないし理性の力を植え付けて、行動の一つ一つが果たす究極の目的をわれわれに見出させるようにしたとまでは語っていない。スミスによれば、実際には、自然の企みのようなものによって、われわれはおのれの本能と傾向に従ってひたすら間近な目的を追いかけ、そうすることで、自然の作者の望む目的を果たすのだ。われわれはこうした共同の目的を果たすための〈手段〉を欲する。その手段こそ、まさにわれわれの個人的満足なのだ。『道徳感情論』のきわめて重要な注で、スミスは共同の目的にかんしてこのことを書いている。われわれはおそらくこの目的を望んでいるのだが、それに従わない——「自然は、われわれを本来の直接的本能によってこうした目的の大部分に向かわせた。飢え、渇き、男女を結びつける情念、快楽を好み苦痛を恐れる気持ち、これらがわれわれを、そうした本能のための手段を働かせるように導く。ただし、その際われわれは、その手段が自然という偉大な君主の生み出そうとした有益な目的に適う傾向をもっとはまったく考えていない[23]」。スコットランドの思想家たちは、この点にかんして明確な考えを表していて、いわゆる『道徳感情論』と『国富論』の矛盾なるものに反論している。彼らの用いる論理は同じである。ただし当然ながら、究極の目的にかんしてはそれほど明確ではない。われわれは種の保存のために食べるわけではないし、種の再生産のために交接するわけでもない。われわれは個人的な必要を満たすために行動し、それが全体のための目的の手段となる。人は一歩ずつ前に進む。アダム・ファーガソンが同じ意味で言うように、誰かの手に届かない幸福について語るのは、無駄なことである[24]。個人は利益と身近さを守る存在であり、おのれの狭くて部分的な情念で活気づく大きなメカニズムに操られるだけであることに変わりはない。『国富論』の第一部第二章を読み返すと、そこにスミスが一七五九年の

『道徳感情論』に書いたのと同じ考えがあることがわかる――「この分業こそ、実に多くの利点を生む基になったのだが、これは元来、人間の知恵が働いて、こうすればみなが豊かになると見込みをつけ、企てた結果ではない。人間の本性のある傾向が、きわめてゆっくりと、少しずつ働いた必然的な結果である。ある物を別の物に変え、交換するというこの傾向がこれほど大きな効用をもつとは、誰も考えていなかった(25)」。

二つの著作の主な違いは、『道徳感情論』では人間は利益に還元されないという事実から出発している点だ。好意、愛、感謝、友情、尊敬という感情は有益な道徳的・情緒的特質をもち、社会関係を潤している。社会が〈生き生きとして、幸せ(26)〉であるのは、そのせいでもある。ただし、これらの感情は、社会に必須の条件ではない――「たとえ無心で寛大な動機をもった援助の申し出がなくても、あるいは、たとえ社会の各メンバー間に相互の愛と優しさが見られないとしても、幸せ感と快適さでは劣るだろうが、社会が解体に至ることはない。それぞれの人間は、商人同士の場合と同様に、たとえたがいに愛と優しさというつながりがなくても、おのれの効用感覚を基に、社会を立派に維持することができる。また、社会のメンバーである人間がまったく義務に縛られず、他人に対してまったく感謝の形を示さなくても、社会はつねに適切な価値を媒介とする金銭的な交換によって支えられる(27)」。このように、好意や愛といったものは絶対不可欠なものではない。それに対して、正義は必要である。なぜなら、社会はたがいに害を及ぼそうと待ち構える人々同士の間では決して維持できないからである――「好意は美しく見せる飾りであって、建物を支える土台ではない。だから、好意についてはこれを奨励するだけで十分であり、強制すべきではない。一方、正義は建物全体を支える大黒柱である(28)」。

社会にとって不可欠な正義という原理がこれほどまでに尊重されるのは、正義が侵された場合に当然処罰されるという恐れを自然が人間の心に植え付けたからに他ならない。同胞の個人的利益が侵害されたという理由で、われわれは処罰を受け入れる。正義の諸原理について明確な意識が最初からあるわけではない。われわれが正義の必要性を感じるのは、自ら蒙った害と受けた罰の経験による。そこでスミスが指摘するのは、ここでも、動力因と目的因とを区別する必要があることだ――「時計の歯車は、その作られた目的、時間を指示する目的のためにすべて見事に調整されている。歯車のさまざまな動きはすべて、その結果を生み出すために最も巧みなやり方で協力する。たとえ歯車自身にそうする願望や意志が与えられたとしても、それ以上にうまく動くことはできない。だから、われわれがそのような願望や意志を与える相手は歯車ではなく、時計師である。われわれは、歯車が原動力によって動き出し、その力もまた歯車同様、自ら結果を目指してはいないことを知っている」[29]。スミスは、われわれがたえず精神的な事柄についても動力因と目的因を混同していると付け加えて言う。

7　商人社会

しかしながら、商人社会は明白な過程を経て〈自然に〉生まれたわけではない。それどころか、スミスが強調するのは、人間の制度が〈ものの自然な流れ〉を曲げたという事実である。資本主義はそもそもこの自然な流れに反する秩序から生じる[30]。だとすれば、なぜ経済的交換が安定し、持続するつながりを作るのか、なぜ相互依存が諸利益の間で深まるのかを説明する必要がある。経済的なつながりが堅固であるのは、参加者全員がそこにおのれの得を見出すからである。ただし、商業の自由が保証されるという条件が付く。交換は、全員が得をするゲームである。つまり、他人が豊かになることが、私が豊かになる条件となる。他方で、この交換は限りない自己発展の原動力を備えている。こうして富は螺旋状をなす。その螺旋は市場にかかわる螺旋でもある。なぜなら、各人の財は他者の財を次々と経巡るからだ。諸利益の相互依存と富の成長は不可分の現象であり、社会的均衡と財の増加、社会的絆と生産性は緊密に結びついている。

この点で市場社会の発展は歯車の組み合わせによく似ている。繁栄が経済的主体である各人それぞれの全員への依存度にスライドするだけに、この相互依存はたえずまし続ける。スミスの使うキケロ的表現によれば、〈相互仲介〉の基は基本的に好意ではなく、利益である――「人は自分の必要とする大部分のものを取引や交換などの相互仲介によって他人から手に入れる[31]」。長い歴史の過程を経て、市場が大きくなり、それによって分業が広がっていったとき、人は自給自足能力を完全に失った。そのとき、人間は、十分に社会的で十分に経済的な、つまり他人に依存する主体となった。われわれはみな他者に仕える者であり、他者もまたわれわれに仕える者である。かくして、「町の住民と田舎の住民は、おたがいに相手に仕えている[32]」と、彼は主張する。社会そのものが十分に商人となったのだ――「分業が全面的に確立してしまえば、人が自分で作って満たす欲求は、わずかしか残らない。人は自分の欲求に従って、他人の仕事の産物の余剰部分と引き替えに自分の消費を超える自分の仕事の産物の余剰部分を交換することで、自分の欲求のほとんどすべてをまかなう。**このように、各人が交換によって生活し、ある程度商人となることで、社会そのものがまさしく商人社会となる**[33]［強調は引用者］」。自給自足というものが個人の領域から交換社会という大システムに移行することで、その広がりは世界全体に及ぶ。

8　政府の制限

社会が一つの自給システムをなすとすれば、政府の役割はどうなるのか。経済的交換には内発的な秩序があるというスミスの考えからすれば、社会的絆の形成と維持は、政治にとっては**本質的ではない**結果となる。これは、政府のやることが何もないという意味ではなく、社会はその本質を政治から得ていないという意味である。とはいえ、スミスの考えは、実践的な仕事について、また効果的な目的のために、国家に完全な静観主義を求める立場からはほど遠い。彼にとっては、政治経済学（経済学）自体、君主と国民が豊かになることを目標にした〈立法者の科学〉であることに変わりはない[34]。

国家には〈自然な自由の単純明快なシステム〉において果たすべき三つの義務があると、スミスは考える。このシステムの中で、「人はみな、正義の法を犯さない限り、好きなように自分の利益を求め、自分の技と資本を使って他の誰とでも、どの階層とでも競う完全な自由を与えられている」。「［三つの義務とは］他の独立した社会による暴力や侵略から自らの社会を守る義務、次に、社会の各メンバーをあらゆる不正や抑圧から可能な限り守る義務、つまり厳正に正義を守る組織を確立する義務、三番めに、ある種の公的仕事と制度を打ち立て、維持する義務である。一人ないし複数の個人がこの義務を果たせたとしても、決して彼らの利益にならない。なぜなら、それで得られる利益では、コストを回収できないからだ。しかし社会全体で取り組めば、コスト回収以上の成果を上げられる[35]」。

立法者の働きは繁栄の条件である――「厳正に正義を守る組織を整えていない国家、人々が自分の財産の所有について保証されていると感じず、法律が契約の遵守を支えていない国家、そしてその権威によって、支払い能力のあるすべての者に負債返済をつねに強制しているとは思われていない国家、こうした国家において商工業が長期にわたって繁栄しうることは、稀である[36]」。『国富論』の第四部、第五部は、このように自由放任の枠内で政府に積極的な行動を許す例外と奨励の内容で一杯である[37]。教育、とくにその財政における政府の役割の是認は、周知の通りである。

しかし、こうした干渉が望ましいとしても、その適用は、生み出す効果との釣り合いで穏やかでなければならない。これが利益の公準の出す結論である。つまり、経済的主体が自分の利益に従いながら、商業社会の発展に資するよう行動すべきだとしても、彼の上に立つどんな組織も彼と同様そのやり方を知らないし、ましてや政治的権威は無知である。また別の意味では、政府は、もし厳密に限定された役割を超えるなら、多くの災いをなすし、自らにも害をなす。アダム・ファーガソンはスミス以前にすでに述べている――「行政組織が発達して精密になり、その対象に対して活発に働きかければかけるほど、事物の流れを滞らせ、苦情の種をいや増しにする[38]」。国家は行動しないほうが良いだけでなく、うまく行動できると言わないほうがましである。なぜなら、この分野に関して、人間の知は決して、十分なレベルに達することができないからだ。スミスが言うには、個人を自由に任せることで、「[統治者は]完全に義務から解かれる。もし義務を果たそうと試みるなら、統治者はつねに多くの幻滅にさらされるだろう。人間の知も知恵も、十分な力をもたない。だから統治者は、企業を監督する義務も、社会の利益のために企業に最も適正な雇用を行うようにさせる義務も、うまく果たせないのだ[39]」。

実のところ、正すべき国家の欠陥は交換の経済的秩序の内部にその姿を現す。ヴァイナーの言う〈スミスの折衷主義〉は、ステレオタイプな例の場合しか該当しない。スミスは国家を社会の条件とはしていないが、怪物的な実体とも考えない。正義の感覚は社会の存在には不可欠である。もし権利を守る法律がなければ、社会はたちまち傾く。『法学講義』において、スミスはまず、政府というシステムの最初の、そして最高の目的はまさしく正義を保つこと、つまり各人が自分の財産を安心して所有でき、守れることであると説いている。この個々の平安が保証されたあとで初めて、当時理解されていた意味での治安の仕事が始まる。商業、農業、製造業にかんする法規制によって繁栄を促すことである[40]。スミスがグラスゴーの講義で定義している、こうした治安対策案は、一方で国家の干渉についての彼の厳しい批判をわれわれが知っているだけに、奇妙に映るかもしれない。

国家の副次的な性格は、その無用さにあるわけではまったくない。国家は制度として、逆にきわめて有効である。国家はまず、公共の秩序と所有権の保護のために必要不可欠である。したがって、スミスはためらうことなく強調する――「市民政府は、所有権の保障のために作られている点で、実質上、貧者に対して富者を守るために、つまり、何らかの財産をもつ者をもたぬ者から守るために作られている[41]」。しかし別の点では、いつも強者の利益が守られるわけではない。全員の利益と合致する法などないからである。輸入に高い関税をかける商人や製造業者の利益は、全員の利益とは正反対である。「商業、製造業のどの業種でも、雇い主の利益はつねに何らかの点で公共の利益と異なるし、さらには対立する」と彼は記す[42]。

9　教条主義の誕生

スミスは、友人のヒュームと同様、国家の干渉を決定的に断罪するような頑なな表現で自分の考えを述べることはなかった。しかし他の著者たちには同じ慎重さはない。たとえばトマス・ペイン〔一七三七〜一八〇九。イギリス出身のアメリカの社会哲学・政治哲学者〕やジャン＝バティスト・セイは、商人社会にかんする考え方から引き出しうる、最も教条主義的な表現を編み出した。セイは、「政府は社会組織の本質的な部分ではない」と断言する。さらに付け加えて言う。「私は、政府は無益であると言っているのではない。そのことに注意して欲しい。私が言うのは、政府は本質的ではないということ、社会は政府なしに存在しうるということ、また、社会の成員が自分の事業をやり、自分の責任でそうすることを望むなら、社会はいざとなれば政府なしでもやっていけるということだ。それゆえ、公的な権威は一つの偶発事、われわれの同胞の権利を侵害させるわれわれの不注意や不正のために必要となった偶発事である」(43)。これは、のちに〈リベラル〉ないしは〈治安警察〉と言われる国家、われわれの不完全さを補うのが役目とされる国家にかんする、古典的主張の要約だろう。このリベラリズムの決まり文句では、国家が〈必要悪〉ということになる。しかし、この言い方はよく知られているとしても、必ずしも自明視されていないのは、国家の性格を非本質的・任意的・副次的・二次的なものとみなすその背景に経済イデオロギーが存在していることだ。コント、ついでデュルケームがこのイデオロギーを探り当てたが、このイデオロギーは私的な事柄への公的干渉を一切禁じることを旨とした。こうした発想の根源には、本質的な人間のつながり、根本的な社会的つながりは経済的な性質をもち、諸利益の調和の上に成り立っているという考え方がある。ジャン＝バティスト・セイが強調している。「おそらく社会の大事なつながりは、すべての生産階級がたがいにもつ欲求で形作られている。彼らはおのれの能力で自発的に生産した物を通じて交換を行う」(44)。それでは、なぜ国家があるのか。なぜ諸国家を解体して一つの大市場に向かわないのか。スミスが世界市場について次のように主張するとき、彼はその方向性を垣間見ていた。「もしすべての国々が自由な輸出入という自由システムで一致するなら、それぞれの国家は大陸を共有して大帝国のそれぞれの地方のようになるだろう」(45)。いずれにせよ、そこに見られるのは、社会が根本的に経済中心であり、本質的に商人であるという立論から出される結論である。つまり、国家は経済そのものから、おのれの正当化まではいかないにせよ、おのれの限界を引き出す。

社会が本質的に商人であるとすれば、人間関係はすべて潜在的に、経済的分析の範囲に入ることを意味する。政治経済学にとって、そのもたらす結果は小さくない。ジャン＝バティスト・セイは、そこから政治経済学の定義と使命をきわめて明確な形で引き出す。彼にとって、政治経済学とは本来、〈社会経済学〉(46)、つまり社会の経済学である。彼はわざわざ、polis と civitas がラテン語・ギリシア語の両方で〈都市〉〈社会〉を意味すると記している。しかるに、いわゆる政治経済学がかかわるのは、国家ではなく、本質的に統治技術に頼らずに生きている組織体としての社会である。社会には、〈人間の意志に左右されず、恣意的に調整できない物の本質〉(47)〈自然な構造〉があり、人が働きかけ、変更し、修正しようとすれば、必ず、生きている組織をだめにするか壊してしまう重大な原理がある。たとえ情念が無秩序で、不規則で、不安定なもののように見えても、交換がもたらす利益と欲望の社会的つながりは、一定の安定状態、一定の規則性を与えてくれる。政治経済学、というよりも社会経済学は、〈人間社会の存続には欠かせない、こうした自然で安定した法則についての知識〉である[48]。当然、政治経済学には諸科学の中でも卓越した地位が与えられる。なぜなら、この科学は、この自然な構造に一番適した制度・法律とは何であるかを知っているからだ――「政治経済学だけが人間を社会に結びつける真の関係を教えてくれる。悪い制度の権威を失墜させ、良い法律、良い判例に新しい力を付与することもできる」[49]。

この社会経済学は、その対象がとりわけ広い科学でもある。ジャン＝バティスト・セイはそれを明言する。価値が単なる生産労働ではなく、効用にあると考えるからだ。実際、商品の価値は物質からではなく、効用から生まれる。つまり、商品には「われわれの欲求の一つを満たし、われわれの好みの一つを喜ばせる能力、評価を受け、売れる力をもつ力」があるからだと、彼は記す[50]。だから、どんな交換も経済学の対象にされるべきであって、たとえば芝居の上演や医者の仕事もそうである[51]。ここから、やがて効用関係の図式をすべての人間関係に広げようとする考え方が生まれてくる。

経済的現実そのものの基を作る諸利益が相互に依存しているという考え方と、効用原理に従う存在としての人間を肯定するという考え方との間には、必然的な関係がある。経済的利益は、個人に自分の行動を規制させ、自分の選択を計算して最大の満足を得るよう仕向ける点で、調整役の主体である。しかし、経済的利益が調整役になるには、人は効用関係の中に取り込まれ、他者と行う交換に依存しなければならない。それは、経済的主体が効用空間に組み込まれ、自分に自己規制原理を課すことを意味する。効用空間としての社会の聡明な働きと、利益中心人間にかかわる人類学、これが一つの同じ考え方に基づく二つの顔である。

第9章 相互監視社会

計算による自己規律が好まれるようになったのは個人の自由の獲得へ向けた不可避の歩みの結果である――こういう見方は早計すぎるだろう。だが、個人の自由を、これまで無視され嘲笑されてきた生得の権利の表現とみなす自由主義イデオロギーは、そのような見方を促している。忘れるべきでないのは、この自己規律という考え方は、行為の公正さにかんする相互監視の結果を深く考慮しなければ成り立たないということ、また、この相互監視は市場社会の典型的な特徴の一つであるらしいということだ。自分の利益を計算することは、法を侵す危険、世論とぶつかる危険を計算することである。また、人は一人で計算するが、誰もいない場でそれを行うわけではないし、期待や心配を算定した結果について法的・道徳的規範がそこに働かないわけでもない。さらに、法律だけでは十分でなく、社会の共同作業も必要になる。社会は、いわばその規範となる最高機関、つまり成員各人の判断が満ちあふれる空間の中で、すでに有効性を失った宗教的制裁の威嚇の肩代わりを引き受けている。

個人の行動を他人の侵入や干渉から守り、その行動範囲を決定することはどこまで可能か。それを定める法的組織の指導的な役割については、もっと先で述べたい。選択の自立的な源とみなされる個人の決定は、彼の行為に及ぼすさまざまな力の影響と適用の形の変化とともに変容していく。人々を方向づけるやり方、人々の行為を誘導するやり方、あるいはベンサムが書いているように、〈意志に対する意志〉〈理性に対する理性〉の働きかけ方は、個々それぞれに違う。そのすべてにかかわるのは、社会規範の支え手である世論を仲介に政府の意志を個人の意志につなげる〈見えざる鎖〉の作用である。スミスの空想的で現実味を欠いた〈見えざる手〉のイメージよりも、この相互監視のつながりとしての〈見えざる鎖〉のほうこそが、市場社会を表現するのにふさわしいものなのだ。

1　相互是認社会と利益の意味

商人のつながりは信頼感の上に成り立つ。モンテスキューが弁護した〈穏やかな商業〔商業は国家間に平和をもたらすと『法の精神』にある〕〉は、単に国家間での交換だけでなく個人同士の交換にも通用するが、どちらの場合もおのれの利益に動かされている。利益を満たすには、良い評判を得て、守ること、どんなときにも〈名声 good name〉を傷つけないことが前提となる。ロックは同時代の他の多くの著者たちと同様に、新たな人間関係をもつには、言質を違えず、個人間のきわめて誠実な態度が必要であることをよくわきまえていた

――「信仰と真理は、とりわけ人々が祈りを通じて厳かに天に訴え、その証しを立てるときには必ず社会の強い絆となる。それゆえ、この二つを大事に支え、人々の心にこれをできるだけ神聖で恐ろしいものと思わせるのが、賢い司法官のやるべきことである」[1]。当時の数多くの経済的・商業的文献に、同じ考えがもっと散文的に見出される。ベンジャミン・フランクリンの金持ちになるための有名な助言もその一つで、マックス・ウェーバーは、そこに資本主義の精神そのものが働いていると見た[2]。評判は労働と貯蓄と並んで、財産をなす重要な要素の一つである。一七世紀以降、モラリストも経済学者も同様に、商業が人間同士の礼儀の大きな要因になるとみなした。ニコラス・バーボンは『交易論』の中で、製品の品質について述べる。「通常の取引では、買い手は供給される商品にかんして売り手の才能と誠実さを信頼し、その商品の品質が売り手の言う通りである思わねばならない。売り手が新たな商売に期待するときは、取引の場である自分の店が知られている以上、彼は相手を騙さないことが利益になる。だから、行商人や流れ者から買うのは、騙される危険を冒すことになる」[3]。イギリス、オランダ、フランスの多くの著者たちも同じ指摘をしている。たとえば、トマス・シェリダン〔一六八七～一七三八。アイルランド聖職者・作家〕は主張している。「国王から農民に至るまで、イギリス社会の誰もが商人であり、そのことから、誰もが自分の評判に留意する義務がある」[4]。

商業にはもともと道徳が根づいているという考えに一層の重みを与えたのが、商人社会の実験室とも言えるオランダ共和国〔本書九一ページ訳注「オランダ連合州」参照〕の繁栄の有様である。ウィリアム・テンプル卿〔一六二八～九九。イギリスの政治家・作家〕は、一七世紀末における国家関係を証言する最適の立場にいた人だが、この考えをこれ以上なく率直に述べている。「商業は個人間の相互信頼 trust なしには成り立たない。同時にまた、私的・公的安全 safety の保証 confidence なしには成長することも繁栄することもできない」[5]。

利害という人間の弱点とも見えかねないものがまったく別の価値を得ること。これについてはすでに見てきたが、ここでも、この逆転の痕跡が見られる。利害は騙さない、少なくともずっと騙し続けはしない。その点では、いわゆる美徳ほど偽善的ではない。商業の実践そのものが、交わした約束を守らざるをえなくする。自分の効用が他人の満足で決まるからだ。多義性をもつ〈クレジット・信用 crédit〉という概念がすでに、正しく理解された意味を、つまり自分の約束にいつも忠実な利益の意味を要約している。

これと同様の指摘を他の著者たちに見るのは、何も驚くに当たらない。彼らの主な意図は、市場には独自の法があり、それは安定していて、認識可能なものであることを示す点にある。実際、約束をたがいに尊重することで、行動の予見性が保証され、はるか先の見通しが立てられるようになる。しかし、そのためには、道徳の再定義が必要になるはずだ。そこで、他者による行動の是認、社会にとっての効用と関連させて考えるべき是認、これに基づいて再定義を目指すことになる。まずヒュームが、ついでエルヴェシウスとベンサムが、より明確にこの方向での試みを続けていく。決定的な考えは、規範性が個人間の相互作用と無縁ではありえないという点にある。人間の行動は他者の期待に従う必要がある。他者の期待とは、相互の交換、個人同士が織りなす効用関係が生み出す規範に沿った行為の〈要求するもの〉である。ヒュームが明確に述べるのは、契約と約束は、〈全人類の利益をかくも増大させるこの相互信用・信頼を強化するために〉守られる必要があるということだ[6]。もちろん、ヒュームは、すべては自己愛とその派生物から生じるという安易すぎる考えを拒否する――「共通の利益と公益が関係する個人間の善悪のモデル、これが基になるのは間違いない」[7]。一緒に生活している以上、われわれが同意すべき共通の言葉遣い、共通のモデル、共通の基準というものが存在する――「社会の中で行われる感情のやりとりや会話によって、われわれは人の性格ややり方を認めたり、咎めたりするための一般的な不変モデルを作り上げることになる」[8]。

道徳的美徳はこのように個人の利害ではなく社会的効用の上に直接築かれている。ヒュームは快適な取引に必要な美徳について詳しく述べる。彼は、明白きわまりない原理、すなわち、個人の美点は〈本人や他人にとって有益ないしは快適な資質〉[9]に基づくという原理について、哲学者たちが意見の一致を見ていないことに驚く振りをしている。このことを理解するのに、宗教的原理や伝統に頼る必要はまったくない。この道徳的基準は、完全に最初からあるのであって、その基は日常生活の実践にある。もちろん、ごくわずかであれ、各人の内部には、共通の道徳の基礎である〈人間性の心〉も必要ではあろう――「道徳という観念にはすべての人間に共通な感情が含まれている。すなわち、同一の対象に対する等しい同意を勧め、全員ではないにせよ、大部分の人間を同じ意見、同じ決定にまとまるようにする感情である」[10]。しかし、この〈人間性〉は、あらゆる種類の感情が交じり合う実際のつながりの外で、漠然と存在している感情にすぎない。個人的利益もそうした感情の中にあるが、社会生活の組織というのは、まさにその利益を道徳的目的に仕えさせ、その利益が他者を害することなく満たされるような行動規範を作り出すのだ。

ヒュームにとって、人間とはまず、遠い先の利益よりも身近で直接的なものを選ばせる情念に、いつも従うものである。それゆえ、より満足を味わえるように、情念自体が社会的慣例と政治秩序を作り上げる。人間は自らの充足のために、所有の安定、同意によるその移転、そして約束の履行にかんする法を規定した(11)。こうした方策は社会の恩恵と活動の成果を安らかに受け取るための保証であり、結局、商業社会の正常な運行に不可欠な条件である。

社会とその構成員である個人にとって、誓約の義務を果たして約束を守ることは、効用とは切り離せない。もし人が、狭くて身近な利益だけに基づいて暮らし、他人は恩を忘れると決めてかかるなら、共同の仕事は何もできない。努力が将来報われるという喜びの保証とともに、たがいに相手の行動を予測するということも不可欠であって、この二つはしばしば結びついている――「人間は生まれつきエゴイストであり、限られた気前の良さしかもっていないから、そう簡単に他人の利益に沿った行動をする気にはならない。例外は、その行動によらなければ得られる見込みのまったくない一定の相互利益を、受け取る見通しがある場合である(12)」。しかし、そうした相互的行動は同時ではなく順次に起こるので、保証をもたらす方策を講じなければならない。そうでなければ、見返りを受ける保証がほとんどないままに、自分だけの対策、自分だけの行動で済ますほうを選んでしまうことになる。したがって、相互交換は、ある種の相互行動には本質的なことばによる表現、すなわち〈約束〉を前提にしている。約束をして、それが守られると期待することで、人は自分が有利になるよういっそう務め、利益の感覚をより良く手にしていく――「そうやって、私は他人に親しい気持ちをもっていなくても、彼のために役立つことを学ぶ。相手のために役立つことができれば、今度は相手のほうが何か別の役立つことを考え、他の人々あるいは私との間に生まれる同じ相互性を続けるために、私にお返しをしてくれることになるだろう。また、私が一度彼のために役立ち、私のその行動から彼が有利な結果を得られたなら、彼は私への拒否がもたらすであろう結果を予測して、自分の役割を果たすよう導かれるはずだ」[13]。こうした約束システムのもたらす利点を余すところなく伝えるのが、日常生活の経験である――「社会のどんなささやかな経験でも、こうした利点をすべての人間に明らかにしてくれる。また、各人が同胞みなの中に同じ利益の感覚があると気づけば、彼らはどんな契約においてもただちに自分の任を果たすし、相手も必ず自分の任を果たすと確信することができる。彼らはみな、共通の恩恵のために計算された行動システムへと挙げて参加し、自分たちのことばに忠実であろうとする。こうした協力・協定関係を築くには、各人が自分の約束を忠実に守ることに利益の感覚を抱き、その感覚を社会の他の成員たちにはっきりと示しさえすれば良い。そうやって、この利益はただちに彼らに影響を及ぼすことになる。つまり、約束の成就にまず必要なのは利益だということになる」[14]。そのあとで、道徳感情がこの〈利益感覚〉とともに生じるのは、当然である。各人は反省を重ねて、自己を観察し、自己を制御することを学ぶ――「たえず自分自身を見つめる習慣を身につけ、いわば内省することで、善悪の感情を眠らせることなく、美徳の確かな番人である自他への敬意を良き人々の心に植えつける」[15]。

2　相互依存

社会とは約束と法によって保証される相互奉仕の空間である。社会をこのように定義することは、要するに、道徳の源は社会的効用という基準に従って各人が他人に下す判断つまり相互観察の中にあるとみなすことである。それでも、ヒューム、ついでスミスは、道徳感覚がもつ一定の特殊性を守ろうと努めるわけだが、支配的な傾向はそうではない。というのも、社会をまず第一に相互効用の空間とみなせば、社会そのものが、効用を見定める唯一の判定人になれるからだ。交換には秩序が内在するというそのとらえ方自体、諸利害の兼ね合いの中で道徳的な諸規範が一つに統合されていることを前提にしている。ここで指摘しなければならないのは、こうした道徳の内在性というとらえ方がさまざまな言説の中に織り込まれて、道徳原理との種々の交配種を生み出していることである。

幸福は組み合わさり、ともに働いて循環し、大きくなる。社会生活は諸利害の相互依存を不可欠としていて、相互的な交渉、〈相互交流 mutual intercourse〉[16]そのものである。全員の幸福は個人の幸福の総和であると言ってしまえば、当然、個々の幸福はその作られ方においてそれぞれ独自に展開するではないかと反論が出るだろう。しかし、主な功利主義の著者たちの言わんとするのは、それとは正反対で、社会というのはその存在からして、相互奉仕とおのれの幸福との間、あるいは他者への慈善とおのれの幸福との間につながりをもっていることだ――「富の交換と同様、幸福の交換においても、循環によっていかに生産を増大させていくかが、大きな問題となる」[17]。ベンサムが明らかにしようとするのは、経済学によるこの計算の秘密であり、新しい規範性の形である。彼は、これを形にするために〈義務論 déontologie〉という新語を造り、神であれ都市であれ自然であれ人間であれ、上から降りてくる何か超越的な法に従う旧来の宗教的・形而上的道徳と混同しないよう努めた。個人が従うべきなのは、おのれの利益、もっと正確に言えば、おのれの利益を含む諸利益であり、そのシステムである。経済思想家たちはこれを人間関係の全体に広げて、貿易収支の理論家〔貿易の黒字によって国富を増やそうとする重商主義論者〕に対抗する形で幸福の補完性について述べている。『商業羨望論』においてヒュームは言う。隣人の繁栄を羨む理由がないのと同様に、他国の富を羨む理由もない、なぜなら、「わが共同体の多くのメンバーが豊かであれば、その豊かさは、私の職業が何であろうと、私自身の富の増大のために働くことになるからだ。彼らは実際に、私の製造の成果を消費してくれるし、その見返りに彼らの製造の成果を供給してくれる」[18]。

しかし、そもそも社会は**最初から**必要によって説明できるのではないだろうか――「最も強いつながりは、必要と危険の共同体である」[19]。つまり、私の幸せは私に対する他者の行動次第で決まり、他者の幸せは他者に対する私自身の行動次第で決まるはずだ。この諸利益の相互依存が、〈他人に良く思われたいという普遍的な願い〉[20]を育てる。社会的な現実、われわれを他者と結ぶ絆の真実とは、他人への依存という現実である――「各人の同胞への依存状態は実に明白かつ親密であるから、一定の親切な心が社会生活のほぼ必要条件となる」[21]、さらには、「人間の快楽の大部分は他人の意志に従わされるので、他人の援助、協力がなければ、手に入らない。自分の幸せを危険にさらしたくなければ、他人の幸せを無視してはならない。他人が自分に及ぼしうる苦痛を避けるには、他人の意志と折り合いを付けなければならない。各人を全人類と一つにつないでいるのは、個人的利益という、この上なく強力な絆である」[22]。この同じ現実の上に、社会科学の必要が生じる。その目的は、「人々がたがいにより有用な存在となるようにすること、各人に全体の豊かさの中に含まれる利益を与えること、各人に他人が享受する喜びの分け前を、一人で得られるはずの喜びを上回る形で分かち与えること」である[23]。この義務論的科学は、自分自身に向けられた〈利己的 self-regarding〉利益と、他人に向けられた〈利他的 extra-regarding〉利益とを一致させようとする。善行の社会的最大化についても同様の考え方が適用され、各人の行いは善意の大金庫の役割を果たす――「立派な善意による人の行いはすべて共通の資産に算入され、みなの善意を預かる貯蓄金庫となる。それは社会の資本であり、人はみな、その利子が同胞のあらゆる種類のサービスによって支払われることを知っている。そのサービスがたとえ積極的なものでなくても、少なくとも消極的な形を取ることで、自分に加えられるかもしれない迫害を控えさせる働きをする」[24]。個人は他人の好意を求めることがよくあるから、同じ好意と善意は相手の方向にも向かう。だから〈利己的〉原理は、好意へと導く[25]。他者への共感は正しく理解された利益と結ばれている。しかし、他者への反感も社会を形作る要素である。社会は相互サービスと妨害の応酬でできている。人はたえず善と悪、快楽と苦痛をやりとりしている。ベンサムは付け加えて言う。こうした客観的な相互依存の中で、「悪意に抗する抑制の仕方を探さなければならない[26]」。なぜなら、人はおのずから良いことをするつもりはないからだ。ベンサムはおそらく、この〈人間にとっての狼〉である自然人の肖像を描こうとしたのではない。彼においては、人間というものがつねに、対立する力を生むあらゆる動機に突き動かされていることを確認するだけで十分だった。ある動機は自分の利益のためにのみ動くよう促したり、他人の利益を満たすよう導く。しかしまた別の動機は、他人の満足を拒むよう働く。これらの動機は、さまざまな感情や、外的な影響や、異なる性質の制裁などからなる複雑な産物である。有効な道徳的・政治的行動を取るために重要なのは、人間には他人に対する自然な共感などまず存在しないと考えることだ。したがって、悪意のある有害な衝動に対しては、制裁という形での〈手綱〉と〈歯止め〉が不可欠となる。

ベンサムには注目すべき一節がある――「残念なことに、人間の心には他人に対する反感への傾きが、どんな状況でも一番頻繁に、また活発に現れる。人間の欲望の範囲は果てしないとしても、欲望を満たすのに適した対象の数は限られているから、誰もがいやおうなく、その対象を自分と共有せざるをえない者がいるということを考える羽目になる。その相手は自分の喜びの量を限定する厄介なライバルである。その上、人間はきわめて強力な生産道具であるから、誰もが相手のサービスを利用して、自分の安楽を増やそうと努める。すると、そこには力を求める強烈な渇望が等しく生じると同時に、隷属を憎む気持ちも広がっていく。実際、自分の意志に反するような執拗な抵抗にあった経験や、他人の意志に反するような同様の抵抗を行った経験は誰もがもっているので、その当然の結果として、人間は、自分の願いを聞き入れず挫折させる者たちに対しては反感を覚える」[27]。際限のないエゴイズムを弁護すると思われている人でも、エゴ同士の衝突が市民の平安のためにとりわけ危険であることぐらいはわきまえている。ただし、利己的で反社会的なそうした情念はわれわれの生存を維持し、安全を守ってくれるものであるから、これをえぐり取るべきではない。社会を脅かすのは、その行き過ぎにある。それゆえ、社会を支えるには、個人の要求の一部をあきらめさせるしかない。それは、〈政府にとっての難事、大仕事[28]〉である。

ここで次のことが明らかになる。道徳の根底をなすのは相互依存という社会的**事実**の他にない、ということだ。ベンサムはそこから、さまざまな感情はつねに相互的であるという鋭い観察に至る。つまり、愛は愛を引き寄せ、憎しみは憎しみを呼ぶのだ[29]。有益な協力の条件は、社会的相互義務である。社会のつながりは、各人がすべての他者に対してもっているはずの、またすべての他者が各人に対してもっているはずの制御力によって定義される。

3　全員による全員の制御

社会を効用空間であると考えるなら、誰もが他人に対して有用であることを要求される。したがって、この効用を一番的確に定義することができるのは、どんな中央権力よりも受益者となる者たちであろう。政治権力はすべてを見られるわけでも、すべてを導けるわけでもないのだ。個人を集団の利益のほうに動かし、個人に社会にとって有用なものを生み出させるためには、社会そのものとそこから生まれる世論を、決定的な規範力と考える必要がある。一八世紀以降、〈社会〉は個人の自由のための空間としては定義されず、というか、少なくともそれだけでは定義されず、相互制御の空間として考えられてきたことも確かだ。実は、この二つの側面は単に対立するものではない。だから、同じ著者の文章に、君主専制主義に対する激烈な批判と、世論が個人の行動に及ぼすべきほぼ絶対的な力の擁護とが同居する。ベンサムは、こうした結合の典型例である。彼は思考の段階で、統治形態の差し替えを歴然と行っていると言えるからだ。彼の制裁理論はその最も濃縮された表現であろう。すなわち、こうである。政治権力、宗教権力、社会権力は、個人の行動に対して、それぞれ政治的、宗教的、道徳的な性質の制裁を行うことで、及ぼす影響を分かち合っている。宗教的制裁は危険の源である。それは自己犠牲的傾向をもつもので、神の創造を装って権力を振るう形を取り、超越的な法に基づく保守的理論に支えられている。きわめて効用に乏しく、有害にもなりうる。政治的制裁は、少なくとも政府が効用原理にきちんと従う限り、たしかに奨励すべきものである。しかし、社会のメンバーが望む方向での影響を与え合うという点では満足できるものではない。その活動は行き過ぎて個人の利益を害することもある。これに取って代わるのが道徳的制裁、言い換えれば民衆の制裁であり、これは個人の人間関係や家族関係から生じる〈社会的ないし共感的〉制裁と並行している。

効率的な計算は個人間の相互監視がなければうまくいかない。義務論は、なすべきことを指示したり命令したりするためにあるのではない。それを指示・命令するのは、純粋な政治的制裁に支えられた立法者の行動を記す、実定法の台帳である。義務論は日常生活に付きそう言説であり、その狙うところは、個人がおのれの利益に基づいて行動する仕方と、共同体全体が〈道徳的制裁〉を行うやり方、つまり行動の効用に必須の相互監視とはどういうものかを明らかにすることだ。人間の交流は裁判所としての機能をもつ〈世論〉の道徳的力によって規制される[30]。罪の価値が世論によって決まるのは、すでに見てきた通りだが、行動に下される判断にも、同じことが言える。つまり、道徳とは、世論がそうみなすものである。ヒュームが次のように主張できたのも、それゆえにである――「［経済面で見れば］物それ自体にはまったく価値［worth］も価格［value］もない。物は情念からそれを引き出すだけである」。ヒュームはさらにこの命題を道徳的・審美的判断にも延長して、何ら疑念をもたない――「それ自体が、尊敬すべきものとか軽蔑すべきものとか、望ましいものとか嫌らしいものとか、きれいなものとか汚いものとか、そういうものは何も存在しない。こうした属性はすべて人間の感情や情愛に固有のこしらえもの、作り物に由来する[31]」。これは決定的な言説であり、政治経済学と人間の規範的管理とを結びつける〈自我中心〉の下部構造をなす。そこではまず相互的な調整がなされるが、その調整は、人間が自分の利益になると思って是認したり否認したりすることで決まる。ある財の価値はある人間の価値となって、世論の基になる。この世論は、それまでの不備で不規則な権威、全員の幸せのためには無効な権威の代わりに登場した新たな権威であり、裁判所である。ここで道徳的・政治的権威の源になるのは、学者・立法者・モラリストに正しく導かれた、それに自身に対して権威を行使する〈社会〉である。ベンサムの『憲法典』においてはさらに、この世論の裁判所に至高の憲法制定力を与えている。

裁判所とは、すなわち判決である。個人は判決の主体であり対象である。そして世論裁判所の構成員でありその相手である——「個人は世論に対してさまざまな状況に置かれる。裁判所で、彼は判事、弁護士、当事者の役を演じる」[32]。しかし、裁判所とは、同時に制裁でもある。それは行動への誘因や動機となって作用する。この裁判所が適用するのは道徳的あるいは大衆的な制裁で、他の制裁の上に付け加えられる——「世論は個人の意見で構成されている。世論は道徳的というか大衆的な制裁の中身を作る。世論は、われわれの期待や恐れに作用する相当量の報償と懲罰を用意できる。共同体内の各個人はこの強大な影響力の一部を構成しているから、自分の分の報償と懲罰を自分に適用し、行使することができる。自分が是認する行為には報償を適用し、自分が認めない行為には懲罰を適用する。こうして、彼は自分でもちうる快楽と苦痛の総量に応じて、決定的な動機についての力を所有する。これらの動機はそれ自体の指示に基づいて動き出せるし、時には作り出される。どちらの場合も、人間の行動に影響を及ぼす。しかし、その結果をつねに予測するということは不可能である。感情と意欲は、風に吹かれて鳴るエオリアン・ハープ〔弦楽器の一種。自然に吹く風により音を鳴らす。ギリシア神話の風神アイオロスに由来する〕のように、動機の作用を受ける。われわれは動機を抱くことで、行為が必要になる。苦痛や快楽を予想することで、道徳性への影響が生まれる」[33]。

4　つねに自己を観察する

世論の道徳的判断の行使には二つの大きな条件が求められる。一つは、その行使がこの上なく歴然と人の目に見えること、もう一つは、その行使が利益の有様をできる限り明瞭かつ包括的に伝えることばを用いてなされることである。

まず、透明性が必要であることから考えてみよう。ルソーはポーランド政府に、「全市民がたえず公共の目にさらされるように(34)」という道徳基準を与えた。この、社会全般に応用されるパノプティコン〈一望監視装置〉方式という表現は、他の功利主義者たちによっても使われることになる。〈個人間の〉計算は〈個人間の〉透明性が前提となる。社会はおのれ自体に対して透明でなければならないし、個人はたがいに完全に見える存在にならなければならない。誰もが正しい計算を行うには各人が制裁の危険にさらされている事実を知るのが大事であり、各人が自分の計算を先行させるには他人も同じ制裁の危険にさらされている事実を知るのが大事である。効用社会のこうした透明性は、個人の行動に対して道徳的・政治的力を正しく用いるための条件となる。そうやって、個人の行動は社会の諸利益に合致する方向に導かれる。適切にも社会は〈公的〉となり、人の目にさらされ、評価の的になるから、誰もが社会の期待に合わせて動かざるをえなくなる。新聞報道に任された重要な役割もこれである――「人々が公の目に見られて暮らすようになればなるほど、道徳的制裁の対象になる。人々が公衆の影響を受けるにつれて、つまり、たがいに平等な状態に置かれるにつれて、制裁の根拠は明白になり、確実性を増す。新聞報道の自由はすべての人間を公衆の存在の前に置く。新聞報道の自由は道徳的制裁がもっている一番強力な梃子である。このような影響下で、人間が日々有徳にならないはずがない[35]」。

こうした可視性は、個人の会計と社会の会計の両方を記録するという点では二重に必要なものとなる。測定、見積り、相互評価は、人間の価値というものが他人に満足を与えるものによってのみ生まれるとする交換社会においては大事な側面である。数えられるためには、見られなければならない。誰もがおのれの行動において唯一の、他と区別される、まさしく計算単位として存在する。実際、大事なのは各人の価値を知ること、つまり効用空間において各人が何をもたらすかを知ることなのだ。その第一歩は、人物の身許を明確にすることである——「名前は各人の額に彫られていることが望ましい。秘密と言われるものが存在せず、各人の家がガラス張りであることが望ましい。そうすれば、誰の心も見通せるようになる。人の行動は、もししっかり観察できるなら、感情を写す格好の表現体である[36]」。ベンサムは、そのだいぶ前の論考で、間接的な法規制が働く方法についていくつか述べた際、各個人を識別可能な単位として認識・確認する手段、つねに自分の相手が何者であるかがわかるようにする手段を検討している。もし交換のとき、自分の前にいる者が何者であるかがわからなければ、どうやって信用せよというのか。そのための企ての一つが、個人の身許にかんする一切のごまかしを廃し、そこにこっそり隠れている犯罪の恐れを未然に防ぐことである。

彼の議論は次のようになる。警察は住所不定で無収入の者、浮浪者のすべてを拘置することができるし、それをリスト化して記録することもできる、そのように言う人がいる——「個人の住所、年齢、性別、職業、婚姻・独身等を記した住民の記録簿は警察にとって良い基本的資料である[37]」。しかし、人々の規範となる身許そのものについても、最も確実なやり方で確認できなければならない。不正行為がはびこる過密な都市社会では、固有名詞の簡素化が新たな課題として要請される――「個人の固有名詞がこれほどでたらめであるのは、嘆かわしいことである。社会が生まれた最初の頃、集落の必要でこうした個別化が考えられるようになったわけだが、大きな国になると、完全な形では行われなくなる」。〈名前の混乱〉があるから、正体隠しが行われ、司法に間違いが生じ、犯罪が増えることになるのだ。固有名詞の改革を進めて、個人の身許をただちに確認できるようにすべきである。つまり一人の人間に一つの名前である――「一国の中でどの個人も唯一の固有名詞をもつよう、新たな名簿作りが求められる」(38)。

ベンサムは、その改革には費用がかかり、住民の考え方からしてそれは習慣に反するので、多分不可能であることを承知している。それでも、彼は新しい海外領土にこの措置を適用しはじめるよう促している。しかし、固有名詞を与えるだけでは、まだ十分ではない。この名前がいつでも、誰にでも見える必要がある。そこで、イギリスの船乗りが遭難したときに遺体の判別をしてもらえるようなやり方、つまり腕や手首に入れ墨をする方法を思いつく――「もしこの慣行が広く行われるようになれば、道徳のための新たな原動力、法律のための新たな力となり、さまざまな犯罪、とくにあらゆる不正行為をほぼ完璧に防ぐ対策となるだろう。犯罪を予防するには、一定程度の信頼を得る必要があるのだ。あなたは誰か、私はいま誰とかかわっているのか、そういう問いに対して、もはやいんちきな答えはできなくなるはずだ」(39)。

このような措置は自由を脅かすものではないのか。そのような反論を予測して、ベンサムは言う。逆である。ある人間について確認を得ようとして、もしその人間に何らかの疑念や疑惑がある場合、通常は、監視を強め、検査を厳しくする方向に向かうだろう。これは、それだけ職権濫用の危険が増すことを意味する。諸自由を守り、監視を続けずに疑わしい行為を予防するためには、「警察はむしろ、おびただしい守りにくい規則を押しつけて国民を不安にさせたり、苛立たせたりしてはならない。そうすることで国民に間違いを犯させるようなことはすべきではない[40]」。「[名前の入れ墨は]それ自体に力があるから、監視手続きの厳しさを緩めることができ、個人の自由には有利に働く。一方、投獄は個人を確認することだけが目的である。だから、そのようなことをせずに、いわば〈見えざる鎖〉でつないでおきさえすれば、投獄されることも減るだろう[41]」。

たがいに向け合う視線、相互観察の支配は、市場社会と不可分である。**見えざる鎖**という表現は、透明性の空間が監視の空間でもあることをよく伝えている。四方を見渡せるパノプティコン方式と効用社会は同義語である。ミシェル・フーコーは、ここで生じる逆転を見事に言い表した。絶対君主時代の超越的な掟は、その荘厳さを見せつけることにあった。その効果の原理は、その輝かしい華麗さがすべての者に見られることにあった。現代の規範の効果は、逆に、互いに交わり、観察し、見定め合い、つねに同じ社会媒体に浸かっている視線同士の複雑な働きによって作り出される。フーコーが言うように、もはや権力を決めるのは、宮殿の豪華さや城塞からの監視ではなく、制度の内部で監視される者たち自身が行うたえざる相互監視である[42]。間違わないでいただきたいのは、ベンサムによれば、パノプティコン方式は〈主の眼差し〉〈権力の目〉に限られるのではない。刑務所の規律に対する眼差しは、最初からより広い監視システムに発展する方向を示している。この点で、フーコーは単に眼差しの方向の変化だけに目を向けているように見えるかもしれない。つまり、旧体制における個別化は下から上に向けて行われた（最上位の個人としての王は人の目にさらされる必要があった）が、新しい体制では上から下へとなる（無名の力が、規範性を押しつけられる個人に対して働く）という構図である。しかし、フーコーが監獄装置についての記述でこう主張したのは本質を突いている――パノプティコン方式は規律を〈外に開く〉可能性を生み、〈規律を社会組織全体の中で広く、多様で、多価的に働かせる〉[43]。ベンサムが住民全体への適用を勧めた入れ墨は、当初は囚人とパノプティコン的施設に閉じ込める貧窮者のために考えられたマーク方式の拡張版であったことは明らかである[44]。しかし、実は、このパノプティコン方式は一八世紀末以来、施設の個人的規律と、交換に必要な個人間の相互規制のメカニズムの、二つの役割を果たしてきたのだ。すなわち、生産のための閉じ込め新方式としてのパノプティコンと、市場社会における行動様式としての職業倫理である。〈一般化した機能〉[45]としてのパノプティコン方式で重要なのは、権力がもつ無名で、律儀で、不変的で、ほぼ自動的な性格である。権力は、計算者としての個人と社会規範との安定した関係を維持するのだ。その点で、パノプティコン方式の原理は、市場と効率的な官僚制を連携させる。その理由は、各所に小パノプティコンを作るのが好都合だからという意味ではなく、逆に各行動の監視を広げることで、まさしくこうした規律機構なしで済ませられるからだ。

　監視と規律の技術の対象とされる個人と、自己生成すべき主体とみなされる個人とを切り離そうとするのは、誤りである[46]。また〈制御社会〉と〈規律社会〉を対立させ、あたかもパノプティコン権力と生政治〔『監獄の誕生』の中で言及される主要な概念の一つで、現代社会の支配体系の特徴とされる。たとえば政府が市民を支配する際に、単に法制度を個人に課すだけではなく、市民一人一人が心から服従するようになってきたとして、個人への支配の方法がこれまでの「政治」から一人一人の「生政治」にまで及ぶようになったと説明する。本書第11章でも取り上げられる〕権力という二つの権力の形が通時的に連続しているように考えるのも、間違っている[47]。実際は、この二つの次元は監視と規範の社会という一つの統一された考え方で結ばれている。フーコーにかんするこれまでの部分的な読み方では、監視とは個人の行動の新たな絶対支配者である官僚国家による監視を指すとの考えに焦点が当てられすぎた。そのため、ベンサムのパノプティコン方式についても、本来はその利益計算を自由にできないカテゴリー、つまり住民の中でもきわめて特殊なカテゴリーのためのものであったことが忘れられ、権力の超集権的とらえ方の全体像を説明するものとして解釈されてきた。パノプティコン方式、この〈単なる建築上の考え〉(48)は、同じ空間内に孤立して閉じ込められている大勢の人間をただ一人の監視者が自分は見られずに見ることができ、その大勢の人間に自分たちがたえざる完全な監視下に置かれていると感じさせるようにするものだ。これは、相互観察の社会装置の凝縮体であり、決定版である。形をなしてはいないが、これは市場の原理そのものであり、われわれを規範として支配し、われわれはそれに従っている(49)。個人の完全孤立化は、監視関係が極端に体系化された限界状況を示す。ヒュームが言うように、個々の行動予測性と相互信頼を〈人為的に〉確保するのに懸命な社会では、監視関係は拡散した状態で存在している。つまり、相互監視空間としての社会そのものが、まずパノプティコンなのだ。

5　自分の行動について明言する

各個人は計算の単位として孤立している。誰もが姓名、性別、職業、住所という身許に閉じ込められた一人の人間として数えられる。「あなたは誰か」に対する確かな答えは、取引成立の条件である。しかし、誰もが見られ、判断され、数えられ、登録されるとしても、世論という裁判所の立派なメンバーとして自分の選択を明言し、他人を判断するという点では誰もが利益主体である。判断するとは、語ることである。世論の裁判所はことばの空間である。ことばによる表現が間違いを犯さないためには、どうすれば良いか、ことばで網羅的な情報を正確かつ明確に伝えるようにするには、どんな規則を設ければ良いか。ここで、ことばの働きが、他人に影響を及ぼす判断の道具としていかに重要視されているかがわかる――「他人に向けられたことばは、世論という裁判所の判決の一部である。実際、われわれが表明する意見は判決であり、喜びと苦しみを与えるもの、われわれが手にする褒賞であり処罰である」[50]。普段、人が何気なく交わしている激しい言葉遣いは、力、道徳的制裁の力、世論の力の行使である。この裁判所が下す判決は個人の活動の原動力、つまり行動の上に重くのしかかるものとなる。言語活動は世論の媒体であり、世論の作る道徳の実践的な場であり、手段である。判断する際にことばが必要になるのは、語ることが欲望を表現し、判断を他人に伝えるという根源的な事実に基づいている――「なぜなら、ことばは、話し手の頭の中に現にある考えのしるしではなく、彼が聞き手に伝えたいと願う考えのしるしだからだ[51]」。

個人は判断するとき、効用原理を適用しなければならないし、自分が判断されるときは、同じ原理が自分に適用されることを願わなければならない。ところが、よくあることだが[52]、民の声 **vox populi** は罪のない慣行や選択を、偏見や、伝統や、形而上的頑迷のために断罪する傾向がある。社会道徳を効用という基準に合わせて幸福主義の方向に変えていくには、ことばそのものを変えることが前提とされねばならない。というのは、道徳的な考察は、必ず、思考以前の共感と反感からなる判断が浸透したことばや、支配者が押しつけたあの古い禁欲的道徳と長いこと結びついてきたことばを通じて行われるからだ。

新しい倫理科学を立てることは、諸単語に含まれる意味を体系的に分析し、この〈偏向〉を廃することである。こうした単語と表現の分析作業は、人の下す判断が利害の普遍的な規則を免れないだけに、なおのこと重要である。つまり、ある行動について判断を下すことは、その動機を特定することであるが、その特定づけ自体が、相手への友情や、相手への依存、あるいは相手への敵意に影響されているのだ。われわれはみな諸利害の争いにどっぷり浸かり、そこから出ることは不可能である。外部の視点は存在しない。われわれは自分の話すことばの中にいると言える。そこから〈抜け出る〉唯一の方法が、効用の視点に基づく考察、つまり、行為の効果の視点、その行為の諸動機を決定する単語の効果の視点に基づく考察である。快楽と苦痛、期待と恐れ、これらを表す単語が意味するところを考えること。そして、話し方が及ぼす社会的影響のメカニズムを理解すること。どちらも諸個人の相互作用が集団的効用の最大化へ向かうための条件である。

ベンサムにとって民主主義とは、一方的で不釣り合いな監視を行う特権をもつ者がいないシステム、片方だけが視線を向け、意見を言う特権をもつ者がいないシステムに他ならない。全員が各人を監視し、各人が全員を監視する。視線は社会的役割であり、個人はみなその役を担う。同様に、ことばとことばが伝える判断も各人が果たす役割であり、そのおかげで規範への順応が可能になる。このように、可視性のテーマと、ことばの働きのテーマは密接に結びついている。問題は、諸利益の良い方向づけ、つまり社会的利益の増大の決め手となる影響力の効果を妨げるものを、できる限り排除することである。職業倫理に叶う仕事や立法者の仕事に与えられた目標は、共同体にとって有害となる利益を社会的な仕組みによって確実に阻むようにすること、そしてその仕組みが罪のない好みと楽しみを抑圧したり、悪弊をそのかしたりしないようにすることである。そのためには、監視と判断の均衡が保たれることが望ましい。恵まれた地位を利用して、利益を上げるべきではない。各人が誰をも監視でき、判断できるようになること、また各人が誰によっても監視され、判断されるようになること。効用社会が目指す新しい権力のあり方によれば、権力は、いつでも、どこでも、誰によっても行使されるのが望ましい。ベンサムにとっての民主制の意味は、誰もが他者の監視を実際に行うことに他ならない[53]。ここには、急進的自由主義へと向かうベンサムの政治的展開の道筋が読み取れる[54]。

6　政府を監視する

利益という引力の法則に律せられる社会生活は、平和な世界の対極にある。たえざる闘争があり、不正と抑圧と支配への誘惑がある。そこでは、政治的権威と法組織が他者の侵害から各人の安全を守ることが必要となるだけでなく、一方ではこの政治権力の保持者自身が個人に対して権利を濫用しないことが要求される。だから、報道の自由、個人の保護によって、あるいは投票者への圧力や誘惑を許さない普通選挙投票の条件整備や維持によって、少数の支配者 ruling few を規制することが必要となる。

ベンサムの政治理論でこれまで一番取り上げられることの少なかった側面は、政府権力自体が世論の裁判所によって一貫した観察下に置かれるということだが、これにはフーコーも触れていない。だが、これこそベンサムの民主政府論を最も正確に決定づけるものだ。権力に就いた者もみな、他の人間たちとは違わない。つまり彼らもまた、他人の利益よりも自分自身の利益を優先させる。この点で、彼らは

〈潜在的犯罪人〉である。この事実から始めねばならないとすれば、彼らが自分の地位を悪用もしくは悪用しすぎないためには、あらゆる制度的・法律的保証を講じていくことが欠かせない。悪い利益 **sinister interest**、不正な利益は、力、金、名声をもつエリートを構造的に特徴づけるものに他ならない。彼らはたえず自分の支配的地位を利用して、上から下への非均衡や一方的権力を行使する。ベンサムにとって、権力の危険は、政治支配者が支配そのものに快楽を感じ、その快楽の増大（快楽がその増大自体に存在することはすでに見てきた）が彼の権力強化によってすべてなされるだけに、ますます恐ろしいものとなる――「専制君主の心にある中心的情念は、支配への満たされることのない嗜好とさらなる支配への渇望である。彼が是認したり、否認したりするすべて、報償と懲罰の行為すべてが、ことごとくこの第一原理に貫かれている[55]」。解決策は、統治される者を守るための措置や手筈によって権力の濫用に歯止めをかけ、統治者、役人、議員を厳しく監督することである。たとえば、報道の自由はそうした手段の一つであって、政治家の行動の透明性を保証し、彼らが堕落的な影響力を振るうのを阻止するのに役立つ[56]。ベンサムが述べるように、「権力の濫用という表現は病気のことを言う。その治療法は公開性であると言うべきだろう[57]」。

世論の裁判所が文書を通じて実現する公開性、とりわけ新聞の機能は、さまざまな違反や抑圧行為に社会的制裁を加えるように働く。しかし、他の方策も同じような流れを作り出す。行政の中で〈統計機能〉を広く用いるようにすれば、政府のあらゆる情報、計算、行動記録が新聞の手に届くようになる。あるいは、役所の建物の配置を変えて、中央に役人と大臣を集め、その周囲を訪問者の座席で取り囲むようにすれば、逆パノプティコンとしての機能が働き出す。世論の非公式裁判所は、政治的主題について検討するすべての人々によって構成され、単に社会的役割だけでなく、政治的役割も果たす。なぜなら、この裁判所は政治共同体の成員全体の利益をも表現するからだ。政治の場は社会的利益の監督下にあり、まさに最大多数の利益を表現している。この状況下では、権力者たちこそ最初に監督下に置かれるべきである。彼らは諸利益のシステムを超越する動機で行動していると思われたがっているが、それこそ怪しい姿勢なのだ[58]。彼らを監督下に置く理由は、まさに彼らの利益もまた他の者の利益と同等で、同じ性質をもつとみなす必要があるからだ。要するに、これは、ベンサムが一部の原稿で政治的職業倫理と呼んだものの実践である。この倫理によって、政治世界は、「各人が全員の視線の下で競う広大な競技場のごとくになる。どんなにささやかな身振りも、どんなに小さな体の揺れ、かすかな表情の動きも、全体の幸福に対して目に見える影響を及ぼす動きとして、全員が見張り、注目する[59]」。

この点では、ホッブスの主権理論との違いは一目瞭然である[60]。ホッブスの場合、人々が一旦自分の権利を主権者（君主）に譲れば、人々がそれを取り戻すということは問題にされない。ベンサムの場合は、人民は、自分に代わって統治する権限を〈権威〉者に与える主権者である。権威者はたえず人民の監督下にあり、人民に報告をしなければならない。実はこの点が、統治者に白紙委任状を渡すに等しい〈社会契約論〉というフィクションの理論では、うまくいかない。ヒューム、とりわけベンサムによる社会契約・人権イデオロギー批判は、この理論の帰結が保守主義か突然の革命勃発になることを明らかにしている。これでは、人間の行動と制度がつねに変化を続けながら状況や相互作用に適応していくことも、期待の構造や法規制の必要を修正していくこともできなくなる。

効用の規範体制では、もはや古典的な統治権という固定した体制にはないから、政府が自らに課す制限は、いかなる永遠の超越的原理にも、ましてや国民の不可侵な自由あるいは最初の契約というフィクションにも、基づいてはいない。その制限は全員の最大化目標に依存する計算に応じてのみ正当化される。エルヴェシウスと若きベンサムは、最初この計算を見識ある立法者の責任に委ねた。しかし、政府とは統治者たちである。その統治機構はそれ自体、監視の下に置かれ、世論が主役の中で、普通選挙をその最も有効な手段とする強制を受けなければならない。主権は社会機構に姿を変え、誰もがこの機構の外には出られない。政府は監督をするが、監督もされる。そのために政府は、自分自身の監督システムを設置するよう呼び出される。政府の監督は役人ではなく、消費者、新聞の読者、選挙人、すべての国民多数 subject many によって保証されなければならない。大事なのは、役所を増やすことではなく、幸福の最大化に最も適した装置を、この最大化に関心をもつ勢力を動員して実現することである。

そうやって、立法者の仕事が定め直されるが、その後さらに職業倫理学者、ジャーナリスト、経済学者、教育者、作家の仕事も決まる。彼らはみな、書き物、物語、分析、短編、ロマン、脚本によって世論の道徳的能力を育てなければならない。大事なのは、国民ができる限り自分自身を統治するように努めること、相互監視によってこの自己統治を助けることである。人はたがいに監視し合うことによって、自己監視できるようになるのだ(61)。市場社会にふさわしい新しい規範性の方式、それは超越性を減じ、監視を増すことである。おそらく、そのシンボルとしては、スミスの〈見えざる手〉よりもベンサムの〈見えざる鎖〉のほうが、よりふさわしいだろう。

第10章 幸福の道具

人間は幸福に向かうべき行動的存在である。近代の規範体制はこうしたとらえ方を全面的に採用している。したがって、その活動原理は、快楽を増やし、苦痛を減らすよう促すことで成り立っている。功利主義の広まりは、ハンナ・アーレントが指摘したように、この行動的生活に対する長く続いた観想的生活の優位の終わりを告げるものである。また、学説としては、個人的・集団的行動の条件・動機・結果にかんするまったく新しい体系的な理論を形作るものである。その意味では、すでに述べたように、この考え方は人間の運動そのものを中心に据えた一つの総合的なとらえ方として、慈愛の実践や貴族の献身・勇気・気前の良さの根底にある神学的真理の力、すなわち〈神の啓示〉のもつ力が衰えたときに、人間の新しい正当化をもたらした。これにかんしては、創造主から贈り物を受けた神の被造物としての人間という定義と、本質的に活動的で、幸福のために生まれ、行動する、世界の変革者としての人間という定義とのコントラストを浮き彫りにして、人間の思考の主な契機や形を比較するだけで十分だろう。後者の定義は、一七世紀以降の経験論者、合理主義者の諸哲学に現れている。ハンナ・アーレントはいみじくもロックがこの転換点に位置し、次のように考えたと指摘する。人間は神から行動原理を受け取り、世界において自力で動き、その場を自分の好むように整備できる道具を開発した。以後、西洋の思想はすべて、プロテスタンティズム、国家の重商主義的介入、商工業者の新しい力、科学の発展等の影響を受けて、人間の相対的自立性という考えを展開することになる。つまり、人は自然の掟自体に書き込まれている神の命令に答えるべく、できる限り合理的に自己組織化を行う任務をもつのだ。たとえばコンディヤック師は自然の豊穣と肥沃を区別しているが、これをこの変革の例証とみなすこともできる。彼の主張では、大地は何でも生み出すから、そのままで肥沃である。しかし、「大地はとりわけわれわれにとって無益なものについて肥沃であり、われわれはそれを何のためにも使えない」。そこから、この大地にかんするわれわれの使命が生まれる――「この肥沃さをわれわれが支配し、その一部の生産を差し止め、他の生産に当てよう」(1)。自然に従うか、それとも自然をわれわれに仕えさせるかの違いはあるが、人間はたえず自然と戦っている。それでも、何よりも自然の所有者になった。こうした全面的な再検討は、突然の飛躍、あるいは妥協の入らない断絶によってなされたのではない。この知的変革の主役を例に挙げれば、ロック、バークリー、コンディヤックの作品は、神の創造という概念と人間の企ての自立性という新しい概念との衝突からその土台が作られている。実際、彼らの著作はしばしば人間のなせる業を神の意志の産物とみなす古い流儀から免れていない。それでも、キリスト教の文化資産との違いは、人間活動における場と手段に自立性を見出し、生活と労働の目的を決定するのに神はもはや不要であると考えようとしたところにある。人間がおのれの行動を実行するには、神の手が与えた手段の助けが要る、しかし、人間はその手段を改造し、発展させて、これを安楽のための自分自身の道具とするのだ。

1　効用と制度

ロックの政治理論が証明しているように、労働は近代における人間活動の原型そのものである。しかし、この活動が人間存在の単なる経済的側面をはるかに超えるものであることを忘れてはいけない。もし経済が人間生活の他の領域から切り離され、カール・ポランニーが指摘したように、象徴的・社会的枠組みから〈はみ出す〉ものだとすれば、それはすべての活動の祖型として現れているのであり、他のすべての活動は経済を起点として考えなければならない。人間のあらゆる側面が、安楽を求めて行動し、変革する人間という新しい座標の中で見直されなければならない。たとえば、ロックの所有権の概念は、単なる物質的財をはるかに超えて広がっている。これは、前科学的な古いやり方ではなく、すべての存在領域を一つの図式の中でとらえる総合的方法である。人間は今後、世界そのものを自分のために与え、自分の活動のための場とする。つまり、世界は活動的人間にかかわる世界となるのだ。活動的人間とは、自分の望むままに使用すべく与えられた世界で、幸福になりたいと願い、自分の使命を達すべくあらゆる種類の道具を作り上げる存在のことである。自然は人間によって人間のために加工されるものであり、人間は活動的主体、つまり、おのれの幸福のための手段の制作にひたすら打ち込む〈被造物〉である。そういう考え方の下で、存在論と人類学は合意する。

これらの解釈を統一する中心図式は、〈道具〉という図式である。それによって、知的・実践的活動のすべての領域を同じ枠組みで考えることが可能になる。人間を道具製作者として定義するフランクリンのことばが有名なのは、当然である。この考えは、以前ならそれほど正しいものとして受け入れられなかっただろう。

これを行動のみに限定した理論、あるいはさらに特殊な、経済的、政治的実践のみに限定した理論ととらえるなら、間違いを犯す。ベンサムが言うように、この道具中心の考え方は、何一つ除外せず、すべてを理解しようとする。功利主義は効率的な道具にかんする総合的言説であり、人間がその目的を果たすべく自ら作り上げた道具にかんする思考法である。それは、経済生活の領域にも、思考・法律・政治の領域にもかかわる。ジョン＝スチュアート・ミルはのちに、ベンサムの思想の本質は実践的な哲学であると述べている。そして、その思想は人間の制度すべてを含んでいるという意味で、普遍的実践哲学を打ち立てたと言っても良いと付け加えている。

2　道具の遍在性

一七・一八世紀以降、道具は思考の枠組みの至るところに見られるが、それらは自然由来のものと人間由来のものとが混然としている。道具は自然の物体を基にして作られ、人間の幸福という自然な目的に仕えるという点では自然由来である。一方、記号・法律・交換といった道具は人間の洗練の成果として生まれ、記号や君主や貨幣に本来なかった力を与えるという約束事から生まれたのだから、人間由来である。おそらく、こうした道具をめぐる総合的な考察は、一八世紀に突然始まったわけではないし、幸福のための道具にかんする均質で包括的な思考として一挙に現れたわけでもないだろう。ミシェル・フーコーは『言葉と物』において、古典的な**エピステーメー**〔特定の時代の認識体系。フーコーの用語〕は表象の問題の支配下にあることを明らかにした。言語記号、政治制度、貨幣は、重商主義の時代、まず表象の道具として思考の対象となる。慣例主義はこうした時代の特徴であり、一八世紀末まで、それが続く。言語記号に価値があるのは、観念を表象しているからにすぎない。主権者は共同体の利益を表象している。貨幣は記号であって、事物の価値ではない。しかし、このように約束事の結果としての記号が突然現れるのは、フーコーが指摘するように、個人や個人の集合が事物と距離を置き、いわば事物との関係をもたない存在として考えられるようになったからに他ならない。それが現れるためには、事物が沈黙すること、神の意図の結果としておのずから語るのをやめることが必要であった。ただし、一八世紀末以前には〈生産は存在していなかった〉というフーコーの説には同じがたいところがある。こうした道具の働きの優位を考えると、生産という考え方はこの時期まで徹底して無視されていたどころか、新しい社会的言説の骨組みであったように見える。人間の活動と生産にかんする思考は、早くから、ホッブス、ロック、続いてバークリー、ヒューム、コンディヤックとともに展開されていた。この思考は、表象の道具に限定されない通常の道具の思考と分かちがたく結びついている。道具はあらゆる分野において、生産と創造にかんする真の手段となっていたのだ。それを示すには、一七世紀末以降の言語・貨幣・社会・国家を考える際に用いられる共通の図式を検討してみるだけで十分だろう。われわれはここで、一八世紀にとりわけ重要になった、言語とその効果の問題に焦点を当てる。

3 思考の道具としての言語

ロック、バークリー、コンディヤック、いずれの場合も、真理についての〈認識形而上学〉〔広く認識一般をめぐる哲学議論を指す〕的関心が長く優勢であった。神の啓示の神秘とは別のところに、人間の知識の源と基礎を同時に見つけることが問題だった。この理論的闘争は、われわれの知識の真実性にかんする単なる問いかけをはるかに超える人間に関するイメージ全体を含んでいる。さらに言えば、この形而上的問いかけは、世界の形、人間のイメージの転換、存在論的・人類学的変化の始まりとなる。デュガルド・スチュアート〔一七五三〜一八二八。スコットランドの啓蒙哲学者〕は、〈生産的〉言語にかんするこうした考察から生まれた考えを、次のような言い方で見事にまとめている――「機械の発明が人間にもたらした力の増大は、言語の使用が人間にもたらした能力の増大のささやかな一面にすぎない(2)」。ことばは知識を高め、それによって社会そのものを進化させる道具として現れる。人は単語で概念を作り出す。考えを言い表すのに、作られた単語が不十分な場合があるとしても、言語を思考と有効な行動の道具であるとみなすそうした考えが定着する。言語を神の贈り物とする古い考え方は残骸と化す。

思想生産の道具としての言語、人間の行動に対する行動の手段としての言語、これを問題として扱う点で、ベンサムはさらに遠くまで進む。彼は言語観を体系化し、言語の理論的・実践的結果を発展させて、結論する。言語は生得観念、つまり神によって人間のうちに植えつけられた観念を伝えるものではなく、人間生活に作用をもたらす道具であって、もともとそのために作られた。言語は幸福の最大化という個人的・集団的目的に役立たねばならない。話すことは、効用の本来の傾向に従って調整される社会的実践である。不完全な道具としての言語は、人間が作ったものだから不完全だが、それゆえ改良可能な道具でもある。この道具はより良い生活を実現するために重要である。だから、言語実践の考察をさらに進める必要がある。ベンサムにとって、言語実践は社会的・政治的実践の全体を条件づけるものである。

道具としての言語という言語に対するこの扱い方は、ベンサム個人に見られる特徴ではない。言語と客観的な世界との関係を考える可能性が開かれたときから、有力な理論家たちがずっと準備してきたものである。世界はもはやそれ自体の意味をもたず、変革しようとする人間の意志と眼差しの前に広がる無垢の空間となった。言語はもはや神の贈り物、神が事物の表面に記した署名などではなく、人間の欲求から生まれたもの、その欲求をより良く満たすための道具となった。(3)

これもデュガルド・スチュアートが指摘しているが、(4)アベラール〔一〇七九～一一四二。中世フランスの論理学者・キリスト教神学者。唯名論の創始者〕やオッカム〔一二八八～一三四七。後期スコラ学を代表する神学者。〈オッカムの剃刀〉で有名〉の時代の昔の論争が一八世紀に意識して思い出されたのではないにしても、思考の道具としての言語というこの問題提起は、唯名論に負うところが大きいはずである。(5)スチュアートの指摘では、ホッブス、バークリー、ヒュームはみなこの流れにつながり、さらに加えて、この唯名論への回帰は代数学の進歩のおかげである――「代数学にアルファベット文字が使われるようになったから、ライプニッツ〔一六四六〜一七一六。ドイツの数学者・哲学者〕とバークリーは思考の道具としての言語の利用をうまく説明することができた」[6]。しかし、この解釈はやや短絡的である。実際は、昔からの問題提起とキリスト教的世界像の衰弱で知的活動が活発化し、新たな機会が生じた結果、唯名論が再評価を得て、事物の本質から切り離された〈道具〉なるものを考える手がかりが得られたのだ。

　ことばが事物の認識の媒体であるという考えは、正確にはポール・ロワイヤル〔一三世紀創設のフランスの修道院。一七世紀フランスの宗教・文化に影響を与えた〕ではなく、ロックに見出されるというのは確かだ。ロックは『人間知性論』の結びで、まず感覚が〈泉〉であると述べてから、観念とことばを〈認識の偉大な道具〉と呼ぶ。この著作の内容案内を概説する形で、彼は論の本質を簡潔に述べる――「打ち明けて言えば、この著作を書きはじめた当初、またそのあともしばらく、この題材［人間の認識］を扱うのにことばにかんする考察が必要だったとは、まったく思ってもいなかった。しかし、われわれの諸観念の起源と組み立てについて考えてから、われわれの知識の広がりと確実性を検討しはじめたとき、観念がわれわれの話しことばと密接にかかわっていること、そして、あらかじめことばの力がいかなるものか、あるいはどのようにことばが事物を意味するのか、これらを正確にとらえていなければ、人は認識について明快に、合理的に語れないことに気づいた。そうでなければ、認識は真理の上を転がるばかりで、定まらない命題の中に閉じ込められたままである。また、認識は事物にたどり着くとはいえ、それは主にことばの介入によるのだということに私は気づいた。それで、ことばとわれわれの知識一般を切り離すのは難しいと私には思われた。少なくとも確かなことは、知性が観察して理解しようとする真理と、われわれの精神との間には、ことばが介入するということだ。ことばは、目に見える対象物の光と同じように存在しながら、度々雲を広げてわれわれの目を曇らせ、その曖昧でもやもやしたものを通じてわれわれの理性に影響を及ぼす」(7)。

ロックはそれでも、ことばとその意味作用をこれほど重要視することについて、弁明の必要があるとは感じていた。バークリーは、ロックが第三巻〔『人間知性論』第三巻を指す。ロックの言語論であり、第二巻までの観念にかんする考察から生まれたとされる〕から始めなかったことを批判し、そこから生じたはずの重大な〈大へま〉を糾弾する(8)。バークリーは、自分がその誤ちを繰り返さないよう、まず単語の意味、というより命題の意味と取り組むことから始める。あるメモに、彼は記す――「私がなすというか、なすつもりの最大の仕事は、無知と混乱の原因を作ってきた単語のもやとヴェールを取り除くことに尽きる。まさにその点で、これまでスコラ学派と数学者、法律家と神学者は失敗してきたのだ」(9)。

言語を観念と知識の道具とみなすことは、言語を人間の行動と充足の道具とみなすことでもある。言語を道具とみなすこのような見方は、観念の超人間的領域と人間の実践領域との間、言い換えれば、観念の集積場としての精神の領域と身体ないし物的対象の領域との間の序列関係を逆転させるよう求めた。しかし、この二元論的序列の逆転は電光石火には行われなかった。

経験論、とりわけそのイギリス版、ついでその延長としてのフランス版が、この逆転に大いに貢献した。もし生得観念がないなら、もはや神と〈直接〉つながるひもはない。とりわけ、道徳の領域ではそうなる。つまり、実践が主役として倫理的観念の誕生と調整を引き受ける。人間の実践の中にこそ、道徳面・理論面にかんする諸観念を生み出す行動原理が求められるし、そこにこそ、最も基本的な、心の一番深くに植えつけられている人間の性向が存在している。ロックは『人間知性論』の最初でそう主張しているが、これをよりはっきりと述べているのは、原稿段階での次のような記述だ。善に惹かれ、悪を嫌うという生得の道徳原理は存在しない、あるのは、気に入るものの愛好と苦しみの嫌悪という〈自然の傾向〉である。[10] 行動の諸原理は〈人間の欲望の中に住んでいる〉。

ロックにとって、単語は〈内在的概念の記号〉であり、この概念はもともと感覚的観念から倫理的に、時間の経過の順に作られる。こうした観念のしるしが作られたのは、まったく恣意的に定められた約束事に従って観念を伝えるためである。人間は単語と概念の間にある恣意的で約束事としての関係を知らないから、それぞれの単語に一つの観念、それぞれの観念に一つの現実があると思う傾向がある。単語から出発して事物に向かうとき、事物から単語への移行の正しい方向は歪められ、ひっくり返される。明らかに、言語は事物から観念へ、そして観念から単語へと進む三階建て構造の表現法と考えられている。[11] 要するに、言語はその前に存在している観念の翻訳である。言語は記号で作られた記号であり、有効な重複であるとはいえ、しばしば観念を危険にさらす。したがって、言語なしで済ませたいという誘惑も生じてくる。バークリーによれば、究極的には言語そのものが〈ヴェール〉である。彼は、〈自然言語〉という考えを用い、人は動物と違ってこれを少しずつ学ぶことができると言う。これは経験論者の課題の中にも含まれていて、経験論者は事物との直接の関係、自分のために経験する世界を最も正確に転写することを望む。そこから、一七世紀末になると、明快率直な言語、〈現実そのままの記号〉が登場する。ウィルキンス〔一六一四〜七二。イギリスの聖職者・哲学者〕、ライプニッツ、そしてそのあと、コンディヤックが完璧な言語の理想を打ち立てようとする。これは昔からある願望であるが、新しい理論状況の中で再登場したものだ。

観念は二つの源から生まれる。一つは事物の感覚的性質、もう一つは精神がおのれ自身の操作をとらえる理解力である。しかし、もし〈単純な観念〉が本当に最初からあるなら、また、もし人間の認識が身体の体験する事物から離れないものなら、精神の操作のための空間は広大であり、人間はその中で複雑な諸観念、諸概念を作りうることになる。精神は感覚がもたらす基本的な素材を基にして無限の新しい観念を生み出すことのできる活発な力として現れる。精神は諸観念をこしらえ上げ、集め、構成し、結びつけ、切り離し、再構成する。精神がこうした操作を行うには、単純な観念の安定した集合を作りうる綱としての諸単語を頼りにするしかないが、またそれが可能である。精神とその手段としての言語がこうした活発な操作機能を演じるなら、それによって創造主の地位と役割は大幅に制限される。神が創造した物質の地位と役割さえも同じことになる。人間の介入がなければ、物質はゼロに等しいものになるのだ。もっとも、われわれはこの物質が何であるかを知らず、それがわれわれの認識の限界となっている。それについてわれわれは何らかの観念をもっているが、それは知覚されるものについてのまったく相対的な、漠然とした観念である。しかし、その観念は、バークリー流に言えば、そういうものとして一つの謎であり、幻のままである。彼の哲学は、人間の認識活動にはこのように限界があることを強調するとともに、知るとは、これまでのように神の創造した物質を組み立てるのではなく、事物を〈実際に試す〉、事物の感覚的側面とその使い方を知ることであると考える。つまり、〈生活の実践 common use of life〉における有益な、あるいは有害な効果を経験することであると考える。

言語が人間の欲求を満たすための道具であるとすれば、欲求から記号が生まれるということになる。こうして、コンディヤックのような人たちは、人類の初期に、身振りと音からなる行動言語があったと想像する。それらの要素はすべて、さまざまな欲求や行動・介入が生まれる状況と深く結びついている。

言語は、そもそもの初めからまったく世俗のものであり、もし初期の未開人が身振り言語を使ったと認めるなら、神の創造に負うところはほとんどない。この言語はただちにとは言わずとも、たちまちのうちに、必要を保証し、欲望を充足させるための合意が生み出した社会と共存関係になる。[12] 社会の起源と認識という二重の論点は、言語の最初の根が身体的欲求にあることと切り離せない。その点で、『感覚論』を書いたコンディヤックこそ、感覚の原動力、精神的発展と知識の創出における欲求の力学を強調した人である。彼は何らかの独立した心的・知的原動力といった存在を否定し、心的・知的発展を感覚のみに関連づける。そこから、「感覚は精神の全能力を包摂している」という彼の有名な提言が生まれるわけだが、そのあとで彼はこう述べる。「快楽と苦痛の度合いがさまざまに違うから、われわれの中の芽の育ち方、能力の発揮の仕方もさまざまに変わってくる。われわれは欲求や驚きで行動するとき、いつも楽しみか苦しみによって動かされる」。[13] コンディヤックの場合、さらに複雑なのは、欲求が唯一の原動力ではあるが、その欲求を知るには、対象を比較し、期待し、決定するという知的操作を前提とする別の状態に対する願望によって初めて自覚されるとしたことだ。[14] したがって、ここで優勢なのが、感覚を記録する身体の完全な受動性であることはありえない。少なくとも一つの運動、人間と動物の違いをなす内省という知的運動が介入するからだ。コンディヤックの記号学は本質的に能動的で、世界との積極的関係という観念を含んでいる。そこにはロック由来の経験論が決定的に働いている。つまり、生得観念にはまったく頼らずに済ませる。それゆえ、知覚から観念への変換を記述し、そこからさまざまな能力を生み出す純粋に心理的なつながり、連関というものを見つける必要がある。この心理の働きはすぐに記号に拠り所を求める。コンディヤックは記す。「結論として、われわれが考える手がかりとする観念をもつには、さまざまな単純観念の集合につながりを付ける記号を思いつかなければならない。われわれの概念が正確になるのは、諸記号をきちんと定めて作り上げたからだ[15]」。ということは、諸観念の秩序は、記号の秩序から内容を与えられる知覚世界とは独立したものとなる。実際、コンディヤックにおいては、言語秩序そのものが次第に観念秩序のモデルのように見えてくる。言語は観念の条件であるだけでなく、たえざる運動の過程の秩序であり、観念はそれに適応する。『研究講義』で述べているように、「話す技とは、考える技、推論する技に他ならず、ことばが改良されるにつれて、発展していく[16]」。

こうしたことばの改良とその社会への効果は、数々の哲学的考察を引き寄せた。アダム・スミスにも、言語は道具であり、近代的機械に等しいという考えが見られる。単語は人が物に抱くイメージの鏡、イメージのイメージのようなものである。最初に言語を発明した未開人が、当初、個々の対象の表示しか知らなかったとしても、タイプ、種類、性質、数、関係を抽象化する操作は必要であった。そうした表現を可能にすることばの道具をすぐには揃えられなかったので、彼らはまず名詞を手直しして、現実の変化を知覚した通りに改変した。そこから、元のことばの動詞活用と語尾変化が生まれた。しかし、この道具が複雑になると、冠詞と助動詞を発明して、難しさを減らそうとしはじめた。このように、ことばは、最も単純な道具と最も近代的な機械とを比べたときに見られる進化と同じ進化をたどってきた。簡単に使える新しい道具は、初期の近代的機械と同様に、やがてより多くの多様な組み合わせを可能にしていく。初期の仕掛けでは、個々の動きに対して一つの原理、一つの車輪で足りたが、最新の機械では、同一の車輪がいくつもの動きをもたらしうる。発達した各国語についても、同じことが言える[17]。一八世紀に見られる言語における変革は、経済学そのものが言語と緊密に関係しているという考えと無縁ではなかっただろう。

言語と文字は、進化の必要性があって変化したという、まったく別の解釈もある。ウィリアム・ウォーバートンのエジプト象形文字についての著作が有名になったのは、文字がメキシコ絵文字からエジプト象形文字を経て近代言語へと進化した理由を、基本的に実践的なものとしてとらえたからである。ウォーバートンの主張では、進化した理由は、象形文字が模写の対象から離れた暗喩を聖職者が使うようになったからではない。つまり、自然の暗喩から文字への移行というレトリックのパターンで脱自然化が行われたからではない。そうではなく、文字表現の型の進化の原理に沿って、効率化と短縮化を求める実践上の理由が働いたからなのだ[18]。まず、人間に絵やイメージを使うよう促す実践的必要性があった。象形文字の神聖な起源を重視する論者たちは、象形文字の神秘と謎を聖職者たちが包み隠そうとしたと考えたがるが、そうではない。その後、政治的・思弁的必要性が加わって、多様な字母が生まれた。とりわけ、貧弱な諸単語を飾ろうとして比喩的・隠喩的な言葉遣いが生まれることになる。しかし、言語と文字の主要原理は、やはり人間の実践であり、それが〈永続革命〉の説明になる。

ロックにとって伝達や記録のための認識の道具である言語は、コンディヤックにとっては思考分析の道具となる[19]。そこには語と観念分析のたえざる過程、永続する相互依存、〈相互的影響作用〉がある[20]——「記号と考察はたがいに助け合う原因、たがいにその進化に協力する原因である」[21]。つまり、精神はそもそもの始まりから、記号を作る基の諸知覚要素に注目することでそれらをばらばらにする。そうすると、記号そのものが人の感じる印象を一歩離れてとらえ、すでに作られた記号をあてはめて印象の解読を可能にする。[22] 認識と、記号の使用は、歴史的に並行する。次第に改良される言語のおかげで、そして名詞と構文の発明のおかげで、思考は次第に抽象的な形に発展していく。

4　貨幣言語

価値および貨幣の問題も、言語の問題と同じやり方で扱われる。やはり道具を扱うように、貨幣を考えるときにも重商主義の特徴である慣例主義の延長線上に置かれる。ミシェル・フーコーが示したように、一七世紀以前は、貨幣という道具には内在的な価値があるとする考えが優勢だった。[23] それは、物質には内在的な特質があると考える神学者や形而上学者の考えときわめてよく似ていた。グラモン〔?〜一六二八。ルイ一三世の秘書官〕の提言はこのような考え方を打ち砕く――「お金は事物の価値を実現するための記号、慣例的道具にすぎない。しかし、この価値の真の評価は、人間の判断、評価能力と言われるものにその根源をもつ」。[24] この評価能力は、人間が対象物と結ぶ関係を指し示す。人間と事物との評価関係が成立するのは、人間が感覚的存在だからである。ガリアーニ神父による有名なことばはこうだ――「人間はあらゆる価値の尺度である」。効用は、どんなものについてもまったく特性をもたない。効用という考えは根本的に〈反フェティシズム〉、反実体論である。絶対的な価値は存在しない。コンディヤックは記す。「価値は物ではなく、物に対するわれわれの評価の中にあり、その評価はわれわれの欲求にかかわっている。欲求が増減するのに応じて、評価も増減する」。[25] すでに見てきたように、こうした価値の見方は一八世紀に広く受け入れられていた。たとえば、テュルゴーがそうである。彼は記す。「価値という語財がわれわれの欲求にかかわる良い働きである。その働きのおかげで、自然の贈り物とは、自然の贈り物とわれわれの欲望の充足と喜びに適うものとみなされる」[26]。ここからさらに、同じ図式が知覚理論にも活きていることがわかる。事物にはもはや内在的な価値はないし、固有の特性も存在しない。それが存在すると思わせるのは語と文が抱かせる幻想である。したがって、経済的価値とはわれわれが物について知覚した特性と同じであり、価値の評価とはその特性についてのわれわれの知覚と同じである。テュルゴーやコンディヤックによれば、交換の際の値段は、〈余剰物〉の交換から引き出される利点の相互性、利益の均衡を表すべく定められる。値段は価値を表現する形であり、交換を行う経済的主体に共通した要素、合意したしるしであり、それは慣例的形式で物に名を付け、意味をもたせるのと同じである。なぜ貨幣と言語の図式がこれほどまでに共通しているのか、その理由は、一定量の金属を貨幣と呼ばれるものと結びつける習慣が作られたからである。君主は民衆の気づかぬうちに、平気で貨幣の質を変えてしまう。「民衆の言語が民衆自身に仕掛けられた詐欺を隠蔽し、彼らを騙すために君主と共謀していかのようである」[27]。この考えはコンディヤックにとって、経済論文の冒頭に置くほど重要なものだったが、当然ながら、経済の科学を作るには、経済学のための言語を作る必要があった。彼にとってはおそらく、金属は商品であり、また重量をもつと同時に取引に使われるという特性をもつものであり、さらには人間の苦労の成果でもある。貴金属が貨幣として選ばれたのは偶然ではなく、効用が優先されたからである。しかし、それよりも、この人工的で慣例的な道具は、人間の欲求、現実の取引における保証の役割を果たすよう求められたと言える。

テュルゴーは論文「価値と貨幣」を、古典的な認識体系の枠組みそのものの描写から書きはじめた

──「貨幣と他のあらゆる尺度との共通点は、各国で使われる言語間での共通点のようなものだ。それはすなわち、約束事であり、任意のものとしてそれぞれ異なること、しかし、一方で、共通の基準をもっている点で似通い、同じであることだ[28]」。言語にとって、共通項は諸観念で作られているし、貨幣にとっての共通項は価値である。したがって、貨幣は〈商業言語〉であり、〈公示された重量と含有度[29]〉通りに通用する。

要するに、貨幣という道具は、諸価値と諸利益が循環し、流通するための手段であり、プラスとマイナスの両面を分かちがたく伴っている。マイナス面というのは、貨幣は言語や法律と同様に操作の対象となり、欺瞞の手段となり、悪用の要因ともなるからだ。また、本質的に人間間の媒介を果たすこの道具には、危険な不透明性がある。この道具は必要と欲求から切り離され、それ自体で動くように見える。単語は、たとえ普通名詞、一般用語であっても、ある物を名づけるために使われる。貨幣のほうは、物の尺度としての価値しかないのに、それ自体の効用が付与されることになる。

5　言語の効果

言語を効用という要請に支配されるものとして実践的に定義した一人に、バークリーがいる[30]。重要なのは言語の効果であり、一定の文脈の中での語の使い方である。観念に結びつかない語があるとすれば、それは、言語が何かを意味して、ある目的のための伝達手段となるからである。つまり、言語が、行動の意志に至る表現の意志で動いているからである[31]。伝達は一定の意図と活動に依存している。そこでは、認識はもはや言語の使用にかかわる狭い領域としては現れないし、言語は使用されるほとんどの場合において、ある意図を表し、対応する抽象的観念とはまったく無関係の〈価値〉〈重み〉をもつ。(32)このように、われわれが言語を利用する目的は、それによって何か報いることを約束して、われわれを意のごとく動かすことにある。それはちょうど、ご褒美と命令とが結びついたわれわれの子どもの頃の経験の繰り返しである。(33)バークリーはこうした実践的な考え方を一般化して次のように言う。「なお、一般に考えられているように、語が指示する観念を伝えるのが言語の主要な目的ではないし、ましてや唯一の目的でもない。言語には他の目的が存在する。情念を生み出させること、行動を誘発し実行させること（心に独自の気分を醸す）、などである。多くの場合、観念の伝達はまったく二義的であり、ときには省略される。言語の普通の使われ方では、そういう事態は稀ではない(34)」。かくして、神の約束にかんする伝道者の話し方は、「義務に対する人間の気持ちを、より楽しげに、より熱心にするばかりである」。スコラ派がアリストテレスの名を挙げる場合も同様で、そこには尊敬の念を抱かせる意図がある。その名前と〈同意と尊敬の反応〉とが組み合わさったのだ。(35)

言語は認識にとって必要な道具ではあるが、同時に危険な道具でもある。言語は不可欠な操作役ではあっても、最も有害で、最も役立たずで、ときには最も破壊的な信念の源にある。それゆえ、一八世紀以降、言語の特性、起源、操作の仕方、目的について、実に多くの哲学者たちが、並々ならぬ関心を寄せてきた。(36)

観念が広い意味での経験から引き出されるとしても、言語は人間精神の働きをあとから裏打ちするだけでは満足しない。ロックとその後継者たちは言語に独自の効力を付与する。それによれば、言語は諸観念の連結と固定の機能を有するにすぎないとしても、単に伝達の道具としてではなく、積極的な役割も果たす。言語によって、一般的な観念の形成、安定化が可能になり、それを固有名詞の形で伝達可能にする。複雑な観念や特性の集まり・様態は、言語によって固定され、根づけられ、つながれる必要がある。しかし、その代償として支払うべきものもある。単語の抽象化は具体的な存在を遠ざけ、その一般性が特異性を損わせるのだ。そこには諸単語の濫用という危険、精神が諸概念を想像して作り上げる〈使用上の危険〉がある。しかし、この危険を防ぐには、観念を伝え、記録するのに不可欠な記号をどう正確に使えば良いのか、そのやり方を入念に検討すればよい。

バークリーのやり方は、言語という道具についての必要な制御のあり方をよく示している。言語は、自然の明白で純粋な姿をかき乱すものであり、〈偶像〉であり、〈ヴェール〉である。なぜなら、言語は、実践から生まれる幻像、見せかけの事実を、受動的に記録するからである。見せかけの中でもおそらく一番安定しているのが、〈物体〉にかんするものである。科学、真の科学を作り出すには、これらのヴェールを脱ぎ捨てなければならない。そのためには新しい言語が必要となる。

バークリーは実践と言語の関連を批判しようと心がける。たとえば、われわれは感知しえない物について語る際、感知しうる物に対応する語を隠喩的に使用している[37]――「言説は、われわれが想像している以上に隠喩的である。なぜなら、感知しえない物、その様態、状況は、大部分、感知しうる物から借用した語で表現されるからだ[38]」。正しい実践と良い認識のためには、言語の悪魔のヴェールを引きはがし、人間と物との良い関係からなる楽園を見つけなければならない。だからといって、世俗の犯す過ちを責めるのではない。逆である。学者が作り出し、広めた抽象的な観念の幻像に対して、常識の側に立つことである。「私は何につけても民衆の側に立つ」と、バークリーは公言する。[39] 庶民の素朴な信仰や空理空論の迷路を拒否する気持ちこそ、実践的効用へ向かうための指標となる。霧をもたらすのは庶民の言葉遣いではない。学者の言葉遣いこそが懐疑主義へと向かわせるのだ。ロック自身、〈空虚な音〉を作り出すすべての人間を告発する――「［そうした音は、］自分たちの教会や学校独特の言い回しとして、口にして悦に入っている連中、つまり、それらのことばの意味する正確な観念には意を払わない連中には、ほとんど意味をもたないか、あるいはまったく無意味な音である」[40]。

6　ベンサムのフィクション理論

すべての語が必ずしも現実に対応する物をもっていないということの考えは、新しくはない。バークリーは多くの語に対応する現実のないことを示し、個々の語を厳密に指示できるというとらえ方をきっぱりやめるよう求めたが、これによって新機軸を打ち出せたわけではない[41]。W＝V＝O・クワイン〔一九〇八～二〇〇〇。アメリカの哲学者・論理学者〕が〈コペルニクス的革命[42]〉と言った、言語の体系的主張を目にするにはベンサムの功利主義的フィクション理論を待たねばならなかった[43]。ここでベンサム理論のすべての側面を展開するわけにはいかないが、その大筋については述べておく必要がある。ベンサムが切望する法律的・制度的改革の第一の素材は言語である。犯罪、快楽、苦痛を分析するのも、法律を書き、人々に命令を下すのも、言語によってなされる。言語は基本的には感覚と欲望に結びついているので、とくに法律と政治にとってはすぐれた道具となる。実際、話すということは、効用という観点で決まる判断、気持ちのありようを伝えることである。ベンサムは言語領域と政治領域のこの密接な絡まりを構想し、最大多数の最大幸福を目指す完全な法体系を打ち立てようとする。たとえば、法律を書くこと、つまり法律書**nomographie** への一貫した熱烈な関心はそれゆえに生まれたものだ。その関心は実践と言語理論の両面にわたり、彼はそれに従って厭くことなく法典を編集した。ベンサムはこのような視点からC＝K・オグデン〔一八八九～一九五七。イギリスの哲学者・言語学者〕の表現である〈フィクション理論〉を構想したのだ[44]。

この理論は一九世紀初めの二〇年間に体系化されるのだが、事実上、ベンサムが自説のテクストの冒頭部を書いていた一七八〇年代にはすでに準備されていた。彼にとってそれは、法律用語の実際の意味を決定する手法として役立った。その意味は最終的には、快楽と苦痛の中にあり、これを法体系全体が最大多数の最大幸福のために調整することになる。さらに、ベンサムは、法律用語の語彙を具体的に決定する際の困難は意味の循環という言語構造の特徴にあるのではないかと考える。事物の世界に明確な対応物をもたない曖昧な用語を決めるなら、その後もその最初の用語と同じく曖昧な別の用語に頼らざるをえなくなる。彼は『法一般について *Of Laws in General*』において、所有の意味を表す語について述べる際、こう記す。「一方、これらの語は、どの言語においても本質的な構成要素として使われている。われわれが使うこれらの元の語を説明しようとすれば、意味がその同じ語によってでしか明快に説明できない別の語を使わざるをえない。これこそ、われわれが永久に閉じ込められているらしい滅茶苦茶な悪循環である。こうして、**言語の専制**は科学的活動を嘲笑う[45]」。

この専制は、人間の行動にとっての限界であると同時にチャンスでもある。限界というのは、話者が自分の伝達・思考道具の主体でありながら、もはや自分がその主役ではない語と文節によって構造的にたえず良いように操られるままであることだ。話者は自分では知っているつもりなのに、知らないことばを話す。そこから、道徳、政治、宗教、経済、あらゆる領域にわたって疑わしい行いが生じる。これらの領域は個人と集団に最大限の幸福をもたらす条件を作るはずなのに。道具の制御を取り戻し、できる限り有害な表現を純化し、話すときには自分の言いたいことが何であるかをよく知るやり方を見出すことほど、根本的で緊急を要する課題はない。それが言語理論本来の実践的用途である。ベンサムにとっては、ことばにかんするあらゆるフィクションと闘い、排除することが問題なのではない。〈フィクションのけがらわしい支配〉をたえず告発する彼の文章を読むとそう思いたくなるが、それは誤りである。たしかに一方には、完全に〈空想的な〉語と表現があって、魅惑や憎悪をあおり立てて、感覚の領域で〈まともな分別〉を働かなくさせてしまうが、もう一方には、それなしでは言語が機能しなくなる不可欠のフィクションがある。ベンサムが主に寄与したのは、意味作用は個々の物を指示する語だけから生じるのではなく、文節全体の中にも表れるとした点にある。われわれが直接体験する快楽や苦痛の〈出来事〉や状態が、この文節とかかわっているのだ――「語と文節の関係は、文字と語の関係に相当する」[46]。こうした文節は、一部にかんしては〈現実の実体〉を、他にかんしては〈架空の実体〉を指示する語によって編まれている[47]。後者は、〈対応する現実の代理とみなされる空疎な語〉であり、〈**現実**と見られることの多い単なる**フィクション**〉である[48]。ベンサムは彼の理論の短い紹介の際に、付け加えて述べる――「この区別を付けることで、ある多数の語のタイプについては、類および種差に基づく定義という、これまでの定義のやり方では説明できないことを、私は発見し、提示することができた。その定義法はこれまでいささかの成果も利益も上げられないままに広く使われてきた技法だった。また同時に私は、このタイプの語を説明する唯一の有益で有効な方法、パラフレーズによる方法、つまり、それらの語に付与された意味を固定し、その意味を一つの明確な視点の下に置く方法を提示することができた[49]」。

道徳的・法律的・政治的な〈架空の実体〉の意味をとらえるためになされるパラフレーズ的手法[50]とは、すなわち、架空の実体を表す単数ないし複数の名詞を含む文節に代わって、〈当該の語と、苦痛・快楽の基本的観念との共通の関係〉をよりよく指し示すものを文節とすることである。そうすれば、これまで〈雲間に漂い、教義の風が吹く度に飛び回っていた[51]〉意味に代わって、明確で固定した意味を与えることができる。

『法一般について *Of Laws in General*』の同じ箇所で、ベンサムは感覚的固定点と関連づけるべき語の例をいくつか挙げている――「力、権利、禁止、義務、務め、負担、免除、例外、特権、所有権、安全保障、自由、その他挙げるべき多数の用語はすべて、共通に話される場合、一定の状況における権利の道具、創作物とみなすことができる」。ここで明らかなのは、観念と記号が言語の本質からしてフィクションとしての論理でとらえられ、最終的には快・不快の感覚を生む体験や試練と関連づけられるという考え方が独自のやり方で体系的に適用されていることだ。

ここで、**言語の専制**というものが人間の行動にとっての限界を示すだけでなく、その大きなチャンスにもなることが見えてくる。言語がフィクションで編まれていると知ること、そして〈想像の創作物〉と〈感覚の現実〉を関連づける手法を手にすることは、立法者に対して一つの道具を与えることになるからだ。その道具とはすなわち、効用を独占的原理とする道具、つまり法律・制度・装置の世界を作り上げるのに必要な人為的道具を指す。〈至福の工場〉建設のために用いられる手段の人為性そのものが、最大多数の最大幸福の条件である。実際、立法者はフィクションの力強さとその望ましい使い方を心得ているから、本物の新世界、すなわち個人が最適の条件下で自分の私的目的を追求しうる制度的枠組みとその建設手段を手にすることができる。そのうえさらに、政治・司法の責任者は法律の巧みな案配、つまり報償と処罰によって、利害に適う活動を自ら行い、結果として共同体全体を最大多数の最大幸福に導くことができる。要するに、政治的行動は言語という媒体によって初めて個人の活動に効果をもたらすことができる。言語こそ、権力と諸制度の関係を確立する素材そのものなのだ。この素材が存在するのは、それが何よりも気分、感想、欲望、利害を伝達するのに役立つからに他ならない。

7　言語と利益

行動と観念の道具という、こうした言語観は、重要な理論的・政治的結果をもたらした。それは、革命期のフランスや民主的思潮下のイギリスにおける〈言語の政治的熱中〉の説明にもなるだろう。実際、言語は諸利益の媒介役であり、同時に、それを覆い隠すヴェールの役もしている。言語は利害を幻影や偶像やフィクションの陰に隠すとともに、それを他人に見えるよう、伝達、取引、判断、判決、法律の形で明らかにもするし、その上、押しつけもするのだ。

ベンサムの言語理論は、彼が早くから法体系・法制度と闘う過程の中で生まれた。彼には批判的・論争的傾向があり、最大多数の利益に反して司法・政治階層の自己利益に役立つ働きをする有害なフィクションには激しい攻撃を加えた。よこしまな利益 sinister interests は一部の言語フィクションと不可分であるというのが、彼の変わらぬ立場であった。彼の言う、こうした誤り fallacies、つまり、こうした嘘や偽りの表現は、実は有害な利益によって作り出されたものであり、良く作られた法律が効用原理を表現しているのとまったく同様に、有害な利益を象徴的に伝えている。ベンサムは、利己的な利益を弁護しない。それどころか、政治と法律の世界は少数者の利益の腐敗的な影響によって特徴づけられることを、たえず批判的に強調している。悪い政府、出来の悪い制度、欠陥だらけの法律があるのは、そしてとりわけそれらを改良できないのは、多くの場合、現状維持で得をする連中が権力をもっているせいである。ベンサムの『政治的詭弁入門』は、この点で、権力行使のレトリックの技にかんする分析として格好のテクストとみなされる。

このテクストでは政治と法律を正道に戻すやり方も明快に示されているが、言語という象徴的な権力がその基に据えられている。すでに述べたように、言語は法律の素材であり、主権者の判断の素材であるが、それゆえに諸利益の調査・調整・組織化・調停を図る力をもっている。言語に求められる必要な改良は単に認識の問題にとどまらず、本質的に実践上の領域にまで広がる。コンディヤックの教えによれば、道徳・政治科学は独自の言語を用いるべきであるが、それと同時に、言語一般をたえず批判し、そこにどんな利害が隠されているか、どんな特権とどんな陰謀が存在しているかについてもよく見なければならない。なぜなら、言語という道具は、良い原因にも悪い原因にも利用できるからだ。彼の改良策と批判は、言語が人間の欲求と必要に深く結びついていることを起点にしている。一方で、言語は人工物であり、神が定めたものではないから、変更可能である。他方で、それは感覚的現実と結びついている。一般的に言えば、言語、経済的価値、政治制度を分析することは、人間の諸利益が生まれる土壌を調べることに通じる。こうした分析の結果、つねに全体の構成がその最初の諸要素とつながるために、道具・制度の仕掛けがその動機であり究極の目的であるはずの人間の満足と関連づけられるよう導かれる。

この言語理論は、言語がまず社会的・政治的事象であるとする考えを重視したイギリスの民主主義運動に思いがけない影響を及ぼすことになる。(52) 一八世紀末に広まった当時の支配的な考えでは、洗練されたことばと卑俗なことばの区別は、当然ながら利益も慣習も好みも正反対である二つの階級の存在を反映していた。ことばは、異なる世界に属する二種類の人間の関心、生活と思考の様式の表れである。民主派のウィリアム・コベット〔一七六三〜一八三五。イギリスのジャーナリスト〕のような一部の論者にとって、この現実は、二つの階級が分かれ、一方のことばが他方のことばを支配している有様を示している。また別の論者たちにとっては逆に、この事実から引き出すべき結論は、ことばを完全なものとし、最も高貴で抽象的な理想の型にするためには、これを普通の話しことばから遠ざけるべきだというふうになる。この種の保守的な理論は、イギリスでは大きな反響をもった。(53) ジェイムス・ハリス〔一七〇九〜八〇。イギリスの政治家・文法学者〕の理論がその例である。彼のプラトン学派的な考えの枠組みでは、場所・時間に左右されない知的形式、抽象的観念、一般的概念が存在し、そこにはそれを受容する、同一の普遍的観念に適合した厳密な法則に従う一つの洗練された言語があるとされる。言語の成り立ちはまずこうした知的実体を表現するためであり、欲求の表現は二番めにくる。モンボド卿(54)〔ジェイムズ・バーネット。一七一四〜九九。スコットランドの比較言語史学者〕においてはさらに徹底したエリート主義があり、言語は哲学者と芸術家の人為的創造物であるとして、こうした理想主義的考え方を強調する。モンボド卿が意味深くも述べているように、欲求と感覚の言語を排斥する根底には、具体性、〈肉と血〉への拒否がある。言語が〈理性的な行為〉を表現する抽象的な関係を明示すればするほど、その言語は純粋理性の道具としての言語の本質にふさわしくなる。また、ことばが純粋になるほどに、それを話す者は、卑俗な話し方との一切のかかわりから保護される。抽象化は、公共空間への参加の正当性、発言権、とりわけ投票にかかわる問題であるという点で、政治の中心課題となる。実際、一九世紀初期の段階までは、こうした言語観はまさに民主派の要求に対抗した言語をめぐる議論の対象であった。話し方は理性の領域への参加能力を表す――こうした主張は、政治への参加は正しいことばを話す者だけに限定すべきという判断に帰着する。

一方、ジョン＝ホーン・トゥック〔一七三六〜一八一二。イギリスの政治家・言語学者〕は、支配的だったエリート主義的理論に対抗して、言語の民主的理論を練り上げる。『パーリーの気晴らし』と題された著作で、彼はロックの『人間知性論』を、著者が意識せずに書いた言語論と考えた――「ロック氏の論の一番重要な部分は、抽象化、複雑性、一般化、関係などにかかわる部分であり、それは純粋に言語だけにかかわる考え方となっている」(55)。トゥックの目で言語の歴史を見るならば、そこに現れるのは、その変化の特性と法則であり、語と不変とみなされた精神との関連づけではない。言語の土台は名詞と動詞である。その他の品詞は基本要素を省略化して生まれた派生物である。前置詞は抽象化を意味するのではなく、ことばの実践活動の過程で名詞と動詞から派生したことを示している。こうした形態が生まれ、増えたことは、効率と早さという実践的な必要性によるものと説明しうる。もし言語が芸術であるとするなら、それはモンボド卿の考えたように洗練された芸術家の作品ではなく、〈素朴な人々〉[56]の作品である。すべての語の源は、物質世界、欲求と利益にあるのであり、想定された普遍的な観念の純粋性にあるのではない。話し方の洗練と卑俗には根本的な異質性はなく、あるのは時代と状況における使い方の違いだけである。これは、この論争の核心である。なぜなら、この論争は、観念と知識の源にかかわると同時に、民衆・労働者一般の意見の正当性にかかわるのだから。

この点においても、ベンサムは際だっている。代議士、政治の責任者、司法官はすべて、自分の固有の利益（それ自体、自分の階級すなわちカーストの利益と、純粋に個人的な利益からなる）と公共の利益を分かちもつ。良い意図とは、この二種類の利益を一致させるものであるが、それを可能にするには、権力者へのたえざる監視、彼らの行いに影響を及ぼす制裁の脅威、報償への期待が要る。そこでベンサムは、彼の『憲法典』において、多数者から少数の指導者への〈民主的影響力〉の条件を詳細に述べる。その条件の中でも、最も本質的な闘いの一つが〈語の暗雲〉に対する闘いである。ベンサムによれば、それは支配される者と支配する者の両陣営の間の真の〈言語戦争〉[57]である。この点で、ベンサムは象徴的支配にかんする政治社会学の創始者と言える。彼が考えるに、民衆が権力側を制御するには、制度の頂点にいる者たちの立場をひたすら強化する貴族側の意見を無効にする以外にない[58]。貴族の側にそうした優位性が生まれたのは、権力を行使する者にはもともと資質があるという信仰があったからである。普通選挙は必要であるが、それが多数者の利益になるように働くには、多数者がもはや少数者の考えに依存しなくなるときに限られる。こうした判断にかんするベンサムの見方は徹底している。政治における民主主義とは、世論という名の裁判所の支配と同義語である。この裁判所は法律・制度の善悪の傾向を判断する。しかし、一部の貴族集団には公共の裁判所の民衆部署を押さえつける能力がある。報道を規制する新聞支配のように、指導層はその思惑通りの記録を作るからだ。エリートたちは、とりわけ自分の判断基準を基にして多数者に対する権力を確保し、効用原理とは逆の、自分たちのよこしまな利益 sinister interests をのさばらせる――「公共の善とは反対の階級的な利益と感情が善悪の基準となり、諸階級それぞれの行動がその基準に支配される(59)」。ベンサムがイギリスの急進的運動と提携して将来の憲法の民主的理論を練り上げていたこの時期、彼は同時にもう一つの理論を構築しつつあった。それによれば、欲望・利害・一種の楽しみを指し示すために使われる語や表現、すなわち言語そのものに暗黙のうちに含まれている道徳的判断は、階級の構造とつながっている。ベンサムの言うには、好みの決定者となるのは強者や富者である。つまり、何が良くて何が悪いかを決定するのは彼らであり、彼らは自分たちの慣習と判断を良い趣味に合ったもの、そして民衆の慣習と判断を軽蔑すべき悪趣味のしるしだと公言する。〈上流の者〉の目には、民衆そのものが嫌悪の対象である。また、ずっと昔からだが、民衆グループに属していながら富者・強者の判断基準を良しとする者が一部には見られる。これは野心からでもあれば、流行に惹かれてでもあれば、あるいはまた社会問題についての記事をエリートが独占して報道しているという事実にもよるが、いずれにしても、これは少数者による有害な利益の支配をいっそう強め、彼らが大衆に向けている軽侮の念をより高めさせる結果になる(60)。

認識の進歩の条件である言語改良は、社会生活の発展と相関している。コンディヤックにとって、認識はことばによって決まり、ことばはそれ自体社会共同体によって決まる。もはや言語の起源を神と考えるべきではないのと同様に、社会を創造の結果としてみなしてはならない。社会は発展の結果であり、〈流れ〉〈飛躍〉〈たえざる進歩〉の結果である。要するに、ことばと社会の起源は〈自然のまま〉なのであり、その意味するところを正確に言えば、社会は最初からいきなり与えられたのではなく、純粋に人間的な規則的法則に従って発展してきたということなのだ。しかし、この〈自然の法則〉に従った発展には人が自分で作ったものも必要だった。もし人間が必要に応じて道具を手にしなければ、人間は自然（ある者にとっては神）が人間に期待したことに応えられなかっただろう。

なぜことばの改良にこれほどこだわるのか、その理由がこれで理解できる。純粋に認識の問題なのではない。むしろ認識というのは、つねに人間の安楽と技術的発展への関心と結びついている。ベンサムの目から見て、自身のフィクション理論が人間の幸福に絶大な効果を及ぼすものであることに疑いようはなかった。人類が〈現実の実体〉と〈架空の実体〉をもう混同しなくなれば、単なる〈ことばの現実〉に騙されることも、また、自分の努力を無にすることもなくなる。アリストテレスとその後継者たちをまともに批判してるわけではないが、これは砦を乗っ取り、思考と行動の全領域を見下ろすヒュームの隠喩を取り戻すことに等しい。そうやって、少数者の政治支配とつながっていた数千年来の古い存在論を打ち破るのだ。この支配は、至高の、天上の、ないしは形而上的な存在論的実体の名において、またその倫理的・政治的対応物である美徳、名誉、尊厳の名において、長きにわたって続けられてきたものではなかったか。

功利主義の主な特徴の一つは〈制度〉という考えに関連している。たしかに、なかには旧態依然たる特徴に力点を置く見方もある。たとえば、法律を現世以外の目的に仕える道具とする見方である。しかし、次のような見方がはるかに支配的になる――「制度は個人的諸利益を調整し、充足させる道具であり、それは既定の事実なのだ」。こうして、制度はすべて幸福や、安楽、喜びなどの人間的目的に仕える道具とみなされ、もはやカトリック教会を原型とする超人間的な起源の神聖な創造物ではなくなっていく。すでに見てきたように、功利主義の最初の原理は神学的な考え方から始まる。神が被造物である人間に世界を分け与えた。ところが、その世界は、もし人間が自由に使える道具、つまり言語、理性、手、労力、エネルギーをもち、さらには自然を作る〈外的〉諸要素を自由に使いこなせることができるなら、実際に人間の意のままになる。この道具観は法律、統治、観念、言語、自然にかんする諸理論を同一次元に置くものだが、これは神の贈与という古いパラダイムの対極に位置する。神学では、被造物は神の意志の道具と考えられていたのだ。功利主義はこうした文化的逆転の原因であり、またその結果でもあるが、サン・シモンがいみじくも言うように、〈ひっくり返った〉のは世界であり、これによって世界は無限に処理可能、開発可能なものとなっていく。個人同士が結ぶ効用関係の中で、制度はもはや超越的な第三者ではなく、ありとあらゆる利益を実現するために人間が自在に修正しうる手段となる。しかもこの人間による創造物は、人間に仕えるとは言っても、人間関係を規格化する役割もまた果たしうる。要するに、制度には、人間のさまざまな行動を調整するとともに、行動の結果を正しく計算する技術的な働きも期待されるようになったのだ。

第11章 経済人間の政治的製造工場

個人の行動が政治的制度との関連で考えられるようになったとき、建設者と人工論〔世の中のものはすべて人間が作ったものだと考える、幼児に特徴的な思考様式〕者の時代がやってくる。一般に、〈自由主義〉に発するとされる自然論的なものの見方に対して、その起源を求めることが多い。しかし、そういう見方からは遠く離れて、次のような考え方が真剣に取り上げられ、一連の考察となって現れる。個人の利益こそ社会的幸福のための政治にとっては最も重要な素材となりうる、という考え方だ。この考え方においては、国家は単に人間の性質の欠陥から生じる必要悪ではなくなく、人間を変革するための第一の道具となる。効用はそこで、個人と政治制度の双方からなる一つの循環として現れる。政治制度は、感受性をもつ個人を、有効な行動の主体に仕立てる。そして彼の利益をときに刺激し、ときに引き止めて誘導し、利益の安定化を図り、とりわけ個人がつねに正しい計算によって自分自身の主人公でいられるようにする。しかし、政治制度にこうした道具としての機能が付与されるのは、感受性をもつ人間というものが幸福を求める内なる原始的な衝動をもつ存在ゆえに他ならない。効用というこの循環を働かせるのは立法者と政府による実践的な仕事である。人間が感覚によって支配され、個人の利益が繁栄と個人的・集団的幸福の起動力になるというこの二重の真実がしっかり認識・是認されるなら、国家の務めというか、国家の性格そのものも、これに深く影響される。功利主義は、その古典的完成時においては国家の行動理論として現れる。そして、効用が国家の支配的原理になると、それは近代国家の立法理論として現れる(1)。この問題については、ベンサムが『道徳および立法の諸原理序説』の冒頭から明確に述べている。もし人間が感覚に支配されるとすれば、人間を統治するのにも感覚による以外にあるだろうか。しかし、人間を感覚によって統治するとは、あるいはもっと間接的な言い方をすれば、人の心を主要な行動原理、つまり利益によって統治するとは、何を意味するのか。個人的利益を満足させつつ、個人を政治に従わせるというのは、乗り越えがたい矛盾ではないのか。人間が統治される以上、その個人はもう自分の個人的利益ではなく、まさに自分以外の者の分別によって指図されるのだから、そこには固有の難しさがあるのではないか。この大変な難問に、とりわけジェレミ・ベンサムをはじめとする多くの著者が取り組んだ。彼らの功績は、近代国家の実践のための理論的基盤を作ろうとしたことと、その後の理論の展開を先取りしていたことである。

1　政治的方策と人間の行動

利益は富を増やすことによって、激しい情念を鎮めたり、社会的平安を築いたりすることのできる、人間相互に作用する力である。この力を利用するという考えが新しいものでないことは、すでに十分述べてきた。一八世紀初め以降、良い統治の原理となるやり方が生まれる。危険な情念を、より穏やかでより社会的に有益な情念によって防ごうとする、代償、誘導、あるいはその組み合わせという方法である。賢明な政治家のあり方を定義する文献はふんだんにある。(2) しかし、政府が個人の利害の衝突にかかわれば政府は消耗してしまうものだと考えるのは間違いである。あるいはむしろ、利益原理は人間の統治を完全なものへと改変し、再定義する起点になるのであるから、そこを見ないのは誤りであると言うべきだろう。この本質に気づいたのはミシェル・フーコーである。彼は〈リベラルな統治性〉の分析を試み、ベンサムの理論がその要であることを見抜いていた。しかし、人間を各人の利益によって統治するというのは、人間には生来の利益があるから、政府が最小限にやることはその利益が育つよう、あらかじめ制限を加えた上で外側から見守るだけにとどめるべきであるという意味ではない。それでは、自由主義を〈自然〉の自由という単純なイデオロギーにしてしまうことになる。人間の行為における利益の優位という考えから引き出すべき結論は、それよりはるかに深く、根源的である。つまり、法律が従うべき〈自然〉という考えそのものに再考を促すのだ。古典的な功利主義が構築されるのは、まさにあらゆる形の自然論に対する反論としてである。実際、重商主義者が経済的統治という考えの下で理解したように、〈自然〉が、なすべきこと、なすべきではないことの参照基準や調整役なのではなく、何らかの〈内発性〉こそが、個人の行動を可能にし、その成果に到達させるのだ。政府が介入するのは、〈自然〉に適応するためではなく、効率という価値にスライドする〈内発性〉を呼び起こすためである。

誤解しないようにしよう。〈自然〉の役割が完全に姿を消すのではない。その役割は、快楽を好み、苦痛を嫌うという要請に応えることだけに限定されるのだ。その最小限の部分が政府と立法者によって人間の体を活動させるためのエンジンとなるのであり、人間の体を貫いているこの諸感覚は、あらかじめ定められた中身を一切政治に与えない。幸福は政治の最大の目標対象の一つであろうが、それは他の目標対象に見られるような神由来の完璧な機能を発揮しない。人は社会組織のおかげで自分の意欲をかき立てるものを可能な限り自発的に求めることができるという意味で、幸福は社会組織の産物以外の何物でもない。この内発性は、〈人間の感覚的本質〉に適う政治的な目標対象に合わせて政府が考えついた、社会的な目標の達成のための最も有効な手段である。しかし、感覚という出発点と最大多数のための最大幸福という集団的目標との間では、すべてが技術となり制度となる。あるいはまた、すべてがフィクション、策略となり、すべてが人間間の〈取り決め〉となる。だから制度はすべて、個人がおのれの利益に合った行動を取れるための一定の枠組みとして機能しなければならない。その利益は、おのれを満足させ、同時に、他者に悪い結果をもたらさない方向へとおのれを導くはずである。現実に解決すべき最大の問題は、誰かに強制されることなく、また誰かを害することなく活動するにはおのれ自身がどのような政治的行動を取れば良いかである。その答えの核心は、おのれの行動についてできる限り自己制御を働かせるような計算の仕方を身につけることにある。

エルヴェシウスからベッカリーアを経てベンサムに至るまで、理論の大元は精神的ニュートン主義が起点となっている。重力が物質界の法則であるのと同様に、利益が精神界の法則である。利益によって個人同士が牽引し合い、反発し合うからである。人間に必要な科学的政治を樹立する場所は、この地面の上しかない。それでは、なぜ諸利益がおのずから自然の成り行きで調整されるに任せないのか。この世紀は成り行き任せというこの傾向に魅せられて今日まで続いているではないか。しかし、この考え方は、社会問題の技術専門化である古典的功利主義者にはなじまなかった。彼らにとっては、自然のままの状態での完全な政治的中立が（仮にそういうものがかつて存在したことがあるとして）最大多数の最大幸福を保証するとはとうてい考えられなかった。その理由は少なくとも二つある。一つは、本来、個人が自分の利益について最も正しい計算を行えることはない。二つ目は、すべての人間が自発的に全員の最大幸福を求めることはない。したがって、法律によって彼らを人為的に誘導しなければならない。言い換えれば、政府の仕事は、個人が自己利益を計算する際に、プラスまたはマイナスの報いを受けられるよう導き、個人が自分にとって最も有利で、他者にとっての満足とも両立しうる行動を取れるよう誘うことである。ベンサムにはもともと、快楽と苦痛を計算し、算術を完成させるという意図はなかった。ベンサムの独自性はむしろ、最大多数の最大幸福を目指す立法者たちがこの算術をヒントに法律の作成へと向かうよう導くところにあった。統治するとは、不安と期待を操作する手立てについて考えることを意味する。人間の振る舞い方を完全に知るには、行動の動機の検討と、それに対応する快楽－苦痛の関係の検討が必要不可欠である。立法者は、最大多数の最大幸福を実現するためにこれらを知らなければならない。すでに述べたように、ベンサムのフランス語翻訳者でジュネーヴの牧師エティエンヌ・デュモンは、この考えをうまく要約して、この算術を正規の統一度量衡系の確立になぞらえている。要は、共通の尺度、人間行動の効果についての共通の相場を作って、法律を作成し、効用原理に合致した判断を下せるようにすることである。この計算は、意志と行動の原動力の科学、立法者に直接役立つ科学に属する――「立法者の目的は市民の行いを決めることにある。したがって、立法者には意志のすべての原動力を知り、あらゆる動機の個々の、またはその全体の力を研究し、意のままにそれらの動機を規制し、組み合わせ、闘わせ、かき立て、あるいは緩めることが求められる。そうした動機は、立法者がおのれの意図の実現のために用いる梃子であり、動力である(3)」。

個人の計算は、個の欲望が共同体のために働く方向に導かれるべきである――この考えを支えているのは、利益の追求が、見えない形で規制を受けなければ、少数の強者を有利にしてしまうという事実である。行動から生まれる利益の実体を表に出す理由は、支配者、悪賢い連中による抑圧にお墨付きを与えるためではない。そうではなく、それは多数者の利益を図るための政治の条件なのだ。この点では、エルヴェシウスもベンサムも、功利主義の問題点と一般に思われている論点について明快な反対論を唱える。二人にとってとりわけ大事なのは、人間を教育して、次第に完全な計算者に仕立て、おのれの利益がつねに多数者の利益と一致するような方策をどのように立てるかにある。理論的にも実践的にも成熟すれば、利益と義務を結びつけるこうした方策としてフィクション fiction が活用される。統治のための功利主義教義の中心には扇動性 factitious と虚構性 fictitious がある。要するに、古典的功利主義は市場社会と国家をつなぐ実践的思考である。その原理は、人間自身がおのれの作り上げたあらゆる種類の仕掛けを基に、おのれの生活条件にもたらす効果を計算することである。

2　エルヴェシウス、公的効用の哲学者

この領域において多くの改革者の案内人役を果たした著者のことに話を戻そう。クロード・アドリアン・エルヴェシウスの才能、とくにその独創性には、昔から異議が唱えられてきた[4]。たしかに、彼の『精神論』（一七五八年出版）は、当時もてはやされていたさまざまな考えを取り入れたものにすぎない。しかし、この作品は、人間性のもつ他のどんな特徴とも折り合わない唯一の原理の上にシステムを作ろうとした点で傑出している。たとえこの作品がスキャンダルの対象となり、一般には大いに受け、国王の国事院条例に違反するみだらで危険な書物と判断され、さらにパリ議会や、当然ながらローマ異端審問所によって断罪されたものであっても、それがこの作品の評価に決定的な結果をもたらしたわけではない。この作品の重要性は、人間を支配する原理、すなわち利益原理を体系化したことにある。〈エルヴェシウス的要因〉とは、社会のすべての次元が、そして社会を構成するすべての個人が全面的に利益によって支配され、この原理を心得た立法者によって統治がなされるということである。

エルヴェシウスは、利益という公準を起点にして社会における個人間の関係を描き、これを全体的な考え方にまとめて一般的な哲学に仕立て上げた。のちにこれを引き継ぐのがベンサムである。エルヴェシウスは二つの基本的公準を結びつけようと試みる。すなわち、一つは、行動の動機における利益の優位という公準、もう一つは、道徳的行動と公的効用とを同一視する道徳性原理に基づく公準である。彼は〈精神〉の全領域に〈利益言語〉を適用して、この唯一の原理によって規定されるある完全な世界、

まったく新しい規範性の表れとしての世界を描こうとした。

エルヴェシウスには、人間がもっぱら自分の利益に従うという事実を遺憾に思ったり、ましてや非難したりするモラリスト的な気持ちはいささかもない。彼は冷静そのものの態度で、そこから生じる実践的な結果を記述し、法的・制度的結論を引き出す。彼の時代には珍しいことではないが、エルヴェシウスは、自然科学が存在する以上、道徳科学というものを打ち立てるつもりだった。しかし、彼の目的は政治にかかわっている。彼がやろうとしたのは社会を改良することであり、彼にとって道徳的言説の役割は改革にあった。政治の中心的な機能を改め、個人的利益と公的効用を結んで、国家の行動としての成果を上げようとしたのだ。彼はロックの愛読者であり、ヒュームとは親しく文通していたので、当時のイギリス思想と無縁ではなかった。百科全書派の友人たちと同様、イギリス思想には深い影響を受けていた。ただし、〈ものの自然の流れ〉に対する信念、ましてや社会が立法者なしに自己制御可能であるとする考えには、与しなかった。むしろ彼は、全体の効用のために、政治責任者には個人的諸利益を最善の形で調整する任務があるとした。

3　個人的利益と公的効用

エルヴェシウスは、ラ・ロシュフーコーを引き合いに出し、「彼はありのままの人間の本性をよく知っている者だ」と言う(5)。しかし、ヒュームのやり方をさらに徹底して、意図的な人間性批判とは縁を切る。すでに見てきたように、紋切り型の著者たちの場合は、〈意図〉が重要な役割を演じていた。意図によって誠実さの裏側を暴くことができるからだ。しかし、エルヴェシウスは大胆にも次のように明言して、スキャンダルを引き起こした。もしうぬぼれの虜である人間のほとんど全員の意図が間違いなく利害を含んでいるとすれば、その行動を道徳的に見分けるものは〈意図〉ではなく〈結果〉しかないと。利害以外に考えられる意図をすべて取り除き、行動の真の動機をえぐり出せば、うぬぼれだけが唯一の本物の基準になるはずだ。つまり、誠実なるものを定義しようとすれば、行動の効用以外の基準はない。エルヴェシウスが確認するところでは、人類は道徳という素材とは違う素材でできている──「最大多数の階級、ほぼ人類全体を構成する階級は、おのれの利益のみに関心があり、全体の利益には目もくれない人間たちの階級である。言ってみれば、彼らはおのれの安楽に専心し、個人的に有用な行動しか正直な行動とは言わない(6)」。これは、堕落した人間像だろうか。彼が付け加えて言うには、すべての人間は同じ力によって動かされていて、悪徳と美徳はある時代のある社会の公的利益とわれわれの個々の好みとの関係によって決まる。大元の原則は「人はつねに自分の利益に従う」ということであり、自分の行動についての言い方はつねに自分の幸福についてのとらえ方に左右されている──「利益はこの世で最も力のある魔法使いで、誰の目で見てもあらゆる事物の形を変えてくれる(7)」。ベンサムはこのことばを援用して、論理を組み立て、新しい存在論を再構築する。一方、エルヴェシウスがさらに主張するのは、人が行動する際に従っているのは意図でも道徳感情でもなければ、心に読み取れる感情でもないということだ。われわれはみな、抑えがたい、はっきりしない、時に無意識な力によって動かされるのだから、誰かのご立派な台詞を信じるほどお人好しであってはならない──「意図を判断する立場には立ちようがない［…］。行動が感情の結果であることはまずない。われわれは自分に決定させる動機を自分でも知らないことが多いのだ」[8]。もし徳と栄光を好む感情から生じる行動のみが公正で清廉なものとされるなら、こうした言い方を用いる機会はまずないだろうと、彼は明言している。

また、もし個人的な好みが道徳的評価の唯一の基準であるとすれば、人間の行動にかんするこうした説明原理は、際限のない相対論へと向かうだろう。だが、個人は一人ではなく、小さないくつもの社会と一つの大きな共同体に属している。これらの社会、階級、階層は個人的利益を個々に組み合わせ、変形し、加工するから、この階層、この階級、この社会には固有の共通利益が生まれることになる。個人の行動の価値をどの程度認めるか、その度合いは、その行動がそれらの同一帰属集団の効用に合う結果をいかにもたらすかにかかっている。つまり、小社会にとっての効用が道徳的基準となるのだ――「小社会という裁判所では、利益が人間行動における功績の唯一の判事である」[9]。ところで、これらの小社会はどれも、独占的で、嫉妬深く、誇り高い。だから、徳を定義するのにその社会の判断の仕方を頼りにするわけにはいかない。また大きな社会は、一種のカオスであると思われる。というのも、そこでは小さな階層のそれぞれが、自分と他者にかんして独自の判断をもち、世間のしきたりや身の振る舞い方を正しく定義できると思っているからだ。こうしてわかるのは、評価を司るのは個人の好みだけではないということだ。判断する者が置かれた状況も、評価を司る。この状況で、道徳的判断が変動することもあるし、そこで生じる多様性の説明が付くこともある。こうした幸福の相対主義――各社会、各国民はそれぞれ独特の風習と欲望をもつ――は、歴史と人文地理によって証明される。諸利益の相対性は小さな社会集団にかかわるだけでなく、変化を好み、他との違いを好む国民集団にもかかわる。昨日まで大好きだったものを今では嫌がる。自慢していた徳が不徳とされるようになる。さまざまな作品の文体も対象も変わる。こちらで軽蔑されたものが、あちらでは賞賛される。[10] 精神、すなわち一人の人間、一つの国民集団の中の観念・感情・思考の性質や傾向が、まったく違う扱いや評価をされる。そのため、その意味がわからずに、性急に未開と言われる他の慣習に腹を立てるという過ちも生じる。そういうわけで、一部の未開民族が老人を樫の木の上に上らせ、幹を揺さぶって落とし、殺すことについて、ひどい仕打ちとみなすのは無分別な見方とみなされる。なぜなら、その社会の視点では、これはきわめて道徳的な慣習であるからだ。その慣習によって、六〇代の人間は、壮健な者だけが狩りで生きられる飢饉の時期に、飢えたり、野獣に襲われ食われたりするもっと残酷な死を免れることができるのだ。[11] だから、われわれには奇妙と見える習慣や慣例でも、そこに公的利益の理由がないか否かについてはつねに検討する必要がある。そこには、理性原理を社会的事実に適用するという社会学的推論のための発端が、モンテスキューの説く教えの続きのように存在しているはずである。いずれにせよ、その国固有の条件とさまざまな行為とのこうした関連づけが、規範と法律の多様な変化を理解する新たな手法を生み出すことになる。すなわち、そこに見られる変化はそれ自体変わりうる状況と局面の全体にとっては相対的な意味しかもたない以上、また、条件が変わり、全員の幸福の追求がそれぞれ同じ道を通らず、対象も変える以上、たえず再評価されることになる。

エルヴェシウスはこうした社会的・歴史的相対性を確認してはいるものの、道徳的行動の定義については、〈ある社会の歴史の一時点において特定の集団の利益とは異なるものとしての、最も広い意味での公的利益に合致する行動〉とする――「[…] 誠実にかんして助言を求めるべき相手は、自分が暮らしている社会ではなく、もっぱら公的利益である。いつも公的利益に相談する者なら、直接公衆に役立つ行動を選ぶか、個々人に有利で、しかも国家に害をもたらさない行動だけを選ぶはずだ」[12]。しかし、エルヴェシウスがそう言うのは、次の確認をするためである（彼の考えは必ずしも一貫していないが）――「公衆はたいてい個人それぞれの誠実を知らないし、誠実だからと言って、感謝するわけでもない。ある個人が国家に有用で望ましい人間となりうるのは、もっぱら彼の才能のゆえである」。問題は、彼が誉められるべきかどうかではなく、彼自身が社会に有用であるあり方を心得ているかどうかなのだ[13]。エルヴェシウスにとって、世間が言うところの誠実さは公的利益との合致によって定義される。大事なのは、勇気でも力でも寛大さでもなく、公的利益のための結果である。ここからわかるのは――のちのトクヴィルの見方にも表れているが[14]――、この見方は政治的社会の見方であり、たとえば職業団体、信者団体、同業組合など、大きな社会を構成する個々の小社会に見られるような、部分的でひいき目的な見方とは明らかに異なる見方であるということだ。

4　公益の優位

だが、公的利益とは何か。それはどのように定められるのか。これに関しては、道徳の場合と同様、安定性も普遍性も本質も、とうてい考えられない。「国家の利益は、人間にかかわるあらゆることがそうであるように、歴史の変革の度ごとに、その影響を受ける。同じ法律、同じ慣例が、同一の国民にとって有益にも有害にもなる。それゆえ、私は結論する。同じ法が採択されたり、否決されたりするし、同じ人間の行動が有徳と言われたり、悪徳と言われたりするのだ」[15]。エルヴェシウスは付け加えて言う。

だからと言って、すべての社会がおのれの実際の利益を知り、おのれにとって一番得になることを追求するのに十分な考察力・透明性を備えているわけではない。各社会ごとに固有の、しかも変化する公的利益があるとしても、社会は必ずしもそれを知る手段をもっているわけではない。国家そのものも、全員の幸福にとって有益になる行動と有害になる行動とを、いつも区別できるわけではない。こうして至るところに、有害な習慣やら法律やら風習やらがそのまま残り、時には野蛮としか言いようのない状況を存在させることになる。だから、〈偏見による徳〉と〈真の徳〉を区別せざるをえない。前者は、一般に迷信・伝統に左右され、宗教的・法律的・社会的な小集団に力を振るい、その集団的な利益を唯一の合法的・普遍的な利益とみなす見方を通用させようとする。そのために、個々人の利益や個々の集団の利益が全員の利益と対立し、混沌状態に陥る危険を生じさせる。

このように、エルヴェシウスが功利主義説の輪郭を描く際には、主に経済面より政治面を対象軸に据えていることがわかる。その最も太い輪郭線においては、彼は信者団体やその他の社会集団などの個別的利益に対して国家的定義に基づく公的利益を擁護している。彼はこう断言する。政治さらには国家を優先させるという考え方は経済学者たちの考え方とはまったく違ったものであり、世界全体に通じる誠実、つまりどの国民にとっても有益な行動などどこにも存在せず、これからも当分は存在することはないのだと。

〈エルヴェシウス的要因〉とは、国民的枠組みの中でとらえる公的利益の定義を、政治的に独占するという局面でもあったのだ。健全な道徳的判断に基づいて一国の習俗を変えうるのは、政治である。モラリストたちによる人間の本性攻撃には何の効果もない。また道徳は、個々の利益を全員の利益と結びつけて人間をより有徳なものに変身させるのでなければ、軽薄そのものに転じてしまう[16]。この点からすれば、徳を功利主義的な用語で言い直せば、見事な表現となる――すなわち、徳とは〈全員の幸福への欲望〉であり、その目標は〈公的善〉である。それは欲望と義務を共存させることでもある。

こうして、法律体系が全能性を帯びるものとして現れる。これが唯一の変革の原動力となって、禁欲的精神による誤った徳と、一部の者に不当な財を独占させる政治の腐敗とを排除する――「一国の大衆を突き動かすのは、ただ法の力だけである[17]」。したがって、さらに必要なのは、法体系が雑多な原理と規則の塊ではなくなることである。そうでなければ、欠陥ある法律によって悪徳と有害な行動が引き起こされてしまうだけだろう。法体系を近代言語によって統一したシステムに仕立て、法と制度を合理化する必要がある――「法が卓越性を発揮するのは、立法者の見解が統一され、諸々の法が相互依存するときである[18]」。

モンテスキューの教えによれば、習慣・風習と法律は一致しなければならない。この教えから導き出されるのは、時代によって、〈精神〉と呼ばれるものが変わり、その価値が移動するという事実である。エルヴェシウスが関心を抱くのは、歴史の流れと社会全体の構成に応じた、諸価値の相対性である。支配的な価値はそれ自体、人間活動全般の真のばねと言える情念の力に依存している。芸術作品は、スタンダールの変わらぬ特徴がそうであるように、情念のエネルギー、情念の力学の賛美に他ならない。それは禁欲主義に対する強烈な情念の賛美そのものである――「情念は、物質界における運動である。すべてを創造し、消滅させ、保存し、活気づけるが、それがなければ、すべては死ぬ。情念はまた精神界にも生命を与える[19]」。

エルヴェシウスはさらに言う。大事なのは、商業的な情念ではなく、立派な行動や想像力に満ちた作品の創造によって公的善に役立ちたいという気持ちである——「ほとんどの人間は情念もなければ栄光を好む気持ちもない。大部分の政府は、彼らに対してそうした欲望をかき立てるどころか、逆にかき消すように努める。だから、栄光に無関心な市民は、公的に評価されることには重きを置かず、そのための努力はほとんどしない。私が大部分の人々に見るのは、貪欲な商人だけだ」[20]。この最後の一文には間違いなく共和主義の精神があふれていて、物事が政治思想史の説くようには、簡単に割り切れるものではないことを教えている。しかしここで注意すべきは、エルヴェシウスがとりわけはっきりと述べていること、利益という言語が法的・経済的・政治的領域のみに限定されるものではないという点だ。全員の幸福に加わるあらゆる要素が考慮されるべきである。性行動も会話も[21]、名誉も軽薄きわまりない娯楽も、全体の利益にとっては同じように重要なのだ。

5　教育と立法の役割

全体の利益と個々の利益をどのようにして結びつけるか。個人の情念を全体の利益とどうやって一致させるか。もし人間の行動が生まれつきのものでないなら、その行動を動機だけに基づいて徳に導くにはどうすべきかをよく考えなければならない。だから、これは本質的な問題である。経済学者たちは市場で展開される利害の自然な一致を前提にそのことを考えているが、エルヴェシウスはこういう考え方とはかけ離れているように見える。

エルヴェシウスにとっては、人間を形成するすべての環境・条件と同様、広い意味での教育と立法がそのための手段となる。両者は一体で働く──「どの国においても、人間を形成する技は政府の形態と密接にかかわっている。だから、国家の構成を変えない限り、公的教育においても大きな変化を期待することはまず不可能であろう」(22)。これは『人間論』と題された彼の遺著の主要テーマでもある。個人的利益と公的利益、つまり最大多数の利益との調和には、たえまない個人教育が要請される。経験を積み、人間の歴史にかんして教わり、地理的な探索を行うことで、人は一種の可塑性を得るから、新しい人間を作ることができるし、作らねばならないという考えが生まれる。活力に満ちた人間をよく知ることができれば、人間をさらに良い方向に変えて、最大幸福へと導くのに必要な仕掛けを作り上げることができる。そのためには、人間そのものに働きかけ、彼の利益に手を加える方策を用いねばならない。ヘーゲルは効用による論理の筋道をはっきりと見ていた。人間は教育の結果であり、時代の制度の産物なのであると。制度を変えることで、おのれの幸福のために人を変えることができる。

利害はこうした変化を促すための梃子である。利害で動く人間を教育し、統治するには、まさに彼の利害を用いるしかない。共和主義者も市民の教育を重視するが、それは徳の支配を確立するためであり、その点に違いがある。エルヴェシウスをはじめとする古典的功利主義者の場合は、何が自分の利益であるかを彼に感じさせ、全体の利益に合致する一定の方向に動くよう彼を説得して、教育を行う。制度によって人間と社会の改革を行うのは、悪い傾向を除去して徳と入れ替えるためではなく、人間の欲望の対象、すなわち快楽の質とタイプを普遍的な利益と合致させるためである。〈人間の本性〉は、可塑性、適応性があり、最高度に社会の影響を受ける点に特徴がある。エルヴェシウスはロックとコンディヤックから実践的、政治的な結論を引き出しているが、この点は重要である——つまり、感覚こそ観念を生み出すものであるから、教師は感覚とそれに影響を及ぼすものに一番関心を寄せなければならないのだ。〈人間の唯一の原動力[23]〉は身体的感受性である。功利主義の教義体系は、快楽と苦痛は人間の原動力であり、主役であって、この二つが〈つねに変わることのない、人間の行動の唯一の原理である[24]〉という考えの上に建てられている。貧者は飢えに、富者は欲の楽しみに動かされる——「身体の快楽と苦痛、これがどの政府をも支配する唯一の真の原動力である[25]」。

6　ベンサムと人間の統治

つねに立法者の視点を取り入れよ——エルヴェシウスはベンサムにそう言っていたが、ベンサムはエルヴェシウスのその願望を引き継いで、ある程度これを実現した。ベンサムはエルヴェシウスを援用して法律の完璧な条文の書き換えを目指し、諸制度を変革するさまざまな試みを打ち出す。

ベンサムとともに功利主義の組織者・調整者的傾向の強調が始まり、その結果、人間の活動が法制によって大幅に条件づけられるものとして現れるようになる。なるほどそれまでは、慣例主義と契約主義が道を付けていた——その最初の行動というか、相互作用の過程が協定・規則・制度・法律を作り上げ、人間の活動に発展の条件を保証したのだ。その典型的な例が、ロックとスミスである。彼らは貨幣によって交換と労働に便宜を与えた。だが現実はつねに名づけられたものの外、虚構のものの外部にある。ベンサムの登場とともに、法律・組織・規律・分類・手続きというこうした人為的な創作物が、制度と言説の総合体として構成され、幸福の産出を包括し、統合し、加速することになる。

行動を条件づける快楽の追求と苦痛の回避。個人の欲望を動機づけるこの感受性を起点にして、それを労働に活用すれば、社会の中にあるすべてが最大多数の幸福を産むのに役立つはずである。ベンサムの最初にあるこの考えは、新しくはない。しかし、ベンサムの独自性は、お気に入りの著者たちから臆面もなく借用したこうした原理や教義をただ表現することにあるのではない。彼の独自性は、そうした原理や教義の土台を制度的装置や政府の使える法規として具体化するために、言語的・存在論的に思考を重ねたことにある。つまり、彼には、技術的な努力、科学的根底への関心があったのだ。そのために、彼は、法的・政治的・技術的方策の構築にとって必要な理論的な道具に工夫をこらした。その一つの中心となるのが言語理論である。

ベンサムが使う〈効用原理〉という言い方は自分で作ったものではなく、ヒュームから借りている(26)。この表現はヒュームが『道徳・政治論集』の中で、〈道徳感覚〉学派と対立する〈道徳〉学派の一つを指すときに使ったものである。効用による判断・行動の方向づけは、人間の生来の組成、「人間組織の本来の組成」(ベンサム『道徳および立法の諸原理序説』第一巻、第一二章)にかかわりをもつ。ベンサムはエルヴェシウスに続いて、感覚論ふうに見える観点から主張する――「自然は人類を、苦痛と快楽という二つの主権者の支配下に置いた。この両者だけが、われわれの行いを決定し、なすべきことを教えてくれる(27)」。効用は幸福と直接結びついているし、幸福そのものは計算可能な〈感覚の諸ユニット〉で構成されている。ある傾向、ある行動、ある対象の効用は、利害当事者にとって、つまり個人か個人の共同体にとって、何らかの幸せを生むか、または何らかの不幸を避ける特性として定義される[28]。

ベンサムはこのように快楽の増大か苦痛の減少かと定義される効用を、法と制度の唯一の存在理由にしようとする。法と制度はまさしく幸せを生む能力によって評価されるのだ[29]。それは、効用原理が政府と法制を導く唯一の原理であるということも意味する[30]。苦痛と快楽はどちらもわれわれの態度行動に**権威**を振るい、支配を及ぼす。統治の真の源は感覚にある。なぜなら、結局のところ、行動させるのは、感覚であり、感覚しかないからだ。

この感覚という権威が、幸福への性向を確認し、最大多数の最大幸福という一般的政治規範へと向かわせる。どうやってそこへ向かわせるか。政治的レベルで、つまり政治的権威が行使される共同体のレベルで、正義の基準としての効用原理を徹底して適用するのである。この原理のありどころは、楽しみの量を増やして苦しみの量を減らすものを是認し、楽しみの量を差し引いて苦しみの量を足すものを否認するところに存する。

この効用原理は制度という仕掛けの全体を統括しなければならない。ベンサムは『統治論断片』において、社会契約論というフィクションに代わるものとして、この原理を提案している――「したがって、この科学の素材を構成するさまざまな制度とその組み合わせの分類の統括にとって有用な**原理**を、**効用**と呼ぶことができる。そしてこの原理だけが、その組み合わせにいろいろな名前を付して、およそ可能な分類を満足すべき明快なものにすることができる[31]」。

効用がまず人間の行動の原因を説明する原理であるとすれば、効用原理はその行動の道徳的・政治的判断にかんする唯一可能な基準である。ある個人に有益なことが、別の個人、ましてや他のすべての個人には有益なことではないという意味で、この原理は矛盾していると言われるかもしれない。ベンサムはこの反論を予知していた。効用原理は判断の基準であって、判断そのものではない。ある行動の善悪の判断は、判断において〈利害当事者〉に与えうる幸福または不幸に基づく。個人のみにかかわる場合は、その個人が自分自身の幸福への効果に従って性向や行動を判断する。共同体全体にかかわる場合は、その共同体が立法者または代表者を通じて、成員たちの幸福への効果に従って行動や法律を判断する。〈虚構の共同体〉全体が部分的な共同体を包み込み、全体の幸福や不幸という唯一の基準に則った判断を、立法者の仲介で発するのだ。この全体にかかわる視点は、個々人が全体の一部をなしている限り、個々の視点の上に立つ。言い換えれば、法システムとは、個人が自分の好きなように行動する自由を制限する拘束システムである。

だから、効用原理はまったく利己的な判断に基づく支配を許さない。この原理は、もっぱら感覚が人間の行動を支配するという考えを起点にしながら、最終的には〈理性と法律によって幸福追求を目指そうとするシステムの土台〉、科学的に築かれた制度システムの唯一の基盤であるという帰結に至る(32)。すべての法律と行政装置は、あくまで共同体にとっての効用という尺度を基礎に評価されなければならないのだ。この意味で、効用原理は、近代言語では〈政治的・法的管理の道具〉、さらに言えば、〈個人的利益と集団的利益をつなぐ装置〉と呼ばれるべきものである。

7　統治するとは、私的利益と公的利益を合体させることである

どの政府、どの立法者も、その最初の義務は国民の行動を分析することである。分析のためには、個人はつねに利害で行動するということを想定する必要がある。利害という語は、ある個人ないしはある集団と、快楽の源とみなされるある対象物、ある行為、ある事態との結びつき方を意味する。〈何かに利害がある〉というのは、その何かにかんして快楽の予感または期待をそれとなく表現する言い方である。厳密に言えば、人は動機なしには行動しないし、動機の底にはつねに楽しみを求め、苦しみを避ける気持ちが働いているのだから、利害のない行動などありえない。利害は、必ずしも、人がおのれのためにのみ行動するという意味ではない。ベンサムは、自分のための個人的利益 self-regarding interest という狭い意味での利害と、自らの行動の原因説明にかかわるもっと広い意味での利害とを区別する。個人は利己的利益の他に、誰にでも親切にしたいとか全員が幸せになれば良いといったふうに、あくまで社会の利益を思う気持ちから行動することもあれば、他人の気に入られたいとか自分の意見を認めてもらいたいといったふうに、自分と社会半分ずつの利益を思う気持ちから行動することもある。こうした利益は世論が形成する社会道徳、社会教育によって植えつけられ、維持されるし、また政府もそれを誘導したり、奨励したりする。

とは言っても、個人的利益、自分の好み self-preference が、行動の動機の中で自然に優位に立つことに変わりはない。人間というものはつねに、自分に最大の快楽をもたらすように見えるものを選ぶ。経

済的繁栄はこの原理の上に成り立っているし、それは種の保存の条件でさえある。立法者にかんして言えば、全体の利害に責任があり、ある成員を他の成員より好んだり、一方を犠牲にして他方を優先することは許されない。果たしてそれは可能だろうか。行動の動機としての利害分析において用いられるこの〈個人的利益の優位〉という原理は、統治の科学の基礎である。人が表向き述べることは一切信用してはならない。つねに特定の利益が隠されているからだ。それを免れる者は誰一人としていない。そういうわけで、現実においては、指導者、法律家、役人、要するになにがしかの権力と公的権威を授けられた者ですら、みな、おのれの有害で、邪悪で、正道から逸れた利益を自然に優先させる傾向がある。したがって、私的利益と全体的利益が合わさっている現実を制御するには、必要となるあらゆるところに監視装置を設置するのが良い。

　最大多数の最大幸福という原理[33]は、制度装置を支配すべき至高の原理であり、立法化の使命を定義づける。そしてこの原理は、立法者と国家に課せられた至上命令の明確な表現である[34]。この最大化という原則は法律・行政全体に通じる公式として、つねに最小の手段を借りて最大のプラス効果を求めるよう促す。一九世紀初めの民主派に立つベンサムの場合、最大多数の利益の充足を主張することは、少数の支配者 ruling few の逸脱した利益だけが配慮される政治的・社会的システムを告発することに等しい。

　統治とは、まず何よりも共同体の幸福を最大化することである。つまり、人を動かす基となる個人の願望が政治共同体の一般的行動原理を形作るようにすることである[35]。それを達成する手段は、普遍的利益のための諸利益統合原理 interests-junction principle を主導原理とする、統治技術の中にある。ベンサムによれば、道徳・法制システムが大きな誤りを犯すのは、つねに諸利益を犠牲にするからだ。快楽が身体的構造の中に組み込まれているとしたら、なぜそれを禁じる必要があるのか。政府のやるべきことは、私的諸利益と全員の利益が、生活のあらゆる側面やレベルで結びつくようにすることだ。この統合を保証するためには、報償と処罰を完全な計算に基づいて実行することが前提となる。

ここでもベンサムはエルヴェシウスの考えに従い、感覚が統治の手段であると述べる。感覚は、力を加えて変えることのできる〈人間精神の主な素材〉なのだ[36]。心配・期待・感情・欲望・利害というものは、どれも快楽と苦痛にかかわる現実のまとまりとしてたがいに反抗し合う。こうした行動の主役である人間たちに対して、立法者は法システムによって彼らの主人となる。なぜなら、立法者は処罰と報償を仲介にして、感覚が人間を統治する存在として機能しうるようにするからだ。したがって、感覚は、権力が直接的に使用しうる政治的制裁という形か、立法者が間接的に操作しうる身体的・共感的・道徳的・宗教的制裁という形のいずれかによって、統治の手段となる。これらの法律とそれに伴う制裁は新たな利害を作り出し、行動の動機の働きを変える。利益は期待となり、満足への願いとなり、そして苦しみへの不安となる。こうした予見の次元は非常に重要である。われわれを導く感覚とは、われわれが将来感受するであろう感覚であって、われわれが現在感受している感覚ではない。立法にかんするベンサムの教義が示すように、政府はその点に働きかけることができるのだ。

8　期待を安定化させる

ベンサムの目的の一つは、はるか先の見通しを保証することである。文明とは彼にとって未来の保証に等しく、その保証は彼にとって個人が〈未来のために現在を犠牲にする〉[37]のを受け入れるための唯一の条件である。

問題は行動の結果を予測する能力であるが、ここで留意すべきは、この能力がいくつかの法的・制度的条件つまりチャンス計算の実行を可能にする条件に左右されるという事実である。実際、行動するには、予測しなければならない。予測するには、先の時間に起こりそうな行動の結果を予見できなければならない。したがってその前提として、人の選ぶ行動を良い結果に導く条件が安定的であることを保証しなければならない。ベンサムはこの点で、〈経済人間〉の製造に必要な人工的足場を提示する。[38]問題は、実のところ、何が個人の計算を決定するかである。これは難問であり、ベンサムはここから統治をめぐる問題系の中心に飛び込むことになる。ベンサムは言う。個人の自由に任せると言うだけでは済まない、必要なのは、法システム（個人の幸福の大元）、教育、賞罰や補償の規定、要するに個人がおのおのの選択による将来の結果を自ら計算できるよう、そのためのハンドルとレバーのシステム一式によってその実現を目指す計画作りである。言い換えれば、ベンサムはおそらく、市場と社会生活における個人の自発的な行動を保証するには、とりわけ法律・保険の面でのこれまでにない保証と安定化が必要不可欠であることを、当時としては一番明瞭に表現した人である。たとえば、彼は私的所有権を擁護するが、これは、人間の神聖で変わらぬ権利として私的所有権を奉る教義とはあまり関係がないだろう。彼の目には、私的所有権は保証システムと同様に、個人が安全な行動圏の中で自発的行動を選択するための条件である。さらに言えば、彼にとって国家の役割は、市場の補い手となり、個人の〈自律的な〉行動において求められる存在論的安全を確保することである。これは、のちにミシェル・フーコー、あるいはロベール・カステル〔一九三三〜二〇一三。フランスの社会学者〕のような近代社会学者たちが再認識するところである。

私的行動では自発性が望ましい。本人以上におのれの利害を知る者はいない。自らの欲望の強さを評価し、手に入る手段を整え、満足の対象を選ぶことができるのは、本人である。しかし、この自発性は衝動に還元されることはない。まったく逆である。自発性はよく考え抜かれた行動と結ばれているし、安定した枠組みの中でしかそうならない。私の〈自然な自由〉は他の人々の自由と同様に、法律によって制限されていて、それによって自発的な行動が可能になる。その自由とは、正しくそれを使える能力のある個人に行動の可能性が委ねられているということである。言い換えれば、公的行動がそうあるべきなのとまったく同様に、自由もまた、その結果によって条件づけられているということだ。したがって表面上、政府は個人の欲望に対して直接手は出せない。だが実際は、大きな影響を及ぼす。人間の行動は自然の中でなく、社会の中でなされる。人間たちはたえず作用し合い、相互交換という相互作用において、苦労と引き替えに快楽を自分のものにすることができる。その中で法律は、人間たちがたがいに与え合うはずのものを強制によって決着させるために作られている。したがって、人間の自発的な行為は、法律によって認められ、保護された行為である。法律は、自然なものではなく、自然に対する制約である。自発的な行為が可能となり、認められるのはひとえに、自然が自由ではなく法体系によって制約されているからである。

ここには完全に逆転した見方がある。立法者だけが法律を作りうるし、したがって義務と権利を作りうる。禁止するとは、何かをしないよう誰かに強制することである。それは、他者が私の行為の進行に干渉しない義務を、私のための権利として保証することである。したがって、禁止しないことは、〈自然を尊重する〉ことではなく、その禁止が有益ではなく有害であると判断することである。そこから、各人の公的行動に課せられる合い言葉、〈静かにしろ Be quiet〉が生まれた。実際、法律は剥奪、監視、処罰という点でつねに個人には高くつく。おまけに、政府は各人の要求にいちいち答えられないし、各人に都合の良いことをわざわざ命じることもしない。できるのは、個人に、おのれの目的を達せられるよう最小限の安全を確保することぐらいである。

ある〈自由〉とは、別の〈自由〉を犠牲にして立法者が作り上げて守ってくれる権利であって、人が他者の干渉を排して行動するための保証である。しかし、ベンサムは言う。「自由とは強制権がないこと以上でも以下でもない。それが自由という語の元からある、本来の、真正な意味であって、純粋に消極的な観念である。積極的権利として作り出されたものではない。自由は権利なしに、権利のおかげに拠らずに存在する」(39)。とすれば、法体系というのは、他人に一切の干渉をしない義務を負わせることで得る〈安全〉の保証として、そして結果の恩恵を予測するための保証として存在することになる。どんな行動も快楽より先になにがしかの苦労を含むだけに、こうした保証はますます必要である。努力やリスクの結果にかんして失望を予測することは、持続的な行動の条件である。予測と予知の能力は、法制化の結果であると同時に、富の条件なのだ(40)。立法者に与えられた個人に対しての務めは、〈想像しうる限りの展望の中で、彼の安心感を広げる〉ことである。

したがって、ベンサムを読めばよくわかるように、公権力が諸利害の働きにまったく無関心であると考えるのは間違いだし、その役割を、ささやかな調整によって自然の流れの向きを社会的・政治的に変えるだけのものにすぎないと見るのも、やはり当を得ていない。実際には、法と制度は利害の真の加工を行うのだ。また、その役割の〈自由化的〉側面も、それに劣らず重要である。個人を自由に行動させるに任せることは、可能な限り種々の偏見とそこから生じる禁止を打ち砕くことを意味する。この点で、ベンサムの功利主義は大がかりな批判的作業をともなうものだ。その対象は、高利貸し付けにかんする法律から不道徳な性慣習の犯罪化にまで及ぶ。これまで立法者ないしは世論（多くの場合はその両方）は経済学、哲学、性関係などさまざまな面において、最大多数の幸福を何も妨げない行動を禁じようとしてきた、とベンサムは言う。これは重要な主張である。幸福の減少に責任のあるのは、むしろ禁止だった。(41) ベンサムの仕事の重要な一部は、不当な強制、間違った禁止の打破にある。そういうわけで、性関係にかんするベンサムの注目すべき文章もまた、決して偶発的な意見などではなく、彼の一貫した立場、つまり法的・道徳的強制のみが結局、悪よりも多くの善をもたらすという立場の論理的延長に位置づけられるものなのである。法律は、幸福の増大という積極的なことを目指しながらも、消極的な形を取る。法律の務めは実は、正当な強制をより分け、その効果に応じて釣り合いを図ることである。法は自然には従わない。法は人間の本性の中に萌芽状態のまま組み込まれているらしい目的に達することを目指す。ただし、その目的の正しい形と正当な対象については、法が自然に制約と加工を施して決めるのだ。

ベンサムは立法化を、悪質な利害に対する闘い、すなわち実際の犯罪者および潜在的犯罪者の利害に対する真の闘いとみなす。それは彼が一九世紀初めに民主派に変身した後も続き、以後はこれに権力者すべての利害が加わる。ベンサムは生涯の仕事を通じて、この闘いのための考察と実践的提案を重ねたのだ。そしてこうした見地から法的な効果を分析し、さまざまな規則上の方策を用いながら行動への誘導を強めたり弱めたりする研究を続けたのだ。ベンサムのこうした実践的な仕事は、干渉者から身を守るかんぬき・警報としての〈安全〉装置にかんする、彼の一連の提案にまとめられるだろう。[42]大事なのは、行動主体が受ける直接的効用の最大化ではなく、彼らが自分の好きなように行動できる、そのための保証の最大化である。言い換えれば、彼らの計算結果の最大化ではなく、彼らの計算能力そのものの最大化である。この最大化の保証には、最大多数の個人が法に従うこと、そしてそれに応じて最も正確におのれの喜びを計算することも含まれる。最大多数の個人が自発的な行動範囲を自ら確保していくためには、複雑な国家機構を作り上げる必要がある。この機構は、たえず法典を増やし、規則をさらに精密にし、監視・教育装置をさらに有効にして、発展していく。掲げた目的には反すると見えるようだが、諸利益の制御と形成を行う体制の存在が前提となるのだ。

9　利害を導く

社会的観点から見れば、どんな利益でも実現すれば良いというわけではない。それ自体良い利益、悪い利益というものもない。あるのは悪よりも善をもたらす行為であり、善よりも悪をもたらすまた別の行為である。行為についての判断は結果に拠るのであって、欲望の源や種類に拠るのではない。飲む、食べる、セックスすることは、個と種にとっては基本的な必要である。そうである以上、自分に向かうself-regarding利益自体を非難するのは浅はかだろう。闘うべき〈よこしまな〉利益とは、まさに〈よこしまな方向に働くか、働きかねない〉[43]利益、つまり、悪の方向に向かわせ、悪をなすよう導き、悪の行為に押しやる利益のことである。道を外れたこのような利益は判断に影響を与え、悪い行為のみならず偏見（利益による偏見）と嘘をも生み出す[44]。

そうした利益と闘おうとするならば、義務への奉仕ばかりに頼っていてはならない。禁欲主義の道徳はもうおしまいである。重要なのは利益を義務に捧げることではなく、利益を義務に結びつけることである。義務も実は、別のレベルのもう一つの利益なのだ。つまり、利益を義務に結びつけるとは、おのれ自身の今現在の利益をより広い範囲の利益、より長い時間にかかわる利益、より大きな利益に変換することである。そして、統治の技とは、ある行動を取ること／取らないことが、個人の利益に結びつくようにすることである。それがそもそもの、強制力としての法の原理である。

そういうわけで、政府は軍隊を動かす司令官に似ている。この司令官にとって、軍隊の一部は直接指揮下にあり、他の一部は間接的にしか動かせないが、当てにしうる。ベンサムは『法一般について』の終わりで、立法化を、〈政治的まちがい〉を敵とする戦争になぞらえている。彼が記すには、「立法者は司令官である。処罰と報償は彼の軍隊であり、道徳的・宗教的制裁は彼の同盟軍である。直接的立法は戦場 **open field** での主力相手との正面戦争であり、間接的立法はじっくりと練られた一連の作戦の秘密プラン、策略かゲームのように実行されるものである[45]」。ベンサムによれば、立法者は二つの大きな手段をもっている。一つは、悪へと導く利益に対する、このたえざる正面戦争としての政治的制裁、もう一つは、世論による道徳的制裁である（そこでは物理的制裁や宗教的制裁も同様に働いているが、立法者とモラリストはこれを使えない）。政府には扱うべき二つの大きな装置がある。直接的立法化（刑法と民法で法典化される）と、間接的・予防的立法化（あらゆる種類の規則と特殊な術策に含まれる）(46)である。直接的立法化の目的は処罰することにあり、間接的立法化の目的は予防することにある。この場合、予防は、〈個人を悪から逸らし、自他両方にとって役立つよう主に個人の性向に働きかけることによって〉なされる。このような方策を用いて、政府は個人を危険な快楽から遠ざけ、穏やかで有益な娯楽へと導くとともに、たがいの間に健全な競争心を育て、たがいがたがいをより強く監視し合えるようにしなければならない。ベンサムが強調するには、これまで直接的立法化については長々と論じられてきたが、これらの間接的で〈婉曲的な手法〉は一度も分析されたことがない。その領域は真の未知の土地 **terra incognita** になっている。実際、直接的立法である刑法が介入するのはつねに事後であり、そのときにはすでに罪が犯されているから、犯罪の発生一つ一つが刑法の不十分さの証明になる。だから処罰そのものが、そうした別の意味での一つの悪である。処罰はそれ自体が悪であるとともに、失敗のしるしであり、コストなのだ。〈悪に駆り立てるよこしまな動機を追い払い、善に向かわせる良い動機をさらに促すことによって〉犯罪を予防するほうが、はるかに良い。したがって、欲望に期待し、それを導かねばならない――「人間の内にあるどんな感情も引き抜いてはいけない。効用システムで役割をもっていない感情は一つもないのだ。すべてが人間の感情、その向かう方向、予測できる方向に従って、それぞれに働きかけるようにしなければならない。こうした感情のうち、力が不足がちなものは強め、ありすぎるものは弱めることで、良いバランスは保つことができる」(47)。ベンサムはこのようにして新しい範疇の政治の輪郭を描いたが、フーコーはそれを**生政治**と名づけた。フーコーは、とりわけ『監獄の誕生―監視と処罰』において、処罰にかんする新たな見方で大事なのは〈自分に身体を与える〉〔本書一五

〔九頁参照〕ことではなく、計算する存在としての人間を矯正すること、つまり苦痛を計算して、正しい計算における苦痛の役割を取り上げることであると気づいた[48]。その後、フーコーは他の著作で、ブルジョワ時代は欲望を抑えつけようとしたのではなく、その欲望を生産性という社会目的のために役立てようとしたのだと、その事実を強調している。ベンサムは権力を、「命令するとは、国民にまがい物の利益を与えて、その利益で動くようにすることだ[49]」という言い方で定義したが、この点からすれば、彼が転換期の著作家であることがわかる。意志と欲望に働きかけ、望ましい行動へのあらゆる動機を統合することと、これを新しい〈統治性〉の形とみなすベンサムは、それにかんする先駆的で象徴的な理論家であると言えるだろう。

10　計算が下手な者の利害を回復する

統治と立法化の術は、法律や規範が人間の動機に及ぼす影響の上に成り立つ。そしてそのすべての向かう先は、法律という人為的創造物が個人に悪い目的を回避させ、彼らを最大多数の利益に適う良い目的に引き寄せていくための対策へと通じている。パノプティコン方式はこうした人間の行為に対して効果を上げる対策の立派な見本であり、一般的対策の例外をなすものではない[50]。

うかつに読むと、パノプティコン式刑務所は近代の全体主義に道を開く全面的強制システムと取り違えられる[51]。しかし、ベンサムにとってそれは、あくまで計算が下手なことが明らかになった者を確実に良く変える経済的な手段である。監視人の数を節約するこの〈建築の工夫〉――たった一人の監視人が多数の囚人・貧者・労働者・生徒を見守るに十分なもの――はまた、〈更正所〉でもあって、囚人たちはそこで自分たちの行動とその結果とのつながり――つまり努力の苦労と報償の満足とのつながり――を予測し、想像する能力を身につけることができるようになる。エティエンヌ・デュモンはこうした機能のゆえに、パノプティコン企画の良さを認める――「怠惰 - 不摂生 - 不道徳な関係、この三つが貧しい階級の堕落の主要原因である。こうした習慣が深く根を張って、有益な動機に打ち勝てず、犯罪を生むとき、彼らを矯正するには新しい教育に期待をかけるしかない。新しい教育とは、すなわち、個人がもっぱら生来の性向に基づいて生きることは許されず、みなが協力して正反対の習慣を生み出せるような環境に、彼らを引き入れていくための教育である(52)」。

パノプティコン方式は計算が下手な者のために施される教育という仕事を担う。この方式の役割は、個人の内面に監視原理を植えつけ、そうすることで、他者の眼差しと法の脅威を個人の内面的操作に取り入れられるようにする点にある。ほぼ間違いなく監視されていると感じることと、半信半疑の中で監視されているかもしれないと感じることとが合わさって、その効果はますます強まり、最大となる。というのは、その〈超人的な力〉は、人の行動とその危険のたえざる関係を個人の頭の中に思い描かせる、その浸透力から生まれるからだ。その力は、眼差しとその対象との間、現実の監視の不確実性（監督者は塔の中、鎧戸越しに隠れている）と現に監視されているという感情との間で生じる不均衡を利用して発揮される。それはフーコーの表現によれば、〈権力を自動化する〉装置、つまり、その力を内発的に働かせる装置であり、最小限の統治の理想型である(53)。これによってパノプティコン方式は〈確実さの組織 a fabric of certainty〉〈確実さの建物〉、したがって〈安全と幸福の組織 a fabric of security and of happiness〉となる。

このことを理解するには、この計算立て直しの作業が果たすべき機能を考えてみれば良い。囚人は強制作業の不都合を避けるために、利益に与ることで褒賞を得る。しかもそれによって自分の作業収入を蓄積し、自分が被害を与えた者に補償金を支払うことで、働く環境を通じて自己教育の機会を得る――「正当な利潤と自己教育という考えが身につき、好き放題にいんちきな儲けを考えることはなくなる」(54)。社会復帰の考え方も、この方向に沿って試みられる。もし望むなら、囚人たちはパノプティコン式刑務所を一旦出て、いわば刑務所と社会生活のつなぎの過程である付属施設に迎えられ、働き、暮らし、給料を受け取り、刑務所帰りの烙印など記されずに保釈外出する可能性ももてる。この場合、拘禁は市場社会で暮らすための前段階として位置づけられる。もっとわかりやすいのは、中上流の生活に必要な新教育システムをもつ学校が行う生徒管理、あるいは理想の国営慈善会社 National Charity Company が行う貧者対策など、ベンサムが適用しようとしたケースである。一七九〇年半ばに書かれたベンサムの文章によれば、貧困の度合いに応じて貧者を異なる作業に付かせ、強制の度合いを変えることが、努力と褒賞のバランスを具体的に定着させる道徳の主要源とみなされる。彼が推奨する〈産業ハウス Houses of Industry〉は、パノプティコンをモデルにした私企業である。そこでは貧者を労働者に変え、利潤を引き出すために、彼らの作業に対して最適な監督を行うことが目指される。監督は彼らの行いの全局面におよび、きわめて厳密な会計処理の記録簿によってそれを遂行しなければならない(55)。本質的な考え方は、労働者への援助が彼らの生産で補償されることである。ベンサムが考え出した一連の〈戦略〉では、監視人がどこにいても、服装を点検し、労働歌を覚えさせるなど、〈産業ハウス〉の入居者各人に対する強力な監督がなされる。また、〈産業ハウス〉では、入居者の身体はたえざる医学的観察の対象となり、症候と適切な治療のための一覧表の作成や、健康の状態と身体の能力に応じて入居者を振り分けるための台帳管理がなされる。さらに、〈産業ハウス〉では、入居者の労働力と推定生殖力にかんする調査もたえず行われる。これはまさに、近代権力を特徴づける住民の〈生政治的〉管理を集約したものと言える。とりわけ、〈産業ハウス〉としての監獄は、労働生産性の増大を目指す〈完全な教育システム〉を機能させるための学校である。ベンサムが主張するように、これらの措置は、〈まるで絹糸が人々の心にぐるぐる巻き付いて彼らを手中に収めるかのごとくであり、彼らを導く高度な法制[56]〉の特性をなす。貧者がそこで得られる安全は、とくに彼らに期待を抱かせるという点で、幸福と効率の担保となる。この考えは、貧しい者たちをいつまでも特殊な家に閉じ込めるのが目的ではない。正当な利益が処罰という措置を支え、とりわけそれが予防の手段となることで、小資本で再教育を行う貧者用に作られたこの装置が、彼らにとって最適な社会復帰の手段となることを目指すのだ。

個人と国家の両方にとって自由が繁栄の第一の要因であると明らかにすることと、この個人の行動の自由をどう活用すれば繁栄に結びつくかを考えることとは、別である。この点で、法の効果と処罰制度にかんする考察は〈自由主義〉と無関係ではなく、むしろ不可分である。自発的な行動は、その行動に対する自発的な制御や、各人に行使される自発的で自動的な権力と別物ではない。それゆえ、一見驚くべきことに見えるが、自由であることと権力に対してパノプティコン的関係をもつことは矛盾しない。個人は、制裁が咎めるべき行いとつねに関連しているという事実をわきまえているだけに、なおのこと行動の〈自由〉を得る。したがって、立法者にとっての使命は、こうした制裁が有益な行動を阻止することなく、むしろこれを引き出すようにすることだけである。利益にかんする自由主義とは、個人が自己制御としての計算を行って、権力が自動的に働くようにすることだ。それは一般的な生産上の規律とはおよそ異なる。ここでの生産規律とはむしろ、苦労して満足を得る方式に依拠する、新たな社会権力運用の〈集中化〉モデルに他ならない。監獄での隔離は、個人を可視化し、収容者の情報を一つに集める。この隔離状態を拡大すれば、こうした可視性、こうした住民相互の情報、こうした全面的予測可能性（効用社会空間運用の理想的条件）の上に規制が成り立つ社会のあり方を想像することができるだろう。

結論

われわれは今どこにいるのか

「**ホモ・エコノミクス**はわれわれの後ろではなく、前にいる。［…］人は長い間ずっと別のものであった。人が計算器を備えた複雑な機械になったのは、それほど昔のことではない」(1)。マルセル・モースのこの表現は、人類学的変化の進展にかんして、一九二四年に下すことのできた診断がそのまま今も生きていることを示す。この大変化は次第に西洋の各社会を揺さぶり、新しい経済人類の誕生に向かわせた。ほぼ一世紀経った今、この問題はあらためて検討に値する。西洋社会において、経済人間の長い歩みは、今どの地点にあるのか。分析においても行動においても急進派を自任する一部の人々には、その答えは明らかと思えるかもしれない。われわれがこれほどまでに商取引の温浴にどっぷりと浸かり、有無を言わせぬ経済の命令にひれ伏し、強大な〈市場〉を前にした政治的運命論に麻痺させられる時代は、いまだかってない。こうした現実をまだ認めないのは、頭の悪い連中だけだ。だが、実のところ、この診断は見かけほど単純なものではない。そこには、見出せそうな出口と抜け出すチャンスの手がかりも含まれているのだ。

この長期の運動は効用原理が支配する社会の一つの形態の現れと誤解されているが、実際には、今初めてと言える深刻な様相を呈している。この底の深い、表面上見えにくい、長きにわたる運動の本質を理論的にとらえる必要がある。この運動は、結果としてある形の社会的つながり、新しい規範体制、さらには固有の**人間タイプ**を生み出している。この経済人間の誕生と最初の歩みについてはすでに述べたが、およそ将来に向けた真に有効な行動の条件をわれわれが見出せるかどうかは今後の分析の努力にかかっている。経済人間の歴史からどんな教訓を引き出せば、われわれの現状を解明し、現在の変動の様をより良く理解することができるのか。そして、そこからわれわれは、社会批判を一新するようないかなる教えを導き出すことができるのか。

1　まだ生成中の経済人類

さまざまなイデオロギーや現実政治に惑わされずに社会の行方を直視してみるなら、われわれが乗り込んだ船の進む方向は明白である。西洋における経済人類の歩みは**社会的つながりの形の変化**によって特徴づけられる。その歩みは、経済学者の言い方を借りるなら、文明の〈趨勢 trend〉、すなわち政治的な力関係やイデオロギーの流行など、表面的な揺れをはるかに超えている。

この経済人類への移行を明示し、理解し、評価すること、かつて古典的社会学はそれを果たそうと熱心だった。私はそれについて他ですでに述べたから、ここでまた繰り返すつもりはない。社会学の根本的問題は、すでに西洋社会が中世の終わりに企てはじめたものだ。そこでは新しい人間タイプを定義する人類学的変化が問題とされていた。この問い直し、問い続けの作業は、マックス・ウェーバーの表現によれば、西洋文明人 Kulturmensch の行うべき作業である[2]。

経済人間とは、経済学の対象となる人間ではない。経済学が経済人間を作り上げたのではない。経済学がおのれの中に経済人間を閉じ込めたのでもない。経済学は、経済人間の熟成・蒸留・拡散の場の一つとして現れたのであり、それから次第に、彼を一つの仕掛けの全体をなす〈合理的構成体〉に仕立てていったのだ。だからむしろ、経済人間は社会そのものに由来している。経済人間は社会関係の変動から生じたのであり、それは経済の科学だけでなく、他のあらゆる文献に表現されている人間の姿である。経済人間はその出現以来、神話的な語りの中にある。経済学自体は、この語りに基づいて、**正当化された**世界の法を定め、**自己制御された**社会の規則を規定するためにある。したがって、経済人間はまず経済にのみ属しているのではない。経済人間は経済的な事実ではなく、完璧に社会的な、あるいは格別に社会的なとも言える事実なのだ。経済人間はすべての領域にまたがり、人間像を描くのが狙いのあらゆる言説に広がっている。われわれが検討を加えようとする現在の変動は、古典的な経済学による限定された範囲、つまり商品の製造・流通・消費といった活動領域だけには収まらない。むしろ、経済学のほうが、貨幣を媒体とするあらゆる社会関係、つまり貨幣の利用の基になる労働力の売買、消費の原型となる商品の売買、そうしたすべての関係の拡大と応用によって**決定され**ている。利益と効用の歴史が十分に明らかにしているのは、資本主義に固有のこうした関係の商業的・貨幣的性質はかなり早くから、商品製造という枠を超えた人間関係の一般的形態として姿を現したことだ。そして、科学としての現代経済学は実のところ、一七世紀がすでに作り上げたこの一般性を今もたえず再発見していることだ。

これは誉められるような考えではない。資本主義が人間関係を根底から覆し、人間を深いところから変えてしまったことについては、今さら述べるまでもない。もうずっと以前から、それはわかっている。トクヴィル、マルクス、ウェーバー、ジンメル〔一八五八〜一九一八。ドイツの哲学者・社会学者〕など、さまざまな著者のおかげで、われわれはそれを学んできたのだ。しかし、われわれが今どういう人間になりつつあるのかを理解する上では、彼らの教えをあらためて思い起こし、深めることは相当に大事な作業である。

効用は、『資本論』にかんする論争時にマルクスがやっつけた俗物的道徳の基になっているだけではない。効用は、あらゆる価値とあらゆる存在をつかまえて、決着を迫る。効用は、どんな制度、どんな言説、どんな立場についても、批判の的から外さない。効用は、貧者も富者も、工員も経営者も、子どもも動物でさえも、誰一人放っておきはしない。一大生産機械と化した社会の中で、各人はそれぞれどれほどの役割を果たしうるのか。すべての個人のすべての利害は、最大多数の最大幸福を引き寄せるために作成すべき、この潜在的総会計簿にかかわりがある。効用は、すべてを理解する使命がある。一七世紀以来確認され、その後古典的功利主義が強調したこと、それは、西洋の各社会で始まった大変動が人間の生活そのものにおいて展開されたということに他ならない。その変動は生活のすべての側面、すべての人間関係に及んだ。

功利主義の大きな力は、効用そのものと同様広い範囲に及んで人間関係を考え、農工業産物の物質性の枠を超えて働き、一八世紀以降の経済的・社会的変動を先取りするものとなった。しかし、この効用のカテゴリーは、人間を単なる生産手段の地位に貶めるという決定的な問題をもたらした。この主張は、効用に支配される〈均質社会〉の性質にかんするジョルジュ・バタイユの政治的考察の核心である。彼はこの社会を〈効用社会〉とも呼んでいる――「均質社会によって判断される各人の価値は、彼の生産するもの次第で決まる。つまり、彼はそれ自身の存在であることをやめる。各人はもはや（自己以外の存在を形作る）共同生産の一つの機能にすぎない。この機能は測定しうる限界の枠内で調整されている(3)」。彼はまさしく、西洋の社会的・政治的な特徴としての功利関係、他者とつながり、制度とかかわるための支配的で規範的なやり方を考察したのだ。

その意味で、資本主義は生産様式をはるかに超えて、一つの文明であり、一つの社会形態である。資本主義は有用な人間の集積の上に成り立っている。有用な人間とは労働者かつ消費者のことであり、規範化された、つまり、社会に動員されるに適した主体性を与えられた存在のことである。「人間はあまたある商品の一つではない」というヒューマニズムふうの台詞は、発する者によって、単なる否定にも、挑発にも聞こえる。しかし、これは〈事の本質〉を表している。

2　新しい規範体制

経済人間は過去の存在ではないが、すでに出来上がった存在でもない。歩み続けているのだ。西洋はその企てを続け、他の文明を引き連れて、地球の運命の方向を決める。資料からたどれる歴史によれば、人間の行動がもはや神の掟の名による道徳的モデルに合わなくても良くなって、社会的・経済的効率という規範に従属するようになったのは、一般に考えられているよりもかなり前である[4]。相当に早くから、道徳は普遍性や権威に基づく法律によって決められることはなくなっていた。そして、それに代わって、世俗的な快楽と苦痛の計算、近代的用語では収益と費用という形が姿を現すようになっていた。

この新しい規範性は、一般に認められている以上に、国家による政治的実践を基礎づけている。この実践は、すべてを自分の支配下に収めるのではなく、個人ができる限り自己統治を行い、おのれの利益の追求に導かれて自己の行動を自ら決定できるようにする。功利主義的統治は経済運営だけをするのではない。個人をできる限り自由にさせる制度・規則を確立するために、そのための条件を整えることも目指す。こうした政府の実践は、人が何をすれば、また何を手に入れれば自分に一番有利か、それを各人に計算させるという手法に基づいてなされる。この実践は、各人の行動の決定においてはいかなる指導を行うことにも反対する。理屈に合わないのは、この自由という目標が、行動を規制する複雑な技術や規範化を進める制度網の設置を前提に立てられていることだ。その歴史的形態の一つが、福祉国家 **Welfare State** である。そこでは家庭から国家に至るまで、社会的制度はすべて利害調整の操作機関に変貌する。そして、たがいの行為を調節し、その行為を集団的に最大化するために、一定の規範に従って諸利害を連動させ、適応させる。具体的には経済成長率、妊娠率、就職率、死亡交通事故の減少率、教育の普及率などの指標がこれに当たる。制度を合法化し、人間世界を組織化するのはもはや超越的存在ではなく、〈生政治〉的な目標次第で決まる。生政治は民主主義の形式的手続きに従い、できれば同意の形を取って計画され、諸制度の規範化の主体であり対象でもある個人の行為を操作する。

こうした人間行動の仕方をめぐる大転換は自然に起こったのではない。すでに見てきたように、その前に、人類学の根本的な大改造があった。新しい規範体制は、利害が自己のあり方や他者との正しい関係のあり方に重要な役割を果たしているところにその特徴がある。その意味で、それは個人の自我の歴史や社会的つながりの歴史に急転換をもたらした。この新しい規範体制は、すべての存在を神の贈り物としての被造物とみなすキリスト教的概念とは著しい対照をなす。ベルナルト・グレトゥイゼン〔一八八〇〜一九四六。ドイツの哲学者〕が見事に述べたように、キリスト教ヨーロッパにおけるこの旧規範体制は、〈普通の信徒〉にとっては時間・空間そのものととらえられ、自明の理であった。[5] これと同様に、いまや新規範体制は、効用空間の〈普通の利用者〉にとっては〈自分を取り囲む世界〉そのものとなりつつあり、自分が何者であるのかを教示してくれるものとなっている。

この新規範体制は、単なる自由主義経済学よりもはるかに広い射程をもつ人間・社会科学の領域と不可分の関係にある。その基本原理は、人間の行動が〈計算機械〉の支配下にあることだ。この機械は時間の流れの中で人間の行動を調整し、その行動を他の計算者にとって予測可能なものにし、したがってマックス・ウェーバーが理解したように、個人間の相互作用によってかなり安定した社会を作り上げる。安定するのは、みながこの体制に高確率な期待をかけているからだ。

この快楽と苦痛の算術は、個人の生活が自分を引きつける財や、自分を不安にさせるリスク、自分の活動領域を制限する法規制、自分の行動を社会的適合性の面から判断する視線、といったものに左右される中で成り立っているとき、彼がなすべき理想的な自己制御の計算の仕方を教えてくれる。彼はこのとき、大きな市場とみなされる社会の中で、自分自身の幸福の最大化を目指して振る舞うよう導かれる。

こうした計算の理想はわれわれをこの歴史的変動に立ち返らせる。人はいつも二者択一の前に立たされ、選ぶよう強いられる。人は旧来のしきたりや因習から切り離され、自分の前、自分の外側にそびえる二者択一の構造物と出くわす。その中に入ると、人はたえず最良の選択を決断しなければならない。この計算技法に熟練したとき、行動の決断をするための新しい規範の定義が必要となる。なぜなら、市場というのは、ベンサムの功利主義が強調したように、まず〈自然〉ではないからだ。選択の自由、計算の可能性は、何よりも個人に自己制御を合理的に行わせるための手段である。その手段を手にさせるには、個人の満足の対象となる資産を、できるだけ効率的に生み出せるよう導くことが必要となる。しかし、政治権力がたえざる監視を行って、あまりに詳細な規則を個人に課し、個人にしかかかわりのない選択に対していつも干渉するようなことは必要ない。むしろ、個人というものはほとんどの場合、〈悪い傾向 bad tendency〉よりも〈良い傾向 good tendency〉を選び、最大の苦痛よりも最大の快楽に向かうのが一般的なのだから、政治権力はこうした事実に賭けるべきである。快楽と苦痛、期待と不安が力の一番の起点であるとするなら、これまで任せたことのない広大な決定領域を個人の判断に任せるべきだろう。個人は、自発的に効用原理に従うのだ。社会システムが個人の選択の幅と自発性の領域を個人に委ねるということは、それを決めるのは自分以外にはないと自我に信じさせることだ。自己規律こそ自我の秘儀なのだ。個人が〈内発的な〉社会関係、つまり制度的に築かれた関係の中にあるということ自体、人間の行動を規範化するには十分有効である。少なくとも、正常な人間、つまり、〈論理的〉〈合理的〉人間にとっては。

繰り返して言えば、西洋の社会はみな、**全体的な形**をもっていることを特徴とする。その形は社会的主体の形成としては最初から変わらぬ原理をもち続けており、その形成は今も続いている。この形は発展のための固有の原動力とリズムをもち、文化的表現、考えて生活するという流儀を育て、おのれを強化し、拡張したいという要求を生み出す。社会はその自己発展のために、資本の蓄積をただちに直接必要としているわけではない。支配的な社会関係とそれに付随する価値観は、一義的に〈商品化〉という経済行為のあとに続くわけではなく、むしろまずそれを予測し、準備し、随伴するのだ。今や独立した経済だけを社会の〈侵略者〉に仕立てるおなじみの批判的な見方が一般的だが、これは逆に考えるべきである。効用の社会関係と個人的利益の満足に与えられる優位性は、資本主義を拡大するための刺激として働く。つまり、資本主義は社会変化の〈原因〉であるだけでなく、その結果でもあるのだ。制度上作り上げられた経済人間というモデルは、その後、西洋のハビトゥス〔社会を通じて、個人が無意識的に身につける知覚・思考・行動の性向。フランスの社会学者ブルデューの用語〕を構成する基になる。ここでは、〈人類学的大変動〉が第一の問題となる。今われわれが生きている状況を考えるには、この角度から眺めるのがふさわしい。

3　ネオリベラリズムの発作期

「われわれは今どこにいるのか」という問いに対する答えは、もしわれわれが政治的ネオリベラリズムの現在の勝利の虜になるなら、間違うことになる。たしかに、この勝利は経済人類の長い歴史の中でますます大きな効果をもたらしている。しかし、これまでも他に例があったように、それは発作期の一つの表れ、明らかに反応加速現象と呼ぶべきものであって、必ずしも決定的な事態の到来ではない。民営化と競合の全体化という二つの際だった局面を考えるなら、現在の事態の特徴は、各社会、各国の内部で、生産資源と権力手段の占有化に歯止めをかけるはずの境界が後退した点にある。前から言われていることではあるが、資本主義の力学は、地理的・社会的領域のたえざる拡大によって蓄積活動の展開を可能にする。その際、直接・間接を問わず、資本の所有者が望む経済的な成果に結びつかないものはすべて無視される。自由市場の尊重を普遍的義務とする〈ワシントン・コンセンサス〉〔IMF、世界銀行、アメリカ財務省が一九八六年に合意した経済戦略。規制緩和、市場原理、民営化を基本とする〕は、まさにこの拡張主義的論理の世界レベルでの教義の表れとして、この二〇年間にわたり、支配的な国々や超国家的な大組織の間で君臨してきた(6)。ネオリベ政治計画は、企業と社会が取り結ぶ商業関係の拡大を目指している。そして、所有者権力の強化に抵抗する社会的・文化的・制度的防波堤を一つずつ突き崩そうとしている。その究極の目標においては、古典的経済自由主義の徹底化、その独断的な強化策の断行という様相を呈する。あえて比べてみるなら、アダム・スミスの経済自由主義は、西洋世界で政治的・学問的〈権威〉を演じる連中が公言する今日の確信からすれば異端の徒になるかもしれない。もっとも、二〇世紀のネオリベラリズムは、その実践面においては〈マンチェスター派〉〔一九世紀中頃のマンチェスターの資本家を中心とする自由貿易論者〕的自然主義をいっさい拒む傾向にあり、むしろ積極的な構成主義〔国際関係を自然ではなく、理念によって構築されるとする見方〕、とりわけその現代ヨーロッパ版の立場のほうを自認するだろう。ネオリベラリズムの目標は**市場経済社会**を政治的に仕上げることにある。

　こうした全面的な徹底性、こうした独断的な構成主義を前にしてなお、かつてマルセル・モースが成しえたような控えめな判断をわれわれもまた示し続けるのは、現に起きつつある大変動を不当に過小評価するものだとみなされかねない。現在の事態の流れがもたらすところを正確に見定める者なら誰しも、意気消沈するのは、当然だろう。現代の状況は、中世末の〈囲い込み enclosures〉で村人の〈共有地 commons〉が解体されてしまったことを思わせるほどだ。共同作業、天然資源、知、空間…、すなわち人類に共通なものはどれもことごとく私的に占有されている。この流れを止めることができない。羊の群れが人間どもを貪り、野も畑も村も荒廃させ、無人にする非人間的な世界、これをトマス・モア〔一四七八～一五三五。イングランドの法律家・思想家。『ユートピア』（一五一六）〕は『ユートピア』によって告発したが、彼の怒りは現在にも当てはまりそうだ[7]。

果てしなく貪欲な、新しい大食らいの支配を前にした『ユートピア』の作者の運命論、無力感は当然と思われるが、この印象は、あきらめを説き、現実を讃える今日の順応主義者のことばを前にすると、さらに強まりそうである。批判的な考えの持ち主の声は人の耳に届かない。学会の標準的な経済理論が全面的に支配して、一部の勇気ある者の反旗も甲斐がない。大学の経済学部では、〈理性的な請負人〉が教科書や大講堂の講義で自分の個人的効用を最大化し悠々としているような世界、消費者の個々の決定と企業との間の均衡を簡単に証明してみせるような机上の世界を作り上げている。その保護区では、教員、時には役人が、市場の論理に有利な政策を施行するための学問的後ろ盾の下で、国家行政の専門家の役を果たしている。彼らは、私的事業への公的干渉に対する告発を、一番うまくやれるのだ。一九世紀半ば、『経済的調和』〔フランスの自由主義思想家フリードリック・バスチアの著書（一八五〇）の題名〕の時代は市場に対する幻想の絶頂期だったが、奇妙にもそこに逆戻りして、「またもや同じことだ」という気持ちにもなりかねない。

4　歴史的な大揺れ

同じことが繰り返される恐れはないとは、言い切れないだろう。しかし、今日の指導者、学者たちの独断的な傲慢さは、実践面で困難を抱えているし、経済のシステム自体も不安を抱えているのだから、たちまち姿を消すだろう。また、商品の流通と財政の国際的規制緩和の行き着く先には社会的災厄、政治的対立が予測され、環境と人類の間には重くのしかかる世界的なリスクがあるから、諸国家はこれに立ち向かうために連携し、積極的な介入に踏み切らざるをえなくなるだろう。そうやって、社会生活の基本的な営みの下で深刻な打撃を受けている国民を守らねばならない。

〈自己調整される社会〉というユートピアが一九世紀にはよく語られた。しかし、これが二〇世紀前半に、社会危機と政治的大変動という厳しい現実に突き当たったことは、カール・ポランニー以来よく知られている。この〈大変動〉によって、国家が資本主義を規制する中心となり、その結果、経済的自由主義幻想の終焉が決定づけられたかに見えたが、一九七〇年代末に今度はネオリベラリズムの急旋回が生じる。この点で、ポランニーは間違った。彼が証明したのは、彼が信じていたような決定的な破綻ではなく、西洋社会の歴史を刻む古い振り子の循環運動についてだったようだ。近代が始まって以来、国家と市場を結ぶ絆に疑問の余地はないにしても、この経済的自由主義の循環運動の歴史はいくつかの局面に区切られ、その都度、商業的論理を政治的に作り上げることと、社会関係を制度的に強化することとが、代わる代わる優勢を占めたようだ。オーギュスト・コントは慧眼でこれを見逃さず、歴史の法則とさえみなした(8)。

こうした循環運動は単なる繰り返しではない。状況は似ているし、聞かれる言説も似ているけれども、われわれはもう一八三〇年にいるのではない。現在のネオリベ局面は独自の特徴を呈している。たとえば、幸福の時代を約束していた、あのたいそうな楽観主義はもはや存在しない。アカデミックな経済学は、たしかに経済人間の〈論理的行動〉を支える前提と方法の作成については成果を上げた。しかし、経済運営と人道的大義を同時に可能にする強力なイデオロギーを生み出しながら社会の変動と並走しようとする力量は、もうないように見える。自由企業、自由市場、自由交換を褒めそやすメディアの大衆化は、広告宣伝や陳腐なプロパガンダのレベルを大して超えていない。

すでにマックス・ウェーバーが『プロテスタンティズムの倫理と資本主義の精神』の最後で言わんとしたように、近代の経済的幻想は、自由を取り巻く熱狂から覚めるとともに潰えた。人々の世界観には穴が空いた。ネオリベラル政治は〈市場〉の絶対命令に要約され、グローバル化の宿命にはひたすら服従するほか道はないらしい。しかも、最近の産業技術の成果に魅了され、幻惑され、〈順応〉がモットーとなっている。

今日の政治的ネオリベラリズムは、いかなる従属からも解放を願っていた旧来型の政治的自由主義とは様相を異にする。自由主義の先駆者たちにおいてはまだ、権利をもった主体、行動的市民、個人の自由といったものが称えられていた。つまり、商業戦争、経済的捕食、存在論的不安定性、生態学的不安等に悩まされる今日の世界から見れば、この上なく**場違いな**目標をもっていた。要するに、現代のネオリベラリズムにはもはや人間の生活に意味を与え、共同体に方向を示してくれるような価値観はないということだ。政治の実践的な効果というものは出来上がった社会秩序の形を見てみればわかる。ネオリベラル政治には人々をユートピアに向かわせ、人々に社会の運命について希望を抱かせる能力がゼロに等しい。その結果は、さまざまな局面で〈政治の危機〉や〈教育の危機〉として顕在化している。西洋の〈最後の人間〉〔ニーチェの表現、超人の対極にある〕にはもはや信じるものがないのだ。信じるものがあるとすれば、あるいは信じなければならないものがあるとすれば、それは自分自身でしかない。

5　自己自身という企業

それでは経済人間の現在の運命はどうなのか。初期の形成期から次第に成熟して、それなりの変化を遂げたのだろうか。現代までのところ、経済人間は延々とおのれの苦痛と快楽、コストと利潤の計算人・管理人であり続けている。もっとも、彼はそうであることを進んで選んでいるのではないし、ましてやかつてのように新世界を作り上げる喜びでそうしているのでもない。言い表すことばは変わったし、現実も変わった。現代の経済人間は石斧のごとく両面型の名残を温存したままである。人間－企業であり、かつ人間－消費者であるということだ。その上、ベッカーの言によれば、人間－企業は人間－消費者と混じり合っている。企業はすべての行動に通じる形として、すなわち個人の主体の行動にとっても大社会の共同主体の行動にとっても有効な鏡として現れる。その下で、規範的な言説は企業経営に与えられる高い評価をさらに持ち上げるために修正されるのだ。経営とは、〈おのれの生活の管理人〉である西洋の個人ハビトゥスとなるべき行動様式である。今日の独断的なものの考え方では、個人は危機を自ら管理し、戦略的情報を自ら求め、どこにいようと、自らの満足を最大化すべき企業とみなされる。しかし、各人が企業になるよう促されるということは、企業のほうもまた、人間のあり方のすべての次元を取り入れるということだ。企業は人間の労働時間、人間の肉体的・知的能力だけでなく、欲動、欲望、価値観、教育、倫理に至るまで、すべてを管理すると主張する。この主張のもとでは国家そのものも、企業によって資本主義的合理化という規則・精神の下で近代化されるべき同じタイプの一大共同主体とみなされる。時代の風潮は、最新型の規範体制を練り上げるＯＥＣＤ（経済協力開発機構）や欧州委員会といった中心組織が〈企業精神〉の普及を教育の眼目に掲げている点にも表れている。

時代を特徴づけるのは、個人的〈責任〉とそれに比例した共同的〈免責〉という道徳である。〈犠牲者を咎める〉こと、すなわち近代性・適応性・効率性の面で不十分なものを有罪と決めつけ、コストがかかるもの、ブレーキをかけるものを非難すること、これが時代の原動力となる。すべて個人は〈自己自身の企業家〉にならねばならない。経済人間は、変身し続けるが、おのれの出自は否認しない。近代化の過程で見出され、築かれたそのイメージは、たとえ主体が経営者として〈刷新〉されても、変わらないままである。むしろ以前よりもさらに、事物と人間関係の効用の価値は人間の経験のすべてにかかわる。少なくとも理想としては。〈ネオリベラル文化〉は、利益が個人に働きを及ぼし、利益が個人に成功を信じさせることで成り立っている社会の姿を、あからさまに表現している。

この文化の表現を見てみると、一九世紀の自由主義が一つにまとめ切れなかったものを、唯一の形に混ぜ合わせるかのようである。生得の権利から生じる論理と正しい意味で理解された利害による論理、国家への帰属と経済的役割、社会的責任と個人的領域、その両者の間にあって、一九世紀の経済人間は同時に市民であり、かつ商人であった。ヘーゲルもマルクスも、共同的利益と私的利益のこの二重性を明らかにはしたが、その緊張関係をどう解くかについては一致しなかった。この大商業社会の経済人間なるものは、冷静に考えてみるなら、あくまでも〈完全な経済人間〉という理想像のままであった。今後、あらゆる社会分野で〈企業文化〉というモデルが広がり、公的領域と私的領域の境界がなくなり、企業と日常生活が交錯するようになれば、経済的分野と政治的分野の統一への展望が開かれるのかもしれない。より正確に言えば、効率原理が支配する〈企業社会〉において経済による政治の吸収が行われるかもしれない。この同質世界を作り上げるには、経済理論をモデルにするよりも、企業経営をモデルにして社会を作るほうがずっと役立つだろう。しかしそのとき、政治的自由主義なるものは、もはやどんな表現の形を取ったとしても、ほとんど理解しがたい言説とみなされてしまうだろう。

6　人間の行為の総評価

最近の展開の重要な局面の一つは、労働・余暇・生活のあらゆる領域で行動の数量化が見られることである。これは、効用に基づいて人間の行動を再**評価**するという作業である。限界革命〔二〇四ページ、訳注参照〕の初期には、技術者・経済学者と数学者は十分適切であると考えた数学的手法でこれに対応できると考え、収益性の具体的問題を解こうとした。しかし、現在のように、同質と想定される市場社会を記述し、費用‐便益計算で決まると想定される人間行動の全体を分析するとなると、同じようにはいかない。ところが、ミクロ経済学は、人間性を丸ごととらえる理論を使わずに済ませる表現法で、おのれの仮説を一般化する。つまり、ミクロ経済学は次のように主張するだけで満足する。経済的主体、消費者、所帯、労働者、会社、これらはどれもみな、合理性を特徴とする行動を取る。誰もが自分の財から最大の利益を上げようと努めるのだと。

ハンナ・アーレントふうに言えば、こうした信念が近代人のあり方の基にある。そこでは、科学的経済学は、理論家たちには魅力一杯の形で、数の導入と数の拡張という特徴を備えながら人間関係の数学的定式化を進める。数量、価値、フローとストックの測定可能な関係は、数学的道具に適した客観的領域を構成する。こうした対象と道具との一致は、交換の貨幣形態に表れる人間の行動にかんする、この数量化された科学に信用を与える(9)。

ここでの問題は、功利主義に基づくこのミクロ経済学の作業に理論的価値があるのか否かではない。そうではなく、この理論が、〈経済学〉に委ねられた領域をはるかに超える〈人類学の再検討〉という作業にどのように対応しているかである。ハンナ・アーレントが強調したのは、経済学がたとえ近代世界の先頭を切る科学になったとしても、それが対象とする規則的で予測可能な行動は人間活動のかなり限られた範囲にとどまるということだ。彼女はさらに付け加えて述べる。この科学はずっと遅くなってから、社会科学であると自己主張するようになった。そしてこの科学は、人間をそのすべての活動を含んだ一つの全体でとらえるための、また、人間を予測可能な行動に条件づけられた動物のレベルでとらえるための、〈行動の科学〉を目指したのだと(10)。数学的道具に基づく理解の図式を人間の行動全体に広げるこうしたやり方は、実は、すでに行動主義や行政社会学以前から知られていたものだ。ただ、行動の経済的評価がたどった歴史は直線的ではない。人はまず快楽－苦痛の計算に従うよう定められ、ついで費用－便益のミクロ経済学の論理の支配下に入った。おそらくその移行の過程で、快楽－苦痛にかんする旧来の古くさい考え方は情念の世界の化石の名残として排除された。残ったのは、最大の利益を追求するために必要な作業、すなわち行動の数学的定式化である。利益と不都合を比べる論理を当てはめて、好みと選択が保証されれば良いのだ。

この点では、われわれはマックス・ウェーバーが予告した段階を超えた。今やすべてにかかわる〈計算可能性〉が人間と世界の関係の唯一の形となったのだ。幸福への信仰が勢いを失ったあと、残ったのは、社会生活を組織し個人生活を決定する経済的メカニズムの〈鉄の檻〉〔ウェーバーの用語〕、そして技術にかかわる因果性だけである。利害は堅い鋳型のように、圧迫する社会的相互作用システムの中で結晶となって固まった。人間の活動はみな、組織を形作る原理と会計上の決まりによって縛られ、組織の活動はすべて、〈生産する物〉がどんな性質であれ、資本主義的企業のように最大の効率を目指すことになる。社会自体が一種の巨大な企業であるとすれば、誰もがみな〈組織された人間〉である。彼らはみな、その一つ一つの行為において、企業に固有の、量的評価の手続きを受けざるをえない。こうした歴史的状況の中で合理的行為としての人間の行動を分析するには、現実をしっかりと見据える姿勢が要る。それには、社会的主体をこの計算し選択する存在に仕立て上げてきた諸条件の全体を、まず解明することが大事である。

7　ネオリベラリズムがわれわれに教えるもの

周知のように、経済的・技術的現実を貫いている原理とその絶対的支配状況にノンを突きつける形で、宗教的信仰が華々しい復活を果たしている。宗教・伝統・民族の三者が同時に目覚めたこの状況は、超近代ないしは脱近代時代の個人、すなわち市場の有無を言わせぬ競争にますます曝される個人にとっては必要不可欠な埋め合わせのように思われる。[11] ある面では、ネオリベラリズムはむしろ宗教的・道徳的価値観にかんしては守旧派であり、〈有閑階級〉には手厳しく、批判精神には不寛容を自認している。時に、ピューリタンの時代に戻るかのように見えることとさえある。ネオリベラリズムのこうした激しい性格は、おそらく弱さの表れ、内面の空白から逃れる手かもしれない。ネオリベラリズムは経済人類の歩みにかんして、教えるところが多い。経済人類の歩みはなだらかではなく、たえず他と交代したり、すれ違ったりであった。また、その歩みは経済政策だけでなく、いくつかの組み合わせによって形作られてきた。たとえば、経済的自由主義と道徳的・文化的保守主義との結びつきは、個人的利益の〈自由化〉と、個人的行為の社会的・政治的組織全体への同化との組み合わせである。言ってみれば、それは西欧中心主義右派の定式であって、商業利益を促進しながら、風俗・習慣・制度の側からの自己主張や変革要求には伝統と宗教の名において非難する。もう一つの組み合わせの典型は左派の組み合わせである。これは、社会的変革と文化的自由主義の結びつきだが、右派の場合と同様、これまたしばしば自らそうとは自覚しえない組み合わせの表現である。

もちろん、経済人類の歩みにおけるこれらの組み合わせの変化は、すでに述べた歴史的な大揺れと無関係ではないし、効用支配が人間関係の一般的な形として定着したこととも無関係ではない。しかし、このような組み合わせの変化は新しいものでもない。その前例は、一九世紀のベンサム主義がマンチェスター派の通俗的自由主義者とファビウス派社会主義〔バーナード・ショーがイギリスで創始した穏健な社会主義〕の改革者の双方に影響を与えたという相矛盾する運命の中にも見られる。したがって、ネオリベラリズムもまた個人的利益と集団的制約との組み合わせとして現れるのであって、功利主義の唯一の歴史的表現ではない。経済人類は政治的・道徳的な諸矛盾を何とか調整しながら、前に進んでいく。

もし〈個人の諸権利〉を単に人権革命の延長としてのみ考えるなら、そのことばの現代的な使い方をとらえ損なう。〈個人の諸権利〉の多様な要求の源にあるのは、「人権および市民の権利の宣言」〔一七八九年八月二六日、フランスの憲法制定国民議会で議決〕に基づく正当な願いを明確化しようとした一連の歴史的作業だけではない。もちろん、この宣言がもつ本来の意義を否定するつもりはないが、〈個人の諸権利〉が政治的にも道徳的にもはっきりするのは、「人間」が超越的存在として認められるようになったからでも、人間の本質が次第に解明されてきたからでもない。この権利は公的空間で認めてもらおうと努めるとき、しばしば個人的利益の法律的−道徳的な法衣として解釈されることを忘れてはならない。

ここで、人権自由主義と個人利益自由主義という二分法を取り上げる必要があるだろう。これは、エリ・アレヴィもミシェル・フーコーも用いた方法である。またデュルケームも、道徳的個人主義と功利主義的個人主義とを対比させて、ほぼ同様の区分けをしている。注目すべきは、両者の分裂よりも、両者の絡み合いである。そこには外面を装う働き、あえて言えば、二重性が見て取れる。とりわけフランスという古い共和制の国では、制度は利益の手段と見なされていて、制度において利益を是認するのは政治的・道徳的に認められる基本的人権としてずっととらえられてきた。経済人類はそれとわからぬ姿で歩み続けるから、時代の混迷はさらに増すばかりである。

8　社会批判の危機

したがって、重要なのは、現在のネオリベ的な政策の動きと、それとはまったく違うレベル、違うリズムで展開してきた人類学的な動きとを、はっきり区別することである。これら二つの動きはさまざまな様相を見せ、対立を含み、また哲学的には誤解を招く装いもする。われわれに課せられた批判的な仕事の道筋を考え直すには、われわれが現に生きている時代と経済人間の穏やかな歩みとの関連を的確にとらえる作業が必要である。現代のネオリベラリズムは、その理論の源も政治的・社会的な現れ方も多種多様ではあるが、大事なのは西欧人の長い変貌の歴史の中で一つの特殊な局面をなしていることだ。それ以上でも、それ以下でもない。現在の政治的・法律的政策計画が、社会的分離と経済の一極集中を堰き止めてきたこれまでの堤防を意識的に崩し、社会的連帯を守るために作られてきた制度組織を念入りに取り壊そうとしているのは、西洋を形作ってきた巨大な、長期の圧力のやみがたい表れの一つである。今日の流れはその極期に見られる形と言える。したがって、われわれのなすべき仕事は、ネオリベラル政治に対する現状批判で終わってはならない。その仕事は、経済人間とその現れ方にかんする人類学をできる限り完全に理解することにある。それにはまず、国家の違いや歴史の変遷を超えた、基本的な台座をなす**近代西欧の規範体制**をしっかりととらえ直すことから始めなければならない。

この点からすれば、研究の対象と範囲は同じではないが、リュック・ボタンスキ〔一九四〇年生まれ。フランスの社会学者〕やエヴ・シャペロ〔一九六五年生まれ。フランスの経営学者・社会学者〕が十分に示唆している通り、ある種の資本主義批判は資本主義をかだ。

弱体化するよりもかなり強化している[12]。効用原理の歴史をたどると、同じ類いの危険があることは明ら

基本的な間違いは、マルクスの批判がそうであったように、資本主義の発展が個人を〈むき出し〉にして、〈古い人間〉の厚着を脱がせ、〈新しい人間〉の到来を準備したと思わせたことだ。実際は、この〈新しい人間〉は、改修された個人ではなく、時間の刻印を押された人間、長い文化的・政治的企ての産物である。その上、この〈新しい人間〉は、市場社会と多くの共通点をもち、市場が生み出した典型的なものである。これに関連する誤りは、経済構造こそ変革すべき唯一の次元であるととらえ、その変革こそ政治の対象、目標であると考えるところにある。経済人間について語るなら、逆に、人間存在そのものを問題にしなければならない。主体間のすべての相互関係が効用原理によって規定されようとしている以上、これから社会批判をやり直すには、この人類学的次元を取り上げなければならないのだ。

たしかに、われわれの今の状況では、このような批判は実践・理論の両面で、疲労の限界に達している。長くマルクス主義に支配されたあと、新たな土台の上で人類学的再建に着手することに苦しんでいる。労働運動の聖典によれば、〈労働〉の側の力が蓄積されれば、資本主義は変質を遂げ、滅びる定めにあるはずだった。ところが、大産業の内部から生まれた〈新しい人間〉は、大産業の中から出てきたので、集団的労働者として〈物事の管理運営〉を引き受けることとなった。歴史的過程から生まれた〈新しい人間〉は、あらかじめ想像されていたような資本主義の宿敵ではなく、その産物である以上、資本主義で利益を得ないまでも、それに適応するように作られている。そう考えれば、現実には、人々は多くの幻滅をすでに免れることができていたはずである。しかし、そういう考えは、政治的に戦意喪

失の基になりかねないから、最初からタブー視された。資本主義が労働力の商品化と社会的交換の商業形態を拡大させていくだろうと考えた一部の人々の流れは長い間無視されることになった。

こうして社会批判は、**世界市場の彼方**の展望に定位置を占めながら、西洋の経済人類の最も基本的な前提に順応し続けることになる。マルクスや彼の弟子たちの一部が先見の明に欠けていたということではない。まったく逆で、人間的つながりの変化にかんする適格な見方は彼らの功績に負うところが多い。しかし、ここで強調したいのは、その考え方の根底には、資本主義が国際的に完成してしまえば必ずその乗り越えが生じるという信念があったため、これが実際の社会の動きやこの生産システムの結末のとらえ方をかなり惑わせてしまったということだ。これ以降、われわれの後ろには、無限経済という〈進歩主義〉信仰がある。それは一七三四年にジャン＝フランソワ・ムロンが、この事実の発見者としての興奮を述べたところの信仰である――「産業の進歩に限界はない。それはどこまでも伸び続ける。そこでは新しい産業が新しい需要をつねに生み出すと推定すべきである(13)」。

9　資本主義と社会的つながり

マルクスの理論の最も重要な寄与の一つは次の点を分析したことだ。すなわち、資本の蓄積がどのように新しい〈世界〉を形作るのか、またどのように国外・国内の市場を作り上げるのか、そしてそれによってどのようにこの〈世界〉に属する個人を育て、そこで活発に〈機能〉させることができるのか、という点である。この分析は、どのようにすれば一つのこの〈世界〉が人間同士**間**の世界にもなるのか、つまり、個人同士をつなぐ関係の本質そのものにもなるのかを考えさせてくれる。この点については、ローザ・ルクセンブルク〔一八七一～一九一九。ポーランド生まれのドイツのマルクス主義政治理論家・哲学者、革命家〕のような共産主義の伝統に属する著者たちが新たな着想を提起するわけだが、よく理解されないことが多かった。[14]資本主義はおのれに同化しうる外部の空間を必要とする。このことをローザ・ルクセンブルクは明らかにした。彼女にとって、そこにこそ帝国主義の根があった。彼女の見方では、拡大した根拠地での資本の再生産は、大産業に代わる独立した小生産者の搾取を伴って行われる。これはマルクスの分析を受け継いでいる。だが、労働者によるこの初期蓄積は**新しい消費者の生産**をも伴った。言い換えれば、蓄積による変動のこの二つの側面を見るなら、それはのちにフランクフルト学派〔マルクス主義、フロイトの精神分析理論などを基に、批判理論・哲学を研究したグループ。ホルクハイマー、アドルノなど〕が別様に展開した次のような考え方に通じることになる。すなわち、商品化の論理が人間のあり方そのものを隷属させるという考え方だ。このことは、資本主義の同化は国内の空間にもかかわると想像してみるだけでわかる。

一方、レーニン〔一八七〇～一九二四。ロシアの革命家・政治家〕はこの〈経済的人食い〉という説を根本的な誤りとして扱った。[15]有能な革命戦略家である彼は、この考えでは資本主義の結末の可能性をめぐって奇妙な問題が出てくることをしっかり見抜いていたのだ。実際、マルクスにおいては、資本主義はプロレタリアートの数を拡大し、集中させることで、おのれの墓掘り人を作り出していると考えたわけだが、そうはならなかった。レーニンは、資本主義は新しい空間を切り開き、同時におのれに適応する新たな主体を作り上げる、というまったく別の見方を生み出た。こうして、革命は無期延期されたように見える。

ローザ・ルクセンブルクが『資本論』から受け継いだ概念には限界があるとしても、彼女がそこに垣間見たのは、資本の初期蓄積が実際に果てしなく続くこと、そしてその蓄積に伴って資本主義のあらゆる局面が生じ、蓄積が資本主義の発展と同然となることだ。[16] 諸制度、社会関係、風習、あるいは人間の存在と行動のあり方はおのずから限界を有するが、資本主義はその限界をたえず押し返す。それによって打ち壊されるのは、外部にある前資本主義経済だけでない。各社会の内部で前資本主義的にとどまっていたもの、資本主義以前の局面に関連するすべてのものが打ち壊される。〈社会条件に対する資本の依存〉があるから、資本はたえず社会を変革するためにすべての制度を従えさせ、その作業に当たらせようとする。資本が新たな内部市場を手に入れるときの一番良いやり方は、軍事的・政治的暴力ではなく、説得と依存によって社会そのものに働きかけ、制圧することなのだ。資本の蓄積は有益な人間の蓄積を伴った。人間たちの加工と彼らの相互関係は、別の意味での資本主義の拡大を促進した。この点から見て、若きマルクスの直観、すなわち、資本主義社会の人間関係は効用関係に還元され、キャッシュの支払いに則って形作られていくという彼の断言は、ことのほか貴重である。

したがって、大事なのは、経済的現実を先に知ることでも、思想的・文化的とらえ方を先に知ることでもない。社会科学や歴史学では随分前からその順番を問題にしてきたが、大事なのはその両者が、資本主義の拡大を促進する**社会的つながり**の一般形態とどのように関連してきたのかを知ることである。経済だけが社会と政治に対して、まるでつねにおのれの外部にある次元・領域であるかのように、その掟を押しつけるのではない。〈経済的〉であろうとなかろうと、またその中身や性質がいかなるものであろうと、すべての人間関係が**効用関係**のモデルに従い、資本の蓄積には直接かかわらない社会力学の下で、相当深いところで変質するのだ。

マルクスの時代、彼だけがその変質の跡を指摘したのではない。生まれつつあった古典的社会学がすでに別の道を通じてその跡をたどりはじめていた。バルザック〔一七九九～一八五〇。フランスの作家〕の小説はその変質の動きを新しい社会の原動力として描いたものだ。二〇世紀には、哲学・政治思想の大部分がこの同じ問題をめぐって展開された。なかでもハンナ・アーレントは誰よりもよく、効用原理が支配する社会について、そしてその特徴である同質化・計量可能化のプロセスがもたらす悲惨な結果について示しえた思想家と言える。彼女の思考は、すぐれた古典的社会学にきわめて近く、自由主義と資本主義の提起する問題に正しく向き合っている。周知のように、彼女の考察の中心にあるのは、近代国家における社会的つながりの解体にかんするものだ。そのあと、**人間同士の間に**あるものが問題として扱われるのだが、これがさまざまな角度からの検討の対象となる。二〇世紀の最も悲劇的な出来事、すなわち全体主義、反ユダヤ主義などの社会的つながりの病の根底には、人間関係の荒廃がある。同様に、社会的虚無、空白、過剰、その他あらゆる形の[17]〈世の中で無益なもの〉に対する選別と排除もまた、人間が社会の中で取り結ぶ関係から生じる荒廃である。効用の大空間となった社会では、無益なものは断罪される。

また他方では、**inter esse**〔ラテン語、「間にある」の意味。そこから、現代語の「関心」「利益」の意味が出てきた〕ということばが、個人的利益の支配によって疑念の的になる。個人的利益はひたすら内に向かい、共通の制度を腐食してしまうのだ。トクヴィルがすでに予測していた逆説によれば、おのれの利益だけに浸る個人は実体のない存在に身を委ね、まわりの社会的・政治的存在から遠ざかってしまう。そうなると、公的制度も言語そのものも、生産－消費の循環に仕える単なる〈道具〉となり、ひたすら資本蓄積の過程に関与する。マルクスは経済的発展というものに人間解放の手段・前提条件を見ていたが、アーレントはその経済的発展に、〈自然的なものの非自然的な成長〉[18]が出現させた非人間的な生活を見た。経済学とは、もともと私的次元のものとして**oikos nomos**〔ギリシア語で、家、規範を表す。古代ギリシアでは、家政学の意味〕を意味したが、やがて市民社会の原理そのものを意味するようになった。経済学は今、どのようにしてそれ自身の中におのれの規則を見出そうというのか。生産の活動範囲を生産とは別の台帳で統括・規制していた力が、もう働いていない。効用は、無意味以外にない唯一の意味を導くだけだと自ら任ずるようになった。効用は、もはや上位の原理として参照すべきものなど一切もたず、すべてが同じレベルで果てしない返送を繰り返す循環回路の中で、ただ〈機能している〉だけである。

10　もう一つの考え方と生き方

効用原理が支配する世界の実現に、否応なく向かわせる宿命的流れ。このような考えをハンナ・アーレントが打ち破ったのは、賞賛に値する。作られたものは壊せる。われわれは社会解体の道を**最後まで**直進するよう定められた運命にあるわけではないのだ。実際、二〇世紀の全体主義でわれわれはそれを経験した。一九世紀のマルクス世界市場論の彼方にある〈楽観的〉展望の廃棄をとりあえず余儀なくした、二〇世紀のあの荒廃による危機を誰もが等しく確認した。環境と人類にのしかかる現代の〈世界的危機〉を考えるなら、支配的な流れを断ち切ることがますます急がれる。経済そのものの変遷に伴って、こうした決断はわれわれの義務となった。経済は人間の必要を満たすための、自然を変形する活動である。かつてわれわれはそのことを明らかにした。しかし、今、さらに明らかになったのは、経済はまず、さまざまな形の、しかも不均等な価値づけをされた、人間相互の活動でできているということである。つまり、経済の場では、人間は人間にとって有益な物となり、社会は労働と満足を計量可能にする空間となることがわかったのだ。

そこで決着が付くものか、それとも人間存在そのものが目的であると認められるような〈もう一つの政治〉へと期待が開かれていくのか。われわれには世代から世代へと受け継がれてきた思考と抵抗の長い伝統がある。狭い考えの持ち主には気に入らないだろうが、この伝統の中には政治的自由主義に属する優れた著者たち、そして歴史上の各革命委員会で活躍した闘士たちがいる。もちろんハンナ・アーレントもその一人である。彼女は偏狭な者には見えなかったトクヴィルとローザ・ルクセンブルクとの関係を見事にとらえたはずではなかったか。

さて、〈もう一つの政治〉とは何を指すのか。それは〈社会的つながりの政治〉、経済的ハビトゥスからなお免れている人間内部の何かに基づく〈社会の政治〉、これ以外にないのではないか。この政治の核となる理論は、フランスの地味ではあるが一貫した系譜を忠実に受け継ぐ。この系譜は近代反功利主義の最初の偉大な宣言であるマルセル・モースの『贈与論』を経由し、もちろん、ジョルジュ・バタイユを経て、今日、ジャック・ラカンの系列を形成する精神分析と反功利主義社会学へと続いている。その特徴は、過去の古き良き社会への郷愁に陥らずに、さまざまなやり方で経済人類学を揺さぶり、悩ませることだ。たとえば、利害中心の自我の主張に対しては欲望をもつ主体という概念を対置し、満足の計算の最大化に対しては相互性の義務を対置する。とりわけ人間主体については、〈規範化された個としての自分に満足する自我〉とはまったく違うイメージを作り上げる。この思想の伝統は、結局のところ、集団的生産に身を捧げる社会では幸福はありえないという問題を突きつける。デュルケームとフロイト〔一八五六〜一九三九。オーストリアの精神病理学者〕は、表現の仕方こそ違えども、社会的病の症状としてこの問題を同じように提起した。それをまことに適切なやり方で表現し直したのがラカンである――「明らかなのは、われわれの生活において自我の地位上昇が生ずれば、功利主義的人間概念に従ってやがて個人としての人間がより前面に押し出され、人間を根源的遺棄状態にますます近づかせ、魂の孤立へと押し出してしまうということだ[19]」。

真の功利主義批判は、人間の主体化・生き方・他者性との関係、つまり、人間の本質としての欲望をめぐってなされるべきだろう。すでに見てきたように、経済学は欲望を個人的利益に限定してきた。欲望を肯定し、そこに手がかりを求めはしたが、ただしそれは、社会的に受容可能な計算利益として個人的利益を扱い、個人の欲望を飼い慣らすのが目的であった。しかし、自我の限界をはみ出し、計算という個人的自己統治を乗り超えることこそ、欲望の本質そのものである[20]。人間の欲望は、分断され、誘導され、消費財のつまらない喜びに限定されてしまうと、無意識下に避難所を求める。他者や自己との別の関係が可能な場、たとえば、芸術や革命政治などを求める。

功利主義の根底の歴史は、〈社会の作り方〉という政治的課題を問い直す。人間共同体の全体がこの問いに答えなければならない。ある例外的な時期である今こそ、直接得られる利益を超えたおのれの運命について発言しなければならない。われわれには生きる意味を考える機会が与えられているのだ。本書が見てきた功利主義の根底の歴史は、人間の経済的な役割を超えた〈人間のあり方〉そのものにかかわる決定的な倫理課題を問い直している。

原注

序論

（1）本書の前の私の著作『社会学の野心―サン・シモン、コント、トクヴィル、マルクス、デュルケーム、ウェーバー』ラ・デクヴェルト、二〇〇二年参照。『雑誌MAUSS（社会科学反功利主義運動）』の仕事は、古典的社会学の企てを延長し、活性化した。この企ては今も現代社会学のすべてにおける主要かつ中心的な課題である。

（2）ジャック・ラカンは消費社会の人間たちを、〈他の産物とまったく同様にいわゆる消費可能な産物〉と呼ぶ。

ラカン、ジャック『セミネールXVII―精神分析の裏側』一九六九年一二月一七日の講義、ル・スイユ、一九九一年、三五ページ。

（3）われわれは社会の大きな循環を理解する上でカール・ポランニーに多くを負っている。彼は、〈実践的功利主義〉が〈経済関係〉にもつ重要性を見抜き、それが〈西欧人の自己および社会にかんする理解を決定的に仕上げた〉とする。経済活動とその活動を重視する見方の結果、「〈経済〉人間が〈現実〉人間であり、経済システムが〈現実〉社会であるという誤った結論から逃れることが不可能になった」。

ポランニー、カール「経済主義の欺瞞」『雑誌MAUSS』一九八六年六月一八日号、一八ページおよび二〇ページ。

（4）ラカン、前掲書、一九七〇年二月一一日講義、九二ページ。

（5）ヘーゲル、G＝W＝F『哲学史講義』第六巻、ヴラン、一九八五年、一七四五ページ。

（6）ベンサム、ジェレミ『道徳および立法の諸原理序説』「著作集」全一一巻、ジョン・ボーリング編、エディンバラ、一八三八－一八四三年、第一巻、一ページ。

（7）ヒューム、デイヴィッド「道徳原理の研究」『いくつかの主題についての試論・概論』第四巻所収、ヴラン、二〇〇二年、一三六ページ。

（8）アラン・カイエは、功利主義をまさしく〈西欧思想、より広くはあらゆる近代思想、すなわち宗教的・伝統主義的基盤を断ち切ったすべての思想の台座〉と呼ぶ。

カイエ、アラン『聖職者の廃業』ラ・デクヴェルト、一九九三年、一一六ページ。

(9) マルクスは『ドイツ・イデオロギー』において、人間関係を社会の支配下にあるブルジョワジーの上昇における効用関係ととらえる見方の本質をすでに見抜いていて、ジェレミ・ベンサムに正当な中心的地位を与えている。「存在するすべての関係を効用関係に完全に従属させ、効用関係を他のすべての関係の本質へとひたすら高めることを、フランス革命と大産業の発展のあとの時代に、ベンサムは見事に成し遂げた。ブルジョワジーがもはや一つの特定の階級としてではなく、社会全体の条件をおのれの条件とする階級としての姿を現す時代である」。

(マルクス、カール「著作集」第三巻、プレイアッド版、ガリマール、一三〇一ページ。

(10) ベック、ウルリッヒ『リスク社会』オビエ、二〇〇一年、二九一ページ。

(11) ヘーゲル、前掲書、一七四四-一七四五ページ。

(12) トクヴィルはこの功利主義的道徳をアメリカで実際に観察して、鋭い分析を行った。

(13) エルヴェシウス、クロード＝アドリアン『精神論』第三論文、第二八章、ファイヤール、一九八八年、三九四ページ。

(14) エルヴェシウス『人間論』第二巻、第九部、第二章、ファイヤール、一九八九年、七五四ページ、注(a)。

(15) マコーリー、トマス「ベンサムのミル弁護—哲学の功利主義的体系」『エディンバラ・レヴュー』第四九号(九八)所収、一八二九年六月参照。ベンサム『批判的予測』第一巻、ビクー・パレック編、ルートレッジ、一九九三年、三二九-三五三ページに再録。マコーリーは自明の理のような同様の提言について述べ、功利主義の哲学体系を、次のような提言を発するだけの軽薄で、無益 useless な哲学と特徴づける。つまり、人はおのれの最大幸福のために行動している、したがって、彼はおのれの最大幸福のために行動すべきである。人は自分のしていることをすべきであり、自分のすべきことをしている。功利主義の原理は、「各人は各人のしていることをするようわきまえ、勧める」と言うのだから、つねに同語反復である。

（16）モース、マルセル「贈与論」『社会学と人類学』所収、ＰＵＦ、一九六九年、二七二ページ。

第１章

（１）グイチャルディーニ、フランチェスコ「メディチ家に対して国家を保存する方法について」『政治論集および随想集』所収、Ｒ・パルマロッキ編、ラテルツア社、一九三二年、二七四頁。

ラズリ、クリスチャン「序文」アンリ・ドゥ・ローアン『君主たちとキリスト教圏諸国の利益について』（一六三八年）、ＰＵＦ、一九九五年、八〇ページに引用。

（２）全体の総合と展望のために、ラズリ、同上参照。

ハーシュマン、アルバート＝Ｏ『情念と利益』（邦訳『情念の政治経済学』）ＰＵＦ、一九八〇年も参照。

（３）ハーシュマン、同上、九ページで用いられている表現。

（４）エルヴェシウス、前掲『人間論』第一巻、第二部、第一六章、二二九ページ。

（５）エルヴェシウス、同上、第二巻、第九部。『人間論』のいくつかの章のタイトルそのものが示している。「利益はおのずから、他人の中にある憎むべき残酷さまでも評価させる」「利益は罪をたたえさせる」「利益は保護者の中にある欠陥をたたえさせる」など。

（６）オルナーギ、ロレンツォ『〈利益〉という概念』ジュッフレ出版、一九八四年、七ページに引用（グイチャルディーニ、フランチェスコ『随想集』フィレンツェ、一九五一年、一三〇ページからの孫引き）。

（７）ラズリ「序文」アンリ・ドゥ・ローアン、前掲書所収、一〇ページ。

オルナーギ、前掲書、四ページも参照。

（８）オルナーギはリトレ辞典を参照している。オルナーギ、同上、五ページ。

（９）この点については次を参照。

フィンリー、モーゼス『古代経済』ミニュイ出版、一九八七年。

ベルトゥー、アルノ『アリストテレスとお金』フランソワ・マスペロ、一九八一年。

(10) ゴドゥメ、ジャン「公益」クリスチャン・ラズリ&ドミニク・レニエ編『利益政策』所収、フランコントワーズ大学出版、一九九八年、七－一一ページ所収。
(11) トーニイ、R＝H『宗教と資本主義の原動力』マルセル・リヴィエール出版社、一九五一年、三九ページ。
(12) ル・ゴフ、ジャック『財布と生命―中世における経済と宗教』プリュリエル、再版一九九七年、九ページ。
(13) グールヴィッチ、アーロン＝J『中世文化の諸カテゴリー』ガリマール、一九八三年、二七ページ。
(14) ル・ゴフ、前掲書、二八ページ以下。
(15) ル・ゴフ『煉獄の起源』ガリマール、一九八一年参照。ル・ゴフは、あらゆる原因決定論に陥らぬよう、「煉獄における高利貸しが資本主義の基になったのではない」と強調している。
(16) 聖アンブロシウスは定義する。「高利貸しとは、与えた以上に受け取ることである」。
(17) ル・ゴフ、前掲『財布と生命』四九ページ以下。
(18) ル・ゴフ『もう一つの中世のために』ガリマール、一九七九年、四七ページ。
(19) 著書『家族論』において、レオン＝バッティスタ・アルベルティは子どもたちへの教訓として述べる。人が自分のものとして所有するものは三つ、財産と身体と、とりわけ時間である。自分の時間を無駄にしないことがイタリア初期ルネサンスの人間のすぐれた点であったと(アルベルティ『家族論』ルジエロ・ロマーノ&アルベルト・テネンティ編、エイナウディ、一九六九年)。
(20) ル・ゴフ、前掲『もう一つの中世のために』七〇ページ。
(21) ル・ゴフ『中世西洋の文明』シャン・フラマリオン、一九九七年、二四〇ページ。著者は一四世紀イギリスの説教の一つを引用している。「神は聖職者、騎士、農民を作ったが、悪魔はブルジョワと高利貸しを作った」。
(22) ル・ゴフ『中世の商人と銀行家』PUF、一九九三年、第八版、八〇ページ。
(23) ブローデル、フェルナン『物質文明・経済・資本主義―一五～一八世紀』第二巻「交換のはたらき」アルマン・コラン、一九八八年、五二ページ。

(24) ル・ゴフ、前掲『中世の商人と銀行家』二二一-二三ページ参照。
(25) プリエンヌ、アンリ『中世西洋経済史』デクレ・ド・ブルエ、一九五一年、二六八-二六九ページ。サポリ、アルマン『中世のイタリア商人』アルマン・コラン、パリ、一九五二年、二四-二五ページ参照。
(26) ブローデル、前掲書、二〇一ページも参照。
(27) ジョルジュ・エスピナの古典的作品、エスピナ『資本主義の起源1—シール・ジェアン・ボワヌブローク』エミル・ラウスト書店、一九三三年が参考になる。そこに、一三世紀末のドゥエ〔フランス北部、ノール県の市〕の金持ちの市参事官・羅紗製造業者ボワヌブロークの幅広い経済的、社会的、政治的権力が記されている。エスピナはボワヌブローク・システムについて記す。「最小の給料を払って、最大の儲けを得ること、生産者にできる限り少なく支払い、さらにはできる限り彼らから盗み取って、彼らにできるだけ多く作らせること、〈資本主義的〉起業家だけが与えうる、また彼が自分のためにのみ行わせる仕事によって、本来小雇用主のものであるべきお金から取れるだけ吸い上げ、言わばしゃぶり尽くすこと、これが当然のこととして、彼の努力の変わらぬ目的である。彼が雇う人間たちを極限まで犠牲にして最大の利益を上げる、網の真ん中にいる蜘蛛のようなものである」(二一八ページ)。
(28) マレイ、アレクサンダー『中世における理性と社会』クラレンドン・プレス、オクスフォード、一九七八年、一八八-一九二ページ。
(29) ジャナン、ピエール『一六世紀の商人』ル・スイユ、一九五七年、一三一ページ。
(30) 同上、一三六ページ。
(31) 同上、一九三ページ。
(32) ベック、クリスチャン『フィレンツェの商人作家—一三七五〜一四三四』ムートン、一九六七年、二七七ページ。
(33) アリエス、フィリップ『死と歴史—西欧中世から現代へ』ル・スイユ、一九七五年、三三ページ以下。
(34) シフォロ、ジャック『来世の経理—中世末アヴィニョン地方における人々、死と宗教』ローマ・フランス学校、一九八〇年参照。
(35) 同上、三四七-三四九ページ。

(36)同上、四三四‐四三五ページ。
(37)ルヌアール、イヴ『中世イタリアの実業家』アルマン・コラン、一九六八年、二二四‐二二五ページ。
(38)同上、二二六ページ。
(39)同上、二三一ページ。
(40)ベック（クリスチャン）、前掲書、三一一ページ。
(41)同上、三二〇ページ。
(42)グールヴィッチ、前掲書、一四八ページ。
(43)ベック（クリスチャン）、前掲書、二七九ページ参照。
ル・ゴフ、前掲『もう一つの中世のために』七八‐七九ページも参照。
(44)ベック（クリスチャン）、前掲書、三二五ページ参照。
(45)グールヴィッチ「商人」ル・ゴフ編『中世人』所収、ル・スイユ、一九八九年、二七一ページに引用されている。
(46)シャフツベリ『人間の諸性格』一七一一年、三八ページ。ハーシュマン、前掲書に引用。
(47)同上。
(48)マッケンジー、ライオネル＝A「自然法と近代初頭の政治思想における利益概念と発生―フランソワ・ギシャルダンとジャン・ドゥ・シロン」クリスチャン・ラズリ&ドミニク・レニエ編、前掲『利益政策』所収、一二一‐一二四ページ。
(49)グールヴィッチ前掲『中世文化の諸カテゴリー』一五三ページ。
(50)トーニイ、前掲書、一〇三ページ以下。
(51)同上、一〇四ページ。
(52)ジャナン、前掲書、一六八‐一六九ページ。
(53)スミス、アダム『国富論（諸国民の富の本質と原因にかんする研究）』第三巻、第四章、P・タイエブ訳、PUF、一九九五年、四七一ページ。

第2章

(1)オルナーギが前掲書、四ページで「近代政治語彙の基本的概念語である」と強調している。
(2)この点にかんしては次を参照。
フルケ、フランソワ『富と力―価値の系譜学（一六～一八世紀）』ラ・デクヴェルト、一九八九年の論証。この著作の最大の功績は、きわめてスコラ的に〈重商主義〉学説と〈自由主義〉学説との区別・

対比を絶対視する経済思想史の学者たちと、きっぱり袂を分かったことである。

（３）この点にかんしては次を参照。

カントロヴィッチ、エルンスト＝H『王の二つの身体』ガリマール、一九八九年。

ギールケ、オットー『中世の政治理論』ケンブリッジ大学出版、一九〇〇年。

ポスト、ゲインズ『中世法思想研究　一一〇〇〜一三〇〇』プリンストン大学出版、一九六四年。

（４）中世政治哲学史の学者たちは、利益を政治組織の利益として定義するジョン・ドゥ・サリスベリイ『ポリクラティクス』（一一五九年頃）の決定的な役割をしばしば強調してきた。

（５）唯名論にかんしては次を参照。

ラガルド、ジョルジュ・ドゥ『中世末期における世俗的精神の誕生』第五・六巻、ベアトリス版、ドローズ出版、パリ、一九四六年。

ラルジョ、ジャン『唯名論研究』ヴラン、一九七一年。

（６）ラズリ、前掲「序文」アンリ・ドゥ・ローアン、前掲『君主たちとキリスト教圏諸国家の…』所収、六九―七〇ページ参照。

（７）この点からして、統治が住民の生活、健康、繁栄を引き受けることを強調するすべての近代権力理論は、功利主義の土壌の上に立つ。とくに、生権力にかんするミシェル・フーコー、ジル・ドルーズ、アントニオ・ネグリ、ジョルジョ・アガンベンの仕事が、そうである。ミシェル・フーコーは、この新しい人間統治の目標をこう要約した。「人々を来世での救済へと導く配慮から、現世での救済を保証するという考えへの移行が行われる。この流れで、〈救済〉という単語はいくつもの意味を帯びる。健康であり、福祉（つまり、まっとうな生活水準、十分な収入）であり、安全、事故からの保護である」（フーコー「主体と権力にかんする二論文」ユベール・ドレフス&ポール・ラビノー『ミシェル・フーコー―哲学的足跡』所収、NRF、ガリマール、一九八七年、三〇六ページ。

一方、彼は〈統治性〉における利益の問題の中心的性格をもっと直接的に強調している。「住民を構成する各個人の意識としての利益と住民の利益としての利益は、住民を構成する個人それぞれの利益、願望がどうであれ、住民統治の対象、基本的道具となるはずである。一つの技術、まったく新しい戦術と技術の誕生である」（フーコー『思考集成』第二巻、4、ガリマール、一九七六―一九八八年、六五二ページ）。

（8）ジョン＝アレクサンダー・ガンは、政治における利益概念の成功を一つの仮説によって説明する。それによれば、利益という語自体が、〈イギリスの利益〉と市場の現場で交渉する商人の利益を同時に意味するほど〈普遍的〉であることによる。こうした意味の柔軟性が個々の利益と公益の一致の考察を可能にする。一七世紀に一般的だった別の概念、たとえば国家理性では、こううまくはいかない。

ガン『一七世紀における政治と公益』ルートリッジ・リーガン・ポール、ロンドン／トロント大学出版、トロント、一九六九年参照。

（9）トーニイ、前掲書、一九ページ。

（10）ペティ、ウィリアム『経済著作集』チャールズ＝ヘンリ・ハル編、オーガスタス・M・ケリイ、一八九九年、一八一ページ。マルクスはペティをイギリスの古典的経済学の父とみなしたが、基本的にはその『政治算術』（一六九〇年発行）が有名である。ペティはまたその著作において、F・ハッチソンとA・スミス以前に、経済的繁栄における分業の役割を明らかにした。チャールズ・ダヴィナントと彼の友人グレゴリー・キングは、統治と経済統計にかんするペティの考察を発展させた。

（11）フーコー「個人の政治技術」前掲『思考集成』第二巻所収、一六三二ページ以下。

（12）マイネッケ、フリードリッヒ『近代史における国家理性概念』ドローズ、ジュネーヴ、一九七三年、八二ページによれば、イタリアにおけるフランスとスペインの実権をめぐる争いにさかのぼることなしに、多くの国家が強国に脅かされていた状況下において、利害の対立・連携が果たしていた役割を完全に理解することはできない。こうした状況は、力の均衡を実現するための国家間の同盟においてはほぼ自動的な働きをもたらした。その結果、政治の科学的機構という、従来の器官的概念を超える適切な考え方が生まれた。

この点にかんしては次を参照。

フーコー『安全、領土、人口』コレージュ・ドゥ・フランス講義集成（一九七七〜七八）ガリマール－スイユ、二〇〇四年、二九三－三一四ページ（一九七八年三月二二日講義）。

(13) フルケ、前掲書、一六六－一六七ページ。ダヴィナントは、「戦争に代わる手段と方法試論」や「国内平和および対外戦争試論」など、教訓的なタイトルのいくつかの小論文の著者である。

(14) マイネッケ、前掲書、三一ページ以下。

(15) とりわけ次を参照。

スネラール、ミシェル『マキアヴェリズムと国家理性』PUF、一九八九年。

最近の研究によれば、近代政治思想における国家利益の概念は、むしろギシャルダンに由来する。

マッケンジー、前掲「自然法と近代初頭の政治思想における利益概念の発生―フランソワ・ギシャルダンとジャン・ドゥ・シロン」一二八ページ参照。

(16) ボテーロ、G『国家理性論』全一〇巻（ヴェネチア、一五八九年／ローマ、一五九〇年）。

(17) マレイ、前掲書、二〇五ページ。

(18) ボテーロ『理性と国家統治』全一〇巻（一五九九年）G・シャピュイ訳、四ページ、本章注16の仏語版。フーコー、前掲『安全、領土、人口』注二〇、二五六ページに引用。

(19) フーコー、前掲書、二四八ページ以下の指摘参照。

(20) ボッカリーニは『政治的均衡』の著者。マイネッケ、前掲書、七四ページ、およびスネラール、前掲書、七七ページ参照。

(21) マイネッケによる引用、前掲書、六九－七〇ページ。

(22) レニエ「国家理性から民主的政治へ―マキアベリとボテーロによる世論の統治」クリスチャン・ラズリ&ドミニク・レニエ編、前掲『利益政策』所収、七二－七三ページ。

(23) ローアン、アンリ・ドゥ、前掲『君主たちとキリスト教圏国家の…』第二部、一八七ページ。

(24) パラッツォ、A『統治および国家の真の理性にかんする論考』ヴェネチア、一六〇六年。スネラール、前掲書、五九ページに引用。

(25) ホッブス、トマス『市民、すなわち政治の根底』第六章、ガルニエ－フラマリオン、一九八二年、二三一ページ。

(26) この重要な著作にかんしては次を参照。

レトウィン、ウィリアム『科学的経済学の起源、イギリス経済思想――一六六〇〜一七七六』メシューエン出版。

(27) 国家の内政は、一七・一八世紀のドイツにおいて、数多くの重要な発展をなした。ヨハン＝ハインリヒ＝ゴトロープ・フォン・ユスティによる定義は次の通り。「内政という名の下に理解されるべきは、国家内部にかかわり、国家の力を堅固、強大にし、国家の力をうまく発揮させ、国民の幸福、つまり商業、財政、農業、鉱山開発、森林などを手中に収めるよう努める法律・規則のことである。なぜなら、国家の幸福は、これらあらゆることをうまく管理するための知恵にかかっているからだ」。

ユスティ『内政の一般的諸要素』序-2、エドゥー訳、ロゼ出版、パリ、一七六九年、一八ページ。フーコー、前掲『安全、領土、人口』三三七ページ、注8に引用。

(28) ウッド、ダイアナ『中世経済思想』ケンブリッジ大学出版、二〇〇二年、一一八ページ参照。

(29) マレイ、前掲書、一九四ページ以下。

(30) モンクレスチャン、アントワーヌ・ドゥ『政治経済学論』プロン、再版一八八九年、一二ページ。

(31) 同上、一六ページ。

(32) 同上、二二ページ。

(33) 同上、一〇〇ページ。

(34) スネラールによれば、統治権が法的側面と、統治のより〈経済的〉側面、ないしはより行政的側面に分かれるのは、ホッブスに由来し、この区別はやがてJ＝J・ルソーに現れる。スネラール、前掲書、三九ページ参照。

(35) ペティ、前掲『政治算術』序文、二四四ページ。W・ペティは、歴史家ウィリアム・レトウィンによれば（レトウィン、前掲『科学的経済学の起源、イギリス経済思想――一六六〇〜一七七六年』九九ページ）、〈尺度熱中症〉で重症の英国王立協会の学者たちと、この尺度にかんする信念を共有している。

(36) ボテーロ、前掲『国家理性論』。スネラール、前掲書に引用。

(37) マキアヴェリ『ティトゥス・リウィウスの最初の一〇年についての論考』第二巻、23、五七七ページ。スネラール『統治の技術』ル・スイユ、一九九五年、二〇ページに引用。

(38)レス枢機卿『メモワール』第一巻、第二部、リーヴル・ド・ポシュ、一九六五年、七六ページ。
(39)ハーシュマン、前掲『情念と利益』。
(40)ヒューム「芸術における洗練について」『道徳的、政治的、文学的評論およびその他の評論』PUF、ロベル編、二〇〇一年、四五五ページ。
(41)ハーシュマン、前掲『情念と利益』四九ページ参照。
　ニーダム、マーチャモント『利益は嘘をつかない—イギリスの真の利益の見方』一六五九年。ガン、前掲書、四四ページに引用。
(42)ヒューム『議会独立論』一七四二年。ハーシュマン「利益という概念」『広い経済学に向かって』ミニュイ出版、一九八六年、一一ページに引用。
(43)モリーズ、アンドレ『一八世紀における贅沢擁護とヴォルテールの詩「俗人」』スラトキン、ジュネーヴ、再版一九七〇年、一一七ページ参照。
(44)ガン、前掲書、四一ページ。
(45)同上、三ページ。
(46)パクストン、ピーター『貿易の本質、利点、改良にかんする論考』一七〇四年、一九ページ。ガン、前掲書、二四五ページに引用。
(47)ノース、ダドリー『貿易論』一六九一年。
(48)この作品はのちに、『ジャン・ウィットの覚え書き』という題で翻訳された。ハーグ、一七〇九年。
(49)同上、二ページ。
(50)同上、六ページ。
(51)同上、二八ページ。
(52)同上、三一ページ。
(53)同上、一六六ページ。
(54)アップルビー、ジョイス＝オルダム『一七世紀イギリスの経済思想とイデオロギー』プリンストン大学出版、一九七八年参照。
(55)C・ラズリは、個人利益を共通の財産に向かわせ、個人利益に共通の利益という目的を与えるために、四つの実践的原理を区別する。自己制限、新しい方向づけ、組み合わせ、代償である。ラズリ「序文」ローアン、前掲『君主たちとキリスト教圏諸国の…』所収、九四ページ。また、同じ著者の、「諸利益を組み合わせることができるか？　七世紀思想における倫理的政治的問題？」クリスチャン・ラズリ&ドミニク・レニエ編、前掲『利益政策』所収、一四九ページ以下参照。
(56) 同上、三〇―三一ページ、三三五ページ以下。
(57) ガン、前掲書、二五二ページ参照。
(58) フルケ、前掲書、一二九ページに引用。
(59) ヒューム「商業論」前掲『道徳的、政治的、文学的評論およびその他の評論』四二八ページ。
(60) スミス、前掲書、第三巻、第四章、四六七ページ。

第3章

(1) これらの点にかんしては次を参照。
デヴィス、ナタリ＝ゼモン『一六世紀フランスにおける贈与論』ル・スイユ、二〇〇三年。
(2) グイエ、アンリ『一七世紀における反人間主義』ヴラン、一九八七年。
(3) セリエ、フィリップ『パスカルと聖アウグスティヌス』アルバン・ミシェル、一九九五年、一一ページ。セリエは、こうした時の移ろい、堕落、定まった点の完全な欠落、世界の不安定性、確実性やつながりの解体に、当時の人々がいかに取りつかれていたのかを巧みに述べている。人々の心が定まらず、歴史の変化への感じ方が、一三世紀も前に生きて、著しい変動の時期の証言をしたアウグスティヌスの著書と重なると、彼は見る。
(4) エスプリ、ジャック『人間の美徳の偽り』(一六七八年) オビエ、再版一九九六年、三〇九ページ。
こうした考え方は、「人々が無償で、利益もなく誉めることはありえない。自分に見返りがあるか、誉める相手に負い目を与えるかである」というダミアン・ミトンの考えが示すように、モラリストの間に広まっていた。出典は以下の通り。

ミトン「誠実さにかんする考察」ジャン・ラフォン編『一七世紀のモラリストたち』ロベール・ラフォン、ブカン叢書、八七ページ。同じ考えがドゥ・スタール夫人の著作にも見られる――「社会も、大部分の人間の友情も、必要な間だけしか続かない取引にすぎない」。出典は以下の通り。

ラフォン、ジャン編、同上『一七世紀のモラリストたち』格言七七、二五四ページ。

ラ・ロシュフーコーもやはり、経済的隠喩を控えることなく、たとえば友情について言う。「自己愛の行う取引の中で、一番前払いが少なく、儲けが大きいのが友情である」(国立図書館版で削除された格言八九。これについては以下に引用)。

ラトゥーシュ、セルジュ「高貴な功利主義と帰属の反功利主義―ラ・ロシュフーコー公の曖昧さ」年二回刊『雑誌MAUSS』第六号、一九九五年後期号に引用。

(5)ボッカリーニ、T『政治的均衡』第一巻、八九ページ。ドメジコ・タラント「ボテーロからサルピに至るイタリア政治思想における国家理性と利益理性」クリスチャン・ラズリ&ドミニク・レニエ編、前掲『利益政策』所収、一〇一ページ。

(6)グイエ、前掲書、一一一ページ。

(7)パスカル、ブレーズ『恩寵にかんする論考』「全集」プレイアッド版、ガリマール、一九七六年、九四九ページ。

(8)同上、九八六－九八七ページ。

(9)パスカル『パンセ』三七〇、同上「全集」一一八四－一一八五ページ。

(10)パスカル『ペリエ夫妻への手紙』(一六五一年)同上「全集」四九六ページ。

(11)アルノー、アントワーヌ&ニコル、ピエール『論理』シャン－フラマリオン、一九七八年、一一二ページ。

(12)ベニシュー、ポール『偉大な世紀(ルイ一四世の時代)のモラル』イデエ/ガリマール、一九七六年でベニシューが用いた〈英雄の解体〉という有名な表現と対をなすように、ジャン・ラフォンはラ・ロシュフーコーにかんして、〈道徳の解体〉と言う。

ラフォン、ジャン『ラ・ロシュフーコー―アウグスティヌス主義と文学』クランクシーク、一九七七年、九一ページ参照。

(13)ヴォルテール『哲学辞典』項目「人間の美徳の偽り」ガルニエ、一九八七年、一九八ページ。

(14)ラ・ロシュフーコーの場合、多くの注釈者が強調しているように、〈立派な意図〉のためのささやかな徳を軽蔑する貴族倫理と、アウグスティヌス倫理の世俗版とが複雑に結びついている。

(15)ヴォルテールは、J・エスプリに対して、断固たる結果主義を持ち出す。「徳とは何かね、君。善をなすことだろう。見せてくれたまえ、それで十分だ。その動機については聞かないことにする」(ヴォルテール、前掲書、一九九ページ)。

(16)一七世紀の人間喜劇の演出というテーマにかんし

ては、ラフォン、前掲書、六〇－六一ページ参照。
(17)エスプリ、前掲書、七〇ページ。
(18)同上、七八ページ。
(19)同上、一四一ページ。
(20)同上、二〇四ページ。
(21)同上、二一三ページ。
(22)同上、二三三ページ。
(23)ラフォン編、前掲『一七世紀のモラリストたち』箴言二八、二四九ページ。
(24)エスプリ、前掲書、七〇ページ。
(25)パスカル、前掲『パンセ』一三〇「全集」一一二三ページ。
(26)同上、一一二五ページ。
(27)ラズリ『パスカルの考え方における力と正義』PUF、一九九三年、一五一ページ以下。
(28)エスプリ、前掲書、第二〇章「公平無私」参照。
(29)同上、二五六ページ。
(30)ニコル、ピエール『哲学・道徳著作集』ゲオルク・オルムス出版、一九七〇年、一八五ページ。
(31)パスカル、前掲『パンセ』一三〇「全集」所収、一一二三ページ。
(32)パスカル、同上、五七五「全集」所収、一二七五ページ。
(33)ラズリ、前掲『パスカルの考え方における力と正義』一〇ページ以下。
(34)ラ・ロシュフーコー『箴言』J・トリュシェ版、ガルニエ、四ページ。
(35)ベニシュー、前掲書。
(36)エリアス、ノルベルト『宮廷社会』シャン－フラマリオン、一九九七年。
(37)リュシアン・ゴルドマンが明らかにしたように、法服貴族たちは、宮廷内の駆け引きの欺瞞性について容赦なく暴くにはなかなか良い位置にあった。ゴルドマン、リュシアン『隠された神―パスカルの『パンセ』とラシーヌ劇における悲劇的見方にかんする研究』テル叢書、ガリマール、一九七六年参照。
(38)ベニシュー、前掲書、一七四ページ。
(39)マンデヴィル、ベルナール・デ『蜂の寓話』第一部の注1、備考R、ヴラン、一九九八年、一五四ページ。
(40)ミトン、ダミアン「誠実さにかんする考察」ラフォン編、前掲『一七世紀のモラリストたち』所収、八九ページ。
(41) トクヴィル、アレクシス・ドゥ『旧制度と革命』ガルニエ－フラマリオン、一九八八年、五〇－五一ページ。
(42) ラ・ロシュフーコー、前掲『箴言』一二一。
(43) ウェーバーのキリスト教倫理にかんする少なからぬ分析をジャンセニスムに置き換えることが可能かもしれない。とりわけ、神の決定の曖昧さ自体、カルヴァン主義者が自らに課す例外的な道徳的強制の結果であるということを強調する彼の姿勢がそうである。
(44) スノー、J＝F『情念の使い方』(一六四一年) ファイヤール、再版一九八七年。レヴィ、アンソニー「イエズス会士」『フランスのモラリスト、情念の理論――一五八五～一六四九』クラレンドン出版、オクスフォード、一九六四年、二二七ページに引用。スノーは大受けしたが、彼はヤンセニウスのアウグスティヌス主義と一七世紀後半のジャンセニストの傑作をつなぐ重要なつなぎ目のようだ。
(45) ベニシュー、前掲書、一八八ページ。
(46) グイエ、前掲書、七三ページ。
(47) セリエ、前掲書、二〇七ページ。
(48) パスカル、前掲『パンセ』「全集」所収、一一六〇ページ。
(49) 同上、一一六三ページ。
(50) ドマ、ジャン『民法論』第一巻、第九・一〇章、テオドール・ル・グラ、パリ、一七二三年、一〇一一四ページ。
(51) ニコル、前掲書所収、一七九ページ。
(52) 同上。
(53) 同上、一八〇ページ。
(54) 同上、一八一ページ。
(55) 同上、一八一－一八二ページ。
(56) 同上、一八二－一八三ページ。
(57) 同上「偉大さについて」三九八ページ。
(58) 同上。
(59) 同上。
(60) P・ニコルは諸感情の相互関係について、『キリスト教的礼儀作法について』で長々と主張している。「経験上、よく知られているように、われわれは自分を気に入ってくれる者を気に入るというか、他人の好感情を引き寄せようとして、彼らを気に入り、気に入った振りをする。これは人間の礼儀作法の基本であって、自己愛の取引のようなものである。そういうふうにして、人は他人に好感情を示して、彼らの愛を得ようと努める」。キリスト教的礼儀作法は、他人の心の中にある神を愛することにある。それは他人に愛されるためではなく、神への愛からである（ニコル、前掲書所収、二六八ページ）。

(61) 同上、一八五ページ。

(62) この方向では、ピエール・ベールのように、無神論者や異教徒の社会は有効な恩寵などとは無縁なので、十分生活しやすいと主張することもできるだろう。本書第4章参照。

(63) ラフォン編、前掲『一七世紀のモラリストたち』八五ページおよび一〇六八ページ参照。また、ラトゥーシュ、前掲論文、四八ページも参照。

(64) ラズリ、前掲『パスカルの考え方における力と正義』一八二－一八四ページ。

(65) ダイイ神父「さまざまな思い」ラフォン編、前掲『一七世紀のモラリストたち』一二六一ページ。

(66) 同上、一二六二ページ。

(67) グラブス、ヘンリ＝A『ダミアン・ミトン（一六一八～一六九〇年）―ブルジョワ・オネットム』プリンストン大学出版、プリンストン／PUF、パリ、一九三二年。

(68) ミトン「誠実さにかんする考察」ラフォン編、前掲『一七世紀のモラリストたち』所収、八五ページ。

(69) 同上。

(70) 同上、八六ページ。

(71) 同上、八八ページ。

(72) ベール、ピエール『続・雑考』一一九「著作集」第三巻所収、ゲオルク・オルムス出版社、一九六六年、三五四ページ。

(73) ルソー『ジュリ、または新エロイーズ』第四巻、書簡一二「全集」第二巻、プレイアッド版、ガリマール、一九九〇年、四九三ページ。

(74) スノー、前掲書、二八ページ。

(75) 同上、二九ページ。

(76) 同上、三一ページ。

(77) 同上、三二ページ。

(78) 同上、一四八ページ。

(79) ラズリ「パスカル（一六二三～一六六二年）―到

達不能な幸福」アラン・カイエ&クリスチャン・ラズリ&ミシェル・スネラール編『道徳・政治哲学の論理的歴史―幸福と効用』所収、ラ・デクヴェルト、二〇〇一年、三二七ページ。

(80) ベール、前掲「著作集」第二巻、二五〇ページ。

(81) 同上、三八六ページ。

(82) ベール『雑考』〔『彗星雑考』。以下同〕一六五、前掲「著作集」第三巻、九四ページ。

(83) ベール『ある田舎者の質問に対する回答』前掲「著作集」第三巻、九四四―九四五ページ。
ラブルス、エリザベット『ピエール・ベール』アルバン・ミシェル、再版一九九六年、一一〇ページに引用。

第4章

(1) ムロン、ジャン＝フランソワ『商業にかんする政治的試論』アムステルダム、一七三四年、一二九―一三〇ページ。

(2) この点にかんしては次を参照。
メソニエ、シモーヌ『調和と時計―一八世紀フランスにおける自由思想の生成』情熱出版、一九八九年、六五ページ。

(3) ベール『雑考』一六五、前掲「著作集」第三巻、九三―九四ページ。

(4) この点にかんしては、ラブルス、前掲『ピエール・ベール』一〇七―一〇八ページ参照。

(5) 同上、一一五―一一六ページ参照。

(6) ベール『新批判的書簡』前掲「著作集」第二巻、二七四ページ。

(7) ベール『続・雑考』前掲「著作集」第三巻、三六一ページ。

(8) この四三三行の詩『ブンブンうなる蜂の巣、正直者になったごろつき *The Grumbling Hive: or, Knaves turn'd Honest*』は、最初の出版ではほとんど反響がなかったが、一七一四年、『蜂の寓話―私悪すなわち公益』の題で刊行された本の核となり、一八世紀初頭の有名な作品となる。この作品は激しい糾弾を受けるが、一七二三年、マンデヴィルは多くの補足的注釈と新たな二つの論考（「慈善と慈善学校についての試論」および「社会の本質についての研究」）を付して、改めて新版を刊行した。マンデヴィルのこの作品にはいくつかの狙いがある。部分的には、シャフツベリ流の人間性善説を信じるオプチミストの潮流の復活に対抗している。また、貧しい子どもたちに教育を授ける慈善学校の運動について、トーリー党とその支配への攻撃も行っている。この攻撃がまずスキャンダルの始まりとなり、論争、訴追、誤解へと発展した。

(9) マンデヴィル『社会の本質についての研究』ルシアン・カリーヴ訳、バベル、アクト・スュッド出版、一九九八年、七五ページ。

(10) マンデヴィルはラテン語の金言を付け加えた。〈Lux e tenebris 光は闇から生まれる〉。

(11) 同上、七九ページ。

(12) マンデヴィル『寓話I』(『蜂の寓話』)ヴラン、一九九八年、三〇ページ。われわれの用いたのは、L・カリーヴ&P・カリーヴ編、ヴラン版の二巻である。『寓話I』『寓話II』とも、それぞれ注が付されている。

(13) 同上『寓話I』三三ページ。

(14) 同上、注釈(G)、七五ページ参照。

(15) 道徳的教育者は誇りを抱かせて羞恥心を教え、ある種の行為をしないように仕向ける。

(16) マンデヴィル、前掲『寓話I』三九ページ。

(17) 同上、序文、二四―二五ページ。

(18) マンデヴィル『寓話II』第二の対話、ヴラン、一九九一年、六〇ページ。

(19) 同上、七四ページ。

(20)『蜂の寓話』は王座裁判所で、ミドルセックスの大陪審によって神と国王の権威侵害、さらに王国にペスト菌を撒く危険ありとの判決を受けた。

(21) フランシス・ハッチソンは『ヒベルニクス書簡』において、マンデヴィルの説は少なくとも五通りの読み方ができるとしている。これについては次を参照。

カリーヴ、ポーレット『B・デ・マンデヴィルにおける情念哲学』第一巻、国立論文刊行センター、リール、一九八三年、七四―七五ページ。

(22) ポーレット・カリーヴは、マンデヴィルがラ・ロシュフーコーとともにジャック・エスプリも読んでいることを明らかにした。マンデヴィルは『寓話I』(同書一七七ページ参照)の注釈(T)で引用しているラ・ロシュフーコーの三番目の箴言をエスプリのものとしている。この傑出した神学者のものとされる引用文は次の通り。「自己愛の国でどんな発見をしたとしても、まだ未知の土地が残されている」。

(23) マンデヴィルの話は、次の一節に見られるように、繰り返しが多い。「人は自分中心にすべてを考え、ただ自分のためにだけ愛したり、憎んだりする。個人はみな自分だけの小さな世界であり、すべての人々が、その知性と能力の及ぶ限り、この自我を幸せにするよう努める。それが彼らすべての変わらぬ仕事、彼らの生活の目的なのだ。その結果、当然ながら、人が何かを選択するときには、幸福についての自分の受け止め方を基準にするし、もしその時点で自分に最良と思われなければ、行動を思いついたり実行したりする者は誰もいない」(前掲『寓話II』第四の対話、一五一ページ)。

(24) 同上、第三の対話、一一三ページ。

(25) 同上、一一七ページ。

(26) 同上、一一九-一二〇ページ。

(27) カリーヴ、前掲書、第一巻、一六五ページ以下。

(28) マンデヴィル「道徳的美徳の起源についての研究」前掲『寓話I』四六ページ。

(29) 同上、四九ページ。

(30) 同上、一二一ページ、注釈(O)参照。

(31) マンデヴィル自身、この〈明らかな逆説〉について、前掲『社会の本質についての研究』七五ページで述べている。

(32) 同上、五七ページ。

(33) ラフォン、ジャン『モンテーニュからマンデヴィルに至る道徳的および文学的な人間とそのイメージ』オノレ・シャンピオン、一九九六年、四五〇ページ。

(34) 同上、四五二ページに引用。

(35) ベール、前掲『雑考』一三三ページ参照。ベールのマンデヴィルへの影響については、ラブルス、前掲『ピエール・ベール』一一七ページ、注50参照。ベールがロッテルダムでマンデヴィルを教えた可能性はある。

(36) ラフォン、前掲『モンテーニュからマンデヴィルに至る…』四五七-四五八ページ参照。

(37) ヴォルテール、前掲『哲学辞典』項目「贅沢」二九一ページ参照。

(38) ヒューム、前掲「芸術における洗練について」

『道徳的、政治的、文学的評論およびその他の評論』四四二ページ。

(39)『サミュエル・ジョンソン伝』一七七八年。カリーヴ、前掲書、第一巻、九一ページに引用。

(40) この点にかんしてはカリーヴ、同上、八四‐八五ページのきわめて的確な注釈を参照。

(41) スミス、アダム『道徳感情論』ミカエル・ビジウ&クロード・ゴチエ&ジャン=フランソワ・プラド訳、レヴィアタン・コレクション、PUF、一九九九年、四一二ページ。

(42) 同上、四一五ページ。

(43) 同上、四一六ページ。

(44) ベンサム、前掲『道徳および立法の諸原理序説』第一巻、第一〇章、第一三節、四九ページ。ベンサムはモラリストの中で、ラ・ロシュフーコー、マンデヴィル、エルヴェシウスを引用している。

(45) シャス、アルベール『経済的・社会的個人主義』アルマン・コラン、パリ、一九〇七年、六二‐六三ページ参照。A・シャスは、『蜂の寓話』は「個人主義の経済的・社会的哲学のあらゆる本質的な胚芽が見られる最も重要な作品」であると指摘する一方で、「マンデヴィルの名は経済学説史教科書にはまったく引用されていない」と述べている。

(46) スミス、前掲『道徳感情論』四〇八ページ以下。

(47) マルクス『経済のための資料』前掲「著作集」II、四〇一ページ。カリーヴ、前掲書、第一巻、四〇九ページに引用。

(48)〈分業〉という表現はマンデヴィルが最初で、スミスは黙ってそれを援用したらしい。もっとも、労働における技術ごとの分割という考え方については、すでにペティ、前掲『政治算術』の中にある。

(49) マンデヴィル、前掲『社会の本質についての研究』七三ページ。

(50) ジョン・ホウトンは『農業と貿易の改良のための書簡集』(一六八一年)において、「浪費、自慢、虚栄心、贅沢の能力のある者は、彼らの財産の損失以上に王国に富をもたらす」と断言している。カリーヴ、前掲書、第一巻、四三〇ページに引用。ダドリー・ノースは、同じ考えを『貿易論』(一六九一年)で支持している。モンテスキューもまた、『ペルシア人への手紙』で同じ論法を用いている(『ペルシア人への手紙』一五五)。

（51）マンデヴィル、前掲『寓話I』三三ページ。
（52）同上、注釈（L）、九〇ページ参照。
（53）同上、注釈（Q）、一五一ページ参照。
（54）バークリー、ジョージ『問いただす人』1、四四号、ダブリン、一七二五年、一〇ページ。
（55）カリーヴ、前掲書、第一巻、四五一ページ参照。
（56）同上、注釈（B）、五六ページ以下参照。
（57）モリーズ、前掲『一八世紀の贅沢擁護とヴォルテールの詩「俗人」』参照。ヴォルテールはロンドンで『蜂の寓話』を読み、マンデヴィルの説をめぐる論争を知った。
（58）モリーズ、同上、一五三ページに再録。
（59）モオジ、ロベール『一八世紀フランスの文学および思想における幸福概念』アルバン・ミシェル、再版一九九四年参照。
（60）モリーズ、前掲書、六九ページ参照。
（61）バーボン、ニコラス『交易論』（一六九〇年）ジョン・ホプキンス出版、再版一九〇五年。
（62）ムロン、前掲書、一三四ページ。
（63）同上、一三八ページ。
（64）ヒューム、前掲書、四四六ページ。
（65）モンテスキューに『ペルシア人への手紙』「書簡一〇六」を書かせた〈贅沢の経済的擁護〉も参照。
（66）この点については、マクスウェル、J＝C「マンデヴィルの倫理と政治」『哲学』二六号、一九五一年七月参照。

第５章

（1）ファーガソン、アダム『市民社会史試論』PUF、一九九二年、一一二ページ。
（2）ヒューム『人間本性論』序、オビエ、一九八三年、五八–五九ページ。
（3）『ロビンソン・クルーソー』の著者は、自力人間self-made man、すなわちウェーバーが資本主義の精神の理想像に選んだはずのピューリタン起業家の完璧な実例である。「人生最大の仕事は金を儲けることである」としたデフォーは、その『企画論』でベンジャミン・フランクリンの道徳論に影響を与えたかもしれない。この本にはウェーバーが留意して集めた多くの要素が入っている。
マリオン、ドゥニ『ダニエル・デフォー』ファイヤール、一九四八年参照。

（4）ノヴァク、マキシミリアン＝E『経済学とD・デフォーの小説』カリフォルニア大学出版、一九六二年参照。

（5）ホッブス『リヴァイアサン』第六章、シレ出版、五七ページ。

（6）同上、五八ページ。

（7）同上、第九章、九五ページ。

（8）ホッブス『市民論』I、X、ガルニエ＝フラマリオン、一九八二年、九七ページ。

（9）同上、XIII、XV、二三八―二三九ページ。

（10）フーコー『知への意志』ガリマール、一九七六年。

（11）ドルバック『自然の体系』ロンドン、一七七〇年。

（12）ガリアーニ、フェルディナンド『貨幣論』（一七五〇年）スクリトリ・クラシキ・イタリアーニ・ディ・エコノミア・ポリティカ出版、一八〇三年。また、『貨幣論』（一七五一年）G＝H・ブスケ&J・クリザフリ編、マルセル・リヴィエール社、一九五五年、五〇ページ。

（13）ヘーゲル『縮約・哲学百科事典』ガリマール、一九九〇年、四二二―四二三ページ。

（14）マルクスの「フォイエルバッハの第一一命題」は、とりわけ間違いの基になる。それによって、ヘーゲルとマルクス以前の哲学の目的は何よりも〈瞑想〉にあり、〈世界の解釈〉にあったという伝説が生まれた。実際は、イギリスとフランスの一八世紀の哲学者たちの第一の目的は、〈世界を解釈する〉ことではなく、〈世界を変革する〉ことにあった。

（15）エルヴェシウス、前掲『精神論』第三論文、第六章、二六九ページ。

（16）エルヴェシウス、前掲『人間論』第一巻、第二部、第八章、一八四ページ。

（17）同上、第一巻、第四部、第四章、三三七ページ。

（18）エルヴェシウス、前掲『精神論』第二論文、第一五章、一五〇ページ。

（19）同上、第三論文、第五章、二六二ページ。

（20）同上、第五章、二六五ページ。

（21）同上、第六章、二六九ページ。

（22）同上、二四一ページ。

（23）同上、第三論文、第二一章、三六二ページ。

（24）同上。

（25）同上、第三論文、第二三章、三六八ページ。

（26）同上、三六九ページ。

(27) 同上、第三論文、第一八章、三四七ページ。
(28) エルヴェシウス、前掲『人間論』第二巻、第六部、第一五章、五七八ページ。
(29) 同上、第二巻、第六部、第一七章―2、五八一―五八二ページ。
(30) エルヴェシウス、前掲『精神論』第三論文、第三〇章、四一三ページ。
(31) 同上、第二九章、およびエルヴェシウス、前掲『人間論』第二巻、第六部、第一七章、五八二ページ。
(32) エルヴェシウス、前掲『精神論』第四論文、第一六章、五五一ページ。
(33) 同上、第三巻、第一七章、三四一ページ。
(34) 同上、第二二章、三六四ページ。
(35) エルヴェシウス、前掲『人間論』第二巻、第九部、第二章、七四八ページ。
(36) エルヴェシウス、前掲『精神論』第三論文、第一二章、三〇五ページ。
(37) 彼女はエルヴェシウスについて、「人間すべての秘密を述べた人である」と断言している(J=G・オジャンドゥルの『哲学辞典』の項目「エルヴェシウス」PUF、一九八四年に引用)。
(38) ベンサム「アダム・スミスへの手紙」『高利貸しの弁護―金利を定める法律の不都合についての手紙』所収、サンタマン・バザールによる英語からの訳、マレール、パリ、一八二八年参照。
(39) 同上、一七四―一七五ページ。
(40) この点については次を参照。
ラビンバック、アンソン『人間の原動力、エネルギー、近代の起源と疲労』ラ・ファブリック、二〇〇四年。
(41) エルヴェシウス、前掲『精神論』第二論文、第一七章、一六三―一六四ページ。
(42) ジェヴォンズ、スタンレー『経済学理論』マクミラン、ロンドン、第二版一八七九年、二五ページ。
(43) 同上、一〇一ページ。
(44) 同上、二三ページ。
エッジワース、フランシス=イシドロ『数学的心理学―精神科学への数学の応用の試み』キーガン・ポール、ロンドン、一八八一年。
(45) ジェヴォンズ、前掲書、二七ページ。ゴッセンは、長い間埋もれていた先駆者であるが、すでに一九世紀初頭に『人間交易論』においてこの最大化個人像を描いている。

（46）ゴッセン、ヘルマン＝ハインリヒ『交易の諸法則とそこから導かれる産業の諸基準の発展』一八七九年。レオン・ワルラスがシャルル・スクレタンとの共同で翻訳した『人間の交換の諸法則とこれに基づく人間の諸基準の発展』（一八五四年）の校訂版、エコノミカ、パリ、一九九五年。

（47）エッジワース、前掲書、六ページ。

第6章

（1）一七二四年のテクスト「忘恩の下品さについて」ウィリアム・リー『ダニエル・デフォー――その生涯と最近発見された作品』第三巻所収、ジョン・カムデン・ホッテン、ロンドン、一八六九年、三四六ページ。

（2）ジェヴォンズ、前掲『経済学理論』四三ページ。

（3）同上、二九ページ。

（4）マルサス、トマス＝ロバート『経済学原理』カルマン・レヴィ、一九六九年、一〇三ページ。

（5）マルクス『ドイツ・イデオロギー』前掲「著作集」一二九七ページ。

（6）コンディヤック、エティエンヌ＝ボノ・ドゥ『関連してとらえられた通商と統治』ギヨマン出版、一八四七年、I、I、二五五ページ。

（7）テュルゴー、アンヌ＝ロベール＝ジャック「価値と貨幣」『経済にかんする著述』カルマン・レヴィ、一九七〇年、二三九ページ。

（8）セイ、ジャン＝バティスト『経済学論』第一部、第一章、第六版一八四一年、五七ページ。

（9）同上。

（10）セイ『経済学講義およびその他の評論』ガルニエ－フラマリオン、一九九六年、一〇二ページ。

（11）同上、一〇八ページ。

（12）セイ『経済学の基本原理概要』ギヨマン出版、一八四一年、六〇六ページ。

（13）コンディヤック、前掲書、二五〇－二五一ページ。

（14）ワルラス、レオン『純粋経済学の諸要素――社会的富の理論』ピション&デュラン＝オジア、一九二六年、第三課、四五ページ。

（15）マルサス、前掲書、二四二ページ。

（16）ガリアーニ、前掲『貨幣論』翻訳五一ページ。

（17）セイ「経済学要綱」前掲『経済学講義およびその他の評論』所収、三一五－三一六ページ。

（18）同上、一三九ページ。

（19）セイ、前掲『経済学論』第三部、第一章、四三五ページ。

（20）同上、第一部、第七章、八四－八五ページ参照。

（21）スミス、前掲『国富論』第一部、第五章、九九ページ。

（22）ワルラス、前掲書、四五－四六ページ。

（23）テュルゴー、前掲書、二三四ページ。

（24）ハッチソン、フランシス『道徳哲学大系』第二巻、1―4、リヨン、一七七〇年（英語版一七五五年）、八九ページ。

（25）一九世紀初めのイギリスで、リカード主義とベンサム主義が結びついているような知的状況が見られるが、これは、一つの理論に属さねばならないとは一般には考えられていなかったからだ。

（26）労働と労働価値を理論的近代の起点とすべきではないと主張するカトリーヌ・ラリエールの解釈に、全面的に賛同したい。

ラリエール『一八世紀における経済の発明』PUF、一九九二年、三一七－三一八ページ。

（27）カンティロン、リチャード『商業一般の本質試論』フレッチャー、ロンドン、一七五五年、三六ページ。

（28）W・ペティは、マルクスが見抜いたように、流通を生産に従属させる分析の仕事を早くから提起した。たとえば、商人にかんして彼はこう言う。「彼らの大部分は、正義かつ公平の観点から見て、社会から何も受け取る権利をもっておらず、排除されてもおかしくない。なぜなら、彼らは貧しい者による労働の産物で賭をする一種の賭博師に他ならず、自らは何者も生み出さず、社会という体の血液と栄養液、つまり農業と製造業の産物を、静脈と動脈のようにさまざまな分野に振り分けることしかしないからだ」。

ペティ『税および分担金』ロンドン、一六六七年。マルクス『剰余価値説』第一巻所収、四一三ページ。

（29）スミス、前掲『国富論』第一巻、第一章、一ページ。

（30）ガリアーニ、前掲『貨幣論』翻訳五〇ページ。

(31) 同上、六一ページ。
(32) ガリアーニ『小麦取引をめぐる対話』一七七〇年、二八ページ。
(33) グラスラン、ジャン＝ジョゼフ＝ルイ『富および税についての分析試論』一七六七年、二四ページ。
(34) テュルゴー、前掲書、二三八ページ。
(35) 同上、二三九ページ。
(36) 同上、二四〇ページ。
(37) 同上、二四一ページ。
(38) コンディヤック、前掲書、二五三ページ。
(39) 同上。
(40) スミス、前掲『国富論』三三ページおよび三六ページ。
(41) テュルゴー、前掲書、二四〇ページ。
(42) ジャン＝ジョゼフ・グーの正当きわまりない指摘の通り、「この効用の定義の厳密さを理解しないことは、経済学の土台の大元に対する重大な過小評価であり、資本主義の人類学的根源性を最小化するものである」。
グー『価値の軽薄性―資本主義の想像力試論』ブルッソン、二〇〇〇年、一七〇ページ。
(43) リカード、デイヴィッド『経済学および課税の原理』ガルニエ－フラマリオン、一九九三年、五二ページ。
(44) マルクス『経済学批判要綱』1、10／18、UGE、一九七二年、一六四ページ。
(45) セイ、前掲『経済学講義およびその他の評論』一三九ページ。
(46) セイ、前掲『経済学論』四四八ページ。
(47) 同上、四四九ページ。
(48) 同上、四五一ページ。
(49) 同上、四五五ページ。
(50) 同上、四五一－四五二ページ。
(51) 同上、四六二ページ。
(52) S・ジェヴォンズの指摘では、ベンサムはとくに『法典案』（一八二二年）と『行動の動機一覧』（一八一七年）（本書第7章注10参照）において、快楽と苦痛の量的概念を展開した（ジェヴォンズ、前掲『経済学理論』第二版の序文、二八ページ参照）。
(53) ジェヴォンズは『経済学理論』の初版で、経済学は快楽と苦痛の計算の上に成り立つべきであり、また〈効用〉〈価値〉〈労働〉〈資本〉に正確な量的概念を与えることで、それが可能になるという事実を明確に述べている。彼によれば、経済学は量とかかわりがあるのだから、数学科学となる権利がある。事実、少なくとも一八世紀以降、萌芽的でためらいがちな形ではあるが、そうなりはじめた。彼以前の多くの経済学者（デュピュイ、クールノー、ゴッセンは言わずもがな）が最初の数式化を提案している。

(54) ハッチソン、テレンス＝ウィルモット『諸経済学説概要―一八七〇～一九二九』クラレンス出版、オクスフォード、一九五三年、四二ページ以下。ヨーゼフ＝A・シュンペーターは、もともとベンサムや古典的功利主義者を賞賛していないものの、最大の安楽を決定するのに未来を考慮に入れることにかんしては、そのあとの理論家たちに対する彼らの優位性を正しく見抜いていた。この点では、現代経済学の理論家たちの努力が、〈純粋理論〉から排除されてきたものを〈再発見〉し、〈再導入〉することにあった事実に注目すべきである。つまり、予測、情報、個人間の比較、個人の好みの集計などである。もっとも、この再導入計画は、完成からほど遠い。

(55) ハッチソン、前掲書、一〇九ページに引用。

(56) 同上、一一二ページに引用。

(57) 全体像を得るには次を参照。ゲリアン、ベルナール「基準枠」『新古典派経済ラ・デクヴェルト、一九八九年。

(58) ジェヴォンズ、前掲『経済学理論』一四ページ。

(59) ジェヴォンズは『経済学理論』第二版の序文で、ハッチソンにまでさかのぼる効用の数学的処理の系譜をたどる。彼はベンサムの他に、デュピュイ、クールノー、ゴッセンも、直接の先駆者として挙げている。

(60) ワルラス、前掲『純粋経済学の諸要素』五二ページ。

(61) パレート、ヴィルフレッド『経済学の手引き』「全集」第七巻、ドローズ出版、一九八一年、一八ページ。

(62) 同上、一八ページ。

(63) 同上。

(64) 同上、一九ページ。

(65) 同上、一五七ページ。

(66) パレート『経済学講義』G＝H・ブスケ&G・ビュジノ編、ドローズ出版、一九六四年、三ページ。

(67)同上。
(68)同上。
(69)パレート、前掲『経済学の手引き』四〇ページ。
(70)同上、一六〇ページ。
(71)シュンペーター、ヨーゼフ＝A『経済分析の歴史』第三巻、ガリマール、三九七ページ以下参照。
(72)ワルラス『社会の一般理論』「社会経済学研究」第九巻所収、エコノミカ、二九ページ以下参照。
(73)ジャン＝ジョゼフ・グーによる表現。グー「効用─曖昧さと脱道徳化」『雑誌MAUSS』第六号、一九九五年後期号、一〇六－一二四ページ。グー、前掲『価値の軽薄性─資本主義の想像力試論』一六九－一八七ページに再録。われわれの指摘はこの卓越した論文に負うところ大である。
(74)ホッブス、前掲『リヴァイアサン』七六ページ。マルクス、前掲『剰余価値説』第一巻、四一一ページに引用。
(75)ガリアーニ、前掲『貨幣論』五九ページ。

第7章

(1)ベンサム、前掲「著作集」第一巻、九〇ページ参照。
(2)同上、二二ページ参照。
(3)クーメ、エルネスト「偶然理論は偶然に生まれたのか」『年報　経済・社会・文明』一九七〇年五－六月号、五七四－五九八ページ。
(4)ヒューム、前掲『人間本性論』六二ページ。
(5)これらの点については次を参照。クレロ、ジャン＝ピエール『デイヴィッド・ヒュームにおける感情哲学』クリンクシーク、一九八五年。
(6)ヒューム、前掲『人間本性論』一九七ページ。
(7)同上、二一七ページ。
(8)『百科全書』(一七五一～六五年)は、項目「蓋然性」において、このような計算を適用するなら、とりわけ行政や国家組織においては良い結果が引き出せるとした。「それゆえ、過去の経験が未来の蓋然性の原理であること、われわれが過去に頻繁に起きた出来事に見合う出来事を未来に待つには十分な理由があること、頻度の高い出来事ほど再び起こると考える理由も高まることは明らかである。この原理を受け入れるなら、物理学や政治学の諸問題にしろ、一般生活にかかわる問題にしろ、過去の一連の出来事についてその起こり方の違いを割合で定める正確な表があれば、どんなに有益であるかがわかる」（ダランベール&ディドロ『百科全書』第一三巻、三九五ページ）。

（9）同上、二二〇ページ。

（10）ベンサム『行動の動機一覧』前掲「著作集」第一巻所収、J・ボーリング編、二〇五ページ参照。

ベンサム「行動の動機一覧」『義務論』（校訂版）所収、アムノン・ゴールドワース編、クラレンドン出版、オクスフォード、一九八三年、五ページ以下も参照。

ベンサムの最も重要な文献の一つであるこの『行動の動機一覧』については次を参照。

デューブ、アリソン『ベンサムの政治思想における欲望のテーマ』ガーランド出版、ロンドン／ニューヨーク、一九九一年、七五ページ以下、およびベンサム、前掲『行動の動機一覧』「著作集」第一巻、一〇ページ。

（11）『ジェレミ・ベンサムの経済著作』第一巻、W・スターク編、ロンドン、一九五二年、九五ページ。

（12）ベンサム『人類の世俗的幸福に及ぼした自然宗教の影響分析』プロメテウス・ブックス、二〇〇三年、九〇ページ。

（13）ラヴァル、クリスチャン「ジェレミ・ベンサム——資本主義の方策」『諸哲学』PUF、二〇〇三年で、より詳細にこれについて論じている。

（14）ベンサム、前掲『行動の動機一覧』「著作集」第一巻、九〇ページ。

（15）同上。

（16）この点についてはベンサム『性的自由の擁護——同性愛にかんする著述』エヴリーヌ・メジアニ訳、クリスチャン・ラヴァルの後書き、千一夜、二〇〇三年参照。

（17）ベンサム、前掲「著作集」第九巻、四一ページ。

（18）ベンサム『民法および刑法立法論』第一巻、E・デュモン編、一八〇二年、一一二ページ。

（19）同上、第二巻、一八ページ。

（20）ベンサム、前掲「行動の動機一覧」『義務論』所収、アムノン・ゴールドワース編、五八ページ。

(21) ベッカリーア、チェーザレ『刑罰論』一八五六年版、一一九ページ。
　フーコー『監獄の誕生』ガリマール、一九七五年、一〇六ページに引用。
(22) ベンサム、前掲「著作集」第三巻、四三八ページ。
(23) アレヴィ、エリイ『哲学的過激主義の形成』第一巻所収、PUF、一九九五年、三〇九ページ。一七八二年頃書かれた未完の原稿、ジャン＝ピエール・クレロ翻訳。
(24) 同上、三〇九ページ。実は、これは独自の提案ではなく、カントが同じ迂回路をためらわずに援用している。
(25) パスカル『幾何学の精神と説得の技術』「全集」プレイアッド版、ガリマール、五九五ページ。
(26) カント『哲学に否定的偉大さを導入するための試論』(一七六三年)『哲学著作集』第一巻、プレイアッド版、ガリマール、二七六－二七七ページ。
(27) マーシャル、アルフレッド『経済学原理』F・ソヴェール・ジュルダン＆V・ジアール＆E・ブリエール訳、一九〇六－一九〇九年。
(28) ベンサム、前掲『人類の世俗的幸福に及ぼした自然宗教の影響』七四－七五ページ。
(29) ベンサム、前掲『道徳および立法の諸原理序説』「著作集」第一巻、第四章、六所収。
(30) エティエンヌ・デュモン作成「予備文書」。ベンサム、前掲『民法および刑法立法論』第一巻、三〇ページ。
(31) この点については、フーコー、前掲『監獄の誕生』参照。
(32) われわれは異なる段階の二つのテクストを参照した。とくに利用したのは次のテクストである。
　ベンサム『義務論ないしは道徳科学』(以下『義務論…』) 全二巻、バンジャマン・ラロシュ訳、シャルパンティエ出版、一八三四年である。このテクストは、第一巻、第二巻それぞれで『義務論』を取り上げている。これは、秘書であったボーリングがベンサムとの会話に基づいた、大部分失われた原稿をボーリングがきわめて自由な形で編集した『義務論』の翻訳である。この翻訳は二〇〇六年、フランソワ・ダゴニェの紹介でアンクル・マリーヌから復刊された。

　これに加えてわれわれは、残された原稿のアムノン・ゴールドワース編による前掲の校訂版『義務論』も用いた（本章注10参照）。

(33) ベンサム、同上『義務論…』第一巻、一七－一八ページ。

(34) 同上、第二巻、三七ページ。

(35) 同上、第一巻、一九および二〇ページ。

(36) 同上、第二巻、三八ページ。

(37) 同上、第二巻、九五ページ。

(38) 同上、第一巻、七七ページ。

(39) 同上、第一巻、一〇七－一〇八ページ。

(40) 同上、第二巻、二六ページ。

(41) 同上、第一巻、一九三ページ。

(42) エッジワース、前掲書、一五－一六ページ。

(43) 同上、一〇－一二ページ。

(44) 同上、四一三ページ。F＝Y・エッジワースの租税理論について、J＝A・シュンペーターは述べる。「これは単なるベンサムの復活、というか、技術的改良を施した改訂版である」（シュンペーター、前掲『経済分析の歴史』第三巻、四一五ページ）。

(45) J＝A・シュンペーターはそれをよくわきまえ、一般意志の超越性を再導入する危険を冒すことになると主張する（同上、四一七ページ参照）。

(46) ジェヴォンズ、前掲『経済学理論』二七ページ。

(47) ベッカー、ゲーリー＝S『家族論』ハーバード大学出版、一九九三年、五ページ。

第8章

(1) この点については次の論文を参照。
シャッツ、アルバート『経済的、社会的個人主義』アルマン・コラン、パリ、一九〇七年、三二ページ。

(2) ヴァンダーリント、ジェイコブ『お金がすべてに答える』一七三四年、ロンドン。シャッツ、同上、三三二ページに引用。

(3) ニコル「偉大さについて」前掲『哲学・道徳著作集』三九九ページ。

(4) 同上、三九九－四〇〇ページ。

(5) 同上、四〇〇ページ。

(6) ボワギルベール、ピエール＝ル＝プザン・ドゥ「穀物論」第一〇章、デール『一八世紀の財政経済学者』所収、ギヨマン出版、一八四三年、三九〇ページ。

(7) ボワギルベール『富、貨幣、貢租の性質についての論考』(一六九七年以降、発表年不明) デール、同上、四〇五ページ所収。
(8) 同上、四〇四ページ。
(9) 同上、四〇九ページ。
(10) ハッチソン、前掲『道徳哲学体系』第一巻、3-4、四八三ページ。
(11) ファーガソン、前掲『市民社会史試論』二七八ページ。
(12) これらすべての点については次を参照。マティオ、ジャン『アダム・スミス―哲学と経済学』PUF、一九九〇年参照。
(13) ワゼク、ノルベール『啓蒙時代のスコットランド―ヒューム、スミス、ファーガソン』PUF、二〇〇三年参照。
(14) スミス、前掲『道徳感情論』一二二-一二三ページ。
(15) スミス、前掲『国富論』一五ページ。
(16) 同上、第一部、第二章、一六ページ。
(17) スミス、前掲『道徳感情論』二五七ページ (英語版『道徳感情論』D=D・ラファエル&A=L・マクフィー編、リバティ・クラシック、一九八二年、B・Ⅳ、Ⅰ、Ⅱ、一八四-一八五ページ参照)。
(18) スミス、前掲『国富論』第四部、第二章、五一〇-五一三ページ。
(19) この点については次を参照。フーコー『生政治の誕生』コレージュ・ドゥ・フランス講義集成 (一九七八~一九七九年) ガリマール-スイユ、二〇〇四年、二八二-二八三ページ参照。
(20) スミス、前掲『道徳感情論』三二七-三二八ページ。
(21) この点については次を参照。ヴァイナー、ジェイコブ「アダム・スミスとレッセ・フェール」『経済学の知的歴史評論集』所収、ダグラス・A・アーウィン、ニュージャージー州プリンストン、一九九一年、九〇-九一ページ参照。
(22) 同上、八八-八九ページ。
(23) スミス、前掲『道徳感情論』注一二六-一二七ページ。
(24) ファーガソン、前掲『市民社会史試論』二六三ページ。

(25)スミス、前掲『国富論』第一部、第二章、一五ページ。
(26)スミス、前掲『道徳感情論』一四〇ページ。
(27)同上、一四〇‐一四一ページ。
(28)同上、一四一ページ。
(29)同上、一四二ページ。
(30)スミス、前掲『国富論』第三部、第一章、四三五ページ参照。「利益が同じか、ほぼ同じなら、大部分の人間は製造や貿易よりも土地の改良と耕作のほうに資金を使うことを選ぶ」。同、第三部、第四章、四七五ページも参照。
(31)同上、第一部、第二章、一六ページ。
(32)同上、第三部、第一章、四三六ページ。
(33)同上、第一部、第四章、二五ページ。
(34)同上、第四部、序、四八一ページ。
(35)同上、第四部、第八章、七八五ページ。
(36)同上、第五部、第三章、一〇三五ページおよび第四部、第八章、七八四ページ。
(37)ヴァイナー、前掲「アダム・スミスとレッセ・フェール」参照。
(38)ファーガソン、前掲『市民社会史試論』第三部、第四章、二四〇ページ。
(39)スミス、前掲『国富論』第四部、第八章、七八四ページ。
(40)スミス『法学講義』R＝L・ミーク＆D＝D＝R・ラファエル＆P・ステイン編、クラレンドン出版、一九七八年参照。M・ダルジャンソンにかんするフランス人の逸話を講義で取り上げたスミスによれば、内政の格言は、〈安全、明白、安価〉である。
(41)スミス、前掲『国富論』第五部、第一章、八一五ページ。
(42)同上、第一部、第一一章、二九八ページ。同、第一〇章、一五〇ページも参照。
(43)セイ、前掲『経済学講義およびその他の評論』一四五‐一四六ページ。
(44)同上、一五二ページ。
(45)スミス、前掲『国富論』第四部、第五章、六一〇ページ。
(46)セイ『実践経済学全講義』ギヨマン出版、一八五二年、一ページ。
(47)同上、二ページ。
(48)同上、三ページ。

（49）同上、三一ページ。
（50）同上、八八ページ。
（51）同上、八七ページ。

第9章

（1）ロック、ジョン『利子の低下と貨幣価値の上昇の結果にかんする若干の考察』ロンドン、一六九二年、四ページ。
（2）「信用にかんするなら、どんな小さな行動も見逃してはならない。朝の五時とか夜の八時に君のハンマーの音が債権者の耳に入るなら、彼はさらに半年待ってくれるだろう。だが、もし君が働くべきときに、ビリヤードで姿を見られたり、居酒屋で声を聴かれたりするなら、翌朝すぐに返済を迫られ、金の準備ができぬうちに取り立てられるだろう。そうした些細な行動によって、君が義務をちゃんと覚えているかがわかり、君が几帳面で正直な男であるとの評判を得れば、さらに信用を増すことになる」（フランクリン、ベンジャミン『若き商人への助言』一七四八年）。
　ウェーバー、マックス『プロテスタンティズムの倫理と資本主義の精神』（一九〇四～一九〇五年、ドイツ語初版）に引用。
（3）バーボン、前掲『交易論』一三ページ。
（4）シェリダン、トマス「国会の地位上昇と力」一六七七年、二二五ページ。アップルビー、前掲『一七世紀イギリスの経済思想とイデオロギー』一八八ページに引用。
（5）テンプル、ウィリアム「地方連合論」一九〇ページ。アップルビー、同上、一八九ページに引用。
（6）ヒューム、前掲「道徳の諸原理探求」『いくつかの主題についての試論・概論』第四巻、六六ページ所収。
（7）同上、七九ページ。
（8）同上、九四ページ。
（9）同上、一二七ページ。
（10）同上、一三〇ページ。
（11）ヒューム『人間本性論』第三巻、II、第六部、ガルニエ・フラマリオン、一九九三年、一三三ページ。
（12）同上、第三巻、II、第五部、一二五ページ。
（13）同上、一二七ページ。
（14）同上、一二九ページ。

(15) 同上、一三三ページ。
(16) ベンサム、前掲『義務論…』第一巻、一七六ページ（このベンサムの著作にかんしては本書第7章注32参照）。
(17) 同上、第一巻、一九九ページ。
(18) ヒューム、前掲『道徳的、政治的、文学的評論およびその他の評論』七一九ページ。
(19) ベンサム、前掲『義務論…』第二巻、四六ページ。
(20) 同上、四九ページ。
(21) 同上、五二ページ。
(22) 同上、一五八ページ。
(23) 同上、一八九ページ。
(24) 同上、二九六－二九七ページ。
(25) ベンサム、前掲「著作集」第九巻、一三〇ページ。
(26) ベンサム、前掲『義務論…』第二巻、五三ページ。
(27) ベンサム、前掲『人類の世俗的幸福に及ぼした自然宗教の影響分析』一〇四ページ。
(28) ベンサム、前掲「著作集」第二巻、四九七ページ。
(29) ベンサム、前掲『義務論…』第二巻、五二－五三ページ。
(30) エルヴェシウスとベンサムは、一八世紀によく使われた〈世論裁判所〉という表現を高く評価した。これは、表現自体が規範性という源が移動したことを示している。モナ・オズフはその著書において、功利主義的言説をはるかに超えて、世論が裁判所として機能していることを明らかにした。
オズフ『再生した人間─フランス革命試論』ガリマール、一九八九年。
(31) ヒューム「懐疑論者」前掲『道徳的、政治的、文学的評論およびその他の評論』三二二ページおよび三二六ページ。
(32) ベンサム、前掲『義務論…』第二巻、一六二ページ。
(33) 同上、三〇－三一ページ。
(34) オズフ、前掲書、三八ページ。
(35) ベンサム、前掲『義務論…』第一巻、一二三ページ。
(36) 同上、一二二－一二三ページ。
(37) ベンサム、前掲「著作集」第一巻、二一五ページ（ここではわれわれは、一八二九年、ブリュッセルで発行されたデュモン版を用いた）。
(38) 同上、二一五ページ。

(39) 同上、二二六ページ。
(40) 同上、二二五ページ。
(41) 同上、二二六ページ。
(42) フーコー、前掲『監獄の誕生』一七四ページ。
(43) 同上、二一〇ページ。
(44) ブリュノン・エルンスト、アンヌ『貧者用パノプティコン方式―ジェレミ・ベンサムとイギリスの救済改革』PSN、パリ、二〇〇七年。
(45) フーコー、前掲『監獄の誕生』二〇九ページ。
(46) ユベール・ドレフュスとポール・ラビノーは彼らの著書で、フーコーの仕事を〈客体としての近代個人の系譜〉と〈主体としての近代個人の系譜〉に二分し、これをテーマに一章ずつを当てている。
ドレフュス&ラビノー『ミシェル・フーコー―哲学的道程』第七・八章、ガリマール、一九八七年。
(47) フーコーは『監獄の誕生』でテーマを完結させていない。前掲『生政治の誕生』において、彼はベンサムを生の規範の力にかんする先駆者、つまり、〈生政治〉の理論家と見ている。
フーコー、前掲『生政治の誕生』。
(48) ベンサム、前掲『パノプティコン方式』クリスチャン・ラヴァル編、千一夜、二〇〇二年、一一ページ（ラヴァルによる後書き）。
(49) この点について、ジル・ドゥルーズのほうがフーコーよりも明確であるようだ。とりわけ、ドゥルーズはガタリとともに、「貨幣と市場が資本主義の真の警察である」と断言している（ドゥルーズ&ガタリ『アンチ・オイディプス』ミニュイ社、一九七二年、二八四ページ）。それだけに、ドゥルーズが〈制御社会〉を〈規律社会〉との時間的継続関係の中に位置づけるのが、わかりにくい。
(50) ベンサム、前掲『義務論…』第二巻、一六九ページ。
(51) ベンサム、前掲『人類の世俗的幸福に及ぼした自然宗教の影響分析』五四ページ。
(52) たとえば、高利貸しと同性愛への罪悪視がこのケースに当たる。ベンサムはこの二つの慣行にかんして有名な弁護論を書いている。ベンサム、前掲『性的自由の擁護―同性愛にかんする著述』参照。
(53) M・フーコーは正当にも〈権力行使の民主化〉について語り、誰でも行いうるこの監視を考慮に入れている。

フーコー『精神医学の権力』コレージュ・ドゥ・フランス講義集成（一九七三〜一九七四年）ガリマール－スイユ、二〇〇四年、七八ページ。

(54) 伝記作者たちは、パノプティコン式刑務所の創設案が実現に至らなかったのはベンサムの主張が批判されたせいにすることが多い。しかし装置そのものが権力をもつ要因になることも忘れてはいけない。フーコーは今度はきちんとそれを見抜いている。つまり、監視者は全員に監視されるわけであり、刑務所そのものが共同体の目にさらされる。

(55) ベンサム、前掲『人類の世俗的幸福に及ぼした自然宗教の影響分析』五五ページ。

(56) 報道と公的議論の自由については次を参照。ベンサム『権力濫用に対する保証』マリー＝ロール・ルロワ編訳、リュ・デュルム出版、二〇〇一年、五〇ページ。

(57) 同上、一〇四ページ。

(58) 同上、ルロワ、マリー＝ロール「ベンサムの功利主義における自由、権利、民主主義」二三六ページ。ベンサム『統治論断片：政治的詭弁入門』ジャン＝ピエール・クレロ編、LGDJ、一九九六年も参照。

(59) ベンサム、前掲『義務論…』第一巻、一二四ページ。

(60) ベンサム「統治論断片」の前書きにあるジャン＝ピエール・クレロ注釈、前掲『統治論断片：政治的詭弁入門』所収、LGDJ、一九九六年、二五ページ。

(61) エンゲルマン、ステファン＝G「〈間接的立法〉—ベンサムの自由統治」『ポリティ』第三五巻、第三号、二〇〇三年（三六九－三八八ページ）、三八〇ページ。

第10章

(1) コンディヤック、前掲『関連してとらえられた通商と統治』二六六ページ。

(2) スチュアート、デュガルド『人間精神の哲学の諸要素』J・J・パシャール、ジュネーヴ、一八〇八年、三二五ページ。

(3) フーコー『言葉と物』ガリマール、一九六六年、四〇ページ以下。

(4) スチュアート、前掲書、第一巻、第四章、3。

(5)ジャン・ラルジョは、著書『唯名論研究』においてこの主題にかんする従来の議論が消えたことを指摘し、正しくこの系列をまとめている。ラルジョ、前掲書。

(6)スチュアート、前掲書、二八〇ページ。

(7)ロック、ジョン『人間知性論』第三巻、第九章、21、ヴラン、一九八九年。ロックは第二巻で明言している。「私にわかったのは、観念とことばには密接な関係があり、抽象観念と一般語はたがいにいつもかかわっているので、あらかじめ言語の本性、利用、意味を健闘しなければ、われわれが知識について明晰判明に語ることは不可能である」(同上、第二巻、第三三章、19、三二一ページ)。

(8)バークリー、ジョージ『哲学的注釈』(バークリーの研究ノート、一九〇五〜一九〇六年)717、一一九ページ。

(9)同上、642、一〇九ページ。

(10)ロック、前掲『人間知性論』第一巻、第二章、3、および『原稿　ロックの書き込み』一六九九年、六七ページ(フレイザーによる引用)。また、『人間知性論』第二巻、第二八章、5、二七九ページ参照。

(11)シルヴァン・オルーは、一八世紀の言語思想がいかにこの三階建て構造にとらわれていたかを明らかにしている。

オルー『百科事典—一八世紀の〈文法〉と〈言語〉』マム、一九七三年、および『百科全書派の記号論』ペイヨ、一九七九年参照。

(12)ウォーバートン、ウィリアム『エジプト人の象形文字試論』。〈行動言語〉という概念は、一七四四年に仏訳されたこの著書に由来する。パトリック・トール編集の新版、第一巻、第八章、オビエ－フラマリオン、一九七八年、一一八ページ以下参照。

(13)コンディヤック『感覚論』「哲学著作集」第一巻、PUF、一九四七年、二三九ページ。

(14)同上、二二八ページ。

(15)コンディヤック『人間認識起源論』Ⅳ、1、第九章、四三ページ、同上「哲学著作集」第一巻所収。

(16)同上「哲学著作集」第一巻、四〇三ページ。こうした話す技と推論する技の同一視をデュガルド・スチュアートは強調した。スチュアート、前掲書、二八八ページ。

(17)スミス『諸言語の最初の形成と基本言語および複

合言語の異なる特質にかんする考究』バイリオ&コラス、パリ、革命暦四年（一七九五〜九六年）、六六–六七ページ。アダム・スミスは、分業の場合と同様、こうした言語の改良に利点だけを見ていたわけではない。彼によれば、それは古い言語の美と調和を大幅に失わせることにもなる。

(18) ウォーバートン、前掲『エジプト人の象形文字試論』所収のP・トールによる前文「変容、象徴体系の考古学」参照。

モスコヴィッチ、フランシーヌ『交換の秩序』PUF、一九八六年、一一三ページ以下も参照。

(19) すでに強調したように、一八世紀フランスの表象の歴史においてコンディヤックの重要性はきわめて大きい。コンディヤックの思想が一九世紀の主流派哲学者たち、とくにヴィクトール・クザンから完全に黙殺されていたことを思うべきであろう。この状況は長く続いた。コンディヤックの『教程』（一七五五年。パルマ公国の王子のために書かれた教科書。文法、書く技術、考える技術、歴史からなる）は一九四八年まで再刊されなかった。しかし、テーヌのような思想家は一九世紀後半にクザン一派に抗してコンディヤック再評価を企て、ハンス・アールスレフによれば、この復権はソシュールの構造主義にきわめて重要な役割を果たした。

アールスレフ、ハンス「コンディヤック、テーヌ、ソシュール」『コンディヤックと言語の諸問題』所収、スラトキン出版、一九八二年、一六五ページ以下参照。

(20) オルー、前掲『百科事典』『百科全書派の記号論』。

トール、P「コンディヤックにおける記号の弁証法」『序列式思考と進化』所収、オビエ、一九八二年も参照。

(21) コンディヤック『考える技について』前掲「哲学著作集」第一巻所収、七三三ページ。

(22) アールスレフ「コンディヤックの記号学、思考における思考」前掲『コンディヤックと言語の諸問題』所収。

(23) フーコー、前掲『言葉と物』一八五ページ以下。

(24) グラモン、シピオン・ドゥ『王制ドゥニエ—奇妙な金銀論』パリ、一六二〇年、四六–四七ページ。フーコー、前掲『言葉と物』一八七–一八八ページに引用。

(25) コンディヤック、前掲『関連としてとらえた通商と統治』二五三ページ。
トール、P「コンディヤック―経済と記号」アールスレフ、前掲『コンディヤックと言語の諸問題』所収、四二一ページ以下も参照。トールは、四三五ページの注で、コンディヤックの価値主観の反フェティシズム的性格を見事に指摘し、この点でコンディヤックはマルクスと関連づけられるとしている。

(26) テュルゴー、前掲「価値と貨幣」『経済にかんする著述』二三八ページ。

(27) コンディヤック、前掲『関連としてとらえた通商と統治』三九八ページ。

(28) テュルゴー、前掲「価値と貨幣」『経済にかんする著述』二三三ページ。

(29) 同上、二三四ページ。

(30) ジュヌヴィエーヴ・ブリクマンは、バークリーの場合、ロック流の〈認識論的〉言語定義（観念がなければ、単語はない）と、言説についての実践的定義の間に緊張があると指摘している。彼女はその理論をオースチンの理論と関連づける。この元の理論は、とりわけバークリー『人知原理論』（一七一〇年）の序文原稿に明らかである。
ブリクマン『バークリー―ことばのベール』ヴラン、一九九三年。

(31) 同上、二〇九ページ以下。

(32) 同上、一七五ページ。

(33) 同上、一七六ページ。

(34) 同上、一七七ページ。

(35) 同上。

(36) 年代の点で言えば、哲学の〈言語にかんする転換点〉を一九世紀末と設定するのは、おかしい。

(37) 物質的言語と非物質的言語の区別というベンサムの考えの基である。

(38) バークリー、前掲『哲学的注釈』176、四五ページ。

(39) 同上、405、七六ページ。

(40) ロック、前掲『人間知性論』第三巻、第一〇章、2。実践の評価は、知的エリートや〈やんごとなき人々〉に対して民衆の側に立つ姿勢に裏打ちされる。バークリーは、群衆、民衆、アイルランド人がもつ平民的常識の側に立つ。そして、民衆の内在的道徳性を評価するに至る。「低い境遇の人たちは、生まれや財産に恵まれた者とは比べようのない落ち着きと満足を得ていることが多い」（ロック『シリス』「著作集」第四巻、第一〇六章、PUF、一九九六年、一八二ページ）。

(41) アルフレッド＝ジュールス・エイヤーは次の著書で、バークリーを分析哲学の先駆者とみなすべきであると主張する。

エイヤー『言語・真理・論理』第二章、ガランス、ロンドン、一九三六年、六二 - 七八ページ。

(42) クワイン、W＝V＝O「経験論の五つの画期」『理論と事物』所収、ハーバード大学出版、ケンブリッジ、一九八一年参照。

(43) ベンサム『存在論およびその他のフィクションについての文献』フィリップ・ショフィールド&ジャン＝ピエール・クレロ&クリスチャン・ラヴァルによる版、ポワン・スイユ、一九九七年参照。

(44) この問題にかんする主要な原稿の一部の一九三〇年代の版、『ベンサムのフィクション理論』C＝K・オグデン編、キーガン・ポール・トレンチ・トラブナー社、一九三二年参照。

(45) ベンサム『法一般について』付録B、第一部、H＝L＝A・ハート編、ロンドン大学、ザ・アスローン出版、一九七〇年、二七八 - 二七九ページ。

(46) ベンサム、前掲「著作集」第八巻、一八八ページ。

(47) ベンサムの指摘では、〈架空の実体〉という概念はダランベールとヴォルテールから示唆を受けている。「ダランベールの著作で、私は区別の考え方を知った。**架空**というのは、私がそれ以降、**架空の実体**という呼び方をする対象を指して用いる表現である。また、ヴォルテールの哲学的著作にも同じ区別が、精神の諸能力にかんして時々見られる」。しかしながら、ベンサムが注記したダランベールの本、『文学および哲学論集』（一七五三年）に、この表現は見当たらない。

(48) ベンサム『論理的整理と発見の道具』前掲「著作集」第三巻。

(49) 同上。

(50)「ある語をパラフレーズによって示すというのは、その語だけを他の語で伝えるのではなく、その語が要素として加わっている一つのフレーズ全体を別のフレーズによって伝えることである。そこでは、諸語が単純な観念を表現するというか、元のフレーズの諸語よりも直接に単純な観念に変わりうるようになる」（ベンサム、前掲「統治論断片」第五章、LGDJ、一九九六年、一六五ページ、注141）。

(51) ベンサム、前掲『論理的整理と発見の道具』。

(52) ハリス、ジェイムズ『ヘルメス―言語と普遍文法にかんする哲学的探求』ロンドン、第二版一七六五年。

(53) スミス、オリヴィア『言語の政治学』クラレンドン出版、オクスフォード、一九八四年。

(54) バーネット、ジェイムズ（モンボド卿）『言語の起源と進歩について』全六巻、J・バルフォー、一七七四－一七九二年。

(55) ベンサムはジョン＝ホーン・トゥックを自分の先駆者の一人として何度も引用している。

クワイン、前掲『理論と事物』六七－六八ページによれば、ジョン＝ホーン・トゥックは近代経験論（ここ二世紀の経験論）の〈五つの境界石〉の最初であり、次がジェレミ・ベンサムその人である。この解釈によれば、経験論の転回点は本質的にジョン・ホーン＝トゥックに帰すべきものとされ、それは観念から語への移動に始まる。ベンサムは自身のフィクション理論と語の意味の文脈的定義にかんするパラフレーズ分析において、この方向転換を加速させた。

(56) トゥック、ジョン＝ホーン『パーリーの気晴らし』1、一七八六年、三一七ページ（再版、ルートリッジ&ソイムズ出版、一九九六年）。

(57) ベンサムが前掲『行動の動機一覧』で用いた表現。

(58) ベンサム『憲法典』前掲「著作集」第九巻、およびベンサム『憲法典』最新版（『憲法典』F・ローゼン&J＝H・バーンズ編、クラレンドン出版、オクスフォード、一九八四年）参照。

ラヴァル、クリチスャン「ジェレミ・ベンサム―フィクションの力」『諸哲学』PUF、一九九四年、一〇〇ページ以下の解説も参照。

(59) マック、M『J・ベンサム―観念のオデュッセウス　一七四八～一七九二年』ハイネマン、ロンドン、一九六二年、二一八ページ。

(60) ベンサム、前掲「著作集」第九巻、四五－四六ページ。

第11章

(1) この点については、フーコー、前掲『生政治の誕生』四二ページ参照。

（2）A＝O・ハーシュマンとM・スネラールはそれぞれこうした側面に決定的な光を当てた。

（3）ベンサム「前書き的論考」前掲『民法および刑法立法論』第一巻、三〇ページ。

（4）ダミロン、ジャン＝フィリベール『エルヴェシウスの思い出』スラトキン、再版一九六六年。

（5）エルヴェシウス、前掲『精神論』第一論文、第四章、四五ページ。

（6）同上、第二論文、第二章、五八ページ。

（7）同上、五九ページ。

（8）同上、五六ページ。

（9）同上、第五章、七九ページ。

（10）エルヴェシウスは精神を〈観念と新しい組み合わせとの集合体〉と定義する。

（11）同上、第一三章、一三〇ページ。

（12）同上、第六章、八四ページ。

（13）同上、第一一章、一一五ページ。

（14）トクヴィル、前掲『旧制度と革命』第三巻、第一章。「一八世紀の中頃、どのようにして文学者たちが国の主要な政治的人物になり、その結果を主導したのか」。

（15）エルヴェシウス、前掲『精神論』第二論文、第一三章、一三三ページ。

（16）同上、第一五章、一五二ページ。

（17）同上、一五〇ページ。

（18）同上、第一七章、一六三ページ。

（19）同上、第三論文、第六章、二六八ページ。

（20）エルヴェシウス、前掲『人間論』第一巻、第三部、第四章、三一七ページ。

（21）エルヴェシウスは肉体的快楽と社交好きで知られ、そのテーマでの書簡、詩、原稿を残している。カン、アルベール『エルヴェシウス―その生活と作品』スラトキン・リプリント、一九七〇年、一四一ページ以下参照。

（22）エルヴェシウス、前掲『精神論』第四論文、第一七章、五五三ページ。

（23）エルヴェシウス、前掲『人間論』第一巻、第二部、第七章、一七一ページ。

（24）同上、第一巻、第二部、第一〇章、一九一ページ。

（25）同上、一九三ページ。

（26）ベンサム、前掲「統治論断片」ＬＧＤＪ、一九九六年、一二三ページ。また、「功利主義についての論考」前掲『義務論…』所収、二九〇ページ。

(27) ベンサム、前掲『道徳および立法の諸原理序説』「著作集」第一巻、一ページ。

(28) ベンサム、前掲「統治論断片」前書き、LGDJ、一九九六年、一〇四ページ。

(29) 同上。

(30) ベンサム『統治論断片』前掲「著作集」第一巻、二二七ページ。

(31) ベンサム、前掲「統治論断片」前書き、LGDJ、一九九六年、一〇四ページ。

(32) ベンサム、前掲『道徳および立法の諸原理序説』「著作集」第一巻、一ページ。

(33) ベンサムは『道徳および立法の諸原理序説』に一八二二年に付け加えた注1で、この表現は**効用原理**という表現より望ましい、なぜなら、「効用ということばは幸福あるいは至福ということばほど明快に苦楽の観念を示さないし、また、あまたのかかわりのある利益の考察にも導かない」からであると説明する。また、この表現そのものは、ベンサムではなく、ハッチソンに由来する（アレヴィ、前掲書、第一巻、二三ページおよび三一ページ）。ベンサムはこれをジョン・プリーストリの著書（『統治の第一原理』）で見つけたと思い込んだが、そこには存在せず、ベッカリーアの著書（前掲『罪と罰』の英訳版一七六七年の冒頭）から引いたものらしい。

(34) 〈最大化〉〈最小化〉は、〈国際化〉〈義務論〉と同様、ベンサムによる造語で、大いに受けた。

(35) ベンサム『憲法典』前掲「著作集」第九巻。

(36) ベンサム、前掲『義務論…』二九四ページ。

(37) ベンサム、前掲「行動の動機一覧」『義務論』（校訂版）所収、六九ページ。

(38) この点を発展させて書いたのが、ラヴァル、前掲「ジェレミ・ベンサム—資本主義の方策」。

(39) ローゼン、フレデリック「ベンサムと消極的自由」ケヴィン・マリガン&ロバート・ロス編『ベンサムへの眼差し』所収、ドローズ出版、一九九三年、六二ページ参照。

(40) ベンサム、前掲『刑法および民法立法論』第二巻、三一－三二ページ。

(41) たとえば、ベンサム、前掲『性的自由擁護—同性愛にかんする著述』参照。

(42) ローゼン、フレデリック『ベンサム、バイロンとギリシア、立憲主義、ナショナリズムと初期自由政治思想』クラレンドン出版、オクスフォード、一九九二年参照。

(43) ベンサム、前掲「行動の動機一覧」『義務論』(校訂版) 所収、一一〇ページ。

(44) ベンサム、前掲「著作集」第二巻、四七七ページ。

(45) ベンサム、前掲『法一般について』二四五‐二四六ページ。この点については、エンゲルマン、前掲論文、三七四ページ参照。

(46) ベンサム、前掲「著作集」第一巻、一八六ページ(再版、全三巻、ルイ・オーマン社、ブリュッセル、一八二九年)。翻訳され、整理された原稿は、一八〇二年出版の『民法および刑法立法論』の一部をなす。間接的立法は『刑法諸原理』の第四部にまさしく該当する。

(47) 同上、一九四ページ。

(48) フーコー、前掲『監獄の誕生』一〇八‐一〇九ページ。

(49) ベンサム、前掲「著作集」第一巻、二二八ページ。

(50) ベンサム、前掲『パノプティコン方式』クリスチャン・ラヴァルによる後書き。

(51) フーコーはこの点で誤読された。彼はそれを完全な閉じ込めのための〈夢のような建物〉と言っているのではない。むしろそれは、すべての権力関係の抽象的なモデルである。「それは権力のメカニズムの理想的な形に還元された図式である。どんな障害、抵抗や摩擦からも自由なその機能は、建築的・光学的な純粋なシステムの表れである。これは、事実上、個別の利用法から切り離されて考えるべき政治技術の形である」(前掲『監獄の誕生』二〇七ページ)。

(52) ベンサム、前掲「著作集」二四六‐二四七ページ。

(53) フーコー、前掲『監獄の誕生』二〇三ページ。

(54) 同上、二四九ページ。

(55) ブリュノン・エルンスト、前掲『貧者用パノプティコン方式―ジェレミ・ベンサムとイギリスの救済改革』参照。

(56) ベンサム「貧者法の主体試論」(一七九六年)『貧者法にかんする記述』所収、マイケル・クイン編、クラレンドン出版、オクスフォード、二〇〇一年、一三六ページ。ブリュノン・エルンスト、前掲『貧者用パノプティコン方式』六九ページに引用。この引用は、エドモンド・バークがパノプティコン方式のイラストを見て、看守を巣で見張る蜘蛛になぞらえたことの正しさを思わせる。

結論

(1) モース、前掲「贈与論」『社会学と人類学』所収、二七二ページ。

(2) もはや個人一般、つまり個人主義の広すぎる定義で済ましがちな存在が問題なのではない。古典的社会学の教えはもっと厳密だった。さまざまな個人主義の違いを見分け、その主流に功利主義の本質を見ていた。

(3) バタイユ、ジョルジュ「ファシズムの心理的構造」『社会批評』第九号、一九三三年九月、一五九ページ(再版一九八三年)。

(4) この新しい現実の一面を明らかにした古典的社会学者たちの中でも、マックス・ウェーバーがとくに、前掲『プロテスタティズムの倫理と資本主義の精神』において、この変動を一番的確にとらえているようだ。

(5) グレトゥイゼン、ベルナルト『ブルジョワ精神の起源』テル叢書、ガリマール、一九七七年の冒頭部参照。

(6) 〈ワシントン・コンセンサス〉とは、経済学者ジョン・ウィリアムソンが用いた表現で、経済自由改革案に沿ってなされたアメリカ政府と国際金融・貿易組織との合意(コンセンサス)に基づく計画を指す(「ワシントンが改革政策によって意味するもの」『ラテンアメリカ調停―どれだけ多くのことが起こったか』ジョン・ウィリアムソン監修、国際経済研究所、ワシントン、一九九〇年)。

(7) モア、トマス『ユートピア』ガルニエ－フラマリオン、一九八七年、一〇〇ページ。

(8) より新しくは、A＝O・ハーシュマンが次の著書において、交代について示唆的な理論を提起した。ハーシュマン『私的幸福、公的幸福』ファイヤール、一九八三年。

(9) ジンメル、ゲオルク『金銭哲学』カドリージュ叢書、PUF、一九九九年。

(10) アーレント、ハンナ『人間の条件』アゴラ、一九九四年、八四ページ。

(11) この宗教的目覚めの独特の性格については、マルセル・ゴーシェの仕事、とりわけ次の著作を参照。
ゴーシェ『民主主義における宗教』フォリオ－エッセイ、ガリマール、二〇〇一年。

(12) ボルタンスキ、リュック&シャペロ、エヴ『資本主義の新たな精神』NRFエッセイ、ガリマール、一九九九年。

(13) ムロン、前掲書、一〇八ページ。

(14) 民主社会主義とスターリン主義の教義から十分自立していた人々は例外である。まず、スヴァーリン、通称ボリス・リフシッツを中心に集まった雑誌『社会批判』のグループが考えられる。ジョルジュ・バタイユもそこに属していた。

(15) アーレント『政治的生活』テル叢書、ガリマール、五〇ページ、一九八六年。ハンナ・アーレントはローザ・ルクセンブルクを賞賛し、彼女から公的空間という考えの着想を得た。

(16) ルクセンブルク、ローザ『資本の蓄積』1、「著作集」第三巻、マスペロ小叢書、一九七二年、四九ページ。

(17) アーレント、前掲『政治的生活』三二ページ。

(18) アミエル、アンヌ『ハンナ・アーレント―政治と出来事』PUF、一九九六年、一〇八ページ参照。

(19) ラカン「精神分析における攻撃性」(一九四八年)『エクリ』所収、ル・スイユ、一九六六年、一二二ページ。

(20) ジョルジュ・バタイユは『呪われた部分』で述べる。「利益という名詞そのものが、自らの条件の中で働く欲望と矛盾している」(バタイユ『呪われた部分』ポワン・スイユ、一九七〇年、七〇ページ)。

訳者あとがき

本書は、Christian Laval, *L'Homme économique—Essai sur les racines du néolibéralisme*, Gallimard, 2007 の全訳である。

著者が本書で言いたいことは、巻頭の「経済人間を超えて——日本の読者の皆さまへ」に明快に述べられている通りだが、その出発点には、あまりにもひどい世界の現状、社会を治めている秩序への危機感がある。〈経済人間〉によって成り立つ現在の〈ネオリベラル社会〉がどのようにして出来上がったのか、膨大な文献を引用しながら、一六世紀末から現代に至るその歴史を丹念にたどる。考察領域は表面的には経済的な現象についてではあるが、著者は問題の核が人間の生き方そのものにかかわるものであることをつねに意識している。われわれは今、人類学的な大変革期の最中にあるというのが、著者の認識である。

まっとう極まりない問題提起を是非日本の読者に紹介したいという思いに駆られて、この翻訳を試みた。現在の秩序を圧倒的に支配しているのはアメリカであるが、その後をひたすら追いかけているのが日本である。われわれは、どの〈先進国〉よりも切実に、ここまで来てしまった世界の秩序に正面から立ち向かう必要があるのではないだろうか。

著者、クリスチャン・ラヴァル氏は、現在、パリ第一〇大学（通称ナンテール大学）社会学教授。もともとジェレミ・ベンサムの功利主義哲学が専門で、その関連著書も多いが、そこから展開して、現代社会のあり方に関する独自の分析を続けている。近年の代表作としては、本書の他に、『学校は企業ではない』（ラ・デクヴェルト社、二〇〇四年）、本書の続編とも言うべき『世界の新たなあり方―ネオリベ社会試論』（ピエール・ダルドとの共著、ラ・デクヴェルト社、二〇〇九年）、『入会権―二一世紀革命論』（同じく、ダルドとの共著、ラ・デクヴェルト社、二〇一四年）などがある。ベンサムは当時のイギリスの現実社会を改革するためにあらゆる問題に対して理論的な基礎づけを行ったが、著者はまさしくベンサムの申し子として、現代世界の現実的な問題に正面から取り組み、市場原理に代わる民衆の共同作業に新たな展望を求めて模索しているように思われる。できれば右の一連の著作も日本に紹介したいところだが、遺憾ながら、どれも本書を凌駕する大部な本ゆえ、訳者の力量をはるかに超える。今は本書を日本の読者に読んでいただけることで、とりあえず満足するしかない。

翻訳の作業が個人的に辛い時期と重なり、編集長の山田洋氏には、大変ご迷惑をおかけした。無事に何とか完了し、こうして本になったことに感謝したい。また、経済学には疎い面を、古くからの友人である半崎貴敏君に補っていただいたことも、大いに助かり、ありがたかった。記してお礼を申し上げたい。

最後に、本文の引用文献のうち、訳者が参考にした邦訳本を次に掲げておく（順不同）。

フィリップ・アリエス『死と歴史―西欧中世から現代へ』伊藤晃・成瀬駒男訳、みすず書房、一九九七年
ハンナ・アーレント『人間の条件』清水速雄訳、筑摩学芸文庫、一九九四年
マックス・ウェーバー『プロテスタンティズムの倫理と資本主義の精神』大塚久雄訳、岩波文庫、一九八九年
ヴォルテール『哲学辞典』高橋安光訳、法政大学出版局、一九八八年
ノルベルト・エリアス『宮廷社会』波田節夫訳、法政大学出版局、一九八一年
フランシスコ・グィッチャルディーニ『フィレンツェ名門貴族の処世術―リコルディ』永井三明訳、講談社学術文庫、一九九八年
ケインズ『雇用・利子および貨幣の一般理論』間宮陽介訳、岩波文庫、二〇〇八年
コンディヤック『人間認識起源論』古茂田宏訳、岩波文庫、一九九四年
アダム・スミス『国富論』山岡洋一訳、日本経済新聞社、二〇〇七年
――『道徳感情論』水田洋訳、岩波文庫、二〇〇三年
――『法学講義』水田洋訳、岩波文庫、二〇〇五年
ダニエル・デフォー『ロビンソン・クルーソー』増田義朗訳、中公文庫、二〇一〇年
トクヴィル『アメリカのデモクラシー』上・下、松本礼二訳、岩波文庫、二〇〇二年
――『旧体制と大革命』小山勉訳、ちくま学芸文庫、一九九八年
アルバート・O・ハーシュマン『情念の政治経済学』佐々木毅・且祐介訳、法政大学出版局、一九八五年
パスカル『パンセ』前田陽一・由木康訳、中公文庫、一九七三年
ジョルジュ・バタイユ『呪われた部分―有用性の限界』中山元訳、ちくま学芸文庫、二〇〇三年
ミシェル・フーコー『思考集成2―文学・言語・エピステモロジー』蓮實重彦・渡辺守章監修、筑摩書房、一

一九九〇年
――『監獄の誕生』田村俶訳、新潮社、一九七七年
――『講義集成4―精神医学の権力』慎改康之訳、筑摩書房、二〇〇六年
――『講義集成7―安全・領土・人口』高桑和巳訳、筑摩書房、二〇〇七年
――『講義集成8―生政治の誕生』慎改康之訳、筑摩書房、二〇〇八年
――『性の歴史1―知への意志』渡辺守章訳、新潮社、一九八六年
――『言葉と物』渡辺一民・佐々木明訳、新潮社、一九七四年
フェルナン・ブローデル「交換のはたらき」1・2『物質文明・経済・資本主義―一五〜一八世紀』Ⅱ、山本淳一訳、みすず書房、一九八六・一九八八年
ピエール・ベール『ピエール・ベール著作集』全8巻、野沢協訳、法政大学出版局、一九八七〜一九九七年
ウルリッヒ・ベック『世界リスク社会論―テロ、戦争、自然破壊』島村賢一訳、ちくま学芸文庫、二〇一〇年
ポール・ベニシュー『偉大な世紀のモラル』朝倉剛、法政大学出版局、一九九三年
トマス・ホッブス『リヴァイアサン』1〜4、水田洋訳、岩波文庫、一九八二〜一九九二年
――『市民論』本田裕志訳、京都大学出版会、二〇〇八年
リュック・ボルタンスキ&エヴ・シャペロ『資本主義の新たな精神』上・下、三浦直希ほか訳、ナカニシヤ出版、二〇一三年
フリードリッヒ・マイネッケ『近代における国家理性の理念』菊盛秀夫・生松敬三訳、みすず書房、一九八九年
マンデヴィル『蜂の寓話』泉谷治訳、法政大学出版局、一九八五年
――『蜂の寓話　続』泉谷治訳、法政大学出版局、一九九三年

マルクス&エンゲルス『ドイツ・イデオロギー　新編輯訳』廣松渉編訳・小林昌人補訳、岩波文庫、二〇〇二年
トマス＝ロバート・マルサス『経済学原理』上・下、小林時三郎訳、岩波文庫、一九六八年
トマス・モア『ユートピア』沼田昭夫訳、中公文庫、一九九三年
マルセル・モース『贈与論』吉田禎吾訳、ちくま学芸文庫、二〇〇九年
ジャック・ラカン『エクリ』1〜3、宮本忠雄ほか訳、弘文堂、一九七二年
ラ・ブリュイエール『人さまざま』関根秀雄訳、岩波文庫、一九五三年
ラ・ロシュフーコー『ラ・ロシュフコー箴言集』二宮フサ訳、岩波文庫、一九八九年
ジョン・ロック『人間知性論』1〜4、大槻春彦訳、岩波文庫、一九七〇〜一九七七年

二〇一五年六月

菊地昌実

マ行

ヤ行

ラ行

ワ行

事項索引

ヤ行

ラ行

ワ行

マ行

ナ行

ハ行

人名・文献索引

著者紹介

クリスチャン・ラヴァル（Christian LAVAL）

1953年生まれ。パリ第10大学（ナンテール大学）社会学教授。もともとベンサム功利主義哲学の専門家だが、ネオリベラリズム（新自由主義）が個人を〈経済人間〉に変身させ、社会の本質、人間のあり方そのものを変えてきた歴史について論じる多くの書を著している。本書の他に、『学校は企業ではない』（ラ・デクヴェルト社、2004年、未訳）、本書の続編とも言うべき『世界の新たなあり方―ネオリベ社会試論』（ピエール・ダルドとの共著、ラ・デクヴェルト社、2009年、未訳）などがある。

訳者紹介

菊地昌実（きくち・まさみ）

1938年生まれ。東京大学大学院（比較文化・比較文学）修士課程修了。著訳書に『漱石の孤独』（行人社、1984年）、A・メンミ『あるユダヤ人の肖像』（共訳、法政大学出版局、1980年）、E・モラン『祖国地球』（法政大学出版局、1993年）、A・メンミ『人種差別』（共訳、法政大学出版局、1996年）、J＝F・ルヴェル＆M・リカール『僧侶と哲学者』（共訳、新評論、1998年）、M・リカール＆チン・スアン・トゥアン『掌の中の無限』（新評論、2003年）、ジャン・ブリクモン『人道的帝国主義』（新評論、2011年）など。

経済人間

ネオリベラリズムの根底　（検印廃止）

2015年7月30日　初版第1刷発行

訳　者　菊　地　昌　実
発行者　武　市　一　幸

発行所　株式会社　新　評　論

〒169-0051 東京都新宿区西早稲田3-16-28
http://www.shinhyoron.co.jp

TEL 03（3202）7391
FAX 03（3202）5832
振 替 00160-1-113487

定価はカバーに表示してあります
落丁・乱丁本はお取り替えします

装　幀　山田英春
印　刷　理　想　社
製　本　松　岳　社

ISBN978-4-7948-1007-6

Printed in Japan